爱上历史丛书

中华帝国的崛起

六合一统

葛剑雄

主编

杨志刚

著

SPM 南方出版传媒、广东人民出版社

·广州·

图书在版编目（CIP）数据

六合一统：中华帝国的崛起 / 杨志刚著；葛剑雄主编 . — 广州：广东人民出版社，2021.7

ISBN 978-7-218-14669-0

Ⅰ. ①六… Ⅱ. ①杨… ②葛… Ⅲ. ①中国历史一秦代一通俗读物 Ⅳ. ① K233.09

中国版本图书馆 CIP 数据核字（2020）第 243237 号

LIUHEYITONG:ZHONGHUADIGUO DE JUEQI

六合一统：中华帝国的崛起

杨志刚 著

出 版 人：肖风华

责任编辑：李力夫
责任技编：吴彦斌 周星奎
装帧设计：安 宁

出版发行：广东人民出版社
地 址：广州市海珠区新港西路 204 号 2 号楼（邮政编码：510300）
电 话：（020）85716809（总编室）
传 真：（020）85716872
网 址：http://www.gdpph.com
印 刷：北京彩虹伟业印刷有限公司
开 本：880mm×1230mm 1/32
印 张：10 **字 数**：210 千
版 次：2021 年 7 月第 1 版
印 次：2021 年 7 月第 1 次印刷
定 价：58.00 元

如发现印装质量问题，影响阅读，请与出版社（020-85716849）联系调换。
售书热线：（020）85716826

再版前言

本书初版于1997年。这次再版，完全按原版排印，仅根据作者的要求，作了个别文字上的修改。一则不能让钟爱我们的读者误以为是一本新书，一则作者都认为没有重写或全面修改的必要。

为什么写在23年前的旧作不需要改写，就能直接供给读者呢？一方面这是作者的自信，二十余年来自己和读者都没有发现什么讹误不妥之处，自然保持原貌为好。另一方面，这也是历史类书籍的优势——以历史事实为基础，只要这部分正确，就有其长久的价值。所以我在本书的《总序》中说，完成于九百多年前的《资治通鉴》的价值“并没有随着北宋的覆灭而丧失，相反，随着时间的推移，越来越受到历代统治者的重视”。到了今天，你可以不赞成《资治通鉴》所传达的价值观念和它所总结的经验教训，但改变不了它们曾经受到历代统治者的高度重视，也为中国当代政治家所重视的事实。你可以不看书中“臣光曰”的大段议论，但如果要了解历史事实、特别是唐后期和五代期间的史实，就必须读《资治通鉴》。

多年前，师兄周振鹤教授提出“历史是介于科学与人文之间”的观点，我深以为然，并且经常运用演化。一切过去曾经存在的人和事都是客观存在，是事实，研究并复原它们属于科学的范畴，应该只有唯一正确的答案。如果客观条件具备，这一过程完全可以重复，而且可以得到验证。但现存的历史都是后人有意识、有选择的记录，而人的意识和选择属于人文，不必也不可能用科学的标准来衡量。至于人们的历史观念和对历史的评价纯属人文，更不必也不可能找到唯一的标准答案。

我在《总序》中说明，作为普及性的历史书，本书的目的是向尽可能多的读者提供一点历史事实、历史经验和历史智慧。对于历史事实，我们可以根据自己的研究成果，或是吸收他人已有的可靠的研究成果，作如实的叙述。如果不得不涉及至今尚未被揭示的，或存在争议的事实，一般都会加以说明，或者作出自己的判断。对这一部分，如果出现错误，即使是次要的、细节的，也要及时纠正。就在交稿前，有网友在我的微博上指出，我在《汉魏故事》一文中称曹丕为“建安七子”之一是错的。看到后，我颇感意外，曹丕是“三曹”之一，当然不属“建安七子”，但翻到那一页，我当初就是这样写着，二十多年来居然没有发现。要不是那位读者发现并指出，这次再版还会错下去。

但如果是对本书提供的“历史经验”“历史智慧”部分，那基本都属于人文，并没有标准答案，作者与读者之间完全可以有不同的见解和观点，见仁见智，何妨求同或求异！所以这部分就不必修改了。

本书初版时，我和全体作者都属中青年，最年长的我也还不满六十。如今，最年轻的两位作者都已接近我当时的年龄，而作者之一、复旦大学法学院的姚荣涛教授不幸已于2020年6月因病逝世。本书的再版也是对姚教授的纪念和安慰。

葛剑雄于庚子岁末

葛剑雄

总序

北宋元丰七年（1084年）十一月，经过近19年的努力，司马光和他的助手们终于在西京洛阳完成了294卷历史巨著——《资治通鉴》。在呈报给皇帝的表文中，司马光希望这部书能使皇帝“鉴前世之兴衰，考当今之得失，嘉善矜恶，取是舍非，足以懋稽古之盛德，跻无前之至治，俾四海群生，咸蒙其福”。可是不久，继位的哲宗和之后的徽宗辜负了司马光的一片苦心，并没有吸取这部书中所提供的历史经验和教训，更没有赢得“稽古之盛德”和“无前之至治”。就在《资治通鉴》问世后的42年，金朝的大军兵临开封，宋朝失去了半壁江山，连徽宗和他的儿子钦宗都当了俘虏，“四海群生”遭遇的不是福，而是无穷的祸。

但《资治通鉴》的价值并没有随着北宋的覆灭而丧失，相反，随着时间的推移，越来越受到历代统治者的重视。今天，包括《资治通鉴》在内的古代优秀历史著作，依然是值得我们珍视的宝贵遗产。

我们之所以重视《资治通鉴》一类历史著作，一个重要的原因，是它们不仅给人们提供了历史事实，而且明确地表达了作者对历史的看法和他所总结的历史经验。尽管由于时代不同了，我们不会完全同意他们的见解，或者只能将他们的看法作为批判的对象。但有一点是可以肯定的，他们所总结的一些具体的历史经验，具有永恒的价值。

历史发展有其基本的规律，这是不以人们的意志为转移的，是必然的。但任何一个社会发展阶段、任何一个朝代、任何一位君主、任何一个事件，都有其偶然性，不可能都按照某一种具体的规定出现或消失，兴盛或衰亡。在很大程度上，直接影响到这些人或事的，是人事，而不是天命；是偶然因素，而不是必然性；其结局往往千变万化，而不是只有一种可能性。

就拿中国的历史来说，封建社会占了目前我们所知道的历史时期的大部分。如果只研究封建社会的一般规律，只看到这个社会从产生、发展到消亡的大过程，就无法解释各个朝代的兴衰。在封建社会处在上升的阶段，在地主阶级被称为新兴的时期，照样有王朝衰落以至灭亡，而另一个勃兴的新朝并没有摆脱封建社会的特性，另一批成功的君主也不可能不代表地主阶级的利益。为什么同样是封建王朝，有的能持续三四百年，有的却只存在了一二十年，甚至胎死腹中？为什么同样是地主阶级代表，有的君主能开疆拓土，有的却只会割地赔款？有的可以清心寡欲，有的却一定要穷奢极侈呢？为什么在同一个阶级中也有忠奸贤愚，而同样是忠臣，结果却截然不同呢？

我们当然应该特别重视对历史发展总体性和规律性的研究，只有这样，才能把握住历史的大方向，才能对我们的事业有必胜的信心和执著的追求。但这并不意味着可以忽视具体的、一般性的历史经验，因为如果我们不重视这一类经验，我们的追求就未必能取得预期的结果。而且，对个人和一个部门来说，这类经验更具实用性和启发性，更易形成自己的智慧，更易转化为自己的财富。

这套书共8卷，每卷选择一个在中国历史上影响较大的朝代或时期，在该时段中选择一二十个题目，可以是人物、事件、制度、观点、阶段等等，通过具体的史实，提出作者的看法和见解。有时，通过史实的叙述道理已不言自明，作者自然就不必多说了。

我们不是写中国通史，所以只能写每本书涉及的阶段，但也不限于一朝一代，可以兼及前后左右。我们也不是作一朝一代的通史，只是从这一朝代或阶段中选取我们认为意义较大、便于表达而作者又有较好研究基础的题目。见仁见智，在所不免，读者或许会对自己认为重要的题目没有选入感到遗憾，那就只能请大家谅解了。

因为希望我们的书有更多的读者，在每一卷的开始都有一篇概述。这主要是为对该阶段的通史不太熟悉的读者准备的，也是为了使读者能对下面这些题目的相互关系和背景有一定的了解，具有这方面基础的读者完全可以不看。由于每篇都有相对的独立性，尽可以挑自己感兴趣的先看，不必照编排的顺序。我自己看书时常常如此，看了有味道的文章往往会不止看一遍，而不感兴趣或看了开头就乏味的文章从此不再看。当然，作为这套书的主编和作者之一，我还是希望书里的每一篇都能吸引尽可能多的读者。

1999年10月

目录

概 述

一、从神话中走来

中国古代曾经流传这样一个神话故事：很久以前，有一个名叫女修的姑娘，正在纺织，一只玄鸟（燕子）从天上飞过，掉下一只蛋。女修拣起那蛋，把它吞吃了。谁知道，女修因此怀了孕，生下一个男孩，取名为大业。大业成人后，娶女华为妻，生下儿子大费。大费曾为舜调驯鸟兽，又曾为禹平治水土。舜对功劳卓著的大费赐姓嬴。

记录于《史记·秦本纪》中的这个神话传说，折射出秦族先祖的一些情况。据此，有人提出秦族起源于东方海滨。因为，以玄鸟为图腾的氏族，最初就活动在东方。像殷人，他们有着与秦族相类似的有关始祖降生的神话——这神话说，上帝派一只燕子来看简狄，并生下一只蛋，简狄吞吃后，怀孕生下了殷人的始祖契——就出自东方。

二、在“西垂”崛起

不过，历史文献中正式出现的秦人第一个活动地区，是在“西垂”。西垂，即西方的边陲。这显然是出自中原王朝的一种叫法。在中原王朝的统治者眼里，他们处于世界的中心，而在他们的统治区域之外，便进入世界的边缘地带。至于天下究竟有多大，则要视中原与外界交往的范围以及所形成的眼界而定。

秦人曾经生活在商王朝西陲的六盘山与渭水中游地区。后来周兴商亡，秦人被迫向西迁徙，进入荒凉的黄土高原。随着周王朝的边境向外扩展，秦人生活的“西陲”也越来越远，最后到达了今天的甘肃天水附近。

在殷商和西周两代，秦族处于中原王朝的奴役之下。他们被驱赶到西北地区，与生活在那里的戎人、狄人互相往来，杂居共处，并因此有了秦族“杂戎狄之俗”的说法。

到西周中期，周孝王为了巩固对西北地区的统治，就设法与秦人加强联系。周孝王把秦地封给秦人首领非子，并让他接续嬴姓的祭祀。从此，非子这一族人就号称“嬴秦”，“秦”成为他们的正式名称。

随着周王室的衰落，秦人的地位和作用愈益受到周王室的重视。周王室让秦人去与不断进扰的戎狄作战。秦人在抗击戎狄的战斗中逐渐强大起来，还被封为“大夫”。

公元前 770 年，戎人攻入西周王朝国都镐京，西周灭亡。周平王继位以后，决定将国都东迁至洛邑。所谓“东迁”，实际上是被戎狄驱赶逃向东方。平王东逃时，秦襄公率领秦兵一路护送，顺利到达洛邑。因护驾有功，平王封秦襄公为“诸侯”，将周族早年的聚居地丰（曾为周人的都邑）、岐（岐山）一带赐予秦人。从这时候起，秦人建立了秦国。

然而，当时丰、岐之地仍处在戎狄控制之下。经过秦襄公、秦文公两代人的努力，秦国终于在公元前750年（秦文公十六年），夺回并控制了岐山以西的这片土地。这是关中（东以函谷关为界，相当于今陕西省、甘肃省部分地区）最富庶的地区之一，它为日后秦国农业生产的发展，客观上提供了有利条件。秦文公又招纳了在战乱中流散的周人，并从他们那里接受了较先进的生产技术，这加速了秦人由游牧经济向农业经济转化的过程，使秦人最后完全转入农业经济。

公元前688年和前687年（秦武公十年、十一年），秦国在一些新征服的地方开始设县，以加强对地方的控制。县的原意为“悬”，即东汉许慎在《说文解字》中所说的“系而有所属”（用绳子系住，虽悬挂着而有所归属）的意思。这些在边境设立的兼有军事和行政两种性质的组织，归秦国国君直接管辖，不易滋长和形成分封制所带来的地方割据势力。这一措施巩固了初生的秦国，增强了其实力。在武公时代（前697—前678年在位），西起甘肃中部，东至华山一线，整个关中的渭水流域，已基本为秦国所据有。德公时（前677—前676年在位），秦迁都于雍。

穆公在位的39年（前659—前621年）间，创下了“秦霸西戎”的业绩。秦穆公本欲东进，向中原谋取霸业。但晋国牢牢地控扼着秦国东进的道路，穆公只得转而向西发展。秦国逐渐灭掉西方戎狄所建立的国家20个，开辟国土千余里。这样，使长期以来被戎狄占据的西北广大地区，得以恢复农业生产，并结束了支离破碎的分裂局面，在局部地区实现统一。在统一的政权下，又加速了民族融合。这些为秦国社会经济、文化的发展带来极大好处。据《史记·孔子世家》记载，孔子曾高度称颂秦穆公的政绩，以为秦国虽小，志气却很大；地处偏僻，行为却中正。从穆公的用人之道看，是可以称“王”的，在西方称霸不过是顺其自然罢了。

秦穆公死后，他的继承者们曾积极参与中原的列国争霸，不过终春秋之世，并无大的作为。

三、改革导向强盛

进入战国后，秦国陷入了内部动荡和君权旁落的状况。数次政变，使其实力大大削弱，一些土地也被别国夺去。而与此同时，其他一些诸侯国则在改革的道路上快速前进。秦国日渐衰落。

就在东方的变革浪潮汹涌澎湃、秦国却因内耗而国势日衰的当口，秦献公于公元前 384 年即位。这位在魏国生活了将近 30 年，对魏国变法感受良多的君主，立即着手对秦国的旧制度进行改革，从而奏响了秦国改革的序曲。

秦献公即位当年，就宣布“止从死”，正式明令禁止古老而残酷的人殉制。第二年，又将国都从雍迁至栎阳。栎阳处于关中平原东部，扼守着中原与西北的经济要冲。迁都于此，显然与繁荣城市、促进经济发展的意图有关。然而，更重要的是，秦献公毅然将国都从关中迁至东部距魏国很近的地方，具有十分重大的政治和军事意义，体现了东进的战略思想。

秦献公十年（前 375 年），秦推出“户籍相伍”制度，即对国内居民人数进行调查统计，编制户籍。按每 5 户编成一“伍”。此举并非秦国首创。在周王朝统治初期，对居民组织就规定过五家为邻、五邻为里（或称五家为比，五比为闾）。但是，秦献公采取的这一措施，不仅强化了基层组织，整顿了社会秩序，还使居民基层组织与军队编制结合起来，便于国家统一征集兵员，强化了秦君对军队的领导权。这后面一点使秦献公的“户籍相伍”又具有新意，切合了秦国的实际需要。在此前一个时期，秦军大部分都是贵族的私属部队，并经常被作为发动政变的工具。实行“户籍相伍”，剥夺了贵族培植私人武装的特权，消除了秦国动乱的一个根源，从而加强了国君的权力，增强了秦国的实力。

秦献公又进一步推行县制。其中公元前 374 年（秦献公十一年）在栎阳设县，具有特别的意义。县原本是设于新得来的土地上，或边远的地区。在首都也设置县这一军政合一的组织，既表明当时首都处于军事争夺的要冲，地方行政组织必须适应战争的需要，也预示着县制将有可能在全国范围内加以推广。

经过秦献公的改革和努力，秦国逐渐恢复了实力，并在与魏、赵的军事斗争中逐渐取得优势。公元前 366 年（秦献公十九年），秦国大败韩、魏联军于洛阴。公元前 364 年，秦军深入到河东（指今山西省西南部，因位于黄河以东而得名），在石门大胜魏军，斩首级 6 万。这一仗打出了秦国的威风，震动了各国。为此，那个挂名“天子”周显王还派人到秦国送礼祝贺。

公元前361年，秦献公逝世。其时，秦国虽然取得了一点成绩和胜利，但与东方诸侯国相比较，却仍处于劣势。孝公即位后，深感秦国的落后，便大力招揽人才，进行大规模的改革。于是，就引出了著名的“商鞅变法”。

商鞅变法，使包括政治、经济、军事、社会各个方面的新制度，在秦国深深地扎下了根。正是在此基础上，贫穷落后的秦国，在此后的一百多年时间里，一跃而成为当时各诸侯国中最富强的国家，并最终统一了中国。

也正因此，本书叙述和讨论的重点，就始于商鞅变法，而止于公元前206年秦朝灭亡。

四、“秦”与“中国”

在秦国走向强盛、最后建立起秦王朝的过程中，“秦”与“中国”这两个名词的内涵及其相互关系，发生了极有意思的变化。

据研究，“中国”一词至迟出现在西周武王时期。它的最初涵义，是指国都。周人在灭商以前，将周王所在的丰、镐及其周围地区，称为“中国”；灭商以后，又将原来商的国都一带，也称作“中国”。以后西周覆灭，平王东迁，丰、镐沦为戎人占领区，那里就丧失了“中国”的地位。

在殷、周两代人的观念里，他们（殷人、周人）居于“天下之中”。例如甲骨文记录的殷人常提到的东、西、南、北“四土”以及“四方”，就是以“大邑商”为天下的中心而言的。从春秋战国使用的“中国”一词的内涵看，它已具有“天下之中”的意思，而不局限于“国都”。这一变化的细节，目前尚难确考。

平王定都的洛邑，曾作为西周王朝的陪都，它是周公东征胜利后，为了加强对东方的统治而兴建的。周人称洛邑为成周，称镐京为宗周。成周既是国都，又处于南来北往、东转西运的交通枢纽，遂成为兼有政治中心和地理方位双重意蕴的“中国”。

不过，东迁以后，诸侯国的势力急剧增长，周天子的权威则日薄西山，所以，一些得以与周天子平起平坐的大的诸侯国，也自称“中国”。这样，春秋时期的“中国”，其范围就由周天子的直属区扩大到晋、郑、宋、齐、鲁、卫等国，大致覆盖了今河南大部、山西南部、山东西部的黄河中下游地区。这些地区的人民自称华夏族，自以为居于世界的中心地区，并且在种族和文化上不仅有别于而且高于周边地区的其他民族。

秦人虽被平王赐予丰、岐之地，以后又从戎狄手中夺回了关中，但由于政治的、地理的、民族与文化的诸多因素，他们仍长期被摈斥于“中国”之外。当时不能享受“中国”“待遇”的，还有楚、吴、越等国。

进入战国以后，随着韩、赵、魏（这3国是从晋国分裂出来的）、齐、燕、秦、楚“七雄”竞争的逐渐展开，各诸侯国之间的交往迅速扩大，民族和文化上的差异趋于缩小，“中国”的范围也越来越大，最后将燕、秦、楚3国全部囊括于其中。

秦国被接纳进入“中国”的行列，是在商鞅变法以后。在商鞅变法以后的一百三十余年间，秦国的版图不断扩大，最终又将整个“中国”都划了进去。与此同时，“秦”字的内涵，也由一个“诸侯国”，变为代表一个新型的统一的“大帝国”。公元前221年，当秦始皇统一六国，“秦”“中国”这两个概念，在经过语义上的互不相涉到部分重合的变化之后，又画上了等号：秦 = 中国；秦人 = 中国人。

我们从西汉司马迁的《史记·大宛列传》和东汉班固的《汉书·西域传》中可以看到，当时邻近的一些少数民族，就称中国人为“秦人”。

可惜的是，“秦”与“中国”的这个等式，未能在汉语中留下痕迹。随着秦王朝的灭亡，代表秦人、秦朝的“秦”字，很快就被斩断了与“中国”的关联；它仅作为中国历史上的一群人、一个诸侯国和一个朝代，还继续出现。而不像继它而起的汉代，其“汉”字，在汉代灭亡以后，还继续作为“中国”“中国人”的代名词而继续存在。个中原因，固然与大一统的中国和汉民族、汉文化最终形成于汉代有关，显然，也与秦王朝的短命和造成这种短命的暴政密不可分。中国人不愿意在自己的称呼中，留下秦朝的短命和暴政的阴影。

然而，这仅是汉语中所发生的现象。在英语及其他一些语言中，“中国”（比如英语的China）的原意就是指“秦”。中国近代学人薛福成在他的《出使日记》中曾指出这一点。他说，在欧洲各国语言中，英语称“中国”为“采依那”，法语为“细纳”，意大利语为“期纳”，德语为“赫依纳”，拉丁语为“西奈”。这些叫法，究其意义，都是“秦”的音译。

“秦”（Ch’in）是英语“中国”及各种非汉语中其他同源

名称的原型，这一观点在1986年推出的《剑桥中国秦汉史》中，再次被肯定。

五、秦王朝：中华帝国之母

英语等语言以“秦”指称“中国”，或许出于一种偶然——比如，当时秦王朝（或者是强大的秦国）威名远扬，西域的少数民族遂将东方的华夏族人称之为“秦人”；“秦人”的叫法以后又逐渐西传，被其他语系的语言所吸纳。但是我们要注意这样的事实：古代中国主要是以统一的、中央集权的专制帝国的形象屹立于世的。这一形象最初由秦王朝塑就。

秦帝国所创拟的国家形态，在经过汉代的进一步完善以后，具有异乎寻常的稳定性。由秦汉以迄清代，它几乎没有发生什么大的变化，随着朝代的更替，不断地复现。这一国家形态，给中国社会的发展和中国人的文化心理，以及中国的方方面面，都带来了莫大的影响。

因此，从以上这一点来讲，英语等语言以“秦”指称“中国”，并相沿不改，又具有相当大的合理性。

六、应予重视的“国家形态”

对于秦帝国开创形成的国家形态，以及这一国家形态是如何演变发展而来的，我们有必要给予应有的重视。这里所谓的“重视”，不是指本书将要花费多少笔墨，来专门研究和讨论这些问题，而是指准备以国家形态的演变为线索，勾画一个比较大的历史背景，从而在这个大背景中，来描述、分析和评估秦国——秦王朝这一段具体的历史进程。这样做，或许能帮助大家高屋建瓴地认识和把握秦国——秦王朝的兴盛发展。

所以，在这里我们将对“三代”（夏、商、周）国家形态的演变，以及春秋战国时期旧的国家形态的崩解，和向新的国家形态的转化，做一番粗线条的勾勒。不过，在这之前，有必要对什么是“国家形态”说上几句。

在经典著作的翻译中，国家形态又往往译作“国家形式”。这是现代政治学中习见的一个词语。一般认为，它包括国家结构形式和国家管理形式。前者是指国家整体构成的形式，诸如：国家整体与各个构成部分之间的相互关系等。后者是指统治阶级组织国家形式的方式，也即通常所说的政体。

七、“三代”国家形态的演变大势

中国古代史书中有所谓“三代”的说法，那是指中国历史上最早的朝代（也即国家）夏代和以后相继而起的商代与周代（指西周）。夏代是否存在，以前一度曾成为问题。《史记》有《夏本纪》和《殷本纪》，记述了夏、商两代的若干史实，由于《商本纪》中的商王世系已被晚近出土的甲骨卜辞所证实，因此《夏本纪》中的夏王世系估计也不会出自司马迁的杜撰。夏代的存在已很少有人怀疑了。然而对这个最早的国家的详情，目前知道的仍然十分有限。

凭借着甲骨文和大量考古发现的商代遗物、遗迹，再证之以传世文献，有关商代的文明程度以及国家形态，今人已获得初步的认识：

商代已进入青铜时代的繁盛期，出现了规模庞大的都邑（国都），如晚期的河南安阳小屯，对这个都邑，一本名叫《竹书纪年》的先秦史书称之为“殷墟”。商王居住在都邑，并且是最高主宰者。甲骨卜辞有“大邑商”“大邑”的记载，指的就是这种都邑。今人也将此唤作“王畿”。王畿之外，在黄河、长江流域的广大地区，还散布着许多方国，如有方、土方、邛方、鬼方等等。商王和方国的首领之间，不存在后世那种君臣关系。商王以武力称霸，但众方国并不归商王管辖，而是独立的。因此，商代实际上是军事联盟性质的方国联合体。在《诗经》《尚书》《周易》等先秦典籍中，灭商以前的周人，往往称商为“大邦”“大国”，自称“小邦”“小国”，这些概念就是建立在这种国家形态基础之上的。

基于这样的认识，根据现有的史料，并辅以推测，夏代大概也应该属于这种方国联合体。

经过数代人的苦心经营，“小邦周”的势力逐渐扩大，并在大约公元前1089年，由周武王领导，许多方国共同参加，一举推翻了“大邑商”。

灭商以后的周初统治者，面临着一个难题：如何控制幅员辽阔的疆土？于是，武王和后来的周公，推出了分封诸侯的措施。

分封诸侯，就是将周王室的兄弟叔侄，和其他同姓贵族，异姓亲戚，以及元老重臣，封往各地，建立一些诸侯国，去统治新占领的地区，充当周朝统治中心的屏障，所谓“封建亲戚，以藩屏周”。后人计算，周初共分封了71国，其中姬姓53国，姬姓国中武王兄弟辈的16国，成王（武王之子）兄弟辈的

4 国，周公后裔的 6 国。周初分封的诸侯国有：

齐国在今山东东部地区，封给军师太公望；

卫国在今河南北部、河北南部一带，封给康叔封；

鲁国在今山东东南部地区，封给周公长子伯禽；

晋国在今山西南部，封给唐叔虞；

燕国在今河北北部，封给同姓贵族召公奭；

宋国在今河南商丘一带，封给已经降伏的商王室贵族微子。

周公死后，周王室继续分封（据说总共分封了 800 个诸侯）。由此，形成了大小邦国鳞次栉比、星罗棋布的格局。周王分封诸侯，叫作“建国”。每分封一个诸侯国，周王都要赐给受封者文告，叫“册命”，说明封地的疆界，辖区内人民、土地的数量，所赐给的下属官吏、仆役、奴隶以及礼器、车马、服饰等等，以表示给予受封者对封国的统治权力和权力的等级。受封者要对周王承担保卫王室、纳贡、朝贺等义务。周王对他们享有赏罚予夺的大权。国君的继位和废黜，甚至卿大夫的任免，也要由周王决定。

诸侯在国内分封卿大夫，叫作“立家”。所分之地称“采邑”。采邑的经济收入，作为卿大夫的俸禄。卿大夫以下有士，也被封予食地，他们以土地上的收入作为衣食之源。

周朝统治者所推行的分封制是同以血缘为基础的宗法制紧密联系在一起的。宗法制，简单地说，就是：嫡长子（正妻生养的长子）继承父位，为“大宗”，奉祀始祖；其余的嫡子和庶子（即旁妻所生之子）分封，为“小宗”。

以分封制和宗法制这两项制度为基石，周朝构建起了一个新的国家形态。它的构建原理，可概括为：

周王是“天子”（意为上帝或上天的儿子），并以嫡长子继承法世世相传，称为“大宗”，奉祀始祖。周王的同母弟与庶兄弟封为诸侯。诸侯也行嫡长子继承法，其对周天子而言是“小宗”，但在各自封国内，又是“大宗”，奉祀始祖。以其他亲戚关系或功臣身份受封的诸侯，莫不如此。诸侯的同母弟与庶兄弟等，封为卿大夫，卿大夫的同母弟或庶兄弟则为士，两者仍行嫡长子继承法。卿大夫对诸侯而言，为“小宗”，对其下的士而言，又为“大宗”。士的嫡长子仍为士，其余诸子则为平民。

通过这样的逐层分封，并配以利用血缘关系和垄断祭祀权而建立的“大宗”对“小宗”的统摄关系，一个统一而松散的王国，便取代了原来的方国联合体。这个新的国家形态具有如下三个突出的特点：

1. 周王是天下共主。这正如《诗经 · 小雅 · 北山》所记述的那样：“溥天之下，莫非王土；率土之滨，莫非王臣。”（普天之下的土地都归周王所有；普天之下的人都是周王的臣民）周王通过册封、朝聘、巡狩等“礼”的方式，来强调和突出自己与诸侯间的君臣关系。

2. 归周王直接管辖的地方，其实只限于王畿，诸侯国是各自为政的，具有很强的独立性。同样，诸侯在其封疆之内也没有支配一切的权力，因为大部分土地已分封给卿大夫，由他们分别治理。

3. 这就造成了西周王朝的主权是逐层分化的。统一、松散、主权逐层分化的西周王朝延续了约 300 年。其间，这一国家形态促进和维护了社会的进步、文明的发展。可是，随着时间的推移，这个国家形态又逐渐老化、不合时宜。最终，崩解和转化就势在必然了。

八、时间的“锯齿”，噬啮着……

崩解的原因和必然性，可从多方面寻找和进行解释。这里我们从最简单、最易理解的两个因素入手，予以揭示。

1. 经过若干代的传衍以后，周王与诸侯国之间的血缘关系越来越远（原本没有血缘关系的当然就更加疏远），天子利用宗法制对诸侯所具有的统摄力、约束力也随之愈益减弱。于是，当诸侯国的实力膨胀到一定程度，天子与诸侯之间的关系就无可避免地要发生变化，并逐渐导致王纲解纽，天子权威丧失。

2. 人口的增长，从根本上动摇了分封制。周初推行分封制，既建立了中央政府下辖的地方政权，并以此起到藩屏周室的作用，同时又为周代贵族如何对财产和权力进行再分配，确立了一种标准。这无疑是一项积极、有效的举措。可是，分封制之所以得以施行，是凭借当时地广人稀，尤其是贵族人口较少这一客观条件。土地是有限的，分封不可能无限制进行下去。随着人口的繁衍，越来越多的贵族后裔分不到土地。此前有土地的，也已发生转移或流失。没有或失去采邑和禄田的贵族，地位随之下降。他们有的成为士，有的甚至变为平民。这就是春秋战国时期士阶层人数增多、并且特别活跃的一个重要因素。他们中的不少人，积极要求改变旧的体制。

与此同时，全国的总人口也逐渐增加。原来的荒地，被开垦了；原来无人居住的地区，有人落了户。土地相对地变少了、变珍贵了，各诸侯国开始互相攻城略地，甚至兼并那些弱国、小国。旧秩序逐渐瓦解。

时间犹如一把无形又无情的锯子，切割着历史进程中的一切，使新的变旧，使曾经朝气蓬勃的转而变为暮气沉沉。人口增长和血缘关系因代际扩大而变得疏远，就好比时间的两个“锯齿”，噬啮和破坏着分封制与宗法制，以及建立在其之上的国家形态。

九、“尊天子以令诸侯”的春秋

自平王东迁，中国历史就进入了东周时期。东周又分为两段，前期称为“春秋”，它得名于孔子所作的史书《春秋》；后期称为“战国”，其得名与汉代刘向编辑的《战国策》有关。

当年分封的诸侯国与王室血缘关系已远，加之各封国内部也都发生了沧桑巨变，所以，春秋时期一些诸侯对周王室的贡纳逐渐停止或减少，东周王室的财政日益拮据。周平王于公元前720年死去，继位的桓王无力置办丧葬用品，派人向鲁国索求。周襄王时（前651—前619年在位）王室没有像样的车子，派人到鲁国去讨。周襄王死后，为办丧事，又去向鲁国要钱。

西周时期，周王室控制着从镐京到洛邑一千多里（按顾炎武的说法，古之百里，当今之62里。见《日知录》卷三）的土地。平王东迁，王畿面积缩小了约一半。而到周襄王时，天子的直辖区更缩小到不足200里，形同一个小诸侯国。一些诸侯国则在吞并小国、弱国的过程中，不断壮大起来。据《史记·十二诸侯年表》，齐、晋、秦、楚等国在分封之初，都仅有百里或五十里，可到后来，这些国家的面积数倍或数十倍于此（楚国曾号称“地方五千里”）。诸侯与王室的地位随之就颠倒过来。公元前518年，郑国大臣子大叔对晋国执政大臣范献子说，晋国要照顾周王室。他引用《诗经·小雅·蓼莪》中的“缾之罄矣，惟罍之耻”（瓶中的酒没有了，是罍的耻辱）来比喻王室和晋的关系。“缾”即瓶，瓶和罍（音雷）都是盛酒器，瓶小、罍大。以罍比喻晋国，以瓶比喻周王室，真够形象、生动的。

东迁以后，周王再也没行过“巡守”礼，诸侯也难得去朝见天子。地盘缩小，经济困窘，政治失势，王室衰微，天下“共主”名存实亡。

而另一方面，一些国力强盛的诸侯争相称霸。齐桓公、晋文公、秦穆公、楚庄王、吴王阖闾、越王勾践（越国是越族人建立的国家，非由周王分封，但越王勾践曾引兵北上，大会诸侯于徐州，号称霸王，并得到周元王的承认），先后取得霸主地位。这些霸主往往打着“尊王”的旗号，借助周天子的权威，以压服其他诸侯国。他们成为实际上的“共主”。

为了争当霸主，或为了不受他国的欺辱，各国随之着手进行政治改革，以增强自己的实力。春秋时期，各国之间的争霸战争与各国内部改革和反改革之争交织在一起，呈现出十分复杂的局面。不过，有一些迹象是很明显的：军功贵族的势力在上升；军政大权逐渐落入卿大夫手中。这也就是孔子说的，原来的“礼乐征伐自天子出”（制礼作乐和出兵都决定于天子）变为“自诸侯出”（决定于诸侯），又进一步变为“自大夫出”（决定于大夫），以至“陪臣执国命”（大夫的家臣把持国家政权）。（《论语·季氏》）

十、“七国争雄”的战国

战国时期的开端，有人定在公元前 481 年，这一年，齐国大夫田常以武力夺取了齐国政权。也有人定在公元前 453 年，这一年，晋国的三家世卿瓜分了晋君的大部分土地，晋国事实上分裂为韩、赵、魏 3 国（习称三晋）。然而，从国家形态演变的角度看，更具标志性意味的事件则是公元前 403 年，周威烈王竟然承认了“三家分晋”，将韩、赵、魏 3 家由大夫升格为诸侯。

对于这一事件，宋人司马光曾不无痛惜地在《资治通鉴》中说，是周天子自己破坏了封建等级社会的纪纲和名分。司马光还认为，如果周天子当时不给 3 家以诸侯的名分，那么必然会有伯主（即霸主）出来讨伐韩、赵、魏的。这种看法显然过于迂阔。司马光看不清当时强大的新兴军功贵族推翻已经腐朽的国君，乃是历史的必然。周天子承认 3 家大夫为诸侯，事实上是承认了当时所发生的天崩地裂的变化。

在三晋建侯后的 17 年（前 386 年），周天子又同意齐国田氏升为诸侯。

三晋和田齐正式升为诸侯，造就了 4 个新的国家。这些新兴的国家，经过进一步的改革，先后走上了中央集权的道路。新统治者吸取历史教训，不搞层层分封，旧有的小封君逐渐被既非世袭又无采邑的地方官吏所替代。虽然诸侯偶尔也把土地封给功臣或子弟，但受封人数少，而且一般封于荒远的边地，所以，他们绝不足以与中央抗衡。这样，统一的、君主集权的国家，首先在这些诸侯国逐渐形成。

周王室分封的诸侯国，大大小小难以计数。据一项统计，春秋时期曾存留 120 个之多。不过，他们中的绝大多数，都在春秋争霸战争中被兼并了。至战国早期，各地诸侯国只剩下十几个，大的有楚、越、赵、齐、秦、燕、魏、韩 8 国，小的有宋、鲁、郑、卫、莒、邹、杞、蔡、任、滕、薛、曾等国（之后这些小国相继为大国所灭）。越国于公元前 306 年被楚国灭亡，其余 7 个大国史称战国“七雄”。

7 个大国所处的地理位置大致是：南面是楚，东面是齐，北面是燕和赵，西面是秦，韩、魏居中。由于秦在函谷关以西，其他 6 国在函谷关以东，所以有“关东六国”“山东六国”或“东方六国”等叫法。

战国中期，中原的一些诸侯国相继称王。“王”原是周天子的称号。春秋争霸，各国仍称“邦”。齐邦、晋邦等称谓屡见于春秋时期的金文，只有不遵从周朝礼制的楚、吴、越才自称为王。然而这并不为中原诸侯承认。而且，楚、吴、越常被当作蛮夷受到排斥。公元前 334 年，齐国和魏国互尊对方为王。齐、魏相王不啻是惊人之举，它还宣告了春秋以来“尊天子以令诸侯”的争霸已经结束，周天子名义上的独尊共主地位也已不复存在。事隔 10 年，秦为与齐、魏对抗，也称王。过了两年，即公元前 323 年，魏、韩、赵、燕等国又互尊为王。列国称王，均成为名副其实的独立国家。至此，西周王朝所确立的国家形态，破坏殆尽。而与此同时，新的国家形态正处于痛苦地分娩之中。

在战国中晚期的兼并战争过程中，各国都大力强化了君权，初步形成君主专制的中央集权制度，建立了以国王为首的官僚政府。在此基础上，各国都成为一个独立的统一体。秦王政统一六国，建立秦王朝，在一个前所未有的庞大规模上，放大、复制和完善了这样的统一体。

十一、周秦之际：国家形态的转化

承上所述，我们认为：

春秋、战国时期社会动荡、政治变革的本质，在于从建构在西周分封制、宗法制之上的国家形态，向新的、更为成熟的国家形态的转化。“礼崩乐坏”象征着旧制度、旧秩序的瓦解，然而同时也反映了新制度、新秩序的萌生。各个分裂的、走向独立的国家，既导致了旧的国家形态的崩溃和终结，又通过各自范围内的政治实践，创造出新的国家形态的胚胎和雏形。秦国经由改革和兼并战争，创立秦王朝，最终促成了这一转化。

从商朝的方国联合体，到西周统一而松散的王国，再到秦朝中央集权的统一帝国，我们从中不难发现中国历史演进的某些轨迹。

秦王朝的产生，可以视为先秦历史发展的一个顺理成章的结局。秦王朝在新的生产力基础和文明程度之上，运用更新颖的政治手段，继承、发展了商、周两代的王朝传统，将“统一”的中国推向一个更高的形态。

十二、制度层面的考察

就制度层面而论，君主集权制、官僚制和郡县制的形成，推动了周、秦之际新旧国家形态的转化。

1. 在分封制的体制下，诸侯虽为封国之主，然而其权力却是相当有限的。进入春秋时代以后，在各国争霸和兼并日趋激烈的严峻形势下，诸侯们不得不进行改革，奋发图强。一些无能、腐朽的诸侯，或被消灭、兼并，或被取而代之（如三家分晋、田氏代齐）。各国改革的目标之一，是提高国君作为一国之主的权威。各种制度和措施相继推出，以助于君主的专制集权。战国时期建立的玺、符制度，就十分鲜明地彰显了当时各国国君已收揽了军政大权，成为一国的主宰。

玺（官印）、符（又称兵符、虎符）是两种凭证，国君用以任免官吏、传达政令、调遣军队、派遣使者。官吏的任免以玺为凭，任命时发放，免职时收回。符作伏虎形，上有铭文，分为两半，由君主和将领各执一半。传令的人必须持有君主的那一半，并与将领那一半相合无误，将领才会受命行动。“窃符救赵”就反映了这种合符制度。

2. 随着各国改革的深入，特别是经过战国时期前 100 年的变法运动，极大地削弱了世袭贵族的特权，废除了世袭的卿大夫按声望和资历担任官职，并享受一定的采邑收入的世卿世禄制度，而代之以一整套官僚制度。其要点是：高级官员由国君直接任免。除了君主和一部分封君外，从朝廷到地方的官吏都不能世袭。国家机构是常设的，人员则随时可能变动。官吏以粮食等为俸禄。还有一套相对应的考核和奖惩办法，以监督和检查官吏。

下面以宰相制为例，看一下官僚制度是如何取代世卿世禄制度的，以及它所具有的进步意义。

春秋以前，执掌王室和诸侯国大权的卿，都是君主的近亲或近臣，而且世代相传。到春秋时期，一些诸侯国的世卿不仅操有军政大权，而且还凌驾于君主之上，时常废立或谋杀君主，君主逐渐成了傀儡。凡是世卿掌权的诸侯国，内乱不休，国势日衰。春秋初年，楚国率先称王，不久实行令尹制。令尹由楚王任命，并可随时撤换，甚至处死。担任此职位的，也不再限于楚国贵族。此后，齐桓公任命非贵族出身的管仲为相；秦穆公起用奴仆出身的百里奚，并委以重任。这些都是不同于世卿制的宰相制的萌芽。到战国时期，宰相制度已发展为各个大国的基本制度，有相、相国、丞相等不同称呼。相对于公卿世袭制，宰相制度有明显的优点，它打破了血统的限制，使真正有才干的人掌握了权力；宰相由君主任命，保证了君权的集中和政令畅通。在施行宰相制以前，卿既是最高执政官，又是军事首领。宰相制确立后，文武分职，军政分治，这也有利于提高行政效能。

3. 郡县制是便于君主集权的又一种政治形式。郡和县作为地方行政单位，出现于春秋时期。那时，县设于边地，带有军事防御性质；郡则设在戎狄杂居的地方。战国中期以后，从三晋开始，随后是楚和燕，都形成郡、县两级政权。郡、县两级地方政府均属中央的派出机构，其长官由君主任命，可随时撤换或调动，权力集中于君主的手中。郡县内的农民归国家直接控制和管理。

特别说明一点：作为新的国家制度中三项最基本要素的君

主集权制、官僚制和郡县制，它们之间的关系，并不是完全分离的，而是相互依存的。像官僚制和郡县制，都有利于加强君主集权，也可以理解为君主集权制的两项内容。

从战国到秦汉，君主集权制、官僚制和郡县制的发展，有着比较明显的因袭的特点。以官僚制为例，秦王朝政府部门的设置就是以战国时期各国的官僚制为蓝本的。当代著名史学家杨宽曾指出："秦汉以后的中央集权的封建王朝，便是沿袭战国时代的制度的。秦汉时代的中央政府组织，在皇帝之下设有三公，三公是左右丞相、太尉和御史大夫。不仅丞相是沿袭战国时代的，就是太尉和御史大夫的官制也还是从战国时代的官制中发展而来的。"（《战国史》）

十三、以邻为壑：乱莫大于无天子

然而，战国时期形成的那些独立的中央集权国家，并不能为社会的安定、文明的进步提供有效的保障。相反，这些经过变革而实力倍增的国家，反而把人民抛入了空前深重的苦难之中。大规模的残酷的兼并战争，使民不聊生，家破人亡，卧尸遍野。当时有人说过：经过一场大战，所有战死人员的丧葬费和伤员的医药费，以及车子武器的损失，即使用10年财政收入也不足以补偿（《战国策·齐策五》）。

各大国割据称雄、互相征伐，如何给人民带来灾难，可以当时人为造成的水患为例，予以说明。

战国时期，各国奉行"各以为利"的原则治理水患，兴修水利。它们只图自身的利益，不管别人的死活。像齐国和赵、魏两国以黄河为界，西面的赵、魏地势高，东面的齐国地势低，河水常向齐国漫溢。于是，齐国在沿黄河 20 里处筑了堤防。此后，遇到黄河涨水，河水就向赵、魏泛滥。随即，赵、魏也在沿黄河 25 里处筑起堤防。这样一来，河水泛滥时又为害齐国。

针对战国时“雍（通壅，意谓堵塞）防百川，各以为利”的做法，孟子曾痛加挞伐。《孟子 · 告子下》记录了这样一段对话：

“白圭说：‘我治理水患比大禹还强。’”

“孟子说：‘你错了。禹治理水患，是顺乎水的本性而行的，所以禹使水注入四海。如今你却让水流到邻近的国家去（此句原文为：今吾子以邻国为壑。壑，意谓受水处）。水逆流而行叫洚水。洚水就是洪水，那是为有仁爱之心的人所厌恶的。你错了！’”（白话今译）

“以邻为壑”，属于对付洪水的办法。而当遇到天旱时，各国又互相争夺水资源，甚至不惜破坏别国的水利。《战国策 · 东周策》载有“东周欲为稻，西周不放水”一事。那是说周天子的王畿分裂为东周和西周两个小国后，互相之间矛盾重重。一次遇到干旱，东周想引水灌溉稻田，而地处上游的西周则阻塞水道，不让水流入东周。兄弟相“煎”，何其急也。

在战国时期激烈的兼并战争中，还常常发生用决堤放水，来进攻或对付敌国的事情。比如，公元前 358 年，楚国伐魏，曾决黄河水灌长垣。公元前 225 年，秦将王贲进攻魏国，包围大梁（魏国都城），因久攻不下，最后引黄河水灌大梁，逼迫魏国不得不投降。赵国在对外作战中，也多次毁决黄河堤防，以致造成连年不断的大水灾。

诸侯林立，给人民的交往和商品流通也带来阻碍。为了勒索钱财，征收苛税，各国到处设立关卡。对此，孟子曾指出："古代设立关卡是为了抵御强暴；今天设立关卡，却是为了实行强暴。"（《孟子·尽心下》）

面对分裂割据给社会和人民带来的痛苦和不幸，成书于公元前 239 年（秦王政八年）的《吕氏春秋》，曾说了这么一段话："今周室既灭，而天子已绝，乱莫大于无天子，无天子则强者胜弱，众者暴寡，以兵相残，不得休息……"这道出了当时人民渴望统一的心声。

这也意味着，在国家形态转型的过程中，战国中晚期出现的分散而各自独立的中央集权制国家，尚未成为历史选择的最终结果。

十四、战争：痛苦的必由之路

历史进入了两难的境地：分裂，不利于国计民生；消除分裂，从以后的历史进程来看，只有通过战争，然而，这同样有害于国计民生。

分析当时的各种言论，可以发现，虽然到战国中期以后，走向统一的大势已趋向明朗，一些有识之士也已清楚地意识到，统一终将到来，但是，对统一究竟如何得以实现，看法却并不一致。比如当时的大思想家孟子（约前 372—前 289 年），就认为整个局势最后是会"定于一"的，但他同时又坚信，只有"不嗜杀人者能一之"（《孟子·梁惠王上》）。这就是说，走向最后的统一，主要依靠的不是战争，而是仁义。孟子期盼着有朝一日，能出现一位贤者，借助精神的感召力，赢得天下的统一。

稍晚于孟子的荀子（约前313—前238年），也表达过类似的观点。他说："能让天下归心的，就为王；被天下背弃的，则是亡。商汤和周武王注重和推行道义，兴天下共同之利，除天下共同之害，所以让天下归心，成为王。"（《荀子·王霸》）

与孟子、荀子不同，《吕氏春秋》的作者意识到了必须用武力的方式消灭各诸侯国，才能建立统一的中央集权的政府。可是，《吕氏春秋》又指出，只有用"义兵"，才能赢得胜利。

历史证明，《吕氏春秋》的作者在展望走向统一的途径这一点上，远比孟子、荀子高明。但是，在长平之战中残杀40万降卒的秦军，能称为"义军"吗？

对于战国时期的战争，和秦国如何用武力实现统一，我们将在本书《流血漂橹的战国之"战"》和《从九鼎迁秦到天下归一》两篇中，加以展开。不过，在这里，有必要先引述和学习历史唯物主义的一个观点。从中，我们可以获取一些重要的启示，从而有助于正确地理解这段历史进程中的某些现象。

恩格斯说："……恶是历史发展的动力借以表现出来的形式。这里有双重的意思，一方面，每一种新的进步都必然表现为对某一神圣事物的亵渎，表现为对陈旧的、日渐衰亡的，但为习惯所崇奉的秩序的叛逆；另一方面，自从阶级对立产生以来，正是人的恶劣的情欲、贪欲和权势欲成了历史发展的杠杆，关于这方面，例如封建制度的和资产阶级的历史就是一个独一无二的持续不断的证明。"（《路德维希·费尔巴哈和德国古典哲学的终结》）

十五、秦国：胜利绝非偶然

战争将分裂导向了统一。历史在“两难”之中顽强地开辟出前行的道路，而不惜付出惨重的代价。那么，历史又如何选择了秦国，让它扫平群雄，担当起统一的大任？

要解答这个问题，不妨先听一听在秦国统一六国之前，当时一些人是怎样分析秦国的前景的。

纵横家苏秦（活跃于公元前4世纪晚期和前3世纪前期），曾向秦王游说：“大王之国，西有巴、蜀、汉中的丰饶，北有胡族的貉和幽州的马匹可供用武，南有巫山、黔中的险阻，东有崤山和函谷关的坚固。加上田野肥美，人民殷实，战车万乘（音圣，古代称4匹马拉的车一辆为一乘），斗士百万，沃野千里，物产丰足，攻之不可得，守之不可坏，真可谓是‘天府’，是天下的雄国。以大王的贤德，士民的众多，车骑的精良，以及对兵法的熟悉，秦国可以并诸侯，吞天下，称帝而治。”（《战国策·秦策一》）

公元前268年，魏国辩士范雎入秦。范雎向秦昭王进言，指出秦昭王可成“霸王之业”。他说：“大王之国，北有甘泉、谷口，南面围绕着泾水、渭水，西有陇山、蜀地，东有函谷关，所以四面都可以固守。大王还有战车千乘，斗士百万。以秦国士卒之勇，车骑之多，去对付东方诸侯，就好比用韩庐（俊犬名）去追逐跛足的兔子。”

辩士的话常常颇为夸张，但证之于各种史实，以上苏秦、范雎的言论，“水分”并不多，反映的基本上都是实情。两人对秦国可以称帝、成就霸业的见解也大抵相似，主要的依据可概括为：1. 秦国占据着利于攻又便于守的险要形势；2. 物产丰饶；3. 兵力强盛，将士勇猛，装备精良。两人的分析固然不全面，但讲到的几点都是对的。比如，其中的第一点，几乎为所有的分析秦国胜利原因的人所注意，并予以强调。汉代的司马迁甚至说过，自秦穆公至秦始皇，秦国常常称雄于诸侯，是“其势居然也”（是山川形势造成的）。司马迁指的“势”，就是秦国险要的地理形势（《史记·秦始皇本纪》）。

值得特别注意的是，苏秦对秦国以“并诸侯、吞天下”相期许，这直接道出了秦国可以担负起统一的重任。而遍索先秦史籍，于秦之外的列国，从无任何人对它们有过如此的期盼，作过类似的预言。即使雄强如齐、楚，也至多许以霸业。由此看来，秦国最后能打败列国，统一天下，绝非偶然。

十六、“什居其六”的雄厚国力

得天独厚的地理环境，加上富有成效的政策，这就奠定了秦国强盛的基础。

八百里秦川，自古以来就是发展农业的理想之地。自商鞅变法之后，秦国采取“赐爵”、免除徭役等方式，鼓励人们努力从事农耕，从而使秦国的农业生产迅速发展起来。后来郑国渠竣工，又进一步改善了农作的条件。这些为秦国在战争中走向胜利，提供了必要的保障。

秦惠文王（前 337—前 311 年在位）时，秦取得了巴蜀地区。这也是一块自然条件极好，并有着悠久的农业生产历史的地方。经由秦国中央的正确政策，和前后数任蜀郡守的积极治理，特别是兴修都江偃，开凿栈道，使巴蜀地区迅速占据了举足轻重的地位。

秦国还是中国较早使用牛耕的地区。这种先进的生产方式，将秦国的农业生产推上一个新台阶，并为秦军增添了威力。在著名的秦赵长平之战之前，赵国大臣赵豹曾力图劝阻赵王放弃与秦开战。理由之一就是“秦以牛耕”，即秦国是用牛耕田的。对于代表了一种新的生产力的耕牛，秦国上下都对它十分珍爱和重视。秦国法律规定，每年正月、四月、七月、十月，政府要对各地喂养耕牛的状况进行调查。谁的牛养得好，有奖；否则，予以处罚。

优越的地理环境，加上积极的治理，使秦国在战国晚期发展为“超级大国”。司马迁在《史记》中对秦国做过这样一个估计：“关中之地，于天下三分之一，而人众不过什三；然量其富，什居其六。”这就是说：秦国的人口不足全中国的3/10，土地却占了1/3，而财富则占60%。正是在如此雄厚的物质基础之上，秦国才得以用武力兼并天下。

十七、七世而胜

秦国走向兴盛并统一天下的原因，除了以上所述，还有许多。对此，我们将在正文中逐一加以评说。这里，再就秦国统治者的作用，提纲挈领地说一下。

自秦孝公到秦王政，秦国共经历了七世君主：孝公（前361—前338年）、惠文王（前337—前311年）、武王（前310—前307年）、昭王（前306—前251年）、孝文王（前250年）、庄襄王（前249—前247年）、秦王政（前246—前221年）。其中除孝文王继位才3天就一命呜呼，可以不予置评，其余包括在位仅三四年的武王和庄襄王在内，这些秦国国君都是有所作为，或在大臣们的辅佐下有所作为的。孝公重用商鞅实行变法，形成了秦国由贫弱走向强盛的一个转折。惠文王杀死与自己宿怨极深的商鞅，却在总体上保留了商鞅推行的政策。这使秦国能在商鞅变法的基础上，继续飞速发展。惠文王还对商鞅变法的部分措施予以调整、修改，比如对游说之士开禁，从而吸引了一大批人才入秦，如纵横家张仪，墨家的巨子腹䵍、田鸠，等等。这多少又可看作是对商鞅变法"矫枉过正"的一种反拨。

武王虽然缺少惠文王那般智慧和卓识，却也雄心勃勃，在武功上有所建树。昭王登基后，出现了外戚专政、魏冉专权的局面。不过魏冉执政期间，秦国也曾一度在对外军事活动中取得胜利，大大地削弱了齐、楚和三晋的势力。所以，宋代司马光曾评论说："使天下诸侯稽首（叩头）而事秦，秦益强大者，穰侯（即魏冉）之功也。"（《资治通鉴》卷五·赧王五十年）公元前268年，魏人范雎入秦，昭王在范雎的建议下翦除外戚势力，加强了王权。同时还明确了"远交近攻"的方针，这大大地加快了秦国在兼并战争中走向胜利的步伐。

庄襄王在位以及秦王政亲政以前，秦国处于吕不韦执政的时代。在这期间，秦国既有出色的武功，又有成绩斐然的文治。亲政后的秦王政，奉行"独治其民"的原则，平定嫪毐之乱，又迫使吕不韦自杀，进一步强化君主专制制度。同时起用李斯、尉缭，发动了统一六国的战争，在以前数代君臣业已筑就的基础上，如秋风扫落叶般消灭东方列国，统一了中国。汉代贾谊说："（秦王政）续六世之余烈（功业），振长策（马鞭）而御宇内，吞二周（指西周、东周两个小国）而亡诸侯，履至尊（意谓加强君主专制）而制六合（指天、地、四方），执敲扑（戒尺）而鞭笞天下，威震四海。"唐代大诗人李白则在《秦王扫六合》诗中，深情地歌咏道："秦王扫六合，虎视何雄哉！"

自孝公以下的七世君主，将秦国一步一步推向胜利，推向灿烂的顶峰。

较之东方国家的楚怀王、齐王建之辈，秦国的这些君主，均不失为"明主"。他们是秦国统一大业得以完成的重要保障。

十八、流星，一闪而过

公元前221年，庞大、统一、高度集权的秦帝国，宛如横空出世，降生于亚洲大陆的东部，揭开了中国历史新的一页。

像秦王朝那样拥有辽阔的疆土，并设置了宏大而严密的统治机构，推行各种"大一统"措施的国家，在当时的世界上可谓独一无二。不仅如此，即使近代国家产生以前，在中国这块土地之外，也是少有能与其相匹敌的。在这个意义上，秦王朝的诞生，是人类历史上的一个奇迹，一大创举。它推动了人类文明的发展。

20世纪70年代发现的、被誉为世界"第八奇观"的陕西临潼秦兵马俑，便是人类文明史上这项重大创造的一个物化形态的缩微记录。被列入世界"七大奇观"的长城，也折射着它雄浑壮阔的景象。今日所见的万里长城，虽非秦长城，而是建于明代，可是无论就其物质形式还是象征意义而言，都与秦王朝有着不可分割的联系。兵马俑和长城，将秦王朝的那种气派和空前的盛况，穿越时空，活脱脱展现在今人面前，让世人叹为观止！

可是，从秦王政自称“始皇帝”至子婴投降反秦起义军，才仅仅相隔 15 年。

秦王朝，就像历史长空中的一颗流星，在绽放出一阵耀眼的光芒以后，就迅速地消逝了。

十九、自掘坟墓的“二世而亡”

嬴政自称“始皇帝”，原指望嬴氏的家天下可以由此而“二世”“三世”，以至传之永远。然而，皇帝的宝座却仅传至“二世”。秦二世胡亥自杀后，子婴继位，但子婴称的是“王”（这意味着秦试图割据称王），而不是“秦三世”。子婴设计杀死了赵高，可面对汹涌澎湃的反秦浪潮，他无力回天，仅在位 40 余日，就向刘邦交出了国玺。秦朝彻底覆亡。

由于子婴并未称皇帝，又继位不过 1 月余，所以历史上有秦王朝“二世而亡”的说法。

秦王朝迅速灭亡的原因，一直吸引着古今中外史学家的目光。他们的见解当然并不完全一致，但有一点却是大家的共识：“二世而亡”与秦朝的暴政有关。

本来，秦王朝建立后，久厌战乱、渴望统一的广大人民，对秦始皇抱有很高的期望。这正如西汉贾谊指出的：“秦并海内，兼诸侯，南面称帝，以养四海。天下之士斐然向风，……元元之民冀得安其性命，莫不虚心而仰上。当此之时，守威定功，安危之本在于此矣。”（《过秦论》）

可是，秦始皇并没有认识到统一的实现，是因为顺应了人民群众的要求和历史潮流，也没有意识到，秦初定天下，百姓最大的愿望是“安其性命”。相反，秦始皇过高地估计了自己的“圣明德智”，并错误地以为这就是秦王朝一切成就的来源。因而，他毫不爱惜民力，动工修建许多规模浩大的工程，横征暴敛，将人民群众置于水深火热之中。

秦二世胡亥篡位后，秦的暴政更甚于往昔。年少无知的胡亥，既无统治经验，在残忍昏暴、穷奢极欲以及搜刮民脂民膏方面，又青出于蓝而胜于蓝。失去生路的民众只能铤而走险，奋起反抗。

陈胜、吴广在大泽乡“揭竿而起”，立即使“天下云集而响应，赢（担负）粮而景从”（贾谊《过秦论》）。《史记·张耳陈馀列传》载，当时“家自为怒，人自为斗，各报其怨而攻其仇，县杀其令、丞，郡杀其守、尉”。这充分反映了秦王朝已被天下的人民所抛弃，从而，它也就失去了存在的基础。

二十、人民的力量：水能载舟，亦可覆舟

陈胜、吴广起义是中国历史上第一次全国性的大规模农民起义，它狠狠地打击了秦王朝的残暴统治，表现出人民群众高度的勇敢、智慧和创造精神。“王侯将相宁有种乎？”陈胜的这一声呐喊，既是对剥削阶级鼓吹的“君权神授”论给予的当头棒喝，也代表了人民群众自我觉醒的一声长啸。此后，这一口号为所有受欺辱、受压迫的民众奋起抗争，提供了一件有力的思想武器。

陈胜、吴广的起义虽然失败了，但由他们引发的反秦武装斗争，却最终推翻了秦朝的腐朽统治。不仅如此，由陈胜、吴广树起的“张楚”大旗，在反秦斗争的征程中，始终不倒。陈胜、吴广的精神激励着各路起义军前赴后继，顽强战斗，直至将秦朝的反动势力消灭干净。陈胜、吴广的英名永存。

秦朝的覆亡，成为以后地主阶级政治家都必须正视的一个历史经验教训。他们从中咀嚼出的味道，大概苦、辣、辛、酸都有。但有一点他们都不能不重视，那就是：在历史的发展过程中，“民”具有重要的作用；任何轻视民众力量的人，都将重蹈秦的覆辙。

后来，唐代的李世民在总结历史的经验教训时，就将君主比作舟，而将民众比作水，以为“水能载舟，亦能覆舟”。(《贞观政要·教戒太子诸王》)

二十一、长城：无尽的思索

秦朝一转眼就灭亡了，可最终形成于秦始皇之手的统一帝国的国家形态，却一直延及清末。它既对古代中国的繁荣和文明的发展，起到了积极的作用，同时，也对中国社会的进步产生了诸多的负面影响。中国古代社会的许多毒瘤，就是生长在这个皇权高度膨胀的专制体制的躯体之上。

所以，与秦帝国有着密切关系的万里长城，留给后人的就不仅是骄傲和自豪，还有思索。

其实，中华民族对长城的思索，早就开始了。很典型的一个例子，就是“孟姜女哭长城”的故事曾在民间广泛流传。这个故事的影响之大，以至于在一些地方还为孟姜女塑像修庙。这个故事讲：

从前，有一对新婚夫妇范喜良和孟姜女。范喜良被强征去修长城，后来，终于在沉重的劳役中被折磨死去。孟姜女思夫心切，饱含深情地做了“寒衣”。她带着寒衣历经艰险，跋山涉水，满怀希望与丈夫相会。可是，当她来到长城边，才知道丈夫已死。她放声痛哭，哭声震动天地，泪水四溅，把长城都冲塌了一道 40 里长的缺口。

一个质朴无华的故事，它的思想内涵，有时会胜过一打精致的理论。

但愿我们以后再次站在长城之上时，会对它多一点认识，多一点感受，多一点思索。

帝业初开
商鞅变法

历史的转变关头，一位强人进行了一场带有悲剧意味的改革。
从商鞅的“幸”与“不幸”，透视中国古代的改革。

一、相隔一百余年的两幕场景

场景之一：

公元前338年的一天，在秦国一个叫彤的地方，发生了一幕惨剧——

一位壮年汉子的头和四肢逐一被绳缚住，然后各自拴在一辆马车上。只听一声令下，那些早已按捺不住性子的烈马，驾着5辆马车，猛地向各个不同的方向窜出。随着一声凄厉的、划破长空的叫喊，那汉子的肢体已被撕裂成5块，血淋淋地拖在5辆马车后面。血浆喷洒一地……

这令观者毛骨悚然的“五马分尸”，是先秦的一种酷刑：

车裂。受刑的汉子，叫商鞅。在此前20年里，商鞅在秦国积极推行变法。可是，最终变法却把他推上了刑场。

场景之二：

公元前235年，天下大旱，整整一个春天滴雨未落。湛蓝的天空下，大地龟裂，田里的禾苗被晒成枯草。天气偶尔转阴，有时还是乌云集聚，旱天鸣雷，但一阵狂风吹过，云散天开，仍然是阳光普照。农民眼巴巴地望着干枯的农田，愁肠寸断。

在秦王政十二年的这场大旱期间，关东各国纷纷出现“流民”队伍，农民背井离乡，逃荒去了。可是，关中的秦国农民，却宁可饿死家乡，也没有人敢离开什伍组织，脱离耕种的“本业”。原来，自商鞅变法推行重农政策，并将人民牢牢地用什伍这种基层组织辖制住，农民一方面害怕擅离“本业”受到严厉制裁，另一方面又逐渐形成了死守乡土的传统。他们没有中原农民那种一遇水旱灾害或兵燹便离家出走的潇洒。影响所及，直到近代，关中的农民也没有逃荒的习惯。

商鞅变法带来的这一结果，对于秦国的政治和社会稳定，对于在天灾人祸面前不低头，努力促生产，保收成，创造了良好的条件。幸好，那年6月以后，天公终于降下甘霖。而且，雨量充沛。其时秦王嬴政已经亲政，正着手统一六国的大业。他凭借着秦国自商鞅以来所积累的优势，指挥秦国军队横扫六国，在短短十几年时间里，便平定了天下。

现在，人们不禁要问：何为“变法”？“变法”何以会带来如此杀身之祸？商鞅变法，成耶，败耶？

我们还是从头说起。

二、少年有志，寻求明主

商鞅出生在卫国的一个贵族家庭。按当时以国名为姓的习惯，他叫卫鞅。由于是贵族后代，他就是公孙，所以又称公孙鞅。改称商鞅是以后的事情。

商鞅出自名门望族，见多识广，加上自己勤奋好学，所以从小就显露出过人的才干。卫国地处四方交通要道，特别是它的都城濮阳，在当时是有名的大城市，积聚了大量的社会财富，经济繁荣，文化发达。战国初期思想界风起云涌，各种学说、观点竞相鸣放，卫国很容易受到影响。在特定环境的熏陶、滋养下，年少的商鞅逐渐形成他高远的志向、宏大的抱负。对当时流传的各种思想，他最青睐法家。

商鞅对法家的学说产生兴趣，与吴起的影响有一定的关系。早期法家的杰出人物吴起也是卫国人。他一度做过鲁国的将军，后又西去魏国，参与李悝变法，主管西河地区，政绩显著。公元前390年左右，因受魏武侯的大臣们的排挤，吴起由魏入楚。那时，楚悼王正力图振兴国势，就任用吴起为令尹（类似宰相的职务，为楚国最高行政长官，兼握军权），主持变法改制。吴起全力推行新政，在很短的时间内便使楚国呈现一派新气象。吴起又善于治军练兵，大大增强了楚国的军力。此后，楚军曾挥师北上，饮马黄河。

商鞅长大以后，为了谋求发展，离开了业已衰落，且为强邻欺辱的卫国，来到受法家影响较大的魏国。魏国在魏惠王即位后，力图争霸中原，因此颇为尊崇法家。能联系、沟通法家人士的公叔痤被任命为相。商鞅入魏后，就投在公叔痤的门下。

公叔痤相当赏识来自吴起母国的这位后生。公叔痤病重的时候，魏惠王曾来探病，问："万一你的病无法救治时，国家大事该如何处置？"公叔痤回答："我门下有一个叫商鞅的，年轻却颇有才能，可协助你治理国事。愿王能放心地听他的主意！"但是公叔痤又向魏惠王说，"如果你不任用商鞅为相，那就杀了他，不要让他离开魏国，以成后患！"

魏惠王回去后，并没有把公叔痤的话放在心上。他既没任用商鞅，也未派人杀掉商鞅。

商鞅在魏国一连住了几年。正当他为自己的才干和抱负得不到施展机会而郁郁寡欢时，秦国发生了一件大事，改变了商鞅的命运。

公元前361年，秦国的国君献公病死了，21岁的渠梁继位，是为孝公。这位新登基的国君面临着十分严峻的形势：位居关中的秦国长期贫弱，西有戎狄少数民族的骚扰，东受中原列国的欺辱。更有甚者，一些诸侯国视秦为未开化的野蛮人，不许秦参加中原各诸侯的会盟。对此，锐意图强的秦孝公深感羞辱。他一登上王位，就决心要富国强兵，推出了一系列招兵买马、赏赐有功之士的措施。其中，他颁布了一条极为重要的法令：凡能使秦国强盛的人，都可以得到官爵，分到土地。

秦孝公励精图治的决心打动了商鞅。他赶到秦国，求见孝公。

商鞅几次向秦孝公献策，最终以法家的改革主张取得了信任。据说，在商鞅前两次献策时，为了试探秦国统治者的意图，他首先介绍了其他一些学说。第一次向秦孝公说以“帝道”。这是属于道家学派的一种政治学说。秦孝公对这一套毫无兴趣，商鞅一边讲，孝公一边打起了瞌睡。第二次商鞅向孝公说以“王道”。这是儒家的学说。孝公仍感到厌烦，并十分生气地责备手下怎么找来这样一个无用之人。商鞅又第三次求见，说以“霸道”。这是法家的学说。这一次，孝公听得津津有味，对商鞅开始重视起来。于是，商鞅又一次与孝公晤谈，向他鼓吹“强国之术”。孝公如痴如醉，不知不觉竟凑到商鞅面前，如此一连数日也不厌倦。此后，商鞅就被任命为大夫，留在了秦国。

商鞅的“强国之术”，简单地说，就是要进行“变法”，即按照法家的主张对秦国旧的制度进行改革。孝公赞同商鞅的观点，但又有疑虑，因为在秦国的贵族与官员中，有相当一部分人顽固地反对变法。

三、变法前奏

依照秦国的惯例，凡国君一时不能决断的大事，可以在朝廷上展开讨论。于是，孝公三年（前359年），在一次秦廷议事时，围绕变法问题爆发了一场激烈的辩论。

商鞅坚决主张实行变法。他指出，法令的制定是为了维护民众的利益，礼制的推行是为了国家强盛的需要，如果为了强国利民，就可以不遵循旧法、旧礼。然而，有两位大夫，一个叫甘龙，一个叫杜挚，站在保守势力一方，拼命反对变法。他们说，作为“智者”不必变法，只要依照旧传统、旧制度去治理国家，就可以国泰民安，不劳而功成。又说什么，没有百倍的好处，就不要改变旧法令；没有十倍的功效，就不要更换旧器具。甘龙、杜挚虽讲不出什么道理，却一味宣扬“法古无过，循礼无邪”，意思是只要按旧法、旧礼办事，就绝对不会出错。

对此，商鞅驳斥道：以前各世代实行不同的政教，究竟应效法哪个呢？各帝王不用同样的礼制，究竟应遵循谁的呢？他列举黄帝、尧、舜与周文王、周武王的例子，指出他们都是根据自己所面临的具体情况而立法、制礼。他强调应该“厚今薄古”，以为反对旧事物的未必有错，依循旧礼的未必全对，主张“礼法以事而定，制令各顺其宜”，即制定政策法令必须依据现实的具体情况。

商鞅的理论和主张，既适应秦国发展的需要，也迎合了孝公图强的愿望。孝公终于下定决心，任用商鞅实行变法。

得到孝公的指示后，商鞅立即着手制定改革秦国旧制度的法令。为了使法令能够取信于民，行之有效，在法令公布之前，商鞅搞了一次“南门徙木”的试验。

一天，商鞅派人在都城栎阳的南门竖起一根3丈长的木杆，并宣布：有能将木杆移至北门者，“赏予十金”。消息传开，来看热闹的人越来越多，大家都窃窃私语，疑惑不解，不相信真的会得到奖赏。过了一个晌午，没人动手。商鞅又宣布，谁能移动木杆，“赏予五十金”。这时，终于从人丛中走出一人，抱着试试看的心理，将木杆移至北门。商鞅果然赏给此人五十金，“以明不欺”。

“南门徙木”一事，很快在秦国传开了，大家都知道商鞅出令必行，有禁必止。

有意思的是，商鞅的同乡前辈吴起，在魏国变法时也曾做过类似的事情。当时吴起在魏国国都北门放置车辕一根，并宣布：能将其搬至南门者有赏。后来有人依令而行，吴起就按宣布的办法给以奖赏。

这两个记载如此地类似，以至于有些历史学家对它们的可靠性产生了怀疑。其实，吴起和商鞅都有可能这样做过。因为，它体现了先秦法家两个很重要的思想：“明法”和“壹刑”。“明法”，就是将法令公之于众，让人人都知道；“壹刑”，就是在法律面前人人平等，不分什么贵贱、等级。

四、第一次变法

公元前356年，秦孝公任命商鞅为左庶长。左庶长职爵一体，按新拟定的秦国二十等爵制，“左庶长”系第十级爵，掌握军政大权，职位与当时列国的卿差不多。握有重权的商鞅，开始实行第一次变法。它的内容主要有5点。

1. 颁布法律，编定户籍，制定连坐法，轻罪用重刑

商鞅将李悝的《法经》予以公布实行。李悝是早期法家的代表人物，曾在魏国推行变法。其间，他收集、整理了春秋末期以来各国的法律条文，结合魏国当时的实际情况，制定出我国历史上第一部系统的成文法——《法经》。商鞅借用了《法经》的内容，只是把“法”改称“律”。商鞅又把全国居民按

5家为一伍、10家为一什的原则编定户籍，并在此基础上形成相互告发和同罪连坐的制度。规定，告发“奸人”的可以如同斩得敌人首级一样得赏。不告发的要腰斩。谁家藏“奸”，以投敌罪处罚；而其余9家倘不检举告发，要一起治罪。旅客住宿要有官府凭证，客舍收留没有凭证的旅客住宿，主人与“奸人”同罪。

商鞅还主张对轻罪用重刑。比如，为了保护私有的耕牛和马匹，对盗窃牛马者判处死刑。商鞅认为这样可以迫使人民连轻罪也不敢触犯，重罪当然就更加避之唯恐不及了，这叫作“以刑去刑”。

2. 奖励军功，禁止私斗

颁布新的等级制度——二十等爵制度。它的要点是，按军功赏赐爵位及相应的特权包括占有的耕地、住宅、服劳役的“庶子”和担任一定的官职等等，爵位高的还可以获得300家以上的“税邑”。封邑内的税收归其所有。军功以在前线斩得敌人首级的多少计算，斩得敌人甲士首级一颗的赏给爵一级；要做官的，委以50石俸禄的官职。官爵的提升，与斩得敌人首级的军功相称。

私人间的争斗，要按情节轻重，处以不同的处罚。这样，在平时，有利于社会治安；在战时，则增强了军队的战斗力。

3. 废除旧有的世卿世禄制

新法规定，宗室（国君的亲属）没有军功的，不得列入宗室的簿籍，不得享受宗室的特权。必须依据对国家功劳的大小，确定他们对爵位、田宅、奴婢以及车服、器用等等的占有，不许僭越逾制。有功劳的就显荣，没有功劳的，虽然富有也不能尊荣。

4. 重农抑商，奖励耕织，特别奖励垦荒

新法规定，凡粮食和布帛生产多的可以免除劳役和赋税。从事商业、手工业和因游手好闲而贫穷的，将其全家变作官奴隶。鉴于秦国地广人稀，荒地比较多，商鞅又把奖励开垦荒地作为发展农业生产的重点。

5. 焚烧《诗》《书》，禁止游说之士

秦国焚烧儒家典籍《诗》《书》，一般以为是始自秦始皇，其实在秦孝公时就实行过。商鞅主张法治，与儒家“法先王”的复古思想不相容，所以就禁止儒家经典，并采取焚烧的非常手段。商鞅又以为，游说之士以自己的主张动摇法治，而且只凭三寸不烂之舌而获得利禄，所以也在被禁之列。

商鞅变法改制并非一帆风顺。这场巨大的改革，犹如狂风袭来，将秦国世袭贵族的特权席卷而去，令他们愤恨不平。太子嬴驷有两个老师，一为公子虔，一为公子贾，都是宗室贵戚，也是旧势力的代表人物。他们串通了上千人，借口闹事，反对新法。商鞅毫不留情，坚决绳之以法，将太子的两位老师分别处以劓刑和黥刑。此举使商鞅与太子驷之间产生了严重的矛盾。商鞅又将议论法令的人流放到边城，触犯法令的则处以酷刑。据说，一天之内就在渭河畔处决了七百多名破坏变法的闹事者，鲜血染红了渭水，哭号之声响彻天地。在这强力的镇压之下，新法在秦国逐步推行下去。

五、第二次变法

公元前352年，秦孝公任商鞅为“大良造”。为秦爵十六级，相当于相兼将军。两年后，秦把都城从栎阳迁至咸阳。同年，商鞅着手实施第二次变法，主要是进一步从经济和政治上进行改革，内容包括：

1. 废井田，开阡陌，承认土地私有

商鞅下令废除西周以来盛行的土地制度——井田制，开裂井田的“封疆阡陌”。所谓“封疆”，就是指各级贵族所占有的井田界限，这些界限是用土堆、沟渠、树木等连接而成的。所谓“阡陌”，就是井田中间与灌溉渠道相应的纵横道路。同时，承认地主和自耕农的土地私有，允许土地买卖，按土地数量抽税。

2. 普遍推行县制，设置县级的官僚机构

商鞅将许多乡、邑、聚（村落）合并为县，建置了41个县（据《史记·秦本纪》。而《史记·商君列传》作“三十一县”，《六国年表》作“三十县”），设有县令、县丞和县尉。县令是一县之长，县丞掌管民政，县尉掌管军事。他们都由国君直接任免。此举将全国的政权、兵权集中到了中央，初步建立起中央集权的政治体制。

3. 统一度量衡制，颁布度量衡的标准器

这是在公元前344年（秦孝公十八年）具体实施的。据研究，当时的标准尺，约合今23.05厘米，标准量器约合今0.2公升。现存世的“商鞅方升”（藏于上海博物馆），就是当时颁布的一件标准量器。

4. 按户按人口征赋

此“赋”即后世俗称的“人头税”。商鞅规定按人口征赋，并严加惩罚隐瞒户口的“匿户”，这是为了限制官僚地主豢养食客的人数。商鞅又规定，一家有两个成年男子的必须分家另立户籍，否则要加倍征赋。这是为了确立和鼓励一夫一妇为单位的个体小家庭经济，加快开垦荒地，扩大农业生产，提高劳动效益，增加国家的赋税收入。从此，“田租”（土地税）和“口赋”（人头税）就成为中国古代社会两项重要的赋税制度。

5. 革除残留的戎狄风俗，禁止父子兄弟同室居住

秦国的西南和西北部原是少数民族居住区，后来秦统一了这些地区，因而秦人保留了较多的戎狄的风俗。商鞅早已意识到这些落后的习俗，对统一中原极为不利，便提出移风易俗，按照中原的风俗，将秦国落后的习俗，如全家人不分男女老幼同居一室等陋习革除。

商鞅的第二次变法，进一步剥夺了旧贵族的特权，损害了他们的利益。他们对商鞅恨之入骨，欲置商鞅于死地，只是碍于秦孝公的压制，才一时无可奈何。秦孝公二十三年，即公元前 339 年，有个叫赵良的人，代表“宗室贵戚”去求见商鞅。一开始赵良劝说商鞅让位，继而又劝说商鞅放弃酷刑，并公开诽谤秦国变法改制取得的成就。在被商鞅驳斥后，赵良又为一些受过惩罚的旧贵族鸣冤叫屈，并警告商鞅必须立即废除新政，否则“危若朝露”，死亡之日即将来临。商鞅听了，毫不动摇。

在商鞅对内实施变法的同时，秦军对外也积极展开军事活动，并取得了节节胜利。尤其是公元前 340 年（秦孝公二十二年），秦孝公听从商鞅的计谋，一举击溃了魏国公子卬（音昂）

率领的精锐部队，迫使魏惠王将此前从秦国割占的河西地区归还给秦国。遭此失利，一度趾高气扬的魏国走上了下坡路。秦孝公论功行赏，提升商鞅为列侯，并把於商之间的15个邑赏给他作为属地。商鞅、商君之名即由此而来。

六、“作法自毙”：成败由谁说

正在商鞅锐意改革，而旧贵族们随时都在伺机反击的时刻，秦孝公于公元前338年突然去世。太子驷即位，是为秦惠文王。怀恨在心的旧贵族迅速行动起来，公子虔等人四处散布谣言，攻击商鞅，并向惠文王诬告“商君欲反”。惠文王与商鞅早有罅隙，随即下令逮捕商鞅。

商鞅闻讯立即出逃，至边境，见天色已晚，准备投宿客舍。但商鞅没有公函证明，被拒之门外，客舍主人告诉他，这是“商鞅之法”。历史好像是给商鞅开了个玩笑：他自己定的法律，现在却逼得他自己无处藏身。

唯恐被捕的商鞅，准备逃往魏国。可是魏国边关守将拒绝商鞅入境。他们怨恨商鞅曾设计打败魏公子卬；再则，也担心日益强大的秦国会进行报复。

商鞅只得回到封地商邑，准备率领徒属和邑兵，对抗惠文王。但是，秦国自变法以后已经建立起统一的中央政权与军事组织，除国君拥有指挥军队的权力外，任何卿、相以及列侯都无权调兵。终于，商鞅被惠文王的军队俘获，并被处以车裂之刑，这便是本文开头的那一幕。商鞅全家也遭到灭族之祸。

商鞅以变法从秦国政坛崛起，从公元前359年到前338

年，可谓叱咤风云20年。可是，商鞅最终因坚持新法而为自己留下祸根。尤其是到最后，他走投无路、身遭极刑，与他一手制定、推行的新法密切相关，真让人有“作法自毙”的感叹！

然而，如果撇开个体生命的得失，放开眼界来看，或者在历史的长河中来估量个体生命的价值，我们还是要为商鞅感到庆幸。

因为，在商鞅变法的二十年里，秦国空前地富强起来，并且收服了戎狄等周边小国。各国诸侯一改以往对秦国的鄙夷态度，纷纷与秦孝公交好。连周天子也给予秦国国君以特别的礼遇。

更重要的是，商鞅人虽亡政未息，变法的结局与商鞅个人的命运正好相反。商鞅的变法在秦国推行了21年，已深入人心，连妇女、儿童都能“言商君之法”，所以，商鞅死后新法并未废除。

再则，秦惠文王将商鞅车裂以后，也没有任用公子虔等宗室贵族。在其统治的27年间（前337—前311年），没有一个无功无能的宗室贵族得到高官显爵。惠文王的弟弟樗里子足智多谋，人称“智囊”，到秦惠文王八年（前330年），其爵位才升至“右更”，为第十四爵。后来由于樗里子统兵作战，不断拔城虏将，屡建战功，才于惠文王更元十二年（前313年）被封为严君。可见，孝公以后，秦国仍坚持商鞅变法时确立的“有功者显荣，无功者虽富无所芬华（芬华，花朵茂美的样子，这里喻指显荣）”的原则。

从总体上看，商鞅推行的大量政策，后来都融入了秦国的国策和制度中。商鞅变法时提出的许多措施，一直沿袭到秦亡为止。比如湖北云梦出土的《秦律》，就是在这次变法的基础上修订补充而成的。商鞅统一度量衡时定下的标准，到一百多年后的秦始皇统治时期依旧沿用。据对出土遗物的实测，秦始皇时的方升容量，和当年商鞅变法时的方升容量基本一样，误差不过1%。众所周知，秦朝的许多制度，又为汉代所继承。所以，商鞅变法对秦国历史的发展起到了巨大的推动作用，并留下了深远的影响。变法的设计师虽遇不幸，但变法运动本身，并未失败，也没有因为旧贵族的反击、诋毁而有损声名。

对此，从先秦开始，就有不少精当的评论。秦昭王时荀子曾到秦国考察，他说：秦国在最近“四世”（指秦孝公、惠文王、武王、昭王）不断取得胜利，并非侥幸，而是必然的结果！荀子敏锐地觉察到秦国走向胜利的起点，是在孝公之世。孝公在历史上的地位，当然是与商鞅变法联系在一起的。因而汉代王充曾言：

“商鞅相孝公，为秦开帝业。”（《论衡·书解》）

七、引出的思考

商鞅变法之所以能够在秦国获得成功，很关键的一个因素，是因为得到了秦孝公的支持。如果把商鞅比作变法的设计师，那么秦孝公就是变法的监护人。商鞅变法让旧制度的既得利益者怀恨在心，但是，由于孝公的开明和积极进取的精神，反对变法者的阴谋长期没能得逞。然而，一旦孝公谢世，新君登基，他们即刻造谣诽谤，并利用新君与商鞅的矛盾，将商鞅车裂而死。

这不禁令人想起战国时候另一位变法的悲剧人物吴起。前面提到，吴起曾在楚国推行变法，而且效果十分显著。可是支持吴起变法的楚悼王一死，旧贵族便乘机作乱，围攻吴起。吴起被乱箭射杀，随后又遭车裂。吴起变法时间较短，新法在楚国没能得到推广和巩固。所以，楚悼王和吴起一死，变法就失败了。

从商鞅变法和吴起变法可以清楚地看到，战国时期的变法运动能否推广和持续下去，究竟是成功还是失败，与是否有一个开明君主的支持密切相关。因此，这也就决定了，改革只能是由上而下有序地进行。这一点，在先秦历史中已有反映，在以后的中国古代历史中，更有大量的证明。

商鞅以强有力的铁腕政策推行变法，有意制造出一种绝对服从法令的政治氛围，不准百姓私议法令，他甚至采取暴力手段，强力镇压反对派。同时，他又主张对轻罪用重刑，迫使人们不敢犯法，以求大治。这一切，既与商鞅信奉的法家理论有关，也与商鞅的个人性格有关。司马迁曾说，商鞅是“天资刻薄人也”。不过，平心而论，能在中国古代大刀阔斧地进行变法的人士，大凡都有超乎寻常的果敢、刚毅、倔强，乃至偏执，绝不会是“温柔敦厚”之士。宋代的王安石就是有名的“拗相公”。这位列宁口中中国 11 世纪最伟大的改革家，就十分景仰商鞅。他作有《咏商鞅》诗一首：“自古驱民在信诚，一言为重百金轻。今人未可非商鞅，商鞅能令政必行。”

有趣的是，信奉法家理论的，在个性特征上，也往往都与商鞅比较接近。这可以说是理论造就了人，也可以说是人创造了理论。司马迁的父亲司马谈概括法家的特点是“严而少恩”（也有人称为“刻薄寡恩”），又以为，法家学说可以“行一时之计，而不可长用矣”。或许，理论对于历史，和人才对于历史，都应该是如同中国古人所说的：“文武之道，一张一弛。”

我们从中可以体悟到的是，变法需要商鞅这种果敢而“刻薄”的勇猛之士，锐意地甚或以偏激的方式加以推进。非此类人，不足以冲破旧传统的网罗及其束缚，也不足以承受因反对旧习俗、旧观念而带来的巨大心理压力。据史书记载，由于厉行新法，商鞅遭到许多旧贵族及民众的怨恨，以至于时刻皆有生命危险，需严加提防。商鞅每次出门，必有“后车十数，以车载甲”，还让武装卫士“旁车而趋”。秦孝公的变法，正亏得由具有“极身无二虑，尽公不顾私”（汉代刘向语）的心胸和脾性的商鞅加以操持，才能冲破阻力，顺利地实施。

而另一方面，因新法已在秦国生根发芽，商鞅的离去，不仅没有导致变法的失败，反而因缓和了反对派的某些情绪，从而使新法有可能在一种比较宽松的气氛中存留和施行下去。商君虽死而秦法未败的原因，大概可从这里得到部分索解。

当然，商鞅对百姓施行的严刑峻法和愚民政策，以及“相秦不以百姓为事”（意谓不为百姓着想），处处表现出的刻薄、无情，也是由其统治阶级的本性所决定的。

商鞅变法对中国历史所带来的影响极为深远。举一个例子，当时将编入什伍组织的百姓称为“伍人”，一伍中的其余4家称为“四邻”，这“四邻”一词（语言的活化石）至今仍存在于我们的语言和生活中。不仅如此，即使什伍组织本身，也以其经过变化的形式——保甲制度，一直流传到现代。历史在这里为我们打开了朝向“通古今之变”的一扇大门。

阴谋加阳谋
合纵与连横

唇亡而齿寒，这道理虽简单，可许多人并不真正懂得。所以，“合纵”只能失败。

秦国利用了东方国家的弱点，于是，在“连横”中节节取胜。

一、“朝秦暮楚”的缔约联盟

秦国经过商鞅变法，国势蒸蒸日上。而在东方，经过公元前341年那场著名的马陵之战，魏国因惨败而力量大大削弱，齐国则成为强国。于是，天下形势发生很大变化，出现了秦、齐两强遥相对峙的局面。

在这种背景下，一些游说之士，研究形势，奔走于各国之间。他们针对各国都试图寻找盟友以壮大或保存自己的心理，提出了“合纵”说和“连横”说。在这些纵横家的影响和鼓动下，在战国中后期的100年里，各国之间发生了外交、军事上的合纵、连横运动。所谓“合纵”，即“合众弱以攻一强”，就是由众多弱国联合起来抵抗一个强国，以防止强国的兼并。所谓“连横”，即“事一强以攻众弱”，就是由强国拉拢一些弱国来进攻另外一些弱国，以达到兼并土地的目的。从具体情况来看，合纵的国家多少不一，合纵进攻的对象有秦国，也有齐国。也有人将六国攻齐（秦也参战）称为反合纵。连横在战国中期以秦国或齐国为中心，后期以秦国为中心。能够连横的国家不如合纵的多，张仪为秦国策动的连横只有魏国或者楚国参加，并且希望争取韩国参加。

由于各国之间的矛盾错综复杂，形势瞬息万变，合纵、连横的缔约联盟也就变得很不稳定。今天和这个是朋友，明天却变成了敌人，而昔日的敌人一转眼又成了朋友，正所谓“朝秦暮楚”，变化不定。

二、从“五国相王”到五国伐秦：一对政敌的较量

最早发起合纵的魏国人公孙衍，与最早游说连横的秦国人张仪，实在是一对冤家。起初，公孙衍在秦国任大良造，可后来秦惠文王转而信任张仪，用张仪替代了公孙衍。张仪为相后，倡导连横策略，在惠文王更元二年（前323年）约齐国和楚国的大臣相会，以图联络齐、楚向魏国进攻。公孙衍解职后返魏，被魏惠王任命为相，号为犀首。他针对张仪的举动，建议魏王广结与国，以相抗衡。

于是，就在秦和齐、楚相会的同一年，魏国约集韩、赵、燕、中山共同称王，史称“五国相王”。其实这五国中，魏、

韩已先称王，此次集会只是新尊赵、燕、中山三国为王，并且五国相互承认为王。魏国用发起相王、承认一些国家称王的办法来组织联合阵线。

“五国相王”是魏结盟自强的一大胜利，这引起了齐国的担心。它害怕魏国凭借联盟的优势，对齐国不利，遂加以破坏。齐国借口中山国小，反对它称王。齐对赵、魏扬言：“与中山并称王，实乃莫大的耻辱，愿和大国一起讨伐，不许中山称王”。中山王十分恐惧，连忙派大臣张登带重金去见齐国的权臣田婴。田婴听了张登的一番说辞，便许诺中山称王。张登随后又去游说赵国和魏国，说齐国本来羞与中山一起称王，现在它想利用中山的军队来攻打魏国的河东地区，所以又准允中山称王了。因此，赵国、魏国对齐国很是反感，更加支持中山称王。

齐国一计不成，又生一计。它关闭同中山国的往来通道，并提出割地给燕、赵两国，来换取他们一起出兵攻打中山。燕、赵意识到这是齐国故意在离间他们和中山的关系，以便将中山国置于自己的控制之下，便拒绝了齐国的要求。

齐国破坏五国联盟的计谋终未得逞。可是魏惠王的合纵计划，却被楚国的进攻搅乱了。

就在北方发生“五国相王”的当年，南方的楚国向魏国发起攻击，楚将昭阳在襄陵打败魏军，夺取8个邑。眼见不敌楚国，魏惠王转而听从张仪的主张，对公孙衍则日渐冷落。

张仪于公元前322年，即“五国相王”的次年，离秦入魏。这位舌辩之士向魏惠王提出联合秦、韩而攻击齐、楚的策略。魏惠王欣然应允，任命张仪为魏相。可谁料想，诡计多端、巧舌如簧的张仪，表面上要联合秦、韩攻击齐、楚，真正的意图却是劝魏事秦，并进而促使诸侯竞相仿效。张仪的真实目的是为秦谋利，为秦进行连横活动。

这可惹火了他的政敌公孙衍。公孙衍忙不迭地出来予以阻拦，并要赶走张仪。公孙衍派人到韩国通报，说秦、魏联合和魏王重用张仪，目的在于图谋韩地。他还声称，如果韩国重用公孙衍，秦、魏的连横便可以被阻止。韩国大臣公叔颇为欣赏公孙衍，就把公孙衍请去，委以国事。

与此同时，齐国和楚国也感到秦、魏连横于己不利，就出面支持公孙衍任魏相。魏惠王原本想利用秦国的力量来抗击楚国、抵挡齐国，可没过多久，就发觉张仪其实是要他投降秦国，自然心生不满。见魏惠王不肯就范，秦惠王便出兵攻打魏国。

秦国咄咄逼人的东进势头，令东方各国心生畏惧，于是纷纷支持公孙衍的合纵政策。齐国、燕国、赵国、楚国竞相重用公孙衍，请他参与国家大事。魏惠王见此，就将张仪赶回秦国，让公孙衍主持政事。公孙衍志得意满，“佩五国相印”，更加积极地推行合纵运动。

魏国以公孙衍代替张仪为相的第二年，即公元前318年（魏惠王后元十六年），魏、赵、韩、燕、楚五国联合攻秦，并推举楚怀王为纵长。

然而，出兵和秦交战的，只有魏、赵、韩三国。当伐秦的联军进至函谷关时，遭到秦军的迎头痛击。联军组织松散，很快败下阵来。次年，秦军又在修鱼重创联军，斩杀8万人。这次合纵攻秦的战争就此宣告失败。

从公元前323年秦与齐、楚相会引发“五国相王”，到公元前317年“五国伐秦”失败，纵横家公孙衍和张仪竭尽煽动、策划之能事，挑起一次次事端，令天下难安。时人景春说：“公孙衍、张仪，岂不诚大丈夫哉？一怒而诸侯惧，安居而天下熄。”（公孙衍、张仪难道不是真正的大丈夫吗？他们一怒，各国诸侯就会畏惧；他们安居，天下的事端就会平息。）

三、六百里与六里：张仪的骗局

在公孙衍发动的“五国伐秦”战争中，齐、楚两国都参加了，它们属于同盟国。秦国垂涎于楚国的土地，却又碍于齐、楚联盟，不敢贸然与楚国交战。于是，张仪跑到楚国进行游说，设法拆散齐、楚联盟。

张仪可以说是战国游说之士中比较典型的人物。传说他年轻时曾投在楚国令尹昭阳的门下做门客。一天，昭阳大会宾客，拿出楚国的无价之宝“和氏璧”给大家观赏。正当大家争相传看、一饱眼福时，“和氏璧”忽然不翼而飞。此时正巧张仪在场，昭阳便怀疑是他偷的，命手下的人痛打他一顿。张仪被打得遍体鳞伤，奄奄一息，这才被送回家。张仪一进家门，就让妻子赶紧看看他的舌头是否还在。他说，只要舌头还在就不必担心，还可以靠三寸不烂之舌进行游说，谋取官禄。

这一回，张仪以秦相的身份来到楚国，自然与从前穷困潦倒时完全不同。他受到楚王很高的礼遇。张仪也虚情假意地与楚怀王周旋，笼络感情。一日，张仪对楚怀王说：“我们秦王最憎恨的是齐国，最尊敬的是大王，我张仪也是如此。大王您如能闭关绝齐，秦愿以商於之地六百里相赠，并将美丽的秦妇嫁予您为妻。这样，秦、楚就是兄弟之国，以后永远不动干戈。”

楚怀王一听，便欣然应允。群臣也纷纷向怀王祝贺。可是唯独大臣陈轸闷闷不乐。怀王很生气，质问陈轸。陈轸回答说：“依我看，商於之地难以得到。不仅如此，齐、秦两国还会就此联合起来。到那时，楚国就要大难临头了。”怀王不解，陈轸进一步分析道：“秦国之所以重视楚国，是因为齐与楚有联盟。今闭关绝齐，则楚国孤立。如此，秦国岂会再重视你这孤立的国家，而给你商於之地六百里？张仪回到秦国后，势必食言，这样楚国北绝齐交，西生患于秦，两国之兵必定来相攻。所以，现在倒不如暗中与齐相好而表面上绝交，同时派人跟随张仪入秦。若给予土地，到时再与齐断绝关系；若不给土地，就与齐联合对付秦国。”

楚怀王早已被张仪的花言巧语所蒙蔽，哪里听得进陈轸的建议。他以相印授予张仪，又送上丰厚的财礼。同时，下令关闭与齐国的交通，断绝关系。然后，派一位将军随同张仪去秦国接收土地。

果然不出陈轸所料，张仪回到秦国后立即变了卦。他假装从车上摔下来受伤，一连三个月也不露面。楚怀王闻知此事，还误以为这是张仪嫌他与齐国断交的态度不够坚决，就又派人去辱骂齐王。齐王大怒，与楚绝交，并主动与秦国交好。张仪见破坏齐、楚联盟的目的已经达到，就对楚国的使臣说：“我有奉邑六里，愿献给你们大王。”楚国使臣回答：“我受命于王，是来接受商於之地六百里，从没听说是六里。”

怀王始知上当受骗。恼羞成怒，立即就要出兵讨伐秦国。大臣陈轸向怀王建议，不如割一块土地送给秦国，让秦和楚一起进攻齐国。那样的话，楚虽失地于秦，可还能从齐国夺取土地得到补偿。

蠢猪似的怀王固执己见。公元前312年（楚怀王十七年），怀王以屈匄（音丐）为将，起兵攻秦。秦将魏章率军与屈匄战于丹阳，楚军大败。秦斩杀楚军达8万人，主将屈匄及裨将逢侯丑等七十多人被俘。秦国进而夺得楚国的汉中。

楚怀王气急败坏，决心倾全国之力，孤注一掷，与秦决一死战。楚军拼命进攻，北上深入秦地至蓝田。秦军在蓝田迎战楚军，结果楚军又大败。无奈之下，怀王只得又割两城与秦讲和。

秦国得寸进尺，又想攫取楚国的黔中之地。秦王派来使者对楚国说，愿以秦国武关外的地区相交换。楚怀王憎恨张仪，不愿换地，唯愿得张仪的头而献黔中之地给秦。

张仪得知，竟表示愿意前往。楚怀王拿住张仪，准备将他处死，以解心头之恨。张仪却是胸有成竹，通过楚怀王的宠臣靳尚，向怀王夫人郑袖说情。靳尚对郑袖说：秦王甚爱张仪，打算用上庸地区的六个县和美女换回张仪。楚王酷爱土地、美女，必然听从。秦女一到，夫人就会被疏远了。

郑袖害怕失宠，就千方百计说服怀王放走张仪。她还以带儿子出走江南相要挟。怀王无奈，只好放了张仪。

张仪获释，马上又蛊惑楚怀王与秦和好。怀王禁不住巧舌如簧的张仪的迷惑，以两国太子互作“人质”为条件，与秦缔结了姻亲之好，而黔中之地也拱手让给了秦国。

四、齐秦去帝与五国攻秦：苏秦的离间计

继各国先后称王以后，秦国又动起称帝的念头。秦昭王十九年（前288年）十月，秦相魏冉到齐国，向齐湣王致帝号，相约秦称“西帝”，齐称“东帝”。秦国此时拉拢齐国同时称帝，是基于连横的一种策略，其目的在于联合齐国及其他国家，并迫使它们一起攻打赵国。因为赵国经过赵武灵王“胡服骑射”之后，日益强大起来，大有与秦、齐成鼎足而立之势。秦国要东进并吞诸国，却遇到了赵国这只拦路虎。

用至上神“帝”的称号作为国君的尊称，以此显示自己至高无上的地位，这当然是齐国乐意接受的。于是，齐、秦同时称帝，并约定共同伐赵，瓜分赵国。

就在这时，苏秦策动了合纵运动。苏秦本是燕昭王的亲信，长期为燕国出谋划策，奔走效力。燕国是七国中最弱小的国家，无意亦无力征服齐国，但是却面临被齐征服的危险。齐与秦的称帝与结盟，使燕国深感不安。苏秦便想以离间计拆散齐、秦联盟。

关于苏秦，司马迁在《史记》中将他生活的时代搞错了，认为他活动的时期比张仪要早。根据1973年底湖南长沙马王堆汉墓出土的帛书，可知苏秦活动的年代实为燕昭王、齐湣王时期。

苏秦从燕国来到齐国，游说齐王取消帝号，攻伐宋国。苏秦的如意算盘是：燕国、赵国在齐的北边，宋国在齐的南边，齐若攻宋就要将军力集中到南方，对燕构成的威胁就减少了。宋国夹在齐、楚、魏之间，楚、魏对宋都怀有吞并之意，齐攻

宋必然引起楚、魏的干涉，它们彼此不和，也就有利于燕国。秦国也有意吞并宋国，齐攻宋定使秦、齐关系破裂。

苏秦问齐王：“大王以为称帝怎样？”齐王：“称帝，天下恨齐；不称，秦恨齐，所以还是称帝。”苏秦又问：“立两帝，天下是尊秦，还是尊齐？”齐王：“尊秦。”苏秦随即问：“如果齐去帝，天下是爱齐，还是爱秦？”齐王答：“爱齐而恨秦。”苏秦再问：“两帝相约伐赵，或伐宋，何者有利？”齐王清楚，赵强而宋弱，且赵国紧邻秦国，所以又答：“不如伐宋。”如此一问、一答，一番分析之后，苏秦即向齐王晓以利害。随后，苏秦提出让齐王去掉帝号，以得到天下人的同情，并使天下人恼恨秦国，使之被动，然后再利用这有利形势去攻伐宋国。齐王思来想去，认为苏秦的建议对齐国有利，便去掉帝号仍旧称王。

齐国去帝，迫使秦国也只得去帝。秦国知道，如果不这样做，便会引起天下人的辱骂和愤恨。秦、齐称帝在公元前 288 年 10 月到 12 月，仅两个月的时间，犹如昙花一现。

然而苏秦的合纵活动并未结束。他企图进一步破坏秦、齐关系，进而结成反齐联盟，形成以“弱燕敌强齐”的局面。他奔波于燕、齐、赵、魏、韩之间，积极地与奉阳君、孟尝君、韩珉、周最、韩余为等各国重臣联络，策动合纵运动。

齐国本有意合纵攻秦，削弱秦国，以便于自己灭宋。赵国地处秦、齐之间，十分害怕秦、齐联合。秦、齐一旦联合，赵国就要两面受敌，所以赵采取联合一个国家削弱另一个国家的办法。当时执掌赵国大权的奉阳君李兑大力主张亲齐，自然赞成包括齐在内的合纵攻秦策略。魏、韩为秦东进的锋芒所逼迫，当齐、赵组织攻秦，也表示愿意参加。至于燕国，出于其自身的目的，也同意联合抗秦。这样，就在公元前287年，韩、赵、魏、燕、齐五国派兵组成联军。各国共推赵国的李兑为主帅。

可是，五国联军在韩国的荥阳、成皋之间驻扎了下来，却迟迟没有发动对秦国的进攻。结果，这次五国联军无功而返。齐国则趁机伐宋，夺得一部分土地。

这次五国攻秦虽然失败了，然而苏秦离间秦齐关系的目的却达到了。

五、合纵的遗憾

从以上截取的几个历史片段，我们可以对战国时期的纵横家以及他们策划的合纵、连横运动，获得一个大致的印象。纵横家既非政派，又非学派，不过是当时奔走于各诸侯国之间的一些政客。他们或合纵或连横，或时而合纵时而连横。这些人善于辞令和权术，不断游说各国君主，辅以复杂激烈的兼并战争，开展纵横捭阖的政治、外交活动，从中谋取功名利禄。

纵横家中不乏才华横溢、声震一时者，如公孙衍、张仪、苏秦等等。他们的主张，或适应了诸侯国图生存、求发展的需要，或利用、迎合了诸侯国间复杂、微妙的关系，以及国王们因此而产生的各种心理变化，所以颇具影响，甚至掀起滔天巨浪。但他们的缺陷也是相当明显的，即：过于重视依靠外力，过分夸大计谋策略的作用，而不是从改革政治、经济入手来谋求富国强兵，缺乏长远的战略眼光而只求一时一地之功效。所以，纵横家所推销、策动的合纵、连横之策，不过是一些阴谋加阳谋而已。合纵抗秦之所以最终失败，这是一个很重要的原因。

战国时期发生的大的合纵行动，除了上面提到的几次，还有：公元前298年齐国策动的齐、魏、韩三国攻秦，公元前284年燕将乐毅统率的燕、秦、韩、赵、魏五国攻齐，公元前257年赵、魏、楚解邯郸之围的三国抗秦，公元前247年魏国信陵君无忌率领的赵、魏、韩、楚、燕五国攻秦，公元前241年赵将庞煖指挥的赵、魏、韩、楚、燕五国攻秦。另外，只有倡议而没有组织的就更多了。这些合纵运动，除了燕将乐毅指挥的五国攻齐，掠取了齐国七十余城，导致齐国几乎亡国，其余对秦的合纵，或者归于失败，或者收效不大。从总体以及最后的结局来看，合纵抗秦是失败的。

合纵的遗憾，既来自“合纵”政策本身的不足，也来自参与国之间的不讲信义，缺乏真诚的合作，和对秦抱有侥幸心理，企图苟且偷安。以前面提到过的公元前287年的五国攻秦为例，表面上看，各国行动一致，联军很快就集结起来。然而，韩、赵、魏、燕、齐五国其实各怀心腹事，所以貌合神离，以致出现意见分歧、犹豫不决，军队长期停滞不前，最后未与秦军交战，便无功而返。而齐军在回国的途中，却乘机去征伐宋国，掠夺土地。

合纵行动之外，山东六国之间互相倾轧、苟且偷安的情况就更多了。比如宋国曾数次帮助秦国攻齐；魏国也曾与秦国联合一起讨伐韩国。又比如，燕国利用赵国壮年大多死于长平之役，而遗孤还未长大的机会，两次派兵大举攻赵。这些战争使山东各国互相掠杀，自相削弱，从而为秦国的东进创造了条件，提供了便利。

当然，山东各国并不是所有人都昏昏然的。公元前263年魏、秦联袂伐韩，信陵君无忌对魏王提出建议："秦国不是没有欲望的国家，韩亡之后，必然攻魏。"后来秦国果然攻魏。这时陈轸代表三晋劝说齐王出兵，他对齐王一针见血地指出，能够危害山东各国的是秦国，现在山东各国却还在不断地互相攻伐、削弱，使得秦国轻易得到天下而不用出力，"烹"天下而不用出"薪"。山东国家多么愚笨啊！

对秦国卑躬屈膝、对东方邻国见死不救，也无疑是"助"秦扩张。以齐国为例。齐国在齐王建在位（前264—前221年）的几十年里，奉行"事秦谨"（谨慎地侍奉秦国）的方针，眼见东方国家受秦国攻伐处于危难之中而不救。如秦、赵长平之战时，赵军被围，在最危急的关头，赵国向齐国求救，却遭齐王拒绝。有的大臣劝说齐王紧急支援，并提醒齐王，齐国和赵国"犹齿之有唇也，唇亡则齿寒"，可齐王坚决不肯出兵。齐王建的胆小和蠢笨，惹得1000年后的宋代大文豪苏洵大发感叹："齐国与秦交好而不帮助五国，等到五国衰败后，齐国也就不免要衰败啊！"

如果说苏洵评说齐国终将自食恶果、难逃灭亡，是属于事后诸葛亮，那么，时人子顺和苏代，就是当之无愧的预言家了。长平之战结束后，孔子六世孙子顺就说："现在山东国家疲惫不振，三晋对秦割地以求安，如果照此下去，不出二十年，就将是秦国的天下了。"苏代则在赵国攻打燕国时，对赵王讲了一个寓言故事。他过易水时看到一只蚌在晒太阳，一只鹬偷偷地过来咬住蚌肉，蚌则钳住了鹬的嘴。鹬说今天不下雨，明天不下雨，你这只蚌就得渴死。蚌回答说我今天不放，明天不放，你这只鹬就会饿死。就在鹬蚌相争之际，渔翁来了，将鹬蚌一起抓住了。苏代对赵王说，今天赵国还要攻打燕国，臣恐怕强秦就要做那渔翁了啊！

其实，秦国十分恐惧山东诸国进行合纵。公元前298年，齐、韩、魏合纵攻秦，一度进入函谷关，秦王为了保住咸阳，只得割地求和。有一次秦王和大臣顿弱议政，顿弱提议秦王用重金收买韩、魏权臣。秦王却说拿不出重金。顿弱接着劝道："天下不是太平无事的，合纵如果成功，就将是楚国的天下了。"秦王遂派人携重金至韩、魏等国，极力拉拢、收买各国的权臣。一直到战国末期，秦国已占据了压倒性的优势，军事家尉缭还对秦王说："臣只害怕诸侯合纵。"对于秦国惧怕合纵的心理，荀子是看得很透彻的。他曾说："（秦国）諰諰（音西，谓忧虑状）然常恐天下之一合而轧己也。"（《荀子·强国》）

所以秦国对于山东国家的合纵，极力采取分化瓦解的政策。这既包括施行像张仪以商於之地六百里引诱楚国与齐国绝交这样的高等骗局，也有直接以金钱为诱饵的简单收买。有一次，一群主张各国联合起来对付秦国的游说之士，集中到赵国的首都邯郸集会，大肆鼓吹合纵。秦昭王闻知，迅即派唐雎带五千金，到距邯郸不远的武安，大会宾客。唐雎扬言：这些金子专门赏给有功于秦的人，谁图谋攻秦便得不到金子，而能得到金子的秦将如兄弟般看待。消息一出，这群游说之士纷纷赶到武安，想方设法向秦表功，争着领赏。合纵之事也就不了了之。

宋代史学家司马光说："合纵是六国的利益所在，假如六国能讲信义，亲密合作，则秦国虽强暴，六国也不至于灭亡。"司马光把三晋比作齐、楚的藩篱和屏障，把齐、楚比作三晋的根柢，它们是互相依赖和保护的关系，绝不能互相攻击。"故以三晋而攻齐楚，自绝其根柢也；以齐楚而攻三晋，自撤其藩蔽也。"（《资治通鉴》卷七）确实，如果山东各国合纵，会给秦国以极大的压力。山东各国的力量联合在一起，远比秦国强大得多，如《战国策》中所说："诸侯（指东方各诸侯国）之地，五倍于秦，料诸侯之卒，十倍于秦"（《战国策·赵策二》）。然而……这就是历史的遗憾，合纵的遗憾。

六、秦在连横中称雄

张仪等人的"连横"说，与"合纵"说有同样的问题：过分看重计谋的作用，将玩弄阴谋和阳谋视为国家强盛的关键。但是，张仪等人推行的连横策略，又确实获得了成功，达到了对外兼并土地的目的。其中原因，可归结为以下几点：

1. 它与秦国的耕战政策和其他一系列国策相匹配，起到了相辅相成的作用。

2. 较之于东方六国，秦国的计谋也的确高出一筹，而且实施得比较成功。

3. 秦国的数任君主和执政者都比较精明干练，颇具战略眼光。而东方国家的君主，不乏如楚怀王、齐王建那样的昏庸之辈，从而给秦国以可乘之机。

陈轸说山东国家为秦相割，秦不用出力；山东国家为秦相烹，秦不用出薪，这话很是深刻，但只说对了一半。

实际上，当山东六国相割时，秦总会不失时机地助一臂之力；当山东六国相烹时，秦更是添上大捆薪柴。

秦有时不直接发动进攻，而是十分善于利用东方国家之间的矛盾，捕捉时机，然后推波助澜，火上浇油，或明或暗地“帮助”一方去攻击另一方，坐收渔翁之利。比如，秦惠文王更元十三年（前312年），楚国将军景翠进攻韩国，秦助韩攻景翠。同年，秦助魏伐燕。更元十四年，秦将樗里疾助魏伐卫。昭王四年（前303年），齐、魏、韩攻楚，秦又去救楚。昭王三十五年（前272年），秦国却又帮助韩、魏、楚伐燕。如此多变的“招数”，不免令人眼花缭乱。

从《战国策》中记录的张仪与秦王的一段对话，颇能窥见秦国使出这些“招数”的意图。“楚攻魏。张仪对秦王说：不如助魏一臂之力。这样，魏若取胜，就会感激秦国而听命于您，并将西河之外的土地献上。如果不胜，魏国也就没有了守卫的力量，那时您就可以夺取它。”（《秦策一》）后来秦王采纳了张仪的建议，选派皮氏率军1万，车百乘，助魏拒楚。魏国好不容易战胜了楚国，却也因此筋疲力尽，便更加畏惧秦国，只得乖乖地将西河之外的土地献给秦王。

秦国在合纵连横运动中因势利导、赢得胜利的典型事例，还有联合燕、韩、魏、赵共同伐齐一事。这又得从公元前287年的那次韩、赵、魏、燕、齐五国攻秦说起了。这五个国家其实是同床异梦：齐国的目的在于攻宋；苏秦是为燕国联络赵、魏以图结成反齐联盟；赵、魏两国国君虽有心伐秦，但魏国新败，元气大伤，并不想做主力，赵国的军权则握在李兑之手。

所以，声势浩大的反秦联军始终徘徊观望，踟蹰不前。而与此同时，其内部矛盾却又逐渐暴露出来：齐国准备暗中同秦讲和，以利于自己灭宋；燕国则加紧同三晋拉拢；考虑到齐灭宋后会对自己构成直接威胁，三晋很快与燕联合起来。

五国联军瓦解后，齐国经过3次战争，终于在公元前286年将宋国灭掉。宋国一灭，燕与三晋的反齐联盟更趋紧密。秦王抓紧时机，先后与楚顷襄王、赵惠文王、魏昭王、韩釐王相会，促成了燕、秦、韩、魏、赵五国合兵伐齐。联军由燕将乐毅统一指挥，攻入齐都临淄，令齐国几乎亡国。虽然后来齐军反攻，收复了失地，但齐国已远非秦的对手，秦国的主攻方向，此后就转向三晋和楚国了。

而齐国也开始采取“事秦谨”的态度，坐视秦剪灭赵、韩、魏、燕、楚五国。这又正是秦国所期望的。

历史进步的阴影与代价
流血漂橹的战国之“战”

一个战国的“战”字，包含了多少血与火、苦与泪。

历史就在血与火、苦与泪中匍匐前行。

一、怎一个“战”字了得

“战国”这个名词，在战国时期早已经存在，不过那时只是用来指代那些征战不休的强国的。像秦、齐、韩、魏、赵、燕、楚七国，都有“战国”的称号，被称作“战国”七雄。

到西汉末期，刘向编撰了一本有关战国时期的谋臣、策士游说各国和互相辩论的书，题名为《战国策》。自此，人们始将“战国”作为一个特定历史时期的名称。这一做法，相沿至今。对一个历史时期的命名，竟采用了一个“战”字，足见战争在这个时期具有何等重要的分量。

众所周知，从春秋起到战国结束，在500年左右的时间里，天下动荡，战火频仍。但是，到了战国中后期，战争的规模更是十倍、百倍于春秋时期，其频繁和激烈的程度也远非从前可比。这大致反映在4个方面：

1. 全民备战

据史乘记载，战国后期的秦国和山东六国，尚留存五百余万军队（《后汉书·郡国志》，刘昭注引《帝王世纪》）。战国时期的人口在2000万以上，如果男子以一半计，成年男子再以一半计，那差不多就是全民皆兵。

2. 战火不熄

据对《战国策》《史记》《资治通鉴》等所载史料的统计，公元前321年以后的战国最后100年里，各国有战争的年头，秦为80年，赵为47年，魏为38年，韩为31年，楚为27年，齐为20年，燕为19年（无论这一年在几条战线上作战，都计作一年）。可见秦国4/5的年头都有战事，其他6国虽然平均四五年或二三年一战，但逢战时常常是一连数年不断。

3. 规模庞大

战国前期，交战双方用兵最多不过10万左右。至公元前342年，在著名的齐、魏马陵之战中，魏国也不过投入了10万兵力。然而到战国后期，参战人员动辄数十万，甚至百万。公元前293年，秦将白起大破韩、魏联军于伊阙，斩首24万；公元前260年，秦败赵军于长平，坑杀降卒40万。

4. 惨况惊人

《史记·春申君列传》中记载：“暴骸骨于草泽，头颅僵仆，相望于境。”就是说战国时因战争死亡的人的骸骨，遍地都是。《孟子·离娄下》则这样描述当时的景况：“争地以战，杀人盈野；争城以战，杀人盈城。”当战争中城市被困围，双方长期僵持不下时，城内甚至发生“人马相食”或“炊骨易子而食”的惨剧。

一个战国的“战”字，包含了多少痛苦和血泪。同时，它又包含了多少胜利和喜悦。因为，中国历史上第一个统一的、中央集权的国家，就是在战国的烽火硝烟中诞生的。

我们这些后人，从中又能体悟出什么呢？

还是先来看看战国中后期的几次著名的战役吧。从这些具体的战事入手，想必能对“战国”的战争和充满战争的战国时代，有所识、有所思。

二、乐毅伐齐与田单攻燕：燕齐之战

燕国在燕王哙执政的时候，上演了一出禅让的戏剧。昏聩无能的哙将王位让给燕相子之。子之当上燕王不久，国内就发生了兵变，燕国大乱。公元前 314 年，齐宣王乘机攻燕，仅 50 天就占据了燕国的都城蓟。哙被杀，子之被俘后被剁成肉酱。

齐军残暴地对待燕国百姓，引起激烈反抗。加上各诸侯国的干涉，齐军于两年后被迫撤退。赵武灵王将燕公子职送回燕国，立为燕昭王。

燕昭王大肆网罗人才，他筑起一座高台，上面堆满黄金，以作招揽人才之用，号称“黄金台”。一时间，天下贤士争相赴燕。被昭王委以重任的，包括乐毅、苏秦（策划合纵运动）、邹衍（思想家，提出阴阳五行学说）等等。

乐毅是赵国人，系魏国名将乐羊的后代。他到燕国后，帮助昭王招募、训练军队，使燕国的军事力量日益强大起来。

燕国君臣发愤图强，经过28年的努力，积聚起强大的实力。燕昭王感到洗雪国耻的条件成熟了。公元前284年，燕与韩、赵、魏、秦联合大举伐齐，乐毅为上将军。乐毅统率的五国联军在济（济水）西大败齐军。随后，乐毅分魏军进攻被齐占领的宋国旧地，分赵军攻取河间，自己亲率燕军长驱直入，攻克齐国都城临淄。

齐湣王逃至莒。楚国派淖齿率兵救齐，湣王遂任淖齿为齐相。但淖齿杀了湣王，自己又被齐国将领王孙贾所杀。

燕军大胜，燕昭王亲自到济上劳军。乐毅又乘胜进兵，经过6个月战斗，攻下齐国城池七十余座，均划为燕国郡县。齐国只剩下莒和即墨两座城池。

正当齐国濒于亡国之际，一位卓越的军事家——田单，勇敢地担负起复国的重任。他摆下火牛阵，向燕军展开了猛烈的进攻，挽狂澜于既倒。

田单是齐国王族的远房亲戚。不过在齐湣王时，他并不得志，也未因血缘关系而受到什么优待，只是做个小官而已。燕攻占临淄前，田单命人将车轴两端多余的部分截去，再用铁皮包好。城破以后，城里人争相逃命，拥挤不堪。许多人因为车轴被撞坏，车子不能动弹，最后被燕军俘虏。而田单的族人，由于改装了车轴，车子没有撞坏，全部顺利地逃到了即墨。

燕军进攻即墨，齐国守城长官战死。齐人一致推举田单做首领，指挥战争，保卫即墨。田单不负众望，与部下同甘共苦，拼死抵挡燕军的进攻。如此相持了三年，即墨和莒未被燕军攻克。

公元前279年，燕昭王死去，惠王即位。惠王与乐毅素有隔阂，田单听到消息，连忙实施反间计。齐国的间谍跑到燕国造谣说：“齐国的城池未被燕军攻下的只有两座，之所以留下它们，是因为乐毅以伐齐为名，想联合齐国的残余力量，自己称王。现在燕国新王即位，与乐毅有矛盾，齐国正担心燕国会另派将军代替乐毅呢。那样的话，即墨和莒就快要完了。”燕王信以为真，以骑劫取代乐毅为统帅。乐毅无奈，只好出逃赵国。

田单继续使用计谋。他命人散布传言，说齐人最害怕的就是被割鼻子、掘祖宗的坟墓。这话传到骑劫的耳朵里，他信以为真，便安排部下去割掉齐国俘虏的鼻子，挖开齐人的祖坟。这反而激怒了守卫即墨的军民。他们痛心疾首，纷纷要求出城，与不共戴天的燕军拼死一战。

田单见群情激愤，士气高涨，知道反攻的时机到了。决战前夕，他命令身穿甲胄的精壮兵士隐蔽起来，由老弱残兵和妇女到城头上守卫，并派出使者假意向燕军投降。骑劫信以为真，放松了戒备。

即墨城里，田单将一千多头牛集中起来，披上绘有五彩龙纹的红色丝绸外套，在牛角上绑缚尖刀，又在牛的尾巴上拴上浸透油脂的芦苇。反攻之夜，即墨城墙上凿了几十个洞，齐兵用火点燃牛尾上的芦苇，牛疼痛难忍，狂奔出城。5000名精壮的士兵跟随火牛冲入了燕军大营。

燕国军队毫无防备，仓皇应战。只见浓烟和火光之中，一大批长着龙纹的“怪物”，头顶尖刀，身后燃着一团烈火，猛冲过来。燕军夺路而逃，溃不成军。主将骑劫也在混战中毙命。

田单借助“火牛阵”发起猛攻，给燕军以重创。齐军又乘胜追击，势如破竹，打得燕军节节败退。被燕军占领的齐国地区的百姓纷纷起来响应，配合田单的军队攻击燕军。最后，燕军全部被逐出齐国，沦陷的七十余城悉数收复。田单迎齐襄王（湣王之子）回到了临淄。

齐国虽然收复了失地，但经过长期的战争和破坏，国力大损，再也无力与秦国争雄了。

三、白起坑卒40万：长平之战

战国后期，魏、楚、齐各国相继衰落下去，只有经过赵武灵王改革的赵国，还有相当的实力，成为唯一能与秦国较量的对手。

公元前270年，秦国讨伐赵国，包围阏与。赵国派赵奢前去救援。善于用兵的赵奢带兵在离邯郸30里的地方驻扎下来，装出不敢前去救援的样子，又利用秦国的间谍，给秦军报信：赵军不敢出击。当秦军被麻痹以后，赵奢立即开始急行军，突然将部队开赴至离阏与仅50里的地方，随后又派1万人抢占了制高点。

秦军闻讯赶来，赵奢命全军出击，借助有利地形，大败秦军，解了阏与之围。

此役，秦军遭受了自兼并战争以来前所未有的惨败。秦国的东进政策一时受挫。不过，这丝毫不能改变秦国兼并六国的决心。

公元前262年，秦昭王派兵攻占韩国的野王，切断了韩国上党郡与本国的道路，韩国被拦腰截成两段。上党郡守冯亭十分着急，派使者去赵国求援，愿以上党等 17 座城邑降赵，共同抵抗秦国。赵王经过一番思量，决定接受冯亭的投降。随后，他派平原君领兵进驻上党，同时派大将廉颇进军长平，互相声援，成掎角之势，阻挡秦军。

秦王眼见上党唾手可得却被人拿走，岂肯善罢甘休。他派大将王龁进攻上党。上党守军抵挡不住，被迫撤退到长平。

随后，秦军直扑长平。驻守长平的赵国老将廉颇，深知秦强赵弱，秦主攻赵主守，秦军力图速战，赵军志在持久，所以采取了筑垒固守，坚守不出，以逸待劳的策略，消耗秦军的力量。秦军面对固若金汤的赵军防御工事，久攻不下；屡屡挑战，赵军不理不睬。如此双方相持三年，不分胜负。

秦王见战争旷日持久，于秦不利，便使出惯用的离间计。秦国派出间谍以重金贿赂赵国的权臣，又散布流言说："廉颇太老了，哪儿还敢和秦国打仗啊！秦国最怕的是马服君的儿子赵括，如果由赵括领兵，秦国这点兵马早就被打散了。"

昏庸的赵王听了这些流言，信以为真，误以为廉颇坚守不出是因为畏惧秦军。他准备召回廉颇，让年轻的赵括取而代之。

赵括是何许人呢？原来他是赵国著名的将军、曾指挥赵军在阏与之战中大败秦军的马服君赵奢的儿子。赵括自幼跟随父亲熟读兵书，军事理论颇有造诣，有时连赵奢也辩不过他。他也因此自视甚高。其实，赵括不过是一个空谈家。这一点，赵奢心中也早已明了。他曾对妻子说："用兵，关系到国家的生死存亡，而赵括却夸夸其谈，不以为然。我看今后赵国不用他为将则已，如果用他为将，那么断送赵军的一定是他。"

现在赵王真的要起用赵括做大将了，对此丞相蔺相如极力反对。他对赵王说："赵括只会纸上谈兵，不懂得灵活运用兵法，不可做大将。"赵王不听。赵括的母亲也来求见赵王，她对赵王说："赵括与他父亲不同，赵奢做大将和部下相处得很融洽，得到赏赐都分给部下共同享用。接受了命令，就一心为公，顾不上家里的事。而赵括呢，一旦做了将军，就盛气凌人，对下属毫不关心，大王赏赐的金银财宝，都拿回家里藏起来，准备购买田地房屋。赵括哪里比得上他父亲哪，请大王不要派他去领兵打仗，免得危害国家。"赵王依旧不理会，仍然固执己见。于是赵母只好请求说："如果赵括犯了过错，请大王不要牵连我们全家。"赵王应允了。

公元前260年，赵括走马上任。他一改廉颇原来的部署，更换将领，还撤去了防御工事，准备出城攻击秦军。

秦王听说赵括替代了廉颇，立即暗中派武安君白起为将，以王龁为副将。同时，秦王命令全军："如果谁敢泄露白起为将的信息，定斩不饶！"

白起针对赵括高傲轻敌的弱点，先用诱敌之计，佯装败退。赵括十分得意，领兵追击。这时白起派出两支精兵截断了赵军的后路，将赵军切成两段。白起又派5000骑兵进攻赵军的阵地，赵军被分割包围，粮道也被切断。赵军临时筑起壁垒自卫，等待救兵。

得到前线的捷报，秦王兴奋异常。他亲自来到河内，把当地15岁以上的男丁全部投入军队，调到长平战场东北面的高地，切断赵国的粮道。

数十万赵军被困在营垒中不敢出战。饥饿则不断收割着赵军的生命。从七月至九月间，赵军46日无粮，有人互相残杀，以人肉充饥。赵军企图突围，可秦军的防线如铜墙铁壁般将其团团围住。绝望之下，赵括亲自率领一队精兵拼死突围，结果被秦军射杀。

主帅一死，赵军迅即瓦解，40 万人向白起投降。白起嗜杀成性，他担心赵军的 40 万降卒不易管理，恐寻机造反，便下令将他们全部活埋，只留下 240 名少年放回赵国。放回之前又将这些孩子割耳、截肢，让他们回去宣扬秦军的“军威”！

人类历史上空前的大惨案，就这样发生了。直到现在，在山西高平古战场上，还经常可以发现箭镞、戈头、枯骨等，它们可能就是长平之战的遗物。

四、窃符救赵与毛遂自荐：邯郸之战

长平之战后的第二年，秦军乘胜围攻赵国的都城邯郸。秦军在长平战役中的残暴行为，不仅没有吓倒赵国军民，反而激起了他们无比的义愤。他们对秦军展开英勇、顽强的抵抗，还不时派遣精锐部队袭击秦军。

秦国不断增派士兵，继续围攻邯郸，企图一举覆灭赵国。公元前 258 年，秦军一直打到邯郸城下，赵国形势异常危急，多次向魏、楚等国求救。公元前 257 年，魏王派将军晋鄙率 10 万大军救赵。

秦王听到这一消息，立即派人去威胁魏王：“邯郸很快就会攻下。谁若敢救赵，秦攻取邯郸后马上就灭掉它！”魏王听了心惊胆战，连忙传令晋鄙停止前进，在赵、魏交界的汤阴驻扎下来，以观察形势的变化。魏王还派出辛垣衍潜入邯郸，想说服赵王和魏国共同奉秦国为帝，以换取秦军从邯郸撤兵。

平原君犹豫不决。这时齐人鲁仲连正在赵国游说，他听说魏国要劝说赵国尊秦为帝，就立即去找平原君。平原君便介绍鲁仲连去见辛垣衍。

鲁仲连对辛垣衍说："今日的秦国，不讲礼义，一味崇尚军功，奖励杀伐。对其士卒，玩弄欺诈的手段；对其民众，任意驱使。如果任由秦放肆地称帝，必然有害于天下。"鲁仲连还讲了殷纣王把九侯剁成肉酱，把鄂侯切成肉条，把文王投入监狱的故事，将秦王比作殷纣，以此说服辛垣衍，最终打消了他尊秦为帝的念头。鲁仲连义不帝秦的举动，打消了当时一些人对秦国抱有的幻想，对后来赵、魏、楚联合击退秦兵、解救邯郸之围起了一定的作用。

平原君三番五次派人催促魏国救援，还写信向魏相信陵君求救。信陵君是魏王的弟弟，也是平原君的内弟。平原君在信中责怪信陵君："我以为你有助人的高尚情操，现在邯郸如此危急，魏国救兵却迟迟不来，你倒无动于衷。纵然你可以轻易地抛弃我，你就不可怜你姐姐吗？"收到来信，信陵君立即请求魏王火速发兵救赵，但是魏王始终不答应。信陵君只好集合了一百多辆战车，带领自己的一千多名门客，准备去和秦军拼命。

信陵君去向老朋友侯嬴告别。侯嬴大声地笑着说："你这样去跟秦国拼命，好比将肉投喂饿虎，是白白送死啊！"随后，他又支开旁人，悄声地对信陵君说，"我听说调动晋鄙的兵符放在魏王的卧室里。魏王最宠爱的如姬可以随便进出这间卧室。如果她能将兵符偷出来，你把晋鄙的军权夺到自己的手中，统率大军，那就能援救赵国了。"

信陵君曾帮助如姬报过杀父之仇，所以这次信陵君去向如姬求助，如姬爽快地答应了。信陵君拿到虎符，准备出发，侯嬴来送行，说道："将在外，君令有所不受。现在你拿了这一半虎符，即使没错，晋鄙也不一定会将兵权交给你。"随后，侯嬴让信陵君把大力士朱亥带在身边。

信陵君带着虎符来到汤阴，假传魏王命令，让晋鄙交出兵权。晋鄙验过虎符，心中疑惑，便想派人面奏魏王。这时，朱亥猛地从袖子里抽出40斤重的铁锤，猛击过去，将晋鄙打死了。

信陵君立即接管了晋鄙的部队，随后下令："凡是父子都在军中的，父亲回去；兄弟同在军中的，哥哥回去；独子当兵的，回家奉养父母。"经过整编，共得到8万精兵，士兵的斗志也更加旺盛了。信陵君率领这支精兵，连夜奔赴邯郸。

就在信陵君窃符救赵的同时，赵王又派平原君赴楚求救。

平原君平时喜欢养士，手下门客有数千人。这次他准备在其中选择文武兼备的20人一同前去。可是选来选去，只选中19人，独缺1人。门客中有个叫毛遂的，见状就站出来，向平原君自荐。平原君问他到自己门下有几年了，毛遂回答有三年了，平原君说："贤士处世，好像锥处囊中，锥尖马上会露出来。先生在我这里已经三年了，没有人称赞过您，我也没听人讲起您有什么本领。先生还是留在家里吧。"毛遂答道："我今日才得请处囊中，如果我早得处囊中，整个铁锥都会露出来，不只是露出一点点尖来。"

平原君无言以对。对于毛遂的胆量和机敏，平原君也颇为欣赏，便准允毛遂一同前去。

到了楚国，毛遂与那19名门客畅谈天下大势，大家听了，都觉得毛遂见广识多，很有学问。

这天，平原君在楚国宫廷与楚王商谈合纵抗秦的事。楚王惧怕秦国，所以从早上一直谈到中午，也没有得出一个结果。同来的门客都很焦急，对毛遂说："先生去看看吧。"毛遂按着剑柄，急匆匆地走上殿去，一本正经地对平原君说："联合抗秦有利，不联合有害，这用两句话就可讲明白。可你们居然从早晨谈到中午还不能缔结盟约，这是为什么？"楚王大声呵斥："快滚出去！我与你主人商讨国家大事，你进来做什么？"

毛遂仍然手握着剑柄，走到楚王面前，厉声呵斥："大王，您敢这样怒斥我，只是依仗着楚国的军队多罢了。可现在在这十步之内，大王不能依仗楚国人多势众，你的性命就握在我的手里。"楚王见毛遂大义凛然，威武逼人，吓得一声不响。旁边的侍卫也不敢鲁莽行事。毛遂又继续说道："当着我主君的面，您那样的呵斥我，太无礼了。我听说从前商汤只有七十里的地方，后来有了天下，周文王也只有一百里的疆土，后来也使诸侯都臣服于他。这是因为他们的军队多吗？不是，而是因为他们能够掌握形势，发挥他们的威力。现在楚国方圆五千里，精兵百万，凭借这些本可称霸天下。可是，白起率领数万军队，兴师伐楚，一战就攻取鄢、郢，再战就烧了夷陵，三战就烧毁您祖先的宗庙。难道大王就不感到耻辱吗？赵、楚联合抗秦，为的是楚国，而不单是赵国啊！"

毛遂的话句句击中楚王的要害，令他顿时醒悟，随即同意联合抗秦。毛遂立即安排与楚王歃（音煞，意谓宰杀牲畜，将其血涂在嘴唇上）血为盟。楚王立即派兵前往赵国解救邯郸之围。

楚相春申君黄歇奉命领兵救赵，与魏国的信陵君无忌所率部队会合，向秦军发起猛攻。赵相平原君赵胜见机也带领赵军敢死队3000人杀出城来。由于长期作战，秦军早已疲惫不堪，这时突遭内外夹攻，哪里招架得住？被杀得狼狈逃窜。其中郑安平的两万秦军被魏、楚联军包围，突围无望，最后全部投降。

邯郸之围终于解除，秦国的实力虽未受到太大的损失，但毕竟遭遇了挫折，还失去了已占领的魏国的河东和赵国的太原郡。

五、历史进步的阴影与代价

从以上3次战役可以看到，战国之“战”既有兼并他国的战争，也有保卫家园的战争，还有援助别人的战争。交战中既有兵力和国力的抗衡，也有智谋和胆识的较量，还有精神、情意等方面的因素在发挥作用。从列国之间平等的关系看，秦军东进确是“虎狼之师”；从一般的人道主义的立场看，秦国以开动战争机器、兼而使用阴谋诡计来吞并天下，确乎不讲“礼义”，毫无道义。然而从历史发展的大趋势看，秦国又确实是顺应了潮流，以“当仁不让”的气概担当起了统一天下的重任，唱响了那一段历史的“主旋律”。

战争使生灵涂炭、家破人亡，但战争反过来也促使人们努力生产，发展经济，增强实力，逼迫人们进行改革，去除旧制度，建立新制度；战争还使“士”得以一展身手，“脱颖而出”，而这与当时的“百家争鸣”又不无联系。战国的历史是在希望与失望、胜利与痛苦、功利与道义的多重变奏中行进的，而战争所确立的基调，使这整部乐曲充满了“颤音”。

六、一个庞大的统计数字

再回到历史事实本身，并用一种平实的心情，继续我们的话题。

战国之“战”究竟令多少人命丧黄泉，这在当时已无法知晓，到了后世，更不可能搞清楚。只有司马迁在《史记》的《秦本纪》和《秦始皇本纪》中，为后人留下了一个模糊的数字，那就是秦国自献公至秦王政灭六国，秦军在16次战役中杀死敌国士兵的数字。有关资料，罗列如下：

1. 献公二十一年（前346年），秦与晋战于石门，斩首6万；

2. 惠文王七年（前331年），与魏战，斩首8万；

3. 惠文王后元七年（前318年），秦败韩、赵、魏、燕、齐五国及匈奴兵，斩首8.2万；

4. 惠文王后元十一年（前314年），败韩于岸门，斩首1万；

5. 惠文王后元十三年（前312年），击楚于丹阳，斩首8万；

6. 武王四年（前307年），攻韩，拔宜阳，斩首6万；

7. 昭襄王六年（前301年），伐楚，斩首2万；

8. 昭襄王十四年（前293年），白起攻韩、魏于伊阙，斩首24万；

9. 昭襄王三十二年（前275年），攻魏，斩首4万；

10. 昭襄王三十三年（前274年），破魏，斩首15万；

11. 昭襄王四十三年（前264年），白起攻韩，斩首5万；

12. 昭襄王四十七年（前260年），白起破赵于长平，坑降卒40余万；

13. 昭襄王五十年（前257年），攻三晋，斩首6000，晋军走死河中2万；

14. 昭襄王五十一年（前256年），攻韩，斩首4万；攻赵，首虏9万；

15. 秦王政二年（前245年），攻卷（魏地），斩首3万；

16. 秦王政十三年（前234年），攻赵，斩首10万。

以上总计杀死敌军近160万。

清代学者梁玉绳在其所著《史记志疑》中所作统计数字，与此略有出入。他加入了“孝公八年与魏战，斩首七千”“昭襄王……七年复伐楚，斩二万”“二十七年击赵，斩三万”“三十四年破魏将芒卯，斩十三万，沈（沉）河二万”四条，其余诸条在数目和时间上与《秦本纪》和《秦始皇本纪》也略有出入。如此得出秦军共杀灭166.8万人的结论（见卷四）。

这160万左右的死亡数字，仅是秦国一个世纪里在若干次（而非全部）战役中杀敌的人数。它并不包括秦军在这些战争中自身的死亡人数，至于其他国家之间战争中的死亡人数，就更不在其中。不过，这已经够令人震惊的了。

汉代贾谊《过秦论》中记载：“（秦）追亡逐北，伏尸百万，流血漂橹（大盾牌）。”这话确实是对战国之“战”一个形象而有力的概括。试想，单单让这160万战争死亡者的鲜血汇聚成河，就可以载荷、漂浮起多少大盾牌！

七、在“流血漂橹”的背后

《尚书·武成》说周武王伐纣，“血流漂杵”。从血流漂杵，到流血漂橹，先秦的战争好似经过了一次“升级换代”。升级的时间大致是在春秋战国之际。这可以从以下几个方面加以观察：

1.武器的进步

战国时期的青铜兵器有明显的改进，矛的锋部越来越坚硬。戈的刃部成弧线型，装柄的“内”部有锋刃。由矛和戈结合而成的戟已很流行，可以兼起刺和钩的作用。箭镞由双翼式变为三棱式，更具杀伤力。同时，由于冶铁技术的进步，矛、戟、剑等武器又逐渐改用铁制。这些铁制武器的威力远超过铜制的。至于铁胄、铁甲的出现，又极大地加强了防卫功能。

由弓发展而来的、能够远射的弩，在春秋后期已出现，到战国中期，开始得到广泛的使用。像韩国的弩，可以射到600步以外。至战国晚期，又进一步发明了可用以连射的“连弩”。除弩以外，春秋战国时期还发明了许多新式武器，其中最著名的进攻武器，有用于攻城的云梯和用于舟战的钩拒。

2.战争形式的变化

春秋时期贵族都用马车作战，双方往往排列成整齐的车阵，然后交战。这种车阵一经交战，失利的一方很快乱作一团，需重新整顿队伍，所以胜负也很快就决定了。春秋时期的大战，如城濮之战、邲之战，都在一天之内见胜负；鄢陵之战决胜负，也只不过两日。而到战国时期，大规模的步骑兵的野战和包围战，代替了整齐的车阵冲击战。所以，战争也就旷日持久，有的一拖就是几年。

由于战争变得错综复杂，兵法就更为讲究，战争指挥也开始成为一项专门的艺术。春秋以前的军队，都由国君和卿大夫亲自鸣鼓指挥，到战国之际就产生了专门指挥军队的将帅和军事家。“将军”一词最早见于春秋晚期（《左传》昭公二十八年）。以“将军”为代表的职业军官队伍的产生，说明贵族文武不分职的时代已经结束。

与此同时，各国相继推行征兵制度，作战时所有适龄农民都可能被编入军队。因而一场大战，双方往往动员数万、数十万乃至上百万的人员。

3. 城邑和关塞要津的设防

春秋以前，各诸侯国除国都以外，一般城邑和关隘要津多不设防。如秦穆公于公元前 627 年袭击郑国，从华阳出兵，一路经过函谷关、二崤山、环辕、伊阙，而后到滑国，行程两千余里，所有的关隘要道均无兵防守，只是途中遇到郑国商人弦高始被发觉。而到了战国时期，城邑一般都有军队驻守。壕池挖得又深又宽，城墙筑得又厚又高。城上每隔一段距离设有一座候楼，既是守城的屏障，又便于监视敌人。关塞平时也派兵驻扎，另外还设起亭、障守望。亭是边疆土台（四方的土堆）上的建筑，属瞭望台性质，为防线上最前沿的守望处所。障是规模较大的城堡。同时，边境线上也设置了报警的烽燧设备。

各国还纷纷在边境修筑长城，驻兵御敌。后来秦始皇征发百姓修筑长城，就是以赵、燕、秦三国原有的长城为基础修建的。

以上战争方式和军事制度的变化，必然导致战国之“战”

空前的激烈、残暴，规模也更加宏大。

历史上曾有人对战国时期庞大的伤亡数字表示怀疑，然而，了解一下上述事实，再想一想，战国之“战”多是兼并之战——它是以消灭敌国为目的的，所以不惜将战场变作屠宰场——应该就可以释然了。

最后，笔者想引述《史记·孙子吴起列传》中的一则记载，来结束本篇的话题。这则记载，在笔者看来，是所有有关战国之“战”的历史记录中，最为震撼人心的。

“吴起为将军，与最下等的士卒同衣食，晚上睡觉不设席，行军的时候不骑马，还亲自背着军粮，与士卒共担劳苦。士兵中有人生了毒疮，吴起便用嘴吸出毒疮里的脓汁。那名士兵的母亲听到此事就哭了。有人说：‘你的儿子是士兵，而将军亲自为他吸吮脓汁，你为何还要哭呢？’母亲说：‘话不能是这样说啊！从前，吴将军也曾为孩子的父亲吮吸过毒疮里的脓汁，为此，他父亲拼命作战，最后死在战场上。现在吴将军又为我儿子吸吮脓汁。我不知道儿子将会在何处战死啊！’”（白话今译）

贬逐“四贵”与远交近攻
范雎相秦

范雎，游士出身，以辩才和智谋为昭王所用，并在秦史上留下颇为浓重的一笔。

听其言，观其行，能对战国游士这一类人多一点直观的认识。

一、“秦王之国危于累卵”

范雎，魏国人，有辩才，年轻时就投身政治活动。他本打算为魏昭王游说诸侯，无奈出身贫寒，不能如愿，只好投在魏国中大夫须贾的门下。

一次，他随须贾出使齐国。齐襄王十分欣赏他的才干，就赏赐给他 10 斤金子，以及牛、酒等物。范雎不敢收。这件事让须贾知道了，回到魏国后他就向魏相魏齐进谗言，说范雎将魏国的机密泄露给了齐王，所以齐王要奖赏他。

魏齐大怒，命人笞击范雎。一顿毒打，将范雎的肋骨打折了、牙齿打落了。范雎见势不妙，只好装死，被人卷在苇席里扔进了厕所。须贾见了，还向苇席上撒尿。

后来，范雎向看守求情，希望能放了自己，将来一定重重地答谢。看守就去向魏齐报告，谎称范雎已死。魏齐相信了。范雎就在看守的帮助下逃了出去。一个叫郑安平的人，又建议范雎改换姓名躲藏起来。

就在这时，秦昭襄王派王稽出使魏国。郑安平混迹其中，侍候王稽。王稽向郑安平打听魏国有何人才，准备加以收罗。郑安平就推荐了范雎。范雎夜里来见王稽。一见面，王稽就觉得范雎确实与众不同。范雎见与王稽谈得颇为投机，胆子逐渐大了起来。他对王稽说："秦王之国危于累卵，得臣则安。"（秦王的国家正处于比鸡蛋相叠还要危险的境地。如果重用我，就会转危为安。）这句话更是令王稽对范雎刮目相看。两人遂相约一起离开魏国。

随后，王稽带着范雎向秦国进发。车队到达秦国边境湖关时，恰巧遇上秦相穰侯东巡至此。范雎早就知道穰侯厌恶其他国家的政客，所以躲在车里不敢出来，以免遭受穰侯的侮辱。穰侯询问王稽是否带了外人入秦。王稽回答："不敢。"穰侯又特别关照一句："外来政客对秦国毫无益处，徒增纷乱。"

穰侯的车驾过去后，范雎对王稽说："穰侯刚才未检查车内，想必还会回来搜查。"说完，就下车独自赶路。果然，走了十余里路，穰侯真的派人赶过来搜查车子。范雎凭借自己的机敏，避过这场危险，与王稽一起进入秦都咸阳。

这一年是公元前 268 年，秦昭王三十九年。

王稽向秦王举荐范雎，还特意将范雎所说的"秦王之国危于累卵”这句话告诉了秦王。可惜，秦王对此并未予以重视，只用较差的食宿接待范雎。

过了一段时间，穰侯要带兵穿过韩国和魏国，去攻打齐国的纲、寿。范雎听到了消息，感到自己的机会到了。他上书秦王，要求当面献策。他在信中非常自信地说：“一语无效，请伏斧质。”（如果有一句没有用的话，就用斧子把我腰斩。）这句话感染了秦昭王，于是就派车接范雎进宫晤谈。

范雎进了宫中，恰好遇见昭王。范雎装作不认识昭王的样子，对宫中的侍从嚷嚷道：“秦国哪有什么王呀！秦国只有宣太后和穰侯啊！”以此来引起昭王的注意。这话让昭王听见了，他连忙迎上前问候范雎。这一切令旁边的群臣面面相觑。

范雎和昭王将如何相待，他们又将谈些什么，对此我们暂且按下不提。这里，先就读者可能已经注意到的两个问题，即：范雎为何如此痛恨穰侯，又为什么说秦国“危于累卵”，做一些历史的回溯。

二、外戚擅权，“四贵”横行

穰侯名魏冉，为秦昭王的母亲宣太后的弟弟，因被封在穰，故称穰侯。他在秦惠文王、秦武王时已是朝中重臣。武王是一个雄心勃勃的君主，在其执政时期秦国的势力曾深入到中原地区，并在周王室面前耀武扬威。武王对象征周天子权位的周鼎心仪已久，幻想着有朝一日能将其据为己有，所以常常以举鼎为戏。公元前 307 年（秦武王四年），武王在同大力士孟说举鼎时，不慎折断了胫骨，随后死去。

武王无子，在其死后诸弟纷纷争夺王位。武王的亲生母亲惠文后早逝，庶母芈八子生有 3 子。身为芈八子弟弟的魏冉，当时在朝中权力最大，于是就将芈八子所生之子立为秦王，是为昭王。芈八子为宣太后。

昭王即位后，昭王的诸兄弟不服，发动叛乱。魏冉杀死了为首的壮和其他诸公子、大臣，巩固了秦昭王的地位。所以自公元前 306 年秦昭王继位，到公元前 265 年（秦昭王四十二年），秦国虽几易国相，但实权都掌握在魏冉和宣太后手中。魏冉先后 5 次出任丞相，长达 25 年之久，是秦国历史上任丞相时间最长的一位。

昭王即位时，年仅 20 岁，无力亲政，于是，便由他的母亲宣太后代为掌权，魏冉辅佐。这样，一个以宣太后为首的外戚集团，便在秦国形成了。这个集团的核心人物，除了宣太后、魏冉，还有被封为华阳君的宣太后的幼弟，以及被封为高陵君与泾阳君的宣太后的另外两个儿子。魏冉与这 3 人，时称“四贵”。

作为昭王执政前期向东扩张的核心决策人物，穰侯魏冉颇有一番建树。他起用武将白起，派他率领秦军不断进攻韩、魏、赵以及楚国，多次取得重大胜利。比如，在伊阙之战中，白起指挥秦军打败了韩、魏联军，斩首 24 万，令山东各国闻风丧胆。此后，魏冉又派白起率军攻入魏国河内地区，取得大小城邑六十余座。之后，魏冉又遣白起南下伐楚，攻破楚国国都郢。这些军事活动，极大地削弱了山东各国的势力，对秦统一全国起了积极的促进作用。

但是，随着秦国对外军事斗争的不断胜利，以宣太后为代表的外戚集团在朝中的权势越来越大，朝政也日趋腐朽。他们生活骄奢淫糜，飞扬跋扈。各自占据大片封地，成为全国最大的封君地主。同时，他们又嫉贤妒能，一反秦国积极吸纳外来人才的做法，排斥外来的政客、游士。他们御下蔽上，即使是秦王也不被放在眼里。

国内政治的黑暗，必然影响对外的战争，从而导致一系列军事活动的失利。比如，魏冉后来又被封于陶，其封地在齐国边境附近。为了扩大自己的私人领地，他竟不顾劝阻，命秦军长途跋涉去进攻齐国。这种舍近求远的做法，使秦国在战略上处于十分不利的地位。

这就引出了范雎“秦王之国危于累卵”的议论，以及对魏冉的憎恶。

三、昭王说：“今日得见先生，有幸！”

再说那天范雎进宫正巧碰到秦昭王，他高声叫嚷秦国没有王。这话既道破了当时秦国的症结所在，又触及昭王心头的隐痛。昭王年少登基，无力左右政局，遂使外戚势力日益膨胀，一切权力都把持在太后和魏冉的手中，自己形同傀儡。然而昭王对此并不甘心，他也绝非无能之辈，只是手下缺乏得力的亲信、能臣。范雎的出现，令他眼前一亮，隐约感到某种机遇的到来。

昭王屏退左右，恭敬地两腿跪在地上，挺着上身，对范雎说：“先生想怎样指教我？”范雎只是说：“是，是。”过了片刻，昭王又请求说：“先生怎样指教我？”昭王如此反复说了三遍。最后，范雎说道：“不是臣不说。臣听说从前吕尚遇文王，文王待吕尚仁厚，吕尚也对文王忠贞。所以文王依靠吕尚的辅佐而征服天下。臣只是秦国的一个过客，和王没有什么交情，而臣所要说的事，牵涉到王的骨肉至亲。臣愿效愚忠进谏，却不知王的心意究竟如何，这是王再三问臣，臣却不敢作答的原因。臣不是因害怕而不敢讲。如果臣今天讲了明日就被害，臣并不害怕，因为人免不了一死。如果需要臣死而又能给秦国带来好处，臣是心甘情愿的。然而，臣所害怕的，是臣死以后，天下的人如果都知道臣是为尽忠而身死，以后就没有人再敢对王进言了，也没有人敢入秦了。”

范雎的一席话，使昭王不由得心头一热。他说：“今日得见先生，有幸。先生有话尽管讲。事无大小，上至太后，下至大臣，愿先生全部都说出来，以教导寡人。不要怀疑寡人。”

范雎连忙向昭王下拜，昭王也向范雎回拜。随后，范雎说：“秦国地势险要，军队强盛，利则出攻，不利则入守，这是可以成就王业的地方。民怯于私斗而勇于公战，这是有利于成就王业的百姓。大王您有此二者，霸业可成啊！可是，秦国至今已闭关十五年，不敢积极地向东方扩张，这是因为穰侯为秦国谋不忠，大王的计策有所失。”昭王连忙说道：“寡人愿意听听计策失误在什么地方。”

范雎害怕隔墙有耳，不敢议论秦国国内的事，就先讲对外的事，以此进一步了解、观察昭王的反应。他说：“穰侯要越过韩、魏去攻打齐国的纲、寿，这是失计。出兵少了不足以损伤齐国，出兵多了则对秦国有害。今天秦和邻国的关系并不亲善，跨越邻国去攻打别国，可以吗？这在策略上是有疏漏的。以前齐湣王南攻楚国，辟地千里，可到最后连一寸土地也没有得到，难道是他不想要土地吗？是因为形势不允许呀！后来各国看到齐国疲弱，君臣不和，就兴兵伐齐，大破齐国。齐国之所以大败，就是因为伐楚而肥了韩、魏，这也就是所谓的借武器给敌人、送粮食给盗贼。王不如远交近攻，那样，得一寸土地就是王的一寸土地，得一尺土地就是王的一尺土地。今天放弃这样的策略去远攻，不是太荒谬了吗？从前中山国方圆五百里，赵国与它相邻，将它吞并了，别的国家也没有办法。韩国、魏国处在各国之间，是天下的枢纽。大王要想称霸诸侯，就一定要征服韩、魏，以便掌握天下的枢纽，并进而威慑楚、赵。如果楚、赵都依附于秦国，齐国也必定依附于秦国。”

昭王非常赞赏范雎提出的“远交近攻”的策略，欣然采纳，拜范雎为客卿，参与军政大事。

四、贬逐“四贵”，范雎为相

范雎“远交近攻”的策略付诸实施后，秦国的军事行动开始由被动变为主动，并逐步取得一些胜利，范雎也因此更加受到昭王的信任。随着君臣关系的日益密切，范雎感到与昭王谈论国内事务的时机到了。

一天，范雎对昭王讲：“臣在山东时，只听说齐国有孟尝君，没听说过有齐王。也只听说秦国有太后、穰侯、华阳、高陵、泾阳，没听说过有秦王。一国的王是一国的首脑，他要定夺国家大事，要有生杀予夺的权威。今天，太后能够擅自行事，穰侯可以出使不报，华阳、泾阳、高陵诸君可以自行决断，这就是人们说秦国无王的原因啊。‘四贵’的权势愈盛国家就愈危险，大王的权力就可能倾覆，政令也不能从王出。臣听说善于治国者，就要树立威望、握紧权力，否则后果不堪设想。”范雎又引证齐、赵两国权臣废君的教训，接着说道，“崔杼、淖齿是齐国的臣，齐王为他们所害。李兑是赵国的臣，他困主父于沙丘，百日饿死。现在太后和‘四贵’就好比崔杼、淖齿、李兑。秦国从地方各级官吏到朝中诸大臣，以及大王左右的侍从，没有一个不是属于穰侯的，王在朝廷中实际上是孤家寡人。臣实在为王惶恐不安，以后执掌秦国的不会是王的子孙了。”

昭王听了，万分惊惧，决心祛除祸害。在范雎的帮助下，昭王经过周密部署，采取果断措施，一举废掉了宣太后，同时将穰侯魏冉与高陵君、华阳君、泾阳君逐出关外。秦王剥夺了魏冉的爵位和相印，命他去陶邑休养。当魏冉离开时，满载珍宝的车辆有一千多乘。在离境出关检验时，有人发现，魏冉的宝器珍怪竟比王室还要多。这一年是公元前 266 年，秦昭王四十一年。

紧接着，昭王拜范雎为相，并封他为应侯。从此，秦国内政和军事大权便为范雎所控制。对内，他对政权机构进行清理整顿，打破了贵族擅政的局面，加强了中央集权。对外，积极采取远交近攻的策略，并节节取胜。

五、远交近攻：秦加紧进攻三晋

在范雎出任秦相以前，昭王即已开始按照范雎的主张，改变魏冉舍近求远攻打齐国的战略。范雎拜为客卿的当年，秦国就派五大夫绾率兵伐魏，攻取怀。公元前 266 年，秦军占据魏的刑丘。范雎相秦后，将攻击的矛头又指向韩。

范雎求见昭王，主张先以武力相威胁，迫使韩国就范，如果对方不从再直接出兵。韩国虽日渐衰弱，却并不肯将国土拱手相让。于是，自公元前 265 年开始，秦国连续不断地向韩国发动军事进攻。

向韩发兵的当年，秦军即攻取少曲、高平。次年，秦将白起攻韩，又拔五城，斩首级 5 万。公元前 263 年，白起又进兵太行山以南地区。韩国的疆土就这样一点点被秦蚕食着。

随着对韩扩张的步步推进，秦国与赵国之间的矛盾趋于激化。公元前 260 年，秦、赵两国爆发了著名的长平大战，并发生了秦将白起坑杀 40 万降卒的惨绝人寰的大屠杀。

六、攻伐邯郸：范雎与白起的矛盾

长平一战，秦国声威大震，同时也让白起声名远扬。这引起了范雎的嫉妒。范雎出身辩士，虽然干练、有谋略，却心胸狭窄，容不得别人与他争锋。白起在魏冉为相时就已功勋卓著，现在长平一战更使他的声望如日中天。范雎唯恐在这个崇尚武功的国度，因白起的功高，使自己地位跌落，从此不能独揽大权。

长平大战后，形势对秦有利。白起准备一鼓作气，乘势灭赵攻韩。公元前 259 年 10 月，秦军再度攻占上党，然后兵分两路，一路由王龁率领，攻下韩国的皮牢；另一路由司马梗率领，占领了赵国的太原。白起则统率主力留在上党，等待昭王发出向邯郸进攻的命令。可是，等了两个月，得到的却是“罢兵”的命令。

原来，昭王听从了范雎的建议，认为秦兵在外日久，应让士卒休息，并准允韩、赵割地求和。白起只好班师回国。乘胜灭赵的计划成了泡影，眼见到手的战功也落了空，白起不免心生怨恨。从此，范雎与白起之间的矛盾趋于尖锐。

后来，情况发生了变化。秦兵撤退后，只有韩国献出了土地，而赵国却拒不割地，并且派人去齐国游说，准备联合抗秦。昭王见赵国违约，还要联络别国一起反秦，便命令白起率兵伐赵。白起却坚决反对。

白起之所以反对伐赵，既有对范雎不满的因素在内，也是出于对形势的分析和考虑。他指出：“赵国自长平之战以后，君臣发愤图强，努力耕作，对外又与燕、魏结亲，与齐、楚交好，处心积虑，备战抗秦。所以，赵国现在是国内实、交外成，秦国不可以攻伐啊。”白起的话显然有一定的道理。然而，昭王和范雎心意已决，便另派王陵率兵攻赵。

公元前 258 年，王陵在进攻邯郸时受挫，秦军伤亡惨重。昭王又命白起出战，白起则称病不出。

然而，前线不断失利。消息传来，令昭王十分焦急，就命范雎亲自去劝说白起。范雎无奈，只好亲自游说。白起依然推托有病，不肯出战，并进一步分析了当前的形势，指出此次出兵，不可能取胜。他说：“现在赵国军民同心协力，誓死保卫国家。山东各国也都对秦国怀有怨恨，秦若攻赵，它们必然相救。秦国远离自己的国土攻打邯郸，赵国坚守不出，诸侯纷纷救援，秦军必受夹攻。”

范雎早就有意让自己的亲信郑安平替代白起，所以白起拒绝出战，正中下怀。范雎回到朝中，向昭王禀报。昭王听了，大发雷霆。于是昭王让王龁代替王陵，并增派军队，继续围攻邯郸。

不幸的是，事态的发展恰如白起所预言的，赵国军民拼死抵抗，秦军久攻不下。同时魏国、楚国的10万援军又赶来攻击秦军，秦军大败，处境堪忧。

昭王不得不再次命白起出战。这次，昭王亲抵白起府邸，命令白起带兵伐赵，但白起还是以生病为由予以拒绝。昭王火冒三丈，对白起说：“你虽有病，哪怕你躺在床上指挥，还是要为寡人出征。”生性孤傲的白起，心里愤恨，拒不领命，并继续向昭王陈述不可出兵的理由。他对昭王讲道：“愿大王接受臣之愚见，这回就饶过赵国，让他们休养生息，同时伺机等待东方国家的变故。这样既安抚了东方各国，攻伐、诛灭其中骄横和无道的，又可以用道义的力量来统领诸侯，天下就可以安定了。何必一定要先对赵国开刀呢？”

昭王根本听不进去，双方不欢而散。昭王当即削去白起的爵位，并将他逐出咸阳，迁至阴密。由于生病，白起没有马上动身。

三个月后，秦军在前线惨败的消息传来，昭王又迁怒于白起，令他立即起身，不得滞留咸阳。白起只得起程。

这时，范雎又在昭王面前煽动对白起的不满，“其意怏怏”，恐怕日后有变。昭王听范雎所说，心中不安，立即派出使者追赶白起。在距咸阳以西 10 公里一个叫杜邮的地方，使者拦住了白起。随后按照昭王的吩咐，命白起自杀。白起无奈，遂引剑自刭而死。

七、“一饭之德必偿，睚眦之怨必报”

在《史记》中为范雎作传的司马迁，曾详细地记述了范雎与须贾、魏齐之间因私人怨恨而引出的一段故事。俗话说得好，“于细微处见精神”，《史记》中的这些貌似平常琐碎的事情，其实为人们深入了解范雎的为人以及为政，提供了绝好的资料。

范雎早年投在须贾的门下，却不幸受其侮辱，幸亏得到王稽和郑安平的帮助，才得以逃往秦国。这件事我们在前面已经提过。对此，范雎一直耿耿于怀。后来范雎为相后，恰巧有一次须贾被派到秦国求和。范雎得知，就特意微服出行，并装作在路上“巧遇”须贾的样子。

须贾只知道秦相叫张禄——这是当年范雎接受郑安平的建议而更换的姓名，入秦后一直沿用——却浑然不晓张禄就是范雎。须贾路遇范雎，两人难免一番叙谈。言谈中范雎故意做出不得意状，使得须贾颇哀怜他。须贾此次身负重任，出使秦国，正需要帮助，便想与范雎拉近关系。于是便留范雎吃饭，还送给他一件袍子。席间，须贾提起他那 4 匹马拉的大车坏了，不能去见秦相。范雎赶紧表示，愿意帮忙去借，并陪同前往，代为通报。

范雎为须贾驾着马车来到相府门口，对须贾说：“您等着我，我帮您先进去通报。”然后就独自一个人进去了。须贾在门口等了良久，却不见范雎出来，就问看门的侍从：“范叔怎么还不出来？”看门的回答：“没有范叔这个人。”须贾说：“就是刚才给我驾车的那位。”看门的一本正经地对须贾说：“那可是我们的秦相张君。”

须贾大惊失色，随即恍然大悟，知道自己被范雎耍弄了。须贾没有办法，只好赤膊跪行，向范雎谢罪。

于是，范雎召见了须贾。须贾连连叩头，声言自己该死。范雎当众历数须贾的罪状：当年从齐国归来，你向魏齐诬告我暗通齐国。魏齐令人打我，又将我扔在厕所里，你非但不制止，还向我身上撒尿。接着，范雎又说，考虑到今日你对我尚有故人之意，还以袍子相赠，所以今天先放你回去。但是，你要传话给魏王，立即提着魏齐的头来见我，不然的话，秦军马上踏平大梁。

须贾仓皇回到魏国。魏齐知道后，慌忙逃到赵国，藏匿在平原君的家里。这件事后来传到了昭王的耳朵里，昭王深谙范雎的脾气、性格，知道他必定要找魏齐报仇，就写信给平原君，要与平原君结“布衣之友”，并作“十日之饮”。

平原君害怕秦国，只好入秦拜见昭王。昭王逼迫平原君交出魏齐，却遭到拒绝。昭王就将平原君软禁起来，并致信赵王，进行恐吓。最后，魏齐知道自己因得罪范雎而与秦国交恶，终将一死，便自刭而死。赵王马上让人提着魏齐的首级，送到秦国，这才免去一场战争。

范雎在“以怨报怨”的同时，也不忘“以德报德”。对于救过自己性命的王稽、郑安平，范雎皆予以提拔重用。还有那些曾在范雎落魄的时候给予过帮助的人，范雎也竭尽所能加以报答。司马迁对此概括为："一饭之德必偿，睚眦之怨必报。"

八、辩士与政客：范雎的长与短

自面见范雎后，昭王一直信任和重用范雎。白起之死，就从一个侧面反映了昭王偏袒范雎；或者换一个角度来说，是范雎争宠又获得了一次胜利。昭王曾将范雎尊为"叔父"，把他得到范雎比作周文王得到吕尚、齐桓公得到管仲。范雎相秦也确有显著功绩，并为日后秦国最终完成统一大业，做出了一定的贡献。这除了体现在驱逐"四贵"，结束外戚专权，加强中央集权和明确地树立"远交近攻"的战略原则之外，还体现在其他一些正确的治国方略上。比如在他当权期间，秦加强了对巴蜀地区的控制。

自秦惠王降服巴蜀以后，蜀郡守张若及其继任者李冰，迁移民、筑城市、修水利、治农业，使得当地经济获得长足发展，社会面貌发生了很大变化。但是，"蜀道难，难于上青天"。于是，范雎决定在由秦入蜀的群山峻岭中开凿栈道。千里栈道的开通，便利了秦、蜀间的往来交通，也使秦国的用兵更加灵活，可以由蜀地出击东方国家。此后，秦国不断地恫吓楚国，扬言由蜀地而下，秦军不消几日就可踏平楚国。

在范雎为相期间，当时的大学者、著名思想家荀况曾入秦考察。范雎以礼相待，并询问荀卿到秦国后有何观感。荀卿说了这样一段话："秦国所处的地理位置非常好，既有关隘要塞的险峻，又有山林川谷的富饶。这里的百姓都很朴实，不尚浮华。他们对官府都很害怕，服服帖帖地听从官吏的摆布，遵守法令。而衙门里的官吏，则奉公守法，认真为朝廷办事，不偷懒，不营私舞弊。贵国的士大夫也都守法奉公。不结党营私，识大体，顾大局。再看朝廷，处理政务简洁明快，不为烦琐细务纠纷扯皮，真像古代恬然无治的样子。”最后，荀卿感慨地说，“怪不得秦国自孝公、惠文王、武王以至昭公，不断取得胜利。这不是侥幸，是必然的结果啊！”荀卿这番话，也是对范雎治国有方的一种肯定。

但是，范雎相秦也有不当之处。这主要是因为他心胸狭窄，又过分看重个人的恩怨。范雎与白起的矛盾，就是一个例证。还有，“一饭之德必偿，睚眦之怨必报”的为人处世的原则与作风，不仅使他全无政治家的风度，而且使他变成了一个市侩式的报复泄愤者，同时在用人方面也产生了问题。他因为感恩而委以重任的郑安平、王稽，后来都给秦国造成不小的损害。郑安平在邯郸之役中被赵国、魏国、楚国的军队内外夹击打得大败，后又被围，突围不成，就带着两万秦军投降了赵国。王稽在任河东太守时，与东方诸侯国暗中来往，后被诛杀。按照秦国的法律，任人不善者，要受到同样的处罚。所以，范雎也险些因王稽通敌而被诛。

太史公司马迁不愧为一位伟大的史学家，他以生动、细腻的笔触，记录了范雎与须贾、魏齐、郑安平、王稽之间的恩恩怨怨，并借此告诉人们：先秦的游士，如范雎之辈，奔走于各国之间，虽然也可能不同程度地存有利国利民的志向，但主要还是为了个人的荣华富贵。他们中的一些人，能以辩才取得荣宠，也能提出一些有益的主张，推行一些有益的措施，但称不上是有远见、有气度的政治家，而只能算是一些政客。

从投机商到政治家
吕不韦与《吕氏春秋》

经商的精明与治国的英明，相去几何？

请看大商人吕不韦的从政史，和他主编的《吕氏春秋》。

一、家富千金的濮阳商人

在今河南北部、河北南部一带，先秦时期有一个诸侯国：卫。这个地方最初是殷王朝的中心地区，后来周朝建立，周公推行分封制，就将康叔封于此地，称“卫”。

此前，卫国也算得上是个大国，之后就逐渐衰微，地盘也越来越小。到战国中期，已沦为任人宰割的小国。国君的昏庸、无能，贵族政治的腐败、黑暗，使得优秀的人才纷纷向外流失。而人才流失越多，国家也就越看不到前途。吴起走了，商鞅走了，后来，吕不韦也走了。

吕不韦，出生于卫国都城濮阳。地处黄河岸边的濮阳交通十分便利：溯河而上，可抵达洛阳，那里曾是周王朝的政治中心，战国时期，它仍是全国知名的繁华都市之一；沿河而下，可通往盛产鱼盐粟帛豆麦的齐、鲁富庶之乡；向北渡过黄河，可直奔北方的大都会邯郸；往南，黄河水系通过鸿沟与淮河平原水道交通网联结起来。如此优越的地理环境，为濮阳人经商致富准备了良好的外部条件，从而造就了一批商人，濮阳也因此成为一个相当繁荣的商业都市。

吕不韦的父亲，就是濮阳的一个大商贾。

在吕不韦生活的年代，卫国已成为秦国和魏国、赵国、齐国之间的要冲地带。卫国求助魏国的保护，在魏的卵翼下苟延残喘。卫国没有太多的东西可以自夸、自傲，相反，它的风俗还时常遭到别国的讥议。有人把卫国以及离它不远的郑国所流行的一种音乐，称为“郑卫之音”，把它归入淫邪一类，属于靡靡之音。

在社会环境的熏陶下，吕不韦从小练就了一副精明的头脑，为人圆滑，长袖善舞。他继承父业，以经商为生，奔走于濮阳与邯郸、阳翟之间，成为“家累千金”的大富商。

国运日衰、风雨飘摇的卫国，当然留不住吕不韦的心。他要到外面的世界，成就一番惊天动地的事业。

二、邯郸城里“奇货可居”

邯郸远比濮阳繁华、昌盛。它既是赵国的政治中心，又是南通郑、卫，北接燕、涿，东连齐、鲁的交通枢纽，是山东各诸侯国中最大的商业城市之一。这座建造于公元前386年的赵国首都，规模宏伟，布局严谨。北面和东面为市区和臣民住宅，西面为王城。王城长 1475 米，宽 1387 米，气势恢宏，为当时各国王宫之最。据说，从这座大城市里走出来的人，也像这座城市一样，别有一番气度。尤其是他们走路的姿势、步态令各地追求新潮的年轻人竞相模仿。"邯郸学步"的故事，就是由此引出的一个笑话。

在这座汇聚着四方宾客、八方财货的大城市里，吕不韦寻觅着一桩能够一本万利的买卖。

一日，吕不韦兴冲冲地跑回家，神秘兮兮地问他父亲："耕田的利有几倍？"父亲回答："十倍。"他又问："商贾的利有几倍？"答："百倍。"他再问："如果立一个国王，利有几倍？"父亲听儿子问了这么一个没头没脑的问题，顿时愣住了。过了好久，嘴里才吐出几个字："无数倍。"

儿子一笑，一字一句地对父亲说："当今之世，拼命种田，舍命耕作，到头来也只能勉强吃饱穿暖。若能买到一个国君，让他听我的，就不仅是一生有享不尽的荣华富贵，还可泽及后代。我就要做这样的买卖。"

原来，吕不韦盯上了正在赵国做"质"的秦昭王的孙子异人。所谓"质"，就是诸侯国之间结盟时相互交换的人质，他们往往都是些公子、王孙。在本国背约时，人质就要受到惩处。异人是秦昭王的太子安国君的庶子。安国君有二十多个儿子，异人排行居中，其母夏姬又不受宠幸，所以被送到赵国做人质。由于异人在国内没有地位，加上秦国又多次进攻赵国，因而赵国也就不会善待异人，使得他的处境十分艰难。

吕不韦却以商人的敏锐嗅觉，意识到这正是"奇货可居"的买卖。他决定，进行一次冒险的，但却能一本万利的政治投资。

吕不韦首先设法结交异人，与异人相处得非常融洽。一日，他对异人说："现在秦王老了，太子安国君宠爱华阳夫人，只有华阳夫人能立太子，可惜她没有儿子。你们兄弟有二十多人，你排在中间，又不得宠，还长期在赵国做人质。以后安国君继任王位，你是没有希望争做太子的。"异人对这一点早就看得很清楚，沮丧地说："这又能怎么办呢？"吕不韦随即表示愿意帮助异人回国继承王位。异人喜出望外，当下就与吕不韦商定，如果事成，两人共治秦国。

为了进一步笼络异人，吕不韦又将自己的一个漂亮的情人"送"给了异人。潇洒、有钱的吕不韦，在邯郸与一个叫赵姬的姑娘相好。赵姬不仅容貌娇艳，而且能歌善舞，深得吕不韦的喜欢。可显然吕不韦并不是那种能让女人束缚住手脚的人。

一日，他请异人吃饭，觥筹交错之间，请出赵姬歌舞助兴。赵姬眉目传情，又频频为异人敬酒，异人见了神魂颠倒。酒后异人拉住吕不韦的手，请求吕不韦将赵姬送给他为妻。吕不韦假装生气，异人则苦苦哀求，于是吕不韦便顺水推舟："既然你如此喜爱，我就只能忍痛割爱了。"异人千恩万谢，对吕不韦愈加感激。

赵姬后来生下一个男孩，名政，就是后来的秦始皇。关于政的生身父亲，有人说是吕不韦，有人说是异人，这里我们不予深究。但不管怎样，由于吕不韦与异人、赵姬之间错综复杂的关系，吕不韦与嬴政之间，也就存在着一种非同一般的关系。

三、咸阳密谋：异人立为嫡子

吕不韦决意从商业活动转向政治投机。他对异人说："我家里虽穷，但我会想办法去换来千金，为你去秦国游说，让安国君和华阳夫人立你为太子。”

吕不韦送给异人五百金，让他在邯郸广交朋友，自己又用五百金买了珍稀的宝物去秦国活动。到了咸阳，他去求见华阳夫人的姐姐和弟弟，并送上厚礼，然后请他们将珍稀的宝物献给华阳夫人。吕不韦又通过他们传话给华阳夫人，说：“异人贤智，结交天下的宾客，日夜思念太子和夫人。”

华阳夫人听了，非常高兴。吕不韦继续通过华阳夫人的姐姐和弟弟向华阳夫人传话：“我听说，凡是以美色得人喜爱的，终难长久。等到人老色衰，就不会再招人喜爱了。今天夫人深得太子的宠爱，可是没有儿子，应该尽早在诸子中选择一位贤孝的立为夫人的嫡子。这样，以后夫人立的儿子继承王位，夫人就不会失势了。现在异人对夫人很贤孝，他自己清楚由于排行居中，不能继承王位。如果夫人立他为嫡子，则异人无国而有国，夫人无子而有子，皆大欢喜。异人对夫人会更加孝顺，夫人也能终身得宠于秦国。”

这些话深深打动了华阳夫人的心。于是，华阳夫人就对安国君说：“我有幸得到宠爱，却不幸没有儿子。我看异人最贤德，愿意立他为嫡子。这样我以后也就有了依靠。”安国君答应了，还与华阳夫人郑重其事地刻玉符立约，以示绝不反悔。

异人被立为嫡子，自然欣喜万分。他在赵国更频繁地开展社交活动，结交天下宾客，名声也逐渐传扬开来。吕不韦则被安国君和华阳夫人请来做为异人的老师，随时加以辅佐、提携。

公元前 257 年，秦军攻打邯郸，秦、赵关系紧张。吕不韦对异人说，你赶快逃回秦国，以免留在赵国遭到不测。吕不韦和异人用六百斤黄金打通关节，逃出了邯郸。异人的妻子赵氏（即赵姬）则带着儿子躲藏到赵国的富豪之家。

异人回到咸阳，吕不韦对他说：“华阳夫人是楚国女子，你既是她的儿子，就应穿着楚国服装去见她。”异人听从吕不韦的建议，着一身楚服，去拜见安国君和华阳夫人。华阳夫人见到异人，心中无比欢喜，说道：“我是楚人，你是我的儿子，你穿楚服，我非常高兴。”安国君说：“吾儿可取名为子楚。”异人拜谢，从此改名为子楚。

四、投资回报：吕不韦为相

公元前 251 年，做了五十六年国君的秦昭王驾崩，时年 53 岁的太子安国君继承王位，即秦孝文王。华阳夫人为王后，子楚为太子。随后，赵国送子楚夫人赵氏和儿子回秦国。

不知是由于熬白了头才等到继位这一天，因而过于兴奋所致，还是因为长期耽于安乐，一旦临朝就被冗杂的政务所击倒，孝文王登基不过 3 天，就猝然而死，魂归西天。

吕不韦正在为子楚被立为太子而洋洋自得，没料想，更惊人的喜讯竟然又接踵而至。按秦国法律，太子子楚登基即位。这么多年来，吕不韦苦心经营，不正是为了这个目的吗？可他绝没有想到这一天会来得这么快，这么突然。

子楚继位，是为庄襄王。新君没有食言，登基后颁布的第一道命令，就是为吕不韦而发的：“以吕不韦为丞相，封为文信侯，以兰田十二个县为食邑。”（说明：后改为食河南洛阳十万户。）

这道命令，顿时使秦国的文武大臣都惊呆了。因为，在当朝的百官中，没有一人有此殊荣。即使在秦国的历史上，既封丞相又封侯的也仅有两人，那就是魏冉和范雎。吕不韦一介布衣，既无武功，又无政绩，他有何德何能，竟如此青云直上，并集官、爵、封地于一身？

吕不韦心中自然一清二楚：这不过是多年前自己在邯郸所作投资的回报而已。

吕不韦当政后的第一件事，就是大赦天下，奖赏先王功臣，以及对百姓施以一些小恩小惠。虽说这是历代国王上台后的一套惯例，作为执政者，吕不韦因新君登基，必须例行这套老办法，但是，这对吕不韦来讲，却是别有一番用意，或者说，蕴含着深长的意味。

吕不韦深知，自己任丞相前，论政绩、武功，一无所有；论影响、地位，也无从谈起。因此，施行“德政”，用“德”“义”来感召和笼络臣民，就十分必要。不仅如此，从吕不韦之后的言行来看，“德”“义”在他的思想意识中，确实占据着比较重要的地位。从此，吕不韦给一贯倡导“严刑峻法”的秦国，带来了新的思想色彩；在统治手法上，也有所变化。

庄襄王只做了三年国君就死去了，年仅 13 岁的太子政继位。吕不韦继续任相，并以“仲父”身份辅政。如此一直到秦王政九年，即公元前 238 年秦王政亲政。在吕不韦担任秦国丞相长达十二年的时间里，秦国的军政大权都掌握在他的手中。

五、出色的武功

吕不韦当政期间，秦国在中原地区不断扩张势力，并最终在战国后期，确立了主动与优势地位。

首先，秦灭亡了在巩地苟延残喘的小国东周。东周及西周，是战国前期在周王室的领土内分裂出的两个小国。公元前256年，秦昭王灭西周。同年，周赧王死去，从此挂名的周天子不复存在了。但东周仍遗留了下来，它的统治者称周公。周公虽不自称“天子”，然而毕竟是周王室的残余，所以他的存在，被秦国统治者视为统一全国的一大障碍。可是无故兴兵，也会受到道义上的谴责。

公元前249年（庄襄王元年），东周联合各诸侯国图谋进攻秦国。吕不韦抓住时机，亲自率兵轻而易举地征服东周，将其领地并入秦国版图。吕不韦又下令：将周公迁往阳人，让他奉其祭祀，延续着有名无实的周人宗室。

这一措施，显示出吕不韦不同于往昔的政治眼光：消灭东周国的实体，却又不绝其宗祀，这正符合儒家“兴灭国，继绝世，举逸民”的理想。百余年来，秦国以武力征伐东方各国，在东方国家中留下极其恶劣的印象，人们常斥之为“虎狼之国”“仁义不施”“凶残暴虐”。吕不韦此举既铲除了走向统一的一个政治障碍，又为自己树立了崇奉“礼”“义”，施行“兴灭继绝”善举的形象。这种形象，对于赢得天下士人的好感，吸引他们投奔秦国，具有非同寻常的意义。

在灭亡东周的同一年，吕不韦又派将军蒙骜率军进攻韩国，韩桓惠王被迫将成皋和荥阳一带割让给秦国。秦在那里设立三川郡。成皋和荥阳历来是兵家必争之地，秦国占据它们，便控制了关西通向关东各诸侯国的一条要道，也为秦东进开辟了牢固的前沿阵地。此时，秦国的东部边界已逼近魏国都城大梁，秦军的锋芒可由三川郡直指魏国的心脏。

次年，即公元前248年（庄襄王二年），吕不韦乘赵、魏进攻燕国、后方空虚的机会，派蒙骜率军向赵、魏两国进攻。很快，秦军就攻占了赵国的太原、魏国的高都与汲县。随后，秦军又在赵国西部地区展开了大规模的攻势，先后取得榆次、新城、狼孟等37城。

公元前247年（秦庄襄王三年），吕不韦又命大将王龁进攻韩国的上党郡，将其全部占领，并重建上党郡。同时，又在赵国故地太原及附近地区设立太原郡。

从庄襄王死去至秦王政亲政这段时间内，吕不韦仍然实施“近攻”的方略，即将韩、赵、魏作为主攻目标。公元前245年（秦王政二年），秦攻取魏国的卷，斩首3万。公元前244年至前243年，秦军接连攻占韩国13座城邑及魏国的畼、有诡二邑。公元前242年，蒙骜率军大举征伐魏国，一连占领了酸枣、燕、虚、桃人、长平、雍丘、山阳等20城，并在那里设立东郡。次年，秦攻占魏的朝歌。至此，韩、魏两国的绝大部分与赵国的西部，都归入秦的版图。

其间，秦国还灭亡了魏的附庸小国——卫（《史记·秦始皇本纪》：“六年，……拔卫。”而在其他一些记载中，卫已于数年前被魏消灭）。吕不韦将卫君角从濮阳迁至野王，让他在那里继续维持着有名无实的君位。这种处理方法，显然与对东周的处置方式有类似的地方，即显示了一种“恩”“威”并施的统治策略，而与秦国过去一味以杀戮为能事的做法有所不同。不过，在对待卫君的态度上，似乎多少也表露出吕不韦对故国的一种复杂情感。

公元前241年，为秦国恣意东进的形势所迫，赵、楚、魏、韩、燕五国又一次联合起来，向秦国进攻。可是五国联军不堪一击，遭到秦军反击后，迅速瓦解。自此，东方诸侯国再也无力携手抗秦。

公元前238年（秦王政九年），秦军又从多路向魏国发动进攻，占领了垣、蒲阳、衍。昔日兵强地广的魏国，此时只剩下残兵败将和大梁以东的一小片地区。

六、卓有成就的文治

如果说，吕不韦执政时期秦国在军事上赢得的胜利，是借助了以往几十年筑下的基础，另外，还有相当一部分应归功于秦军将士的英勇善战，那么，与此同时，秦国在文治方面取得的成就，就紧紧地与吕不韦联系在一起。吕不韦为秦国的思想文化，开创了一个崭新的局面，写下了一段辉煌的篇章。可以说，假如没有吕不韦，秦国历史上就极有可能会缺少这么光彩的一页。

吕不韦注重文治，大致表现在以下几个方面：

1. 在治国为政方面，除主张严刑峻法的法治以外，还倡导加强礼义教化。由吕不韦主编的《吕氏春秋》有《上德》一篇，其中说道："为天下及国，莫如以德，莫如行义。以德以义，不赏而民劝，不罚而邪止。"意思是说，以"德"和"义"来引导天下，可以收到不用"赏""罚"手段而使民心归善、邪恶不生的功效。这种德、刑并用的思想，与秦国专任刑罚的传统有着很大的不同。反映到对东方六国兼并的策略上，也就形成了刚、柔相济的两手：如同对待东周和卫国一样，除使用暴力彻底消灭之外，有时还加以笼络、安抚。

2. 改变过去的文化封锁政策，大量地引进东方国家的文化，特别是他们的各类人才。秦国虽有任用外来人才的传统，但长期以来，为秦国所欢迎的，主要是持法家观点的人物。这使秦国的文化十分单一而贫弱。吕不韦任秦相后，广泛从东方吸收、引进各类人才，诸子百家各派人物都很受欢迎。一时间，天下之士“斐然（原指五色相错的样子，这里形容一种盛况）争入事秦”。据说聚集在吕氏门下的宾客有3000之多，包括了儒、道、墨、阴阳、法、纵横、兵、农、名各家门徒。这些士人在吕不韦周围形成一个庞大的人才库，并担负着智囊团的职能。例如后来为秦的统一和秦王朝的建立做出重要贡献的李斯，最初就投在吕不韦的门下。

3. 采撷诸子百家的精华，建立博采众长的理论体系。吕不韦执政时期，全国统一的趋势已经十分明朗，当时的一些思想家和政治家，都在研究完成统一中国的军事和政治策略，以及统一后的国家如何进行统治的问题。吕不韦同样也在思考。不过，他采取了兼收并蓄的方法，来构建他的理论体系。他认为：“物固莫不有长，莫不有短。人亦然。故善学者，假人之长以补其短。故假人者遂有天下。”（《吕氏春秋·孟夏纪·用众》）吕不韦知道，人和物，都有其短与其长。只有善于吸取和利用别人之长以补己短者，才能成功，才会得天下。所以他组织手下的宾客，发挥各自之长，著书立说，集百家为一家，编写了先秦杂家的代表性著作《吕氏春秋》。

秦国此前地处岐山以西，为戎狄杂居之地。由于地理和民族因素的影响，形成了迥异于中原的社会风习：民风强悍、崇尚武功。加上地处西陲，与其他国家交流较少，也就造成了思想文化上的落后状况。比如，战国诸子百家的著名人物，没有一个是在秦国的土地上培养出来的。所以，吕不韦延揽各国人才，对各种学派采取兼收并蓄的政策，实在是秦国文化发展史上的一个壮举，一件盛事。而反映战国末期各派思想互相渗透、百家合流特点的杂家著作《吕氏春秋》出现在秦国，更是为秦国的统一做了思想文化上的准备。由于吕不韦在文化上进行的这项工作，使秦国可以毫无愧色地担当起统一的大任。下面，我们就着重谈一谈《吕氏春秋》。

七、《吕氏春秋》的由来和概貌

《史记·吕不韦列传》是这样记述《吕氏春秋》的编纂缘起的："当是时，魏有信陵君，楚有春申君，赵有平原君，齐有孟尝君，皆下士，喜宾客，以相倾（倾：向往，钦佩）。吕不韦以秦之强，羞不如，亦招致士，厚遇之，至食客三千人。是时诸侯多辩士，如荀卿之徒，著书布天下。吕不韦乃使其客人人著所闻，集论以为'八览''六论''十二纪'，二十余万言。"

信陵君、春申君、平原君、孟尝君号称战国"四公子"，他们都以礼贤下士、豢养众多食客而著称于世。吕不韦任秦相后，意识到秦国虽然强盛，但多的是武士，文士却奇缺，所以与东方诸侯国相比，亦有不如的地方。他广招宾客，又仿效当时著书立说的风气，让他们编撰了二十多万字的《吕氏春秋》。《史记》中的这些记载，使我们对《吕氏春秋》成书的情况，有了一个大概的了解。不过，有必要补充两点：

1.“四公子”养士主要是为了扩张自己的势力，而吕不韦养士，则有着更为深远的意图（比如让其编撰《吕氏春秋》），这是“四公子”所不如的。汉代王充说：“六国之时，贤才之臣，入楚楚重，出齐齐轻，为赵赵完，畔魏魏伤。”（《论衡·效力》意谓战国之时，士人的向背，对一个国家的兴衰成败关系重大）。来自东方的吕不韦，当然明了在争夺人才的这一“战场”上，秦国并不占据优势，因而他要广泛罗致文士以弥补秦国文化上的不足，为统一做文化和人才的准备（当然，吕不韦也有吸引人才以扩大自己势力的意图）。从以后的历史来看，吕不韦所网罗的人才，也确有为秦始皇所用，成为秦的栋梁之材的。

2.在《吕氏春秋》成书以前，虽然已有诸子百家的许多著作问世，并流传天下，但是像吕不韦那样有组织、有计划集体编写著作的，却是第一回。而且，在存世的先秦诸子著作中，像《吕氏春秋》这样的体裁，也是独一无二的。在这个意义上，《吕氏春秋》的编纂和问世，实乃中国思想文化史上的一大创举。

《吕氏春秋》分“十二纪”“八览”“六论”三个部分。由于是有计划地组织编写，所以在体例上十分齐整。

它原来的面貌为：“十二纪”以“孟春”“仲春”“季春”“孟夏”“仲夏”“季夏”“孟秋”“仲秋”“季秋”“孟冬”“仲冬”“季冬”12个月为“纪”，每一“纪”有5篇文章；“八览”是“有始览”“孝行览”“慎大览”“先识览”“审分览”“审应览”“离俗览”“恃君览”，每“览”有8篇文章；“六论”为“开春论”“慎行论”“贵直论”“不苟论”“似顺论”“士容论”，每“论”有6篇文章；再加上《序意》(即序言)，共有161篇论文。可是，后来在流传过程中发生了夺佚错落的现象，所以，现存《吕氏春秋》中的“有始览”只有7篇，《序意》也仅余残文。

八、有所选择的杂家之言

在整齐的形式下，《吕氏春秋》包容了相当繁杂的内容。汉代历史学家班固说它是“兼儒墨，合名法”，清代学者汪中以为它是先秦“诸子之说兼而有之”。确实，参加编写《吕氏春秋》的学者来自各方，带来了各种不同学派的观点。但是，仔细分析《吕氏春秋》的内容，可以看到它还是有自己鲜明的倾向的。它并不是机械地照搬儒家、道家、法家、农家、兵家与阴阳家等的原有观点，而是按照当时的政治需要有所选择和改造。当然，拼凑的痕迹，也是有的。

这里介绍其中的一些观点。

《吕氏春秋》赞同儒家提倡的“君臣之义”。它举了两桩史实来说明这一道理。

其一：

春秋时代晋国的贵族智伯被赵襄子所害，晋国的一部分也被赵瓜分。智伯的臣下豫让决心为智伯报仇。他把自己的胡子眉毛全剃光，全身涂黑，又把自己弄成残废，穿上破烂的衣服，回到家中向妻子行乞。

其妻见来人模样像讨饭的，可开口说话的声音却像自己的丈夫，十分生疑。见此，豫让离开后又吞吃了木炭，把嗓子弄哑，让妻子也分辨不出他的声音。伪装成功后，豫让准备去暗杀赵襄子。

这时，豫让的一个好朋友见他如此对待自己，就问他："你怎么想出这样的主意？"豫让回答："我要替智伯报仇。""可是，"这位朋友说，"你这样简直是白白受罪，不会有什么结果的。你的精神固然可嘉，却极不明智！"这位朋友继续劝道："以你的才能去投奔赵襄子，赵襄子必定会重用你。到那时，你再想办法杀死他，不是容易得多吗？"

"此言差矣！"豫让反驳说，"照你说的去做，简直是出卖新朋友报答旧朋友。为旧君而害新主，违背君臣之义，还有比这种事更严重的吗？这和我报仇的初衷是背道而驰的。我之所以要为智伯报仇，正是为了维护和发扬君臣之义，而不是要走什么捷径。"

其二：

春秋时莒国的柱厉叔为莒敖公的大臣。柱厉叔发现莒敖公并不信任自己，就辞官而去。然而有一天，有消息说莒敖公被敌人围困，十分危急。柱厉叔立即向友人告别，准备去寻找莒敖公与其同死。有人劝他："当初，因为莒敖公不信任你，你才离开，现在你却要去与他同死，这岂不是对你信任和不信任都没区别了吗？"

"不然！"柱厉叔严厉地驳斥道，"以前，因为他不信任我，我才离开他。现在他有难，我若不去，那就恰恰证明他当初不信任我是对的。我就要在这个时刻去与他共患难，用这种行动警示那些不能识别忠臣的君主，让他们内疚、自责。这样，后世的忠臣就不会像我一样被误解。忠臣不为君王所误解，那么，君王的地位就会永远稳固了。”

《吕氏春秋》对道家“无为”而治的思想也做了发展和运用。它说：“古之王者，其所为少，其所因（因袭）多。因者君术也，为者，臣道也。”（《审分览·任数》）《吕氏春秋》还认为，君主只要在用人上下功夫，别的事就可“无为”：“贤主劳于求人，而佚于治事。”（《季冬纪·士节》）

《吕氏春秋》还记载了许多墨家的观点，宣扬了“尚贤”“非攻”“节葬”等思想。

法家提倡求实，“法后王”（即注重现实），反对空谈“法先王”（效法先王）。在《吕氏春秋》中，《离谓》《当务》《察今》《不二》等篇都阐发了这些观点。法家主张法令划一，君主必须控制权柄和谙熟权术。《吕氏春秋》的《有度》《慎势》《具备》《任数》《勿躬》《知度》等篇，就专门谈到以法治国及人君南面之术。

九、杂家的意义

身为秦国丞相的吕不韦，竟又以杂家的形象出现，说明他认识到单纯地用某一家一派的观点来治理国家，是有缺陷的；而秦国只用法家的主张进行统治，也是不行的。所以他提出兼采各家之长，尤其倡导融汇儒、法两家的政治策略，以利于统治和管理。《吕氏春秋》其实是吕不韦的一个施政纲领。

可惜，《吕氏春秋》问世没多久，他就被秦始皇打入冷宫。

原因之一，是吕不韦的施政纲领与秦王政的思想存在严重的分歧（这个问题我们将在下面《嬴政亲政与独治其民》一篇中论及）。

不过，正如现代史学家郭沫若所指出的："假如沿着吕不韦的路线走下去，秦国依然是要统一中国的，而且统一了之后断不会仅仅十五年便迅速地彻底崩溃。"（《十批判书·吕不韦与秦王政的批判》）这固然属于推测，但从汉代统治思想的变化来看，此言有一定的道理。

吕不韦是中国历史上达到"一人之下、万人之上"如此显赫的政治地位，并在思想史上占有一席之地的唯一一位商人。因为出身商人，又以政治投机起家，所以世人历来对吕不韦多有诟病。然而，从吕不韦为相，和他的《吕氏春秋》来看，他无疑是先秦史上一位重要的政治家和思想家。今人所要清算的，反而应是那些传统社会对商人的偏见。

独治天下
嬴政亲政与独治其民

在秦王政亲政之际，他毫不犹豫地扫除了嫪毐和吕不韦两大势力集团，实现了独治天下的愿望。

嬴政的“峥嵘”面目于此开始显露。

嬴政的早年身世与其个性形成的关系……

一、谜一样的早年身世

《史记·秦始皇本纪》记载：

“秦始皇，秦国庄襄王的儿子。庄襄王年轻的时候曾作为秦国与赵国互换的人质，被送到赵国，在那里，见到了吕不韦的小妾，因十分喜爱就娶其为妻，后来生下始皇。始皇是在秦昭王四十八年正月生于邯郸。出生后，取名为政，赵氏。政13岁那年，庄襄王死了，政继位为秦王。那时，秦国已兼并了巴、蜀、汉中；越过宛地而占据了郢，在那里设置了南郡；又北上收取了上郡以东的大片土地，设置河东、太原、上党郡；向东扩张至荥阳，灭东周、西周两个小国，设置三川郡。吕不韦为相，封为文信侯，食洛阳10万户。吕不韦招揽宾客游士，意欲兼并天下。李斯也投在吕不韦门下做了‘舍人’。蒙骜、王齮等为将军。秦王政年少，即位后就将国家大事委托给大臣。”（白话今译）

以上是司马迁对嬴政出生和继位时的情况所做的一个极其简略的记载。在这段164字的原文后面，司马迁又用了270字，依然十分简练地叙述了秦王政元年至八年秦国发生的大事；但是，却只字未提秦王政。

因而，对于秦王政九年（前238年）亦即嬴政亲政那年以前有关嬴政的情况，后世所知极少。

被后人称为“千古一帝”的秦始皇其早年身世，又由于司马迁在《史记·吕不韦列传》中的一段记录，而变得扑朔迷离。《吕不韦列传》记载：

“吕不韦与邯郸城里一位姿色绝美而又善舞的女子同居，知道她当时已经有了身孕。子楚（即后来的庄襄王）跟吕不韦喝酒时，见到了那名女子十分喜爱……（吕不韦）为了拉拢子楚，就将那女子献给子楚。她隐瞒了自己已有身孕的事，后来便生下儿子嬴政。子楚遂立那女子为夫人。”（白话今译）

这段记录可视为对《秦始皇本纪》有关始皇出生情况所做的补充，其中似乎透露出一个极其惊人的消息：秦始皇是吕不韦的私生子。

对此，后世的研究者看法不一。于是，秦始皇的生身之父究竟是谁，就成为一个谜；秦始皇的早年身世亦被涂上了一层神秘色彩。

除以上所引,《史记》能为我们了解秦始皇早年身世提供线索的，还有《秦始皇本纪》中军事家尉缭对秦始皇的一段评述：

“秦王为人，蜂准，长目，挚鸟膺，豺声，少恩而虎狼心，居约易出人下，得志亦轻食人。”（准：鼻子。膺：胸。末尾两句意谓：居俭约之时易以谦卑，而一旦得志，也容易啖食人。）

据此，医学专业出身的现代史学家郭沫若曾做出如下分析：

这里所说的前四项都是生理上的残缺，特别是‘挚鸟膺’，即现今医学上所说的鸡胸，是软骨症的一种特征。‘蜂准’应该就是马鞍鼻，‘豺声’是表明有气管炎。软骨症患者，骨的发育反常，故尔胸形鼻形都呈变异，而气管炎或支气管炎是经常并发的。有这三种症候，可以下出软骨症的诊断。因为有这生理上的缺陷，秦始皇在幼时一定是一位可怜的孩子。相当受了人的轻视。

说秦始皇幼时受人轻视，当然是有依据的：

1. 当年秦、赵两国交恶后，子楚即随吕不韦逃回秦国，而嬴政母子则寄居在赵国。既然是寄人篱下，嬴政母子就难免受人轻视，甚至要看别人的脸色行事，忍气吞声地生活。

2. 后来嬴政回国，并继承王位，但身为太后的母亲却长期与吕不韦、嫪毐私通，欲火炽盛的她，自然很少给予嬴政以母爱。

故而，郭沫若又做出进一步的分析：

这样身体既不健康，又受人轻视，精神发育自难正常。为了图谋报复，要建立自己的威严，很容易地发展向残忍的一路。“少恩而虎狼心”，便是这种精神发展的表征。

郭沫若从生理学、心理学角度对秦始皇所做的分析，或许有助于我们认识秦始皇，特别是了解秦始皇个性的形成。

简而言之，幼年时的秦始皇，在生理上有缺陷，身处异国他乡，为人冷视，备受生活的艰辛；回国即位后，孤寂的心灵仍得不到家庭的温暖、亲情的滋润，而母亲的所作所为，又滋长了他仇视和嫉恨的心理。这一切，对他日后形成孤僻、多疑、独断、残忍的个人品性，和征服一切、占有一切的强烈欲望，有很大的关联。

现代社会心理学认为，人的自我实现感，往往离不开家庭、社会的影响和制约。嬴政亲政后的表现和所采取的统治方式，有必要联系他早年的身世加以分析。

二、雍城加冠

秦王政九年（前238年），嬴政22岁。按照秦制，他该亲政了。在这之前，他还需经过一个加冠和佩剑的仪式。

加冠，在古代中国是自西周以后就确立了的一项重要礼制。当时的人认为，士人20岁才算成年，才能取别名“字”，才可以任职当官、生养子女。所以，在20岁时需举行隆重仪式，届时由长辈为其戴上特制的帽子，称为“冠礼”，而秦制以22岁为男子成年。国王行冠礼，意味着从此以后，年轻的国王就要走到前台，执掌大权，亲临朝政。

佩剑，乃秦国冠礼特有的仪节。在当时，剑为表示身份、地位的一个重要标志。日常生活中，并不是任何人都可以随意佩剑的。对于成年人佩剑，秦国历史上一直有十分严格的规定，比如，直到公元前409年（秦简公六年），才实现“吏初戴剑”。至于国君，也只有在举行了冠礼以后，才能郑重地将剑佩在身上。

四月，已到法定亲政年龄的嬴政从咸阳抵达雍城。雍城地处关中平原的西端，是秦人的发迹地。从公元前677年（秦德公元年）到公元前383年（秦献公二年）的294年间，秦国的国都一直在此。后来，秦都东迁至栎阳，继而又迁至咸阳，但雍城并未废弃。秦国的一些重大典礼，如祭祀祖先，都到雍城举行。历代国王及后妃死后，也大都葬于此地。

己酉日，嬴政在雍城举行了隆重的加冠礼。

然而，仪式甫毕，悠扬的雅乐声似乎还在耳畔萦绕、回荡，咸阳方面就传来了嫪毐发动武装叛乱的消息。

三、平定嫪毐之乱

有关嫪毐的来历，《史记·吕不韦列传》是这样记载的：

“秦王政年少，太后时常悄悄地与吕不韦私通。……始皇帝一天天长大，太后依然淫乱不止。吕不韦恐怕祸及自己，就私下求大阴人嫪毐到自己门下作‘舍人’。……”（白话今译）

嬴政母亲原为吕不韦在邯郸时的情人。庄襄王（子楚）死后，身为太后的她，独处后宫，寒衾孤枕，遂与吕不韦鸳梦重温。然而，随着嬴政一日日长大，吕不韦不能不对与太后私通产生顾忌。为了摆脱沉湎于淫乐的太后的纠缠，吕不韦想出一计：给太后献上“大阴人”（可能是指特别精于房中术的男子）嫪毐，以替代自己，从而使自己得以脱身。

吕不韦得到嫪毐后，就故意向太后说起此人。太后闻知，果然想要嫪毐来陪伴自己。但嫪毐与吕不韦不同。吕不韦身为丞相，自然可以进出后宫，可嫪毐有何理由出入后宫呢？

吕不韦与太后商议后，以罪判嫪毐受宫刑。又买通行刑者，仅拔去嫪毐的胡子眉毛，随后将其送入宫中，侍候太后。这样，假宦官嫪毐就时常伴随太后左右。“太后私与通，绝爱之。”而吕不韦则从太后的卧榻旁得以脱身。

太后与嫪毐恣意淫乐，并生下二子。为避人耳目，太后经常徙居雍城。雍城，这座经过近三百年经营的秦国旧都，其气派远比后来兴建的咸阳要宏大。据两千余年后的现代考古学家在雍城遗址发掘出的遗物判断，雍城宫殿建筑远优于统一前的咸阳，不少装饰均为咸阳所无。值得一提的是，雍城在生活设施上相当齐备，不仅有繁华热闹的“直市”（即商场），还有储藏冰块的“凌阴”，即冰窖。据对这个“凌阴”遗址的测量，其容积达 190 立方米。这个具有相当规模的地下冰窖，可供特权阶层消暑之用。在雍城，太后与嫪毐放纵于声色，尽情地享乐。

在太后的指使下，嫪毐被封为长信侯，赐予山阳之地（今太行山东南）作为衣食租税的领地。以后又将河西的太原郡（今太原市附近一带）封给嫪毐，更名毐国。

渐渐地，嫪毐不再满足于从太后那里得到赏赐，而是抓住一切机会攫取权利与财富，不断扩张自己的势力。他在毐国修建了宫室、苑囿，置备了马车、华服，还蓄养了数千名家僮，一千多个舍人（即门客）。在宫中，“事无大小皆决于嫪毐”。

嫪毐在秦国的政治舞台上迅速崛起，以他为中心，形成了一个可与丞相吕不韦相抗衡的势力集团。其时魏王欲改善与秦国的关系，孔子的后裔子顺为其出谋划策：“如今秦国全境上下都在说：‘某某是嫪氏一边的人，某某是吕氏一边的人。’可见，秦国上层形成吕不韦和嫪毐两派，这连一般百姓都清清楚楚，大王何不利用这个矛盾呢？”子顺建议拉拢嫪毐，从而与秦联合（《战国策·魏策四》）。由此反映出嫪毐权势之盛、名声之大。这大概是嫪毐的荐举人吕不韦所始料不及的。

随着嬴政渐届成年，嫪毐与嬴政之间潜在的矛盾趋于明朗。嫪毐知道，自己身为宦官，干政问事实属非法。至于与太后私通，更不会为嬴政和宗室、大臣所容忍。于是，他就着手篡夺秦国的最高权力。

被嫪毐网罗的死党包括：

卫尉竭　卫尉，官名，为秦国负责宫廷守卫的官员，即皇家禁军的指挥官。如此要害的部门被嫪毐控制，可见其危害性有多大。

内史肆　内史，官名，为掌管京畿行政和军事的长官。这也是可以对国王的人身安全产生重大影响的官员。

佐弋竭　佐弋，也是武官名，主弋射。担任此官职的人，名字也叫竭。

中大夫令齐　中大夫，官名，掌议论，供国王顾问、咨询。

在嬴政去雍城加冠前不久，有人告发：嫪毐并不是阉人，常与太后淫乱，还生有二子，都藏匿着；嫪毐正策划废掉秦王政，另立他与太后所生之子为王。秦王政当即下令追查嫪毐及其阴谋。

嫪毐狗急跳墙，趁嬴政赴雍城行冠礼之际盗用秦王御玺，征调县卒、卫卒发动武装叛乱，企图杀害秦王政。

接到报告，嬴政迅即派左丞相昌平君和昌文君率兵从雍城赶赴咸阳。嫪毐叛军尚未离开咸阳，就被雍城开来的秦军包围。经过一场激战，叛军被斩数百人，其余四处溃散。嫪毐等在混乱中逃逸。

秦王政回到咸阳，对平定叛军有功者按功劳大小拜爵。宫内宦者参加平叛战斗的，也都拜爵一级。嬴政又下达命令：“凡能生擒嫪毐的，赐钱一百万；击毙嫪毐的，赐钱五十万。”

到九月，嫪毐及其死党全部被捕。嫪毐与卫尉竭、内史肆、佐弋竭、中大夫令齐等二十余人，或被枭首，或被车裂，并遭族灭。对于上述主犯的舍人以及参与叛乱的，罪轻者处以“鬼薪”之刑（罚作劳役，为官府砍柴），其余则被夺爵流放。

初掌朝政的秦王嬴政，以其临危不惧的气概和刚毅果断的作风，彻底平定了嫪毐之乱。

四、清除吕不韦集团

《史记·秦始皇本纪》记载：

“（秦始皇）十年，相国吕不韦坐嫪毐，免。”坐，即连坐。吕不韦因嫪毐叛乱而受连坐，被免去相国一职。

《史记·吕不韦列传》则记载：

“始皇九年，有告嫪毐实非宦者……事连相国吕不韦。”

很清楚，秦王政在处置嫪毐势力集团的同时，也向吕不韦开了刀。具体时间，据《秦始皇本纪》，是在秦王政十年（前237年），亦即平定嫪毐之乱的次年。而据《吕不韦列传》，秦王政在“九年四月”赴雍城加冠以前，已开始调查嫪毐的罪行和种种劣迹，并牵连到吕不韦。由《吕不韦列传》可以理解，为什么在镇压嫪毐叛乱的活动中，秦王政起用了在史籍中很少留下事迹的左相昌平君和昌文君，而没让声名赫赫的右相吕不韦出马。

吕不韦为何受牵连，《史记》没有明言，但从《史记》的上下文以及当时秦国的具体情况来看，答案似乎不难寻找：

1. 假宦官嫪毐是吕不韦一手炮制出来的；

2. 秦法规定，任人不当者，要受处罚，作为嫪毐的荐举人，吕不韦当然难辞其咎；

3. 或许，吕不韦与太后私通一事也已败露。

总之，《史记》告诉人们，吕不韦是受连坐而被罢相的。兴许，当初秦王政正是如此宣布的，而司马迁不过是做了一个实录。然而，事情却远非如此简单。在秦王罢吕相的背后，实在有着更为深刻的原因。

对这个问题，我们将放在下面再谈。这里，还是先根据司马迁的记载，将秦王政如何处置吕不韦继续说下去。

吕不韦被免除相权，但仍然是文信侯，并拥有洛阳的10万户领地。战国后期，秦国给功臣和贵族所赐的封地，都是供给衣食租税的领地。拥有该领地的王侯贵族不必亲自住在那里，而只需居住在京城，坐食领地上的收入。可是，过了一段时间，吕不韦接到秦王政的命令：“就国河南。”秦王政命吕不韦离开京城回到河南洛阳的领地。

被逐出咸阳的吕不韦心绪如何，又有何作为，史乘无载。《史记》只提到一年多之后，在通往洛阳的吕不韦领地的道路上，来自东方各国的宾客络绎不绝。于是，秦王政给吕不韦下了一道诏令：

“君何功于秦？秦封君河南，食十万户。君何亲于秦？号称仲父。令你与全家徙居蜀地。”

仲父，意即叔父。春秋时期著名政治家管仲相齐桓公时曾称“仲父”，管仲辅佐桓公实现了霸业。吕不韦在年幼的嬴政面前给自己加封这样一个称号，显然是以管仲自居，同时，又表露出他与嬴政有着一种特殊的关系（所以嬴政在诏书中会提到“君何亲于秦”）。现在，大权在握的秦王政给吕不韦下了一个全盘否定的结论：你对秦廷既“无功”又“无亲”。所以，应逐出河南，徙居到偏远的蜀地。

将迁至蜀地的吕不韦，于秦王政十二年（前235年），“饮鸩而死”。

然而，风波并没有就此平息。

吕不韦在蜀地下葬后不久，他的尸体被人窃走，并不远千里运至洛阳北邙山下，重新埋在吕不韦从前的领地内。这“窃葬”一事，系由吕不韦生前的门下舍人、宾客和忠于他的故旧干的。唐朝司马贞的《史记索隐》还提到，参与“窃葬”的，有数千人之多。

秦王政震怒了。他颁布了一道极其严厉的处罚令：

凡参与窃葬的非秦国人，全部逐出秦国；是秦国人的，并且爵位在六百石以上的，处以削爵、流放之刑。未参与窃葬、爵位在五百石以下的原吕不韦舍人，不夺爵，但要流放。

这道命令不仅狠狠打击了参与窃葬的吕党分子，还严惩了其他没有参与窃葬的原吕不韦的属下。这其实是彻底清除了吕不韦生前培植起来的一个庞大的势力集团。

五、千金悬赏为哪般

说起秦王政罢免、处置吕不韦的深层原因，有必要追溯一下嬴政亲政前一年，秦国发生的一件事情。

秦王政八年的一天，在咸阳的城门上，公布了一部书。那就是吕不韦组织其门人编写的《吕氏春秋》。在将此书公之于众的同时，吕不韦还贴出了一张告示，内容为：欢迎对拙著给予指正，谁若能增、损一字给以千金的赏赐。城门上，果真放着一堆黄灿灿的金子。

吕相的这一举动，好比在平静的湖面扔进一块巨石，整个咸阳城里皆是人心波动。千金，这可不是一个小数目。按后来的秦王朝统一度量衡之后的标准看，1 镒（20 两）金子为 1 金，千金就是两万两金子。秦始皇统一度量衡，是以商鞅变法时秦国统一的度量衡为基础而加以推行的，故前后的差别不会很大，甚至可能是一致的。吕不韦以如此庞大的金额来奖赏能增损《吕氏春秋》一字的人，不能不说是一个惊天动地的消息。

可以想见，当时的咸阳城里，人们是如何奔走相告，议论纷纷；在公布《吕氏春秋》的城门，又是怎样的人头攒动，争相阅读。

但是，时间一天天过去，激动的人们心情逐渐归于平静，却始终没有一个人站出来，提出可以增删这部书的某一个字。

那堆金子仍在城门上放着，在太阳底下闪着金色的光芒。

难道《吕氏春秋》真的是毫无瑕疵，连一个字都无法更改吗？抑或是咸阳城里的人都没有足够的学识、水平来挑这部书的毛病？

都不是。

事隔三百年，汉代的王充一针见血地指出：当时吕不韦权势炙人，以他的名义公布的这部书，即使有人能挑出它的毛病，却有谁敢公开指出呢？

王充之后一百多年，又有一个叫高诱的学者，挑出了《吕氏春秋》中的11处错误。它们有的是字、句和称谓的错误，有的是事实上的出入。用现在的话来说，这些都属于“硬伤”。

那么，吕不韦为什么要“千金悬赏”呢？

六、从《吕氏春秋》看秦王与吕相的矛盾

显然，对于政治家吕不韦来说，“千金悬赏”绝不是一个学术行为，他更不想以此来结交什么文友，或寻求什么一字之师，而是一个带有明确的政治图谋的举动。又由于此举恰好赶在秦王政亲政的前一年推出，就更具有不同寻常的意味。

据推测吕不韦的真实意图，不外乎两点：

1. 测试一下自己在民众心中的“威望”，看看究竟有没有人敢于向自己提出“异议”。这大概可以帮助即将结束“辅政”历史的吕不韦，调整和确立今后的政治策略。如果人们都缄口不言，这在无形中又起到了强化自己威势的作用。

2. 为包含着自己各种见解和主张的《吕氏春秋》制造舆论

声势，扩大影响，并最终影响秦王政。如果年轻的国王能够接受自己的主张，那么，今后自己在名义上虽不再“辅政”，可在实际上，还将继续发挥辅政的作用。

吕不韦的前一个目的，应该说是达到了，但后一个目的却没有。

如果将《吕氏春秋》与秦王政后来的政治实践、思想倾向做一番比较，不难发现，它们之间存在着一些很明显的差异。比如：

在统治方式上——

吕不韦既主张实行法治，又强调礼义教化的作用，并给道家“无为而治”的思想留出一席之地。这种德、刑并用，礼、法兼施的思想理论，与秦始皇片面地强调严刑峻法，迥然有异。

在世界观方面——

吕不韦基本上不迷信鬼神，而秦始皇则非常相信，还幻想成仙。吕不韦主张“适欲”，既肯定人欲存在的合理性，又反对纵欲。针对君王贪图享乐、浪费财物的行为，《吕氏春秋》还劝告他们应该“节欲”“节葬”，并引用传说中黄帝的训诫，要求君主“声禁重、色禁重、衣禁重、香禁重、味禁重、室禁重”（《孟春纪·去私》）。而秦始皇则是一个挥霍无度的纵欲主义者。

在君主用权和个人作风方面——

吕不韦既主张君主专权，又反对君主独断，希望君主能在大权独揽的前提下，拱手无为，由臣下进行具体的操作。而秦始皇则是独断专行，对臣下持不信任态度，处处提防，事必躬亲。《吕氏春秋》还载录了有关“任贤”“择相”“知人”“纳谏”等限制君权的一系列言论，明确反对君主“奋而好独”（《孝行览·本味》）。

在对君和民关系的认识上——

《吕氏春秋》吸取了孟子提出的“民贵君轻”观点，主张“顺民”“爱民”，以为“宗庙之本在于民”（《有始览·务本》）。它还要求君主能上下通达，否则，“国亦有郁，……国郁处久，则百恶并起，而万灾丛至矣”。若要上下通达，就必须让人说话。以为“防民之口，甚于防川”，一旦“川壅而溃，败人必多”（《恃君览·达郁》）。而晚年的秦始皇则视民众为草芥，任意驱使。又听不得任何不同的声音，钳语、禁学、烧书、坑儒。

上述差异固然是在后世才逐渐呈现，但它们的根子应该在嬴政亲政前即已埋下。

元代陈澔《礼记集说》曾指出：“吕不韦相秦十余年，此时已有必得天下之势，故大集群儒，损益先王之礼而作此书，名曰‘春秋’，将欲为一代兴王之典礼也……”这句意谓吕不韦想为新时代“制礼作乐”的话，诚乃卓见。《吕氏春秋》虽然有“杂”的特点，但它确是吕不韦精心制作的一个系统的政治纲领。

吕不韦在嬴政亲政前一年，用一种极为特殊的方式，向世人颁布他的政纲，希望借此为日后秦国的发展确立基本的政治路线。然而，这一纲领遭到了秦王嬴政的拒斥。

为嬴政不能接受的，除了那些与自己意见相左的观点，还有吕不韦在该书中时常摆出的那副比帝王更英明，不时地要对帝王进行谆谆教诲的模样。《吕氏春秋》的总序《序意》篇有吕不韦的一段自白：

“良人请问十二纪，文信侯曰：‘尝得学黄帝之所以诲颛顼矣，爰有大圜在上，大矩在下，汝能法之，为民父母……'"

颛顼，乃传说中的古代帝王。据《史记·五帝本纪》，颛顼为黄帝之孙。吕不韦的这句话，分明是在示意嬴政，应像颛顼对待黄帝一样对待"仲父"吕不韦；只有遵循如同"大圜（天道）""大矩（法则）"的《吕氏春秋》的教诲，才能"为民父母"。

《吕氏春秋》还对"一国之主"提出了许多似乎专门针对未来的始皇帝而说的警言。"亡国之主必自骄，必自智，必轻物。自骄则简士，自智则专断，轻物则无备。无备召祸，专独位危，简士壅塞。欲无壅塞，必礼士；欲位无危，必得众，欲无召祸，必完备。三者，人君之大经也。"（《恃君览·骄恣》）若"暴君幸矣，民绝望矣"（《仲春纪·功名》），结果将是"诛暴君而振苦民"（《孟秋纪·振乱》）。

或许，年轻的嬴政已经萌生出"骄恣"之态；也可能，吕不韦对嬴政日后的暴虐行为，已有某种预感。

但不管怎样，吕不韦事与愿违。

七、"独"字当头

秦王与吕相的矛盾，牵涉到这样几方面：个人情感上的纠葛；王权与相权之间的紧张与冲突；思想意识上的分歧。这一切又因为吕不韦始终摆出一副"仲父"与导师的面孔，而不断加深、激化。

从嬴政后来专断、骄横的个性看，他是绝不会接受以"仲父"和导师自居的吕不韦的摆布的，也不会与吕不韦分享权力。又，如果吕不韦是嬴政的生父，嬴政也必会在世人面前千方百计地遮掩乃至抹杀这段血缘关系，因为，天子的血统应该是高贵而神圣的。所以，在解决嫪毐问题时，嬴政就不失时机地乘势扳倒了这位注定不为自己所容的人物。以后又步步进逼，直至将吕不韦逼到绝境，并彻底地将吕不韦集团清扫干净。

这是一场残酷的权力之争。

不过要注意，这场权力斗争一经爆发，并没有出现习见的那种两强相争、互相拼杀的状况（如前述嬴政与嫪毐之争斗），而是以一方逼杀、一方退让完成整个过程。

争斗中的那一方——吕不韦，从被免去相国，到“就国河南”，继而又徙蜀，最后中途自鸩，一直“逆”来“顺”受，未加抗争。从当时吕不韦所拥有的威望和势力看，他未必不能和秦王做一番较量，然而他没有。这或许是为了顾全秦国国家利益和统一事业这个“大局”，也可能是因为忌于骨肉之亲。总之，他没有选择抗衡和相残的对策。

从吕不韦试图影响嬴政，奠定秦国未来的政治策略，到甘愿退出政坛，最后以自尽了断，这一转变和结局，既出于无奈和失望，又多少包含了长者（同时也是智者）对后辈的一种忍让，并多少表露出作为一位政治家所具有的气度。

争斗中的这一方——秦王政，则表现出残忍无情、自负独尊的品性，那封给吕不韦的诏书，使秦王政“欲加其罪，何患无辞”的居心，昭然若揭。“君何功于秦？”如此质问若发于吕不韦初为秦相时，是有道理的。可在吕不韦已任三朝相国，并将秦的统一大业进一步推向前进之后，说吕不韦无功于秦，显然是无视事实。

“君何亲于秦？”这样的发问也不近情理。如果吕不韦真是嬴政的生身之父，且嬴政也知道这么回事，那嬴政如此说话，表明他是毫不顾惜骨肉亲情。如果吕不韦不是亲父，但若仅看在吕不韦立子楚为嫡嗣的份上（否则，秦王的座椅怎可能轮到你嬴政来坐），也不该把话说得如此绝情。

吕不韦与嫪毐无疑属于两类人，然而嬴政对他们都欲置之死地而后快。对嫪、吕两人的处置，体现出嬴政复杂个性的两个方面：勇毅、果敢和残忍、暴虐。

这种个性无疑建立在其独擅权势的强烈欲望之上。诚如三国时候曹元首在《六代论》一文中所讲的，秦王政要“独制其民”、不想“与人共治之”（《昭明文选·卷五二》）。不管这“人”是假宦官嫪毐，还是“仲父”吕不韦，嬴政都要将其除掉。

何况，吕不韦还明确提出了与帝王分权的主张。

正因此，当秦王政读到倡导君主极权的韩非的著作时，就立即产生了强烈的共鸣。

韩非以为：“权势不可以借人。”（《韩非子·内储说下·六微》）在韩非看来，国家的行政、立法、司法三种权力是不可分割的整体，而且是不能与任何人共同掌握的，必须由皇帝单独控制。在现实政治的操作中，秦王政将这种君主独断的理论做了淋漓尽致的发挥和运用，从而成为中国历史上独裁者的一个典型。

后来秦二世时，有一次李斯上书胡亥，陈述如何“治天下”，就曾反复强调一个“独”字：明君要独断，大权才不会旁落；君主要独制天下，才能不被任何人、任何势力所牵制；要独操君主之术，以驾驭臣下；要独断并加强督责，从而使天下之人不敢犯罪，并使自己独擅天下之利。

这既是给二世的劝辞，也是对嬴政独揽大权的真实写照。

帝王师的功过
韩非与他的法家理论

太史公司马迁说："韩子引绳墨，切事情，明是非，其极惨礉少恩。"又说，"余独悲韩子为《说难》而不能自脱耳！"
法家的"无情"与无情的历史。

一、韩非的生平

在中国历史上，出现过无数的以"帝王之师"自居，或实际上扮演"帝王之师"角色的人物。若以其对帝王，并进而对历史所产生影响的深巨，来对这些帝王师排一座次的话，这坐第一把交椅的，恐怕非韩非莫属了。

韩非约生于公元前280年，为韩国贵族之后。青年时代韩非曾与李斯一起，在儒学大师荀子门下求学。两位学生向荀子学了"帝王之术"，却都背离了老师所持的儒家的基本立场，而成为"喜刑名法术之学"的法家人物。后来李斯先入了秦，而韩非回到韩国。

韩非有严重的口吃，不善于游说，于是就专心于著书立说。他希望用自己的文字去打动当政者。当时韩国已十分衰弱，韩非多次建议韩王采用富国强兵的方法，但韩王不予理睬。有个贵族叫堂谿公，对韩非说，法、术等学说是很危险的，劝他放弃自己的政治主张。韩非则认为法、术等学说对国家有利，表示不怕因国君昏聩而加罪于他，要继续宣传法家的学说。

可是，韩非的学说始终没有被韩王采纳。韩非就一直在家发愤著书。后来，他的书传到秦国，被秦王政看到了。其时，秦王政正在准备完成统一的大业，迫切需要一套适合统治需要的理论。他读了韩非的《孤愤》《五蠹》，深表赞同，大为赏识。他感叹道：若能见到文章的作者，和他在一起相处，“死不恨矣”（《史记 · 老子韩非列传》）。

李斯告诉秦王：此文作者是韩非，现在韩国。秦王政遂下令攻打韩国，要求韩非归秦。韩王向来不重视韩非，见秦国兴师动众而来，竟是为了一介书生，便无二话，立即将韩非遣往秦国。

公元前 234 年，韩非到了秦国。秦王政十分高兴。但秦王政生性多疑，且喜怒哀乐变化无常，所以韩非入秦后，没有得到信任和重用。

李斯对韩非的到来十分不喜。老同学互知底细，更何况，早在荀子门下一起做学生的时候，韩非已表现出高于自己的天资和才气。李斯生怕秦王政将对自己的赏识与恩宠转移到韩非身上；如果韩非一旦被重用，自己的地位就会受到威胁。

不久，韩非上书秦王政，劝他先伐赵而缓击韩。李斯和另一些大臣就乘机加以谗害。他们对秦王说：“韩非是韩国的宗室，他的心终究是向着韩而不向着秦的，这也是人之常情。今天大王不用韩非，等以后时间长了再让他回去，那就给秦国留下一个后患，所以不如趁早找一个罪名将他杀了。”秦王同意了，将韩非交刑吏治罪。

李斯派人给已经下狱的韩非送去毒药，让他自杀。韩非想向秦王表白，但遭拒绝，只好饮药而死。这时是韩非入秦的第二年，即公元前233年。

过了一段时间，秦王政又想到了韩非，后悔将韩非下狱问罪，就派人赦免韩非，但此时韩非早已不在人间。

韩非虽然并未在秦得到重用，甚至还遭遇了杀身之祸，但他的学说还是对秦王政和秦的政治，产生了极大的影响。嬴政统一中国前后许多重大的政治举措，都是按照韩非的理论来制订的。

二、《韩非子》：融合法、术、势

韩非的思想和理论，集中反映在《韩非子》一书（大约由汉代的刘向最后编定）中。今本《韩非子》共55篇，其中虽有一部分系后人误混羼入，但其中主要的如《显学》《五蠹》《定法》《难势》《诡使》《六反》《问辩》《心政》《难一》各篇，皆可确信为韩非所作。从这些著作中可以看出，韩非的学说是集先秦法家之大成，融合了法、术、势三个方面。

韩非以前的法家理论，主要分成三派：商鞅强调“法”，主张国君要明法令，用法律来加强统治；申不害（前？—前337年），强调“术”，主张国君要注意控制、驾驭臣下和人民的手段；慎到（战国时赵国人，曾为齐国稷下先生，生卒年月不详）强调“势”，以为国君必须加强威势来统治天下。韩非对商鞅之法、申不害之术、慎到之势进行了吸收和扬弃，从而形成一个新的法家学说体系。

韩非曾多次称颂商鞅，但他又认为商鞅的法治理论有片面性。韩非在《定法》中说：商君之法规定，斩敌人一个首级即得爵一级，要当官的可以委以俸禄五十石的官。当官的人是要有智慧的，斩敌人首级只要凭勇力就可以了，怎能叫单有勇力的人去当需要智慧的官呢？韩非这话是有道理的，但他自己没有提出法律来，只要求把商君之法修订得更完满、更彻底。

韩非还认为，商鞅谈法治而不谈术，存在缺陷。比如，若按商鞅之法打了胜仗，大臣就更加尊贵；扩大了国土，大臣受封的土地就更多，这样只利于大臣而不利于君主，不能防止臣下发展他们个人的势力、削弱了君主的权力。他指出，秦用商鞅之法从而国富民强，但是因为“无术以知奸”，结果，国家富强的成果就被大臣利用成为扩张其私人势力的资本。比如，秦昭王时，穰侯魏冉攻齐胜利后就取得陶邑作为其私人封地，应侯范雎攻韩胜利后就取得汝南（即应）作为其私封，这就导致秦强盛数十年而不能成就帝王之业。

对曾任韩国丞相的申不害，韩非也予以称赞，但他又不满申不害只谈术而不定法。他认为，申不害虽然多次劝说韩昭侯（前362—前333年在位）用术，但由于不推行法治，法令经常变更，仍使奸臣有机可乘，犯法的人也越来越多。所以，申不害执政十七年，而不能成就霸王之业。（《韩非子·定法》）韩非又以为，申不害言术而未尽，因而他对术又做了详细的阐述。

韩非指出：“术者，因任而授官，循名而责实，操生杀之柄，课群臣之能者也：此人主之所执也。法者，宪令著于官府，刑罚必于民心，赏存乎慎法，而罚加乎奸令者也：此臣之所师也。君无术则弊于上，臣无法则乱于下，此不可一无，皆帝王之具也。”（术，就是按照才能授予官职，根据他们的名位责求他们的实绩，操握生杀的大权，考察群臣的能力。这是君主必须掌握的东西。法，就是让法令颁布于官府，让百姓把刑罚牢记心头，奖赏那些守法的人，而惩罚那些违犯的人，这是群臣必须遵循和学习的东西。君主没有术，就会在上受蒙蔽，群臣没有法，就会在下闹乱子。这两者不可缺一，都是帝王治国的工具。）（《韩非子·定法》）韩非又说：“术者，藏之于胸中，以偶众端，而潜御群臣者也。故法莫如显，而术不欲见。”（术，就是要将权术藏于胸中，在处理纷繁复杂的事务时，暗地里来驾驭群臣。所以法一定要使之彰显，而术则不能让别人窥见。）（《难三》）法是成文法，必须公之于众，至于术则微妙得多了。这是一种极端诡秘的权术，必须隐而不显。

除了法、术，韩非还特别强调势。他认为，君主有了威势才能统治天下；没有威势，即使是古代的圣王尧、舜，也不能定天下。韩非要求国君们运用法和术，建立一套统治全国的情报网，以便居于深宫而能驾驭四海。他以为这就是势。韩非指出，善于用势来统治则国家安全，不知道用势则国家危险。这种威势好比是国君的“筋力”，有了它就能“制天下而征诸侯”，就能使百姓服帖、顺从。而且。也只有在国君具有至高无上的权力和威势的前提下，才能推行法与术。

三、“独断”论：君主本位主义

韩非杂糅法、术、势而形成的政治学说，有一个基本的出发点，即主张极度扩张君权，将君权放在一切之上，以建立君主的独裁统治。

韩非在吸取申不害的术的时候，一并吸收了他那套君主独裁的主张，并把它大大加强。《韩非子·外储说右上》引用申子的话说：“独视者谓明，独听者谓聪。能独断（独自决断）者，故可以为天下主。”韩非对这几句话非常钦佩，把它作为自己学说的一项基本原则。他说：“明主之道，在申子之劝独断也。”（英明君主的治国原则，就表现在申不害劝说君主遇事要能独断的议论里。）

由此，韩非发展出一整套的尊君理论，以建立超越一切的君主个人的绝对统治权。他认为，君主无论贤愚智不肖，哪怕就是昏主暴君，也都是神圣不可侵犯的。他甚至提出，尧禅位于舜，商汤、周武王伐桀、纣，都是大逆不道的行为。因为“臣事君，子事父，妻事夫”是天经地义的常道，尧、舜、汤、武违反了“君臣之义”。然而，对于尧、舜、汤、武悖逆“君臣之义”的行为，人们却都加以赞誉，这是天下至今仍不能治理好的根源所在。（《忠孝》）韩非这些话本来是批评儒家称颂尧、舜、汤、武的，但他所表露出的思想，却比儒家更卖力也更彻底地维护君君臣臣之义。

为了尊君，韩非不惜以牺牲早期法家如商鞅高度崇尚法的精神为代价。当初，“商君治秦，法令至行，公平无私，罚不讳强大，赏不私亲近，法及太子，黥劓其傅”（《战国策·秦策一》，参阅本书《帝业初开：商鞅变法》）。商鞅明知新主将决定自己未来的祸福，但并不屈法以求容悦。这一点确实证明了代表新兴地主阶级的法家是和宣扬“刑不上大夫，礼不下庶人”的儒家截然不同的，可这样的精神在韩非身上已看不到了。

《韩非子》中虽然也有类似反对君主“释法而任智”（舍弃法律而任凭君主个人的才智。）（《饰邪》）或“释法用私”（舍弃法律而以个人的私欲行事。）（《有度》）的言论，但韩非已非“以法为本”，而是以君主为本。在韩非眼里，法律不过是“帝王之具”（帝王的工具）而已。

正是因为这个缘故，一部《韩非子》，谈得最多的是术，而不是法。《外储说右下》说：“故国者，君之本也；势者，君之马也。无术以御之，身虽劳，犹不免乱；有术以御之，身处佚乐之地，又致帝王之功也。”韩非将国家看作是君主的乘舆，将势视为拉车的马，而术就是驾驭马车的方法。如果没有术，不仅身体劳累，而且要出乱子；有了术，不仅身体逸乐，而且还能获取帝王的功业。

韩非为帝王提供了一整套的驭臣之术。比如：

不要相信人。韩非以为：“人生之患在于信人，信人则制于人。”（人生最大的祸患在于相信别人，相信别人就会被人所制。）（《备内》）他反复向君主进言：“恃（依赖，凭借）势而不恃信……恃术而不恃信。”（《外储说左下》）他还要求君主抱着怀疑的态度，用种种方法，通过种种事情，窥测臣下的言行举止。

“告奸”。既然人人可疑，满世界都充斥着奸邪，那就要广置心腹，多设耳目。但这还不算是最好的办法。最有效的措施，是让天下的人彼此监督，互相检举揭发。如此相互怀疑，互相“告奸”，就不怕君主不能洞察一切。

韩非的这套君主独断论，后来被嬴政身体力行，并在现实的政治生活中发挥得淋漓尽致。

四、“事在四方，要在中央”：一种国家体制

从君主本位的立场出发，韩非对未来国家的体制做了构想。韩非主张建立中央集权的、君主专制的统一国家，做到“事在四方，要在中央。圣人执要，四方来效”（政事分散在四方，大权独揽在中央。君主掌握纲要，四方的臣民都来效劳）。（《韩非子·扬权》）

为此，韩非要求君主独擅大权，掌握包括立法权、赏罚权和组织人事权在内的一切重要权力。他反复提醒，君臣之间无非是“君垂爵禄、臣卖智力”的权力与利害关系，而不是什么仁与忠的关系。所以“君臣上下一日百战”，只要条件具备，人臣都可能成为“阳虎”（即阳货，春秋时鲁国人，曾专鲁国之政）。

在韩非看来，君主专制的主要危险，来自大臣、重臣（擅令违法之臣），甚至主母（即太后）、后妻（即妻后）、子女、兄弟。这些人都觊觎着王位和王的权力。比如后妃、太子，可谓至亲至爱了，但有时他们却希望君王早死，因为他们担心妻妾众多的君王会因爱的转易而变易储君，影响自己的利益。因此，君王对一切人都不能太信任，只有全面地加以戒备才能免除祸患。

韩非主张君王要独操宰制人臣生、杀、富、贵、贫、贱的“六柄”，加强和突出自身的“至贵”“至尊”，并抑制大臣、重臣，将一切功德美名都戴在自己的头上。

以上由韩非阐述的强化君主专制的理论、主张，基本上都

体现在了秦始皇所建立的国家政权组织形式之中：

1. 帝王独擅权势，集大权于一身。宰相的权力被分割、侵削，兵权则牢牢控制在皇帝手中（参阅本书《为万世开基业：秦始皇的梦想与构造》）。“事无大小皆决于上。”

2. 在名与实两方面加强帝王的“至尊”“至贵”。选用古代最尊贵的称号“皇”“帝”，制造出“皇帝”这一至高无上的尊称。“命为制，令为诏”（皇帝的命令称之为“制”和“诏”），它们一经宣布即为法律。若诏令与现存成文法的具体规定有矛盾时，以诏令为准。

3. 绝对掌握宗室、大臣的生杀予夺大权。秦二世胡亥篡位后，与赵高勾结，就毫不费力地滥杀大臣和宗室成员。

五、顺应潮流的思想家

韩非是一个关注现实政治的思想家，他对当时的时代特点有着独到的见解。他说：“上古竞于道德，中世逐于智谋，当今争于气力。”因此，现时的君主，“如欲以宽缓之政（宽松和缓的政治措施，指儒家提倡的仁政），治急世（急剧变动的时代，也即乱世）之民”，是行不通的。只有“不期修古，不法常可，论世之事，因为之备”（不去照搬古代的办法，不墨守成规，研究当代的社会情况，从而制定相应的措施），采取法治，推行强权政治，才能达到强盛的目的。那些想袭用尧、舜、禹、汤、武的政治措施来进行统治的人，犹如“守株待兔”。（《韩非子·五蠹》）

正是针对“急世”和“争于气力”这个时代特点，韩非通过吸取前辈法家以及道家、名家等的观点，创立了一套学说体系。这套学说也确实顺应了历史的潮流，从而为建立专制主义的君主集权制的政权提供了理论依据。

在本书的“概述”中我们曾经指出，春秋战国是从建构在分封制、宗法制之上的国家形态向中央集权的专制帝国转化的时期。在这个转型期里，君主专制政治的形成具有极为深远的意义，它成为推动这一段历史发展的一个重要杠杆。法家对于中国古代这一专制主义政治的形成，贡献最著。而生活在战国末期的韩非，更是直接促成了秦始皇君主专制主义的政治策略，并进而对一个崭新时代的到来，起了催生的作用。

正由于韩非的思想顺乎时势，所以在他人亡以后，他的政治策略并未随之泯灭。李斯谗害韩非，然而仍不得不称他的学说是“圣人之论”“圣人之术”，把它作为治国的方略。从某种意义上讲，秦始皇和李斯都是韩非思想的实践者。

六、重要的资政学说

韩非的理论不仅催化了“大一统”的中央集权国家的诞生，而且在以后的两千年中，还一直不断地被人运用，成为指导中国古代政治活动的一种很重要的思想。

三国时候，诸葛亮曾为后主刘禅亲手抄写申不害和韩非的著作，劝刘禅参酌取用。诸葛亮是想用权略智谋来救助刘禅过于仁恕宽厚的不足。刘备临死前也告诫儿子：“丞相（指诸葛亮）替你抄誊申不害与韩非子的书，希望你好好揣摩，这对治国会很有帮助的。”

宋代的王安石，明代的张居正，锐意改革，力图富强，也都参酌、运用了韩非的学说。

近代的严复，因有感于外国列强将不平等的“二十一条”强加于中国人头上，曾表示：“在今天要谈救亡图存的学说，我想只有申不害、韩非子的大致可用。”（白话今译。《学衡》七期《与熊纯如书》）

七、不可低估的负面影响

作为一个特定时代的产物，韩非的学说有着严重的缺陷。比如：

尊君抑民。韩非习惯于将人民放到君主和法律的对立面，主张对人民采取严刑，认为哀怜百姓会造成国家的危亡。在韩非眼中，人民似乎是不存在的：农耕时君主需要的是牛马，战争时君主需要的是豺狼，防奸时君王需要的是鹰犬。对君主而言，人民不过是工具而已。

无限制地扩张君权。尤其是，韩非以君主的意志当作法令，而且是最高的法令。这就为君主随心所欲、肆意妄为打开了方便之门。

提倡阴险残酷的政治斗争。在韩非的笔下，完全没有美、善的人生，人与人之间充满着尔虞我诈，人人都变成了政治斗争的工具，个个都处在勾心斗角之中。从韩非的口袋里，掏出了数不尽的诡计、权术，用以帮助、开导与群臣“一日百战”的君主。

片面强调严刑峻法，忽视道德的感化作用。这是所有先秦法家的一个共同特点，也是他们的一个通病。

狭隘的功利主义。韩非只看见“当今争于气力”；他自己的一切努力，也都是为了帮助“明主”在“争于气力”的角逐中赢取胜利。因而，凡对于富国强兵一时没有实效的东西，如法家以外的其他学说，他都主张取消。他明确提出“以法为教”（以法作为教育的内容。注：这其实是排斥了其他的教育内容）、“以吏为师”（直接以官吏为师）（《韩非子·五蠹》），成为赤裸裸的文化专制主义的倡言人。

韩非学说的这些缺陷，使得它既非维护地主阶级政权长治久安的灵丹妙药，又在具体的运用和操作中产生了诸多消极的作用、负面的影响。

以秦而论，虽然韩非的理论对秦国的经济、政治、军事力量的发展和最终消灭六国起了极大的推动作用，但秦统一中国后，秦始皇及李斯等人继续推行韩非的理论，加强对人民的严酷统治和残酷剥削，却又激化了阶级矛盾，并助长了统治阶级内部的互相残杀，从而加速了秦王朝的灭亡。

秦的暴政和秦的覆亡，显然与以上列举的韩非学说内在的理论缺陷，存在关联。比如说，秦朝统治者滥用民力，与无视民众的生命意义和存在价值有关；秦始皇父子肆意极欲、为所欲为，并置法律于不顾，与将君权置于一切之上有关；统治集团中的内乱，与过于强调权术斗争有关；焚书坑儒，与文化专制主义政策有关……

所以，鉴于这样的事实，从汉初开始，地主阶级的政治家和理论家们，就着手反思和调整统治的理论与策略。由此产生的变化之一，是他们舍弃了先秦法家一味强调严刑峻法来统治人民的做法。

当然，韩非的政治学说并没有就此被抛弃，它的许多内容仍不断地被人取用。不过，中国古代占主导地位的统治学说，却确实变化了一种样式——比如，有人称之为“阳儒阴法”。

韩非学说在中国历史上所产生的负面作用，还表现在：它始终是专制独裁论的重要思想渊薮；它不知哺育出了多少阴险诡诈的权奸……

八、悲剧人物

韩非为别人总结、制造出了大量的权术、诡计，可他自己却并不以权术和诡计混迹于世。

韩非忠于谋国，一心研究治国的方略，却拙于谋身。

韩非一生为君主专制制度鼓吹、呐喊，却最终为专制的君主随意抛弃。

韩非明知宣扬法、术具有生命危险，却知难而上，不畏惧为国家的利益而招致祸害。

总之，这是一个“远见而明察”（《韩非子·五蠹》）的人，一个大公无私的人，一个命运不佳的人。

司马迁曾在《史记·老子韩非列传》中感慨万千，以为韩非对进说的困难了解得那么周详完备，以至写出了《说难》（进说的困难）这样周密细致的文章，但最终连自己也没有逃脱进说的祸害。

人们常说法家“无情”，可历史更加无情。

先秦的法家，推动了历史的进步，呼唤出了一个新的时代，但他们中的不少人，却都是悲剧性的人物，像吴起、商鞅，还有这位韩非……

礼贤下士
养士之风与客卿制度

《容斋随笔》卷二："七国虎争，天下莫不招致四方游士。"

《论衡·效力》："六国之时，贤才之臣，入楚楚重，出齐齐轻，为赵赵完，畔魏魏伤。"

秦国虽缺乏养士的传统，但它的客卿制度，为吸纳和选用人才，发挥了积极的作用。

一、人才与"宝贝"

《资治通鉴》周显王十四年（前355年）有这样一则颇有意思的记录：

"齐威王和魏惠王在郊野约会狩猎。魏惠王问：'齐国有什么宝贝吗？'齐威王答：'没有。'魏惠王又问：'我的国家虽小，尚有十颗直径一寸以上、可以照亮十二乘车子的大珍珠。齐国那么大，怎么可能没有宝贝呢？'齐威王答：'我对宝贝的看法和你不一样。在我的大臣中有位叫檀子的，让他驻守南城，敌人就不敢来犯，泗水流域的十二个诸侯国都来朝贺。还有位叫肦（音焚）子的，让他守卫高唐，赵国人就不敢向东到黄河捕鱼。在我的官吏中有位叫黔夫的，让他镇守徐州，燕国人就在北门、赵国人就在西门行祭礼，举家投奔的有七千多户。我的大臣中还有位叫种首的，让他对付盗贼，社会上就出现路不拾遗的好风气。这四位大臣，光照千里，岂止是照亮了十二乘的车子呀！’魏惠王听后面露愧色。”（白话今译）

齐威王与魏惠王的这一段对话，颇为典型地反映了战国时期一些统治者对人才的重视。魏惠王提起自己国家的宝贝来，洋洋自得，称魏国虽小，却有 10 颗大珍珠。可是，当齐威王谈起齐国的“宝贝”时，魏惠王终于露出了惭愧的神色。因为，齐威王所说的“宝贝”，不是金银珍宝，而是人才。

人才才是真正的“宝贝”。有了人才，穷国可以变富，弱国可以变强。魏惠王可能并非不知道这个道理，但他显然没有像齐威王那样强烈、自觉的人才意识。所以他感到了羞愧。

战国时期对人才的重视，其实并不限于国君或一国之执政者。那时，不少有权有势或有一定地位的人，为了进一步扩大自己的实力，都在广揽人才，以至为人才展开争夺战。

二、孟尝君养士：冯驩食有鱼

战国时期的人才，大量出自“士”阶层。于是，延揽人才，尊重人才，或者屈身优待人才，就称作“礼贤下士”。

这里先讲一个有关孟尝君养士的故事。

孟尝君姓田，名文，是齐国著名政治家、齐宣王时曾任齐相的田婴的儿子。田婴死后，田文继承封地，号孟尝君。

孟尝君为了扩大自己的权势，巩固自己的地位和影响，不遗余力地培植亲信。凡是投奔到他门下的游士，他都收留下来，供养他们。这种被供养的人叫食客，也叫门客。供养食客在当时是一种很普遍的风气。像与孟尝君合称为战国四公子的赵国的平原君、魏国的信陵君、楚国的春申君，都畜养着大量的食客。这些食客在平时为主子或舞文弄墨，摇唇鼓舌，或跟进跟出，协从帮办。在需要的时候，他们还要为主子充当说客、打手、刺客之类。

孟尝君豢养的食客，既有各式各样的士，也有鸡鸣狗盗之辈。其中也确有少数有见识、有才干的人。冯驩就是其中之一。

当初冯驩听说孟尝君好客，就来投靠。孟尝君问他："先生远道而来，有什么可以教我田文的？"冯驩说："听说君好士，我一个穷人就来投靠君。"孟尝君就把冯驩留下，安排在三等食客里，以粗饭淡菜相待。

过了10天，冯驩觉得自己没有受到礼遇，就弹着自己的宝剑唱道："长剑啊！我们回去吧！这里没有鱼吃。"孟尝君从管家那里闻听此事，就说："那就给他鱼吃吧。再安排他到二等食客那里住。"

过了几天，冯驩又弹起宝剑，唱道："长剑啊！我们回去吧！这里没有车子坐。"孟尝君听说了，又吩咐管家："给他车子坐吧。再给他迁到一等食客的屋子里住。"

又过了几天，冯驩再次弹起宝剑，唱道："长剑啊！我们回去吧！我在这里不能养我的家啊。”孟尝君得知他有老母在家，就派人去供养他的母亲。

这下冯驩试探明白了，孟尝君确实是礼贤下士的君子。他决心以自己的才能好好报答孟尝君。

孟尝君是个高利贷主。一次，他准备派人出去收债，就问手下的食客：“谁能做会计，替我去收一收债？”3000食客平日里养尊处优，这时却鸦雀无声，都不作答。只有冯驩走到孟尝君面前，说：“我能。”孟尝君便派冯驩去收债。临走时，冯驩问：“我把债收齐以后，要买点什么东西回来吗？”孟尝君回答：“我这儿缺什么你就买什么，你看着办吧。”

冯驩来到孟尝君放债的薛地，收取了一部分利息。然后，他用这些钱买了酒肉，通知借了孟尝君的钱而无论能否付得了利息的，都来参加聚会。那天，酒酣耳热之际，冯驩对借贷者说，请大家把债券拿出来，能付利息的，就付一年的利息，贫穷而付不起利息的，就把债券烧了。冯驩又高声地向大家宣讲：“孟尝君之所以要借钱给你们，是要你们好好地从事农业生产；之所以要大家付利息，是因为他需要钱供养众多的食客。今天，你们之中富裕的，就付利息；贫穷的，将债券烧了，就算是孟尝君捐钱给你们了。”大家兴高采烈，纷纷说道：“孟尝君真是我们的恩人啊！”

孟尝君知道此事后，愤怒地责骂冯驩：“我田文有食客三千，之所以在薛地放债，是想以此贴补收入，供养食客。你倒好，买了那么多的牛啊、酒啊，还将债券烧了，这是为什么？”

冯驩回答：“先生请息怒。要知道，不多置办酒食，大伙就不会来参加聚会，从而也就不知道究竟谁富裕、谁不足。那些穷苦百姓如果真的还不起债，你留着债券也没有用，再过五年、十年，利钱越来越多，他们无论如何也还不清，反倒逼得他们远走他乡。你要强行逼债，会失去民心的。”接着，冯驩又说道，“你说过，要我看你缺少什么就买什么回来，我看你家里高屋大厦收藏着那么多的珍宝，你玩弄的狗马成群，侍候你的美女如云，什么都不缺，就缺为百姓做好事，让人民拥护你。所以我用债券买回了民心。”

听冯驩这么一说，孟尝君立即拍起手来，连声道谢。

一年以后，齐湣王觉得孟尝君权力太大，就罢免了他的官职。这时，孟尝君的3000食客大多散去，只有冯驩等少数人还跟随着他。他们随孟尝君一起来到薛地，只见薛地的百姓扶老携幼夹道欢迎孟尝君的到来。孟尝君看到眼前的感人场面，激动不已，回过头对冯驩说：“这就是你给我买来的民心呀！我今日终于见到了。”

在孟尝君失意的时候，冯驩照样奔走于他的门下，并积极地出谋划策。一天，他以“狡兔三窟”做比喻，对孟尝君讲道：“机灵的兔子有三个窝，你至少也该有三个能安身的地方才好。可你现在只有一个薛地，应该再找两个地方。”于是，冯驩到齐国和秦国为孟尝君活动。齐湣王见孟尝君具有如此大的“国际”影响，就重新起用他，任他为相。

三、齐国养士：稷下学宫

孟尝君养士，是要士为他个人效力。这属于战国时期养士的一种类型。那时还有一种类型，即国家养士。其中齐国政府的养士，远近闻名，并创造出中国思想文化史上的一大景观：稷下学宫。

齐国很早就形成养士的传统，远在春秋时期，齐桓公曾招纳大批贤士，让他们四出活动，为齐国的霸业服务。据说当时著名的贤士就有八十多人。到战国时期，齐国政府更是把优待学者看作一项既定国策，继承养士的传统，并使之制度化。

从田桓公（前374—前357年在位）起，齐国在国都临淄稷门外设置学宫，吸引各地学者到齐国讲学、交流，著书立说，后习称“稷下学宫”。到齐威王（前357—前320年在位）、齐宣王（前320—前301年在位）时，稷下人才济济，汇集一千多人。著名的有宋钘（音形）、尹文、慎到、彭蒙、田骈、环渊、邹衍、驺奭（音邹石）以及淳于髡（音昆）、田巴、鲁仲连、接子等七十多人，称为稷下先生。这些人在稷下学宫受到尊宠，皆列为上大夫，住高门大屋，生活优裕；出则有车，后面还跟从数百人，声势浩大。

稷下先生在那里聚徒讲学，自由辩论，高谈天下治乱之事，却又并不当政，所以有人称他们是“不治而议论”。尤为难得的是，齐国政府还给他们自己决定去留的自由，“合则留，不合则去”。离开时，齐王有时还表示歉意，送给盘缠。离开后，若还想回来，同样受到欢迎。

当时有两位大思想家到过稷下，他们是孟子和荀子。据考证，孟子游历诸侯从事政治和文化学术活动约二十四年，其中两次到齐国，在稷下时间约十六年。荀子15岁就游学稷下，3次来游而又3次离去，在稷下时间约四十六年。

齐国政府创办稷下学宫，主要出于招徕天下贤士以达到炫耀国力的政治目的，但它一经创办，而且持续活动了一百余年，其意义便超越了创办目的本身。它使曾经活跃在历史上的原始民主精神，和阔达好议之风得到了弘扬，促进了战国时期百家争鸣的发展。

由于齐国政府所采取的优容政策，使无论学术观点、政治倾向以及国别、派别、年龄、资历不同的人，都可以自由发表意见，所以，伴随各色文人学士的到来，各种思想，包括道家、儒家、法家、名家、阴阳家、墨家，等等，也在稷下汇聚，并发生碰撞、激荡。各家各派的人物相聚一堂，携徒属而演道术，穷事理而互致诘难，大大地活跃了学术思想的交流和发展。

稷下学人还常为齐国举事谋缺，或针砭时弊，讽谕君臣。其中不乏态度倨傲、言辞不逊的，但也并不见责。比如，淳于髡率徒属以隐语诘问齐相邹忌，倨傲不恭，邹忌则谦卑应对，不敢怠慢。(《新序·杂事》)王斗会见齐王，齐王派人将王斗引入，王斗不满，要齐王亲自到门口迎接，齐王欣然从命。“趋（疾走）而迎之于门”(《战国策·齐策四》)。下面再引《孟子·梁惠王下》中记载的一则故事：

“孟子对齐宣王说：‘您有一个臣子把妻室儿女托付给朋友照顾，自己游历楚国去了。等他回来的时候，他的妻子儿女都在挨饿受冻。对待这样的朋友，应该怎么办呢？’

“齐宣王说：‘和他绝交。’

“孟子说：‘如果掌管刑罚的长官不能管理他的下级，那应该怎么办呢？’

“齐宣王说：‘撤掉他！’

"孟子又说：'如果一个国家治理不好，那该怎么办呢？'

"齐宣王回过头来左右张望，把话题扯到别处去了。"（白话今译）

这就是著名的孟子针对齐国时弊，责问齐宣王，句句紧逼，弄得齐宣王只好"顾左右而言他"的故事。

从这则故事，我们大致可以体察到齐国如何"礼贤下士"，而当贤士和他们的思想得到尊重时，他（它）们又会如何反过来影响国家。

四、吕不韦招揽宾客：大开秦国养士风

秦国统治集团向来重视任用外来人才。早在春秋时期就有大批秦地以外的有识之士投奔秦国，并得到重任，如穆公时代的晋人百里奚、戎人由余。进入战国，仍有山东国家的人士不断入秦，像商鞅即从卫国而来。可以说，正是由于春秋战国数百年间，秦以外各地、各族人士的不断融入，才使秦地人口素质、生产力水平不断提高。

商鞅变法之后，由于废除了"世卿世禄"制度，大大地削弱了信任、重用宗室贵族成员的传统，特别是奖励耕战政策行之有效，国势蒸蒸日上，秦国更是吸引了大批东方国家的有识之士。

但是，在长期吸收外来人才的过程中，秦国一直是有所选择的。选择的标准越到后来越明确，就是欢迎持法家观点的人物，排斥持其他观点的人。商鞅变法时焚烧《诗》《书》，对"诗书辩慧者"（即从事文教活动的）和"言谈游士"加以压

制。难怪荀卿游秦国，就指出：秦国“无儒”。

法家当然也是士的一种，但士是一个品类繁杂的群体；也唯有包括各种流别的人物在内，才会构成一个活跃的士的阶层。在吕不韦入秦以前，秦国一直没有形成这样的士阶层，当然，也更无人大张旗鼓的“养士”。

吕不韦当政期间，一改过去的人才政策和文化政策，而采取一种兼容并蓄的做法。在他出任相国之初，就在相府内建造了数以千计的高堂广舍，厨房内延聘了众多的名厨，首都和边城的墙上挂起告示：欢迎各国和国内士人到相府做客。

吕相府招揽宾客的告示发布以后，天下士人蜂拥而至。由后来成书的《吕氏春秋》看，汇聚到吕不韦门下的，包括儒、道、墨、阴阳、法、纵横、兵、农、名诸家门徒，另外还有一些思想博杂的人物。他们的到来，使秦国思想文化界的面貌有所改观。

吕不韦在秦养士，具有十分优越的条件。1. 他自己并非秦人，却官至丞相。这对秦以外希求功名之士，具有极大的诱惑力。2. 吕不韦大权在握，既可为供养食客提供便利，又不致引起别人的嫉恨和反对。3. 在兼并战争中，秦国正表现出明显的优势；一些有识之士已经看出，秦国削平群雄只是时间早晚的问题。所以，没过多久，投到吕不韦门下的食客就达 3000 人之多。

这 3000 人的名字，绝大多数都随着岁月的流逝而不被人所知。但有一个人，却在秦的历史上留下了浓重的一笔；直到今天，他还时常被人提及，那就是李斯。

五、李斯的心愿：来自老鼠的启示

李斯出生于楚国的上蔡，年轻时做过郡小吏。生活在社会下层的他，看够了人间的苦难，也看透了世态炎凉。有一次他上厕所，看见那里的老鼠，吃的是粪便，还要不时地受到人、狗的惊吓，又联想到仓库中见到过的老鼠，一个个肥肥硕硕，吃的是好粮食，住的是宽敞的大房子，也没有人、狗来惊扰，两相比较，他不由得发出深深地感叹："人的命运，不就是和这些老鼠的命运一样吗？所谓'贤'或者'不肖'，就看各自所处的位置了！"

怀着爬上社会上层的强烈愿望，李斯去拜荀子为师，学习帝王之学。和他一起做学生的，还有韩非。与韩非相比，李斯的理论修养就显得太差劲了。但是他对帝王之学却有着特别的感受，所以在以后的实践中，他可以将其融会贯通，运用得出神入化。

在老师荀子那里学习结束后，李斯环顾当时的天下形势，觉得自己家乡楚国对自己不会重用，楚王也不足以成大事，其余的国家又都太贫弱，只有仕秦，才能施展抱负，才会有前途。于是他决心投奔秦国。

临行前，李斯去向老师告别。荀子劝李斯不要走的过于匆忙。李斯回答："常言道，'得时无怠'。遇到时机决不可错过，否则时不再来。当今各国争雄之时，充当智囊、实际进行决策的都是士。学生绝不可错过这大显身手的好时机。"

荀子又问李斯："那你为什么一定要去秦国呢？"李斯直言相告："形势已经很明朗，秦王有吞并天下的决心，称帝的条件也已具备，所以学生要入秦以求建功立业。"说到这里，李斯的脑际又浮现出在仓库和厕所两种不同环境中老鼠的景象，多年压抑在心中的酸楚和愤懑也随之溢于言表："处于卑贱之位而不设法改变自身状况的人，连野兽都不如。最大的耻辱莫过于卑贱，最大的悲哀莫过于贫穷。如果久居卑贱的地位，长期生活于穷苦之中，而不图改变，还标榜什么'无为'、不谋'利'，这绝不是士的真情，是虚伪骗人的。所以，学生要西去向秦王游说啦！"

就这样，李斯来到了秦国。其时庄襄王刚去世，吕不韦控制着朝野上下。善于观察风向的李斯毫不犹豫地投到吕不韦的门下。一开始，他仅是一名最普通的宾客——"舍人"。没多久，吕不韦觉察到李斯是个人才，就任他为"郎"。这是一份围绕主人左右、帮助处理政务的差事。于是，李斯利用一切机会，在吕不韦面前表现自己的才能。

一次，李斯随吕不韦晋见秦王。李斯不失时机地向秦王和吕不韦提出自己对天下形势的看法。他认为秦国不断取胜已经有六代了，东方诸侯国已被秦打得服服帖帖，因此要趁势消灭东方各国，早日统一天下。他还提出使用反间计离间各国君臣，以加快统一步伐。

秦王政对李斯的谋略卓识深为赞赏，就任命他为长史。不久，秦王政又拜李斯为客卿。

六、客卿：戴有"光环"的宾客

何谓"客卿"？

客卿是那些头上戴有光环的宾客。"光环"何来？来自于被授予“卿”这个荣誉称号。所以，“客卿”可用一个简单的等式表示：客 + 卿 = 客卿。

春秋战国时期，招徕和延聘宾客的现象，在许多国家都不鲜见。而来自异国的宾客，在一些国家得到重用的事例，也不胜枚举。正是在这种引进、选用人才的基础上，出现了客卿和客卿制度。

“客卿”一词，始见于《战国策·秦策一》“秦惠王谓寒泉子”条。该条言及：“客卿张仪。”南宋鲍彪注：“（张仪）魏人，仕秦。惠王五年为客卿。”这是说张仪在惠文王五年（前333年）在秦国被拜为客卿。目前，虽然尚不能确考客卿究竟起于何时，又最先起于何国，但从现存的资料大致可以看出，客卿制度产生于战国中期，盛行于秦国。

秦国的客卿制度有如下几个特点：

1. 客卿是一些具有荣誉性头衔的高级宾客，有事时请出来，给以带兵、办外交、谋国政、决疑难的种种权力。但客卿不是一个正式的官职，也未作为一个等级列入秦国的爵秩。

2. 客卿按需要而设，没有数额限制。像秦昭王时，在秦国做客卿的人，见之于《史记》的《秦本纪》《楚世家》《穰侯列传》的，就有通、寿烛、错、胡伤、灶、司马梗、范雎、蔡泽、造九人。

3. 给草芥之士求仕提供一个阶梯。张仪、范雎、李斯之辈，大多布衣出身。他们以自己的才华或一技之长，被任命为客卿而加以擢用。秦王根据他们各人所建的功绩，再决定究竟何时授予何种官职，像张仪，惠文王五年拜为客卿，惠文王十年正式任相。范雎也在做客卿数年之后，转拜为相。也有特例，像蔡泽由客卿登相位时不逾年。当然，不能排除有些客卿会因种种原因不能迁转为官。所以，国君任命客卿，带有给予试用的性质。

客卿制度是战国时期国君为选用异国人才而特定的一种制度。其中秦国的客卿制度，发育得最为完善，实施得也最有力，从而为广泛接纳四方睿俊超特之士、选用各色异国卓荦人才，发挥了积极的作用。秦国客卿制度的最大优点，在于真正做到了不论门第选拔人才，给人才以特别的尊崇和礼遇，同时又通过一定时间的实践和甄别，将所识之才安排到最适当的位置上。

前面说过，一直到吕不韦出任秦相以前，秦国不流行养士。但是，秦国一直有任用异国人为官的传统，在此基础上，到战国中期又形成了客卿制度。这不仅吸引了六国人才源源入秦，也使秦国走出了一条与东方国家存在一定差别的选拔、任用人才的道路。

七、“逐客令”与《谏逐客书》

正当李斯按照他自己的人生哲学和处世方法向上攀登的时候，平地里掀起了一场风波，它几乎葬送了李斯远大的前程，而且还差点毁弃了秦国几百年来招揽宾客的传统。

原来，秦国挖出了一个奸细。奸细名为郑国，从韩国来。他针对秦王喜欢大兴土木、修建工程的心理，劝说秦国建造一条庞大的水渠，引泾水入洛河。韩王让郑国实施这一“阴谋”，是想用浩大的水利工程，消耗秦国的国力，滞缓秦军东进的脚步，从而可以给自己多一点苟延残喘的时间。

韩国“疲秦”计划一经识破，立即引起秦国统治集团的不安。尤其是那些王室贵族，他们眼见东方各国的才俊之士纷至沓来，抢夺自己的饭碗，谋取本属于自己的利益，早就嫉恨在心，这时更压抑不住愤愤不平的心情，纷纷叫嚷：将外籍的宾客一律驱逐出去；他们都是奸细，是敌国派来从事间谍活动的。

年轻的秦王政也按捺不住，他生怕那些外来的宾客坏了他的统一大业。于是，一道“逐客令”从他手上签发了出去。此命令限期将秦国所有的外来宾客全部驱逐出境。

秦国的这次逐客，迫使不少山东的人才离秦而去。李斯也打点好了行装，准备出发。可是，他思之再三，觉得不甘心。终于，他下定决心，为了秦王，也为了自己，他要站出来说上几句话。李斯拟了篇奏章《谏逐客书》。

在这篇奏文中，李斯从秦史上举出一系列典型事例，说明秦国历代由于能够信任、擢用非秦人才而使国家发展、昌盛。如秦穆公信用百里奚，秦孝公信用商鞅，秦惠文王信用张仪，秦昭王信用范雎。他说，如果这四位君主不任用外来的贤士、客卿，哪里会有今天强大的秦国呢？所以客卿没有什么对不起秦国的。

接着，李斯又用酣畅的笔墨，进一步劝说秦王：“现在，君王收罗昆山的美玉、随和的宝璧，挂着明月的珍珠，佩着太阿的宝剑，骑着纤离的骏马，张着翠凤的旗帜，支着灵鼍的皮鼓，这些珍稀宝物都非秦国出产，但君王却十分珍爱。如果只有是秦国产的才能用，那么，夜光璧就不能装饰在秦国的朝廷，犀和象的器具也不能陈列在秦国的宫廷，郑、魏两国的美女也不能在后宫侍奉您了，外来的骏马也不能在您的马厩中供您使用了，江南的金、锡，西蜀的丹青也都不能运来了。还有那宛地的珠，阿地的绢帛，各地的锦缎，窈窕的赵国女子，也都不能为大王享用了。现在，秦国宫内流行的是极其好听的郑卫之音，如果按照秦国以外的东西都不用的原则，这些音乐也不能听了，还是演奏那秦国的瓦器、竹筝。可是大王还是喜欢听悦耳的郑卫之声，不愿听敲击瓦器的声音。这是什么原因呢？无非是为了称心、快意。然而，大王用人却不是这样，不问此人才能如何，为人怎样，只要不是秦人，就一律驱逐出境，这岂不是把人看得比珠玉和声色都不如吗？这种做法哪里像制服诸侯、统一天下的君主呢？”

最后，李斯向秦王政提出忠告：“土地没有国界，人民可以自由来去。三王、五帝之所以无敌于天下，就是由于百姓都投奔他们。现在君王反而抛弃百姓，驱逐宾客，这不是资助敌国，让他们去为别的诸侯国建功立业吗？这样一来，使天下的有识之士，不敢西来，真所谓‘给寇借兵，给盗送粮’。要知道，不生于秦国却对秦国有用的物品不少，而不生于秦国却愿为秦国效力的士更多着呢！君王的‘逐客令’一下，势必将秦国的宾客赶走，这对内损害了百姓，对外结怨于诸侯。这样一来，国家就有危险啦！”

不久，《谏逐客书》送到了秦王政的案头。

八、与士人携手：秦王政的选择

早年的嬴政，尚能听取不同的意见，有时还勇于纳谏。当他一口气读完《谏逐客书》后，不由得被深深地震动了。他既激赏和佩服作者生动、形象而又富于韵致的语言，以及入情、入理而又精辟、透彻的分析，更为文中所表达的思想所折服。他立即决定改变排斥客卿的政策，撤除“逐客令”。

同时，他下令召见李斯。这时，李斯已经启程，准备到别的诸侯国另谋出路，因为，秦王下令逐客的时限就要到了。秦王的专使骑着快马，在咸阳以东数十里的骊邑，追上李斯。秦王宣布，李斯官复原职。自此以后，秦王更加倚重李斯。秦王政为秦国追回了一个难得的人才；这个人才李斯，则矫正了秦王逐客的错误决定，这使得秦国能将广开国门、延揽人才的政策继续执行下去，进而为实现统一创造了一项重要的条件。

“逐客令”废止以后，东方国家的宾客源源不断地向西涌入秦国，其中不乏有才干、有见识的精英人物。后来为秦国统一事业做出重要贡献的尉缭，就是其中的一个。

尉缭（尉是官名，缭是他的名字）是魏国大梁人，公元前236年来到秦国。秦王政对他十分敬重，和他行平等的礼节，穿同样的衣服，吃同样的饭菜，亲密得好比兄弟。然而尉缭对秦王政的性格有所认识，认为他“少恩而虎狼心”；事业未成，肯屈居人下，但一旦得志，就极易吃人；假如哪天他统一天下，天下的人都要成为他的俘虏。缭意识到不能与秦王政长期共处，就计划逃跑。

秦王政发觉了，全力劝阻，并任命缭为国尉，加以重用。

国尉是秦国最高的军事长官，辅助国君策划和指挥军事行动。在这个位置上，尉缭为秦国最后扫平群雄，建立了巨大的功勋。他曾建议秦王政继承范雎“远交近攻”、各个击破的策略，还进献了离间六国诸侯的计策。他指出，同强大的秦相比，诸侯犹如郡县的臣；但是，如果他们实行合纵，出其不意地攻秦，就很可能招致秦国危亡。他建议秦王政不吝惜财物，出重金贿赂各国的“豪臣”，阻止六国合纵，这样就可以灭掉六国。

后来的事实证明，尉缭的这些建议，是正确和行之有效的。

尉缭还著有《尉缭子》一书，这部中国历史上非常重要的军事理论著作，系统地表达和总结了尉缭对战争和战略、战术等方面的经验、观点。

在嬴政统一天下和统治天下的时代，被他委以重任的非秦人士，除了李斯、尉缭，还有一大批士人，其中包括：王龁、茅焦、桓齮、王翦、昌平君、昌文君、王贲、李信、王绾、冯劫、王离、赵亥、隗林、赵婴、蒙恬等等。正是有了这些人的奔走效劳，嬴政才能一统天下。

天下“归”秦
从九鼎迁秦到天下归一

《荀子·王霸》：“天下归之之谓王。”

天下如何“归”秦？秦又如何称王？

马克思说：“到目前为止，暴力、战争、掠夺、抢劫等等被看作是历史的动力。”恩格斯又说：“……恶是历史发展的动力借以表现出来的形式。”

一、西周国与东周国

西周末年，周幽王为犬戎所杀，儿子平王继位，为躲避犬戎，迁都洛阳，由此揭开了东周史的篇章。

周王室在东迁后地盘一天天缩小，内部又多次发生争夺王位的斗争，因而更趋衰落。到战国时期，周王室只占有都城洛阳及其附近相当于现在十多个县的一片土地，并不时受到大国的攻击。7个大国根本瞧不起王室，有时连一点面子也不给，周王室实际降到了一个小国的地位。

可是，就是这么一个只据有一片弹丸之地的周王室，又发生分裂，分成东周与西周两个小国。

周考王（前440—前426年在位）时，考王封他的弟弟揭于洛阳，此为西周桓公。桓公的孙子惠公继位后，又封他小儿子班于洛阳东面叫巩的地方，号为东周惠公。这样，在周王室的领土内就冒出了西周、东周两个小国。这两个小国又互相攻战，兵戎相见，并逐步占据了周王室的土地。以至到赧王（前314—前256年在位）时，周天子已无容身之地，或是寄住西周，或是寄住东周。

不过，象征周天子权威的九鼎却为西周拥有。

二、秦夺九鼎

周王室的衰落史，恰与秦国的兴盛史相伴随，呈现出一反一正之势。

当年，犬戎肆虐，幽王被杀，是秦襄公挺身而出，率领骁勇的秦族儿女，顶住了犬戎的进扰攻掠，并护送平王一行顺利前往洛阳，重建国家。为此，周平王特地封秦襄公为诸侯，并将昔日周族的聚居地丰、岐一带赐予秦族。秦由此立国，跻身于诸侯国的行列，并因平乱救周、力挽危局的壮举，令东方的那些老牌诸侯国刮目相看。

然而，不知是历史的一种偶然巧合，还是冥冥中上苍所做的故意安排，四百多年后，日益强大的秦襄公的子孙们，却绝灭了由周平王下传了22世的天子“龙种”。

公元前256年，参加攻伐赵国邯郸的秦军，继续向韩、赵发动攻势。秦将摎伐韩，取得阳城、负黍，斩首4万；又伐赵取得三十多个县，斩首9万。值此之际，东方各国又发动联合抗秦。在韩、赵等国的影响与胁迫下，不识时务的西周公也卷入了这次活动。联军打着周王的旗号，合纵抗秦。

昭王大怒。秦国早就想在地图上抹去西周，尽快扫除统一天下的一个障碍。西周参与反秦，正好给秦国出兵以口实。昭王命令秦将摎向西周进攻。大兵压境，西周公吓得魂不附体，忙向秦军投降，叩头认罪，并将其所辖的36个城邑、3万人口全都献给秦国。

同一年，西周公和周赧王相继死去。赧王一死，挂名的天子从此就没有了。又过了七年，即公元前249年，秦庄王又将东周灭亡。至此，存在了八百多年的姬姓周王朝灰飞烟灭。

在西周覆亡的次年，秦将代表天子的九鼎，从西周送到秦都咸阳。

九鼎相传为夏禹所铸，象征九州。夏、商、周时奉为国宝，拥有九鼎者即为天子。成汤灭夏桀，将九鼎迁到商邑。武王灭纣，又将九鼎迁于洛阳。这象征着天子权力的九只宝鼎，长期收藏在周王室的宗庙里。周王室衰微以后，一些诸侯国开始觊觎九鼎。他们以为，如果得到此物，就能挟天子而号令天下，称霸、称王。公元前606年，楚庄王挥师北上，饮马黄河。周定王派使者去慰劳，楚庄王竟问起九鼎的大小、轻重，流露出取而代之的意图。“问鼎”一词由此出现。

在此次夺得九鼎之前，秦国早就对这九只宝物梦寐以求了。一次，秦国兴师临周，想获得九鼎。周王室连忙向齐求救。齐兵出，秦兵退。可周王室没想到，前面赶走了虎豹，后面又来了豺狼。齐国也提出相同的要求。这可急坏了周天子。周遂派颜率到齐国劝说齐王。颜率说，齐国要九鼎，必然得经过魏国或楚国。魏国、楚国知道此事，怎会善罢甘休，他们肯定要将此劫去。颜率又哄骗道：这鼎可重啦。每鼎需要 9 万人牵引才能拉动，那九鼎就要 81 万人。这么多人可从哪里来呢？齐王只得作罢。

公元前 255 年九鼎迁秦，意味着秦王将为天下共主，可以名正言顺地讨伐各诸侯国。因九鼎入秦，公元前 254 年，各诸侯国相继派出专使到秦国祝贺。对这件大事，秦国史书上特别记载有“天下来宾”一条。

补充一句，据说九鼎迁秦在过泗水时，其中一只飞入泗水。所以秦国只得到八个，但习惯上仍称九鼎。

三、兼并战变为统一战

秦夺九鼎，而诸侯国竞相祝贺，这不管是发自内心，还是为形势所迫、无可奈何，都反映了以秦代周已成为日趋明朗的天下大势。但大势归大势，东方诸侯国仍要为自己的生存而抗争。

在九鼎迁秦以后的十三年里，东方国家为了抵抗秦国咄咄逼人的东进之势，曾两度组织大规模的联军，合纵抗秦。公元前 247 年（秦庄襄王三年），由魏国的信陵君发起，韩、赵、魏、燕、楚五国联合攻秦。五国联军打败秦将蒙骜，并追至函谷关而还。公元前 241 年，楚、赵、魏、燕、韩再度联手，由楚国的春申君任指挥，声势浩大的五国联军一直打到函谷关前。然后，由赵将庞煖任先锋，率领精锐部队，深入到秦国腹地。然而，当先锋部队打到蕞邑时，遇到了秦军大举反攻，奋勇冲杀，联军支撑不住，仓皇四逃，全线崩溃。

公元前 241 年这场喧闹一时的联合抗秦，终以溃败告终，它成了战国合纵反秦运动的最后一幕。自此以后，东方各国再也无力联合攻秦了。秦国在战国后期的整个战局中，确立了优势与主动地位。

秦王政亲政后，听取李斯进献的灭六国的建议，着手规划统一中国的大业。其总的战略方针，是由近及远，集中力量，各个击破；先北取赵，中取魏，南取韩，然后再进取燕、楚、齐。

秦王政首先选择的攻击目标为赵国。因为，赵国的实力在六国中最强，是秦国走向统一道路上的最大障碍。当时，北方的匈奴不断向中原入侵，为了御守，赵国需花费很大的力量修筑长城。燕国就乘机向赵进攻，两国之间矛盾很大。秦国瞅准了时机，向赵国发起攻势。

公元前 236 年（秦王政十一年），秦将王翦率军顺利地攻取赵的阏与、橑阳。秦将桓齮、杨端和又攻占赵的河间六城以及邺、安阳。这时，赵国的军队正在庞煖率领下向燕进军，他们虽然掠取了一部分土地，但赵国的上党郡和河间地区却完全被秦占领。次年，桓齮又攻取了赵国的平阳、武城，斩赵军首级 10 万。

但是，赵国还没有到不堪一击的地步。当公元前 233 年秦将桓齮率兵深入赵国后方试图包围邯郸时，赵国从北方边防线上调回率兵防御匈奴的大将李牧，进行抵抗。双方在肥展开激战，结果赵军大胜，秦军惨败。桓齮畏罪逃奔燕国。第二年秦军又兵分两路大举攻赵，再次被李牧击退。

在用主力进攻赵国的同时，秦对韩采取了扶植亲韩势力以逐步肢解的策略。公元前 231 年，韩国南阳郡“假守”（即代理郡守）腾，向秦献出他所管辖的属地。腾被秦王政任命为内史，后又派他率军攻韩。腾对韩国了如指掌，所以进展顺利，于公元前 230 年俘获韩王安。韩国灭亡。

公元前 231 年，魏景湣王迫于秦国的强大压力，主动向秦献出丽邑，以求缓兵之计。秦王政正调集兵力准备向赵国发起总攻，不想分散兵力攻魏，就接受了献地。这使得魏国又维持了数年残局。

公元前 229 年（秦王政十八年），秦利用赵国发生大地震和大灾荒的机会，又派王翦领兵攻赵。赵国派李牧、司马尚率兵抵御，双方相持了一年。在紧要关头，秦国使出撒手锏——离间计。王翦用重金收买赵王的宠臣郭开，让他散布李牧、司马尚企图谋反的流言。赵王轻信谣言，派人替代李牧。大敌当前，李牧拒不交出兵权，赵王竟暗地派人逮捕李牧并处死了他，同时还杀掉了司马尚。

杀死李牧，无疑为秦军亡赵扫清了道路。此后，秦军如入无人之境，攻城略地，痛击赵军。公元前 228 年，秦军攻破邯郸，这座名城终于落入秦国之手。不久，出逃的赵王迁被迫献出赵国地图降秦。赵国实际上灭亡了。

在灭赵的过程中，秦国大军已兵临燕国边境。燕国君臣将士惶惶不安，眼见秦国扫平三晋，就要向自己杀来，却无计可施。燕太子丹最终实施了孤注一掷的暗杀行动。

四、壮士西去不复还

燕太子丹试图用刺杀秦王政的办法，来挽救自己的灭亡。于是，在历史的激流和涌浪中，闪现了一出悲壮的侠义之举：荆轲刺秦王。荆轲显然是逆流而上，且被汹涌而下的浪头击个粉碎，但他留下的故事，却又让世人千古传颂。

荆轲是卫国人。卫国灭亡后，他先到赵国，然后到燕国。在燕国他和一位擅长击筑的人高渐离交了朋友，又和燕国的勇士田光经常来往，彼此间相处得很融洽。

燕太子丹为暗杀秦王去找田光商量。田光表示自己已经年老，无法完成太子的重托，就荐举荆轲与太子丹共商大计。为激励荆轲谋杀秦王，田光在引荐后就拔剑自尽了。

太子丹与荆轲一见如故。太子丹把荆轲当作上宾，优礼相待。他希望荆轲代表燕国出使秦国，乘机劫持秦王，迫使其归还侵占的土地。若秦王不允，就将其刺死。再趁秦国无君内乱之际，联合诸侯一起反秦。荆轲答应了太子丹的要求。

荆轲为人深沉，善于击剑。为了使这次冒险能够成功，他向太子丹建议："我们首先要获得秦王的信任，否则就不可能接近他。听说秦王正用金千斤、邑万户的重赏捉拿逃到本国的秦将樊於期，如果我能带着樊将军的头和燕国督亢的地图做礼物，献给秦王，想必秦王一定会亲自接见我，这样我就可以见机行事了。"太子丹对这个计划很赞赏，却又觉得樊於期是得罪秦王后走投无路才来投靠燕国的，杀了他于心不忍。

荆轲见太子丹不忍下手，就私下去见樊於期。荆轲将他的来意向樊於期说明，又解释说谋杀秦王不只是为燕国，也是为将军报仇。樊於期听了悲愤地说："秦国诛灭我父母和宗族，我痛恨得不知如何复仇。这件我日日夜夜把心都想碎了的事情，今天幸亏得到了你的指教。"说罢，拔剑自刎。

樊於期既死，太子丹便让人将他的头颅取下，盛放在匣子里封好。又出高价买到一把锋利的匕首，浸泡毒药后再加以淬火，使它一触及人就会置人于死地。他把这把匕首裹在督亢地图里。又找了燕国一个著名的少年勇士，名叫秦舞阳，作为荆轲的副手。

出发的这一天，太子丹和他的门客都穿戴白衣白帽给荆轲送行。在燕国的南部国境易水边，荆轲和太子丹分手。好朋友高渐离为荆轲击起了筑，荆轲和着筑声唱道："风萧萧兮易水寒，壮士一去兮不复还！"

激越悲壮的歌声和筑声，在易水上空飘荡，令在场的人都瞪大眼睛，怒发冲冠。荆轲唱罢，带着秦舞阳跳上车子，扬鞭西去，连头也不回。

到达秦都咸阳，荆轲先用重金买通秦王的宠臣蒙嘉，要他禀报秦王。秦王政听说燕国派人送来樊於期的头和燕国督亢的地图，满心欢喜。他穿上朝服，以隆重的仪式，在咸阳宫召见燕国的使者。

那天，荆轲捧着盛放樊於期头颅的盒子走在前面，秦舞阳捧着装有督亢地图的盒子跟在后面，两人依次而行，走上宫殿的台阶。这时，秦舞阳忽然脸色变白，浑身发抖，显出害怕的样子。一旁秦国的大臣都很奇怪。荆轲依然十分镇定，回头看了一眼秦舞阳，笑了一下，然后走上前向秦王谢罪说："北方偏僻地方未见过世面的人，从没有见到过天子，所以有些害怕，请大王原谅。"

秦王对荆轲说："把舞阳所持的地图拿过来。"荆轲从秦舞阳手上接过地图，献给秦王。秦王拿着地图一边看，一边将地图展开。突然，"图穷匕首见"，一把寒光闪闪的匕首出现在图卷里。说时迟，那时快，荆轲左手抓住秦王的衣袖，右手抢过匕首，向秦王刺去。秦王大惊，慌忙从座位上跳起，用力挣断衣袖。秦王想拔出佩剑，无奈剑太长，慌乱之间一时拔不出来。荆轲紧追秦王，秦王只得绕着殿上的柱子躲避、逃跑。

朝堂上的官员们，都被这突如其来的变化吓得目瞪口呆。按照秦国的法律，群臣上殿不得携带任何武器，手执兵器的卫士站立在殿下，没有秦王的命令不得随便上殿。这时，惊慌失措的秦王又忘了下令让卫士上殿，所以大家只是干着急。一些大臣只好赤手空拳与荆轲搏斗，秦王的随从医官夏无且拿起药袋，朝荆轲击去。

秦王正绕着柱子跑，急得不知如何是好，忽然有人提醒他："大王将剑鞘推到背上，从背后拔。"秦王照做拔出了宝剑，挥剑砍断了荆轲的左腿。荆轲倒在地上，将匕首对准秦王投去，没有击中。秦王又用剑猛刺荆轲。遍体鳞伤的荆轲知道事情已经失败，就倚着柱子笑了起来。然后伸开两腿坐在地上，骂道："事情之所以不成，是我想要活捉你……"

秦王左右的人一拥而上，将荆轲杀死。

五、大江奔腾直向东

荆轲的侠义壮举，令人荡气回肠。然而，时值公元前227年，此时，任何激情和义举，任何足智多谋之臣和慷慨悲歌之士，都已无法扭转秦国一统天下的趋势。大江奔腾东流去，谁能阻拦？

秦王政差一点死于荆轲的匕首下，他深恨燕国，立即增兵大举进攻。公元前226年，秦军攻下燕都蓟，燕王喜与太子丹逃往辽东郡。秦将李信率领秦军数千人，穷追太子丹至衍水。太子丹因潜伏于水中幸免于难。后来，燕王喜经过权衡利害关系，派人将太子丹杀掉，将其首级献给秦国，想以此求得休战，保住燕国不亡。

燕王喜逃到辽东以后，秦军主力就调往南线进攻楚国。

南方大国楚国疆域辽阔，山林茂密，物产丰富，号称拥有带甲兵士百万。在秦加紧对三晋用兵的时候，它也不时伺机北上，攻城陷地。公元前261年，正当秦、赵两军相持于长平的时候，楚国攻取了鲁国的徐州，到公元前256年，就将鲁灭亡了。

但是，楚国的内政一直不振，宗室贵族争权夺利，这种状况到战国末期尤为严重。公元前228年，楚幽王死，统治集团内部发生内讧。幽王的同母之弟犹，继位为哀王。可这个楚哀王在位仅两个多月，就被异母之兄负刍的门客杀死了。负刍成为楚王。楚王室更加分崩离析。

就在楚国发生内乱的时候，公元前226年，秦王政不失时机地从北方伐燕前线抽调秦军，南下攻楚。秦军勇猛作战，一路高奏凯歌，连续夺得楚国十余个城邑。

公元前224年，秦国与楚国的决战就要开始了。为了选择攻楚大军的统帅，秦王政先向青年将领李信询问，若你伐楚，需多少人马。李信十分自负地说：“不过20万吧。”秦王点点头，又问老将王翦，王翦回答非60万不可。秦王认为年老的人到底是胆小，就派遣李信率领20万秦军南下伐楚。王翦见自己的建议未被采纳，又受到秦王的当面讥讽，就推托有病告老还乡。

秦、楚大战开始了。李信打了几次胜仗。但楚军并不气馁，大将项燕为了奇袭因胜而骄的秦军，尾追了 3 天 3 夜，然后突然发动进攻。秦军大败，将领战死了 7 人，士兵伤亡无数。秦王大怒，将李信革职。

秦王政亲自乘马赶到王翦的故乡频阳，登门向老将王翦承认错误。他对王翦说："我没有采用将军的计划，李信果然使秦军丢丑，请将军出征吧！"王翦向秦王政提出，必须调集 60 万兵力，才能取得灭楚之战的胜利。秦王政当即表示同意。

60 万，这占去了当时秦国武装力量的很大一部分。秦王政将如此庞大的军队交到王翦的麾下，差不多相当于是把自己的命根子交了出去。

临行前，王翦请求秦王政预先赏赐良田美宅。秦王政很诧异，便问道："将军为何如此忧贫？"王翦回答："为秦王率兵打江山，有功终不得封侯，这回要为子孙后代置下一点家业。"秦王政答应了他的要求。

王翦率军出发行至边关，又派出信使要求秦王政履行诺言。如此反复 5 次。有人嘲笑他，说王将军带兵打仗还念念不忘田宅产业，一连多次请赏也太过分了。这时，王翦才悄悄地将自己的真正动机和盘托出：秦王政疑心甚重，从不信赖臣下，现如今我拥军 60 万，谁知道大王会怎么想。我只有用这种办法表白自己没有野心。

王翦率领 60 万大军进入楚境以后，并未马上发起攻势。他总结了李信轻敌冒进的教训，采取屯兵练武，坚壁不战，麻痹敌人，以逸待劳的战略。楚军多次挑战，他都不予理睬，而是花费很大精力去改善士兵生活，让来自北方的秦兵适应南方楚地的气候、环境。他还教士兵跳高、跳远、扔石头，加强体力与战斗技巧的训练。秦王政动员一切人力物力支援前方。

这样，过了一年多的时间，秦军已对楚地的情况基本适应，士气高昂，体力充沛。同时，被调来抗击秦军的楚国部队，防御渐渐松懈，加上粮草不足，准备东归。楚军一撤，王翦就抓住时机下令全军出击。秦军一举打垮了楚军的主力，并长驱直入，挺进内地，杀死楚军统帅项燕。接着，秦军攻占楚都寿春，俘虏了楚王负刍，楚国灭亡，时为公元前223年。

六、一统天下

就在北线秦军主力南下攻楚的当口，公元前225年，秦王政派出年轻将领王贲，率部围攻魏都大梁。魏军紧闭城门，坚守不出。由于大梁城防经过多年修建，异常坚固，秦军强攻不下。王贲想出了水攻的方法。

秦军大批士卒被安排去挖掘渠道，将黄河、鸿沟的水引来，灌注到大梁。三个月后，大梁的城墙壁垒全被浸坍。魏王假只得投降。魏国灭亡了。

公元前222年，王贲奉命攻伐燕国在辽东的残余势力，俘获燕王喜，燕国彻底灭亡。

接着，王贲又回兵攻打代郡。当年秦军攻陷邯郸，赵王迁投降，但公子嘉却带着残兵逃到那里，自立为王。秦军进展迅速，未大动干戈就将代王嘉俘虏了。至此，秦统一了北方。

同一年，刚在南方灭楚的大军，又乘胜降服了越君，并设置会稽郡。于是，长江流域全部并入秦的版图。

公元前221年，秦王政命令王贲继续挥戈南下，攻打东方六大诸侯国中的最后一个：齐。

从春秋到战国中期，齐是山东诸国中比较强大的一个。有人曾经说过："齐地方圆2000里，带甲兵士数十万，粮食堆积如山丘。"齐国不仅经济发达，军力强盛，还创造了灿烂的古代文化。但是，公元前284年燕、赵、韩、魏、秦五国攻齐，尤其是燕将乐毅横扫齐军，令齐国几乎亡国，国都临淄城中的宝物重器都被搬到燕国去了。之后，齐国一直没有恢复国力。

公元前265年，齐襄王去世，其妻君王后扶助儿子齐王建执政。齐君王后相当干练，作风泼辣。她一方面小心地与秦国周旋，另一方面又不畏惧强秦的威胁。据说，秦昭王曾派专使给齐国送来一只玉连环，考一考齐王能否解开。齐君王后不动声色，将玉连环交与大臣们处理。可那些慑于秦国淫威的大臣们，思来想去不得其解。这时，齐君王后拿出一把铁锤，"砰"的一声将这只玉连环击个粉碎。她向秦国的使臣说："非常抱歉，我们只好用这种办法解开玉连环。"

齐君王后刚毅不屈的举动，让秦昭王清楚地认识到齐国尚不可辱，也就不敢为所欲为。后来，秦国将攻击的矛头对准了三晋和燕、楚，三晋和燕、楚又各自忙于自救。所以，齐国也就四十余年未遭兵燹。

但齐王建是个无能之辈。母亲健在时，他依赖母亲，母亲临终前，他还乞求母亲写下可以辅佐他的大臣名单。公元前249年（齐王建十六年），君王后逝世，后胜任宰相。秦国迅即展开收买内应的活动，向后胜馈赠大量的黄金、玉器。后胜得了秦国的贿赂，就派出大批宾客相继赴秦。秦国又对他们大肆贿赂，送与金钱、珍宝，让他们回齐充当秦的内应。这批人从秦国访问归来，就积极地制造亲秦的舆论。他们说齐王建应西去朝秦，以表归顺，又说不用备战抗秦，也不要帮助三晋、燕、楚攻秦。

正是在这种情况下，王贲南下伐齐，一路上几乎没有遇到什么抵抗。王贲率军长驱直入，攻破临淄，齐王建与后胜马上向秦投降。齐国灭亡。

至此，秦国走完了削平群雄、统一六国的最后一程。

七、天下“归”秦

《荀子·王霸》讲：“天下归之之谓王。”

意思是：谁能做到天下归心，谁能完成统一的“王”业，就能为王。

秦国于公元前221年平定六国，天下归一，秦王政成为天下之王。用荀子的话讲，秦国应该是做到了让天下归心。

但是，从某种角度来看，这样推理出来的结论，实在是存在问题的。

在东方国家看来，秦军不“仁”、不“义”，跨过自己的国境，大肆攻伐杀戮，好比是“虎狼之师”。这当然不可能得人心。从秦国实施的战术来看，它除了开动战争机器，用武力征服别国，长期以来，还大量使用挑拨离间、行贿收买等方法。这些“卑鄙”“龌龊”的勾当，按常理来说，也只是因为不得人心，所以需要“瓦解人心”，才会加以使用。至于使用的结果，能否赢得人心，也存在着极大的问题。

不仅如此，到秦始皇准备统一六国时，秦国还将离间、行贿等手段提高到战略的高度，加以看待和运用。军事家、时任国尉的缭，就向秦王政建议广泛开展间谍工作。他主张派遣大批间谍前往六国活动，用金钱收买六国的“豪臣”，扰乱六国原定的计谋策略。尉缭以为，这样做，只要耗费30万金，“则诸侯可尽”。

这个计划得到秦王政的采纳，并由李斯具体执行。李斯物色了所谓的谋士，让他们携带金银去贿赂六国官吏。这些充当间谍的谋士，对六国官吏威逼利诱，动之以“金”，晓之以“利”。若遭到拒绝，就加以杀害。若收买、离间成功，秦国就遣兵派将，用武力做最后的征服，此时受贿的大臣，往往成为内应。齐国的灭亡，一部分原因就在于齐相后胜大量接受秦国的贿赂。赵国名将李牧，也是因秦国的离间计，被陷害致死。

虽然说六国的官吏、大臣，在个人品质上良莠不齐，其中不乏作奸犯科、受人唾骂之辈，但秦国用这种方法取得天下，毕竟不能义正词严地说：这是天下归心的结果。

另外，尽管有一些东方人士比较早地看到秦国赢取最后胜利的必然趋势，并投奔到秦，然而，这也远远不足以说明，天下已归心于秦，归顺于秦。

所以，似乎应该这样讲：秦国是夺天下，抢天下，骗取天下，而不是什么天下“归”秦。

但是，这话也不尽然。

秦国至少有一点是顺从了民心——不仅是秦国的民心，而且是天下人的心。那就是：统一。

如果站在这一立场上，说天下“归”秦，一点没错。

四海之内若一家
走向大一统

从“尊王攘夷”到“用夏变夷”——华夏民族的新融合。

在交通、贸易、语言、习俗、制度以及民族和统一国家等因素的基础上，形成了大一统的中华文化。

一、联结四方的交通贸易网

中国历史上大一统的政治局面，是在公元前221年秦国用武力统一六国之后才开始形成的。但是，走向大一统的趋势，和对大一统的向往与构想，却早在战国即已出现。这些因素，在经济、文化以及民族融合等方面，为全中国的统一做好了准备，同时也加速了秦灭六国、完成统一事业的步伐。

战国时期走向大一统的趋势，非常直观地反映在联结中原与东、西、南、北四方交通贸易网的形成上。荀子曾根据当时中原地区可以买到北方生长的犬马牲畜，南方出产的羽毛、齿革、丹青，西方特产的皮革、纹旄，东方生产的布帛鱼盐，而以为已经形成“四海之内若一家”（《荀子·王制》）的新局面。下面我们就先来看一下支撑这个新格局的交通贸易网络的大致情况。

在齐国的东部，有以今天的平度、海阳、即墨、诸城、日照等为中心的一些商业集散点构成的贸易网。尤其在临海的今海阳一带，可能形成了当时齐国东部一个重要的海上商业中心。1972年，在海阳县小纪公社江格庄大队曾发现用木箱存放的齐刀币一千八百多枚。1979年，在日照城关公社、两城公社又发现各种齐刀币。这些线索证明，这一带是齐国东部的海上交通贸易重地，通过这些地方，齐国与其东南的吴、越地区进行商业交往。

齐国的西部，有以今天的济南、章丘等地为集散点构成的与中原各国贸易的商业网络。齐的北部有以牟平为中心的海上贸易集散地，主要与燕国进行商业往来。

齐国的都城临淄，是当时齐国最大的商业集散地。据当时的人讲，临淄有7万户居民；若以每户5口计，就有35万人之多。街上车水马龙，行人拥挤塞路。四方土特产、手工业产品齐集市上，有行商，也有坐贾，买卖兴隆，一派繁华景象。据考古探掘得知，当时临淄城的总面积达16平方公里，大小城门发现十多座。从临淄城的规模，可以感受到它有多大的辐射力。齐国就是以临淄为中心，与东部、西部、北部3个贸易网点，构成一个相当发达的商业交通网络。

在南方，楚国的城市也是著名的商业交通枢纽。楚国的大城，首推郢都，此外有鄢、宛、城阳、陈、上蔡、下蔡、吴等。鄢是楚国的故都，汉水中游的枢纽。宛是汉水与方城之间的要冲，有发达的冶铁业。城阳是淮水上游的咽喉。陈、上蔡、下蔡、吴，是陈、蔡、吴三国的旧都。

考古发现的天平、砝码、钱币和舟节、车节（免税经商的凭证，同时规定商船、商车行经的路线和到达的地点），透露出楚国大地上贸易和交通的繁荣景象。

湖南战国楚墓出土的琉璃珠，多有蓝白色圆圈纹，即所谓“蜻蜓眼式”，酷肖西亚和南亚的琉璃珠，而全无楚风。这似乎又昭示着楚国与南亚有商旅往来。

燕国的辽西郡是中原各国与东北及今日的朝鲜半岛、日本列岛进行交往的必经之路。1949 年以来，曾经在旅顺、大连、营口、锦州、抚顺、沈阳等地先后发现过不少刀币与布币。这是当时商业交往活动留下的明证。其中今日的朝阳地区，更属燕国从内地通往今东北的交通要道。1961 年，在朝阳七道岭发现过用陶瓮存放的货币，计有十多斤重，其中除燕的“明刀”外，还有“安阳”布币、“平阳”布币。这就清楚地反映出，在中国北部，当时存在着一个由燕通过今朝阳到东北各地的商业交通网络。在这条商路上，有从三晋地区来的商人。

从成书于战国时期的《穆天子传》，可知当时中原地区的人民对今天的新疆以至中亚地区已有相当认识，这当然与同这两个地区的交通往来密不可分。那时，内地的丝绸、布帛和其他手工业产品，通过秦国和赵国，溯河而上；或经过河西走廊，辗转运往新疆、中亚地区。1965 年在新疆阿勒泰发现了一面战国时期的青铜镜，就是内地传去的。大西北的土特产，也源源不断地传到内地，最著名的要算是屡见于文献记载的“昆山之玉”了。据《史记·赵世家》记载，苏厉在给赵惠文王的一封信中说：如果秦国出兵切断恒山一线，则“昆仑之玉”就不能转运到赵国了。

韩国地处中原腹地，是南北商旅和贸易往来的中转站。韩国有许多重要的贸易集散地，如屯留、长子、宜阳。其中宜阳地方八里，是当时北与赵国上党郡，南经南阳郡与楚国联系、往来的交通要道。

总之，战国时期，东、南、西、北、中四面八方的联系和交往已经相当频繁，各地物资彼此得到交流，商人们在交通线上往来不绝，从前那种各地区间比较闭塞的局面已被打破。

二、从“尊王攘夷”到“用夏变夷”

战国时期的民族融合，也为秦、汉统一的多民族国家的形成，创造了条件。

经过春秋、战国、秦、汉华夏族与兄弟民族的不断融合，逐渐形成了今天中华民族的主体——汉族。

战国是华夏族经由与兄弟民族的交融而向汉族演化的一个重要时期。

“华夏”亦称“诸夏”，传说出自黄帝，意思是居住在中原地区的中国之人，与“蛮夷”相对。在夏商两代夏族、商族发展、融合的基础上，形成了华夏族的雏形。西周实行分封制，巩固了对中原地区的统治，又经过周公、成王的东征和昭王南征、穆王西征，加速了周族与其他一些民族的融合，遂正式形成华夏族。

平王东迁之后，华夏族的中心地区转到黄河中游。当时戎狄对华夏族诸国不断进攻骚扰，华夏各国同戎狄进行了长期的斗争。这些战争既有破坏社会安定和经济发展的负面作用，也产生了客观上促进各民族融合的积极效应。春秋战国时期诸侯国间的兼并战争，也同样起到了民族融合的催化剂的作用。

经过春秋战国时期民族间和列国间的战争与交往，我们看到：燕国势力扩展到辽河流域，促进了东胡族与华夏的交融；齐国强盛，扫灭了境内的少数民族；秦国不仅由原来的“杂戎狄之俗”而逐渐实现了“华夏化”，还收复了渭水流域的很多地区，又兼并巴、蜀，扩大了华夏族的活动范围；在蛮夷之地的吴国，贵族们开始承认自己是“周之胄裔（后代）”；曾被中原列国视为“蛮夷”的楚国，也完成了自身的“华夏化”，并且融合了南方的苗、蛮，又统一了越国（越国先灭吴国），甚至将势力深入到两广和云贵地区；韩、赵、魏兼并了包括中山国（属白狄）在内的许多部族、小国……

在上述广阔的区域内，各族之间的差异渐趋缩小，乃至消失。

从春秋到战国，华夏族对周边少数民族的政策，经历了一个由“尊王攘夷”到“用夏变夷”的变化。春秋时，以齐、晋为首的华夏族各国在“尊王攘夷”的口号下，与周边的戎、狄、蛮、夷做斗争，这使华夏族的旗帜更加鲜明。但“尊王攘夷”是在华夏族受到“四夷”的侵扰，一度面临亡族的危险情况下提出的口号。当时曾有人惊呼：“夷狄也亟病中国，南夷与北狄交，中国不绝若线。”（夷和狄严重地侵害中国，南边的夷人与北边的狄人相呼应，中国受到夹攻，命运就像一根线一样维持着。见《春秋公羊传》）齐桓公救助邢、卫、郑、蔡的行动被誉之为“救中国”的“王者之事”。对辅佐齐桓公的管仲，孔子给予高度赞扬，说：“微管仲，吾其被发左衽矣！”（若无管仲，我就要披着头发，衣襟向左，着夷狄的服饰了。见《论语·宪问》）“尊王攘夷”，就是号召拒斥夷族，明确华夏族与夷族之间的界限，这显然不利于民族融合。

进入战国，华夏族不仅扭转了“不绝若线”的境况，而且势力范围大大拓展，力量远胜于夷狄。在这种情况下，华夏族文化以其相对的先进性，吸引、感召和改变着周边文化，这就是所谓的“用夏变夷”。

“用夏变夷”意味着夷、夏之间的民族意识趋向模糊，民族情感趋向和谐，民族壁垒趋向消解。而在“用夏变夷”的同时，华夏文化也不断吸收、融汇周边文化精华于自己的体系之中。最典型的例子，当推赵武灵王“胡服骑射”。

“用夏变夷”的观念究竟起于何时，有待细考。不过，以“用夏变夷”政策取代“尊王攘夷”，从而形成一种新的时代特点，却是在战国。在战国时期“用夏变夷”的基础上，结出了日后大一统的“汉民族”“汉文化”的硕果。

三、“胡服骑射”的启示

赵武灵王（前325—前299年在位）是赵国的第六位国君。在他执政期间，赵国采取了两项重大措施，一是奖励耕战，二是改革军制。“胡服骑射”就是军事制度上所做的改革，但它产生的影响，却远远超出了原来的范围。

赵国北方大都是过着游牧生活的胡人部落。他们虽没有与赵国发生大的冲突，但小的骚扰却也时常不断。胡人作战时，身穿短衣，骑在马上，动作灵活，往来如飞，一边急驰，一边还能射箭，战斗力很强。而赵国的军队，虽然武器比胡人优越，但大多数还是步兵和车兵混合编制的队伍。而且战士穿的是长衣大裳，袖子长，腰肥，领口宽，下摆大，再披上铠甲，比较笨重，不利于灵活作战。鉴于此，赵武灵王就想向胡人学习骑马射箭，建立骑兵。然而，要学骑射，首先必须改革服装，采用胡人的短衣、长裤。

公元前 307 年春季的一天，赵武灵王召见大臣肥义，与他商议实行“胡服骑射以教百姓”。赵武灵王问：“这事恐怕会引起许多人的议论和反对，你看怎么办才好？”肥义回答：“疑事无功，疑行无名。”（做事若顾虑多，就不可能成功；实行一项措施，若有疑虑，也就做不成。）肥义接着又说：“自古以来，风俗习惯不是不能改变的。从前舜的时候，有个落后的部族叫苗，舞跳得很好，舜就向他们学跳舞；禹也向倮这个部族学习过跳舞。所以大王不要有什么顾虑，就下决心学胡服骑射吧！”这坚定了赵武灵王的决心。

但是，赵武灵王“胡服骑射”的计划，遭到了以他叔叔公子成为首的王族中一些人的竭力反对。他们的理由是：中原是文明人所住的地方，万物齐备，又有圣贤的遗教，施行的是仁义，用的是诗书礼乐，技术也发达，本是蛮夷学习的榜样。现在要丢掉这些去搞什么胡服骑射，这是改变古代圣贤的教导，更换古代的章程，可是万万行不得的。

赵武灵王亲自到公子成家去做说服工作。赵武灵王指出，衣服应该方便于穿着，礼制应该方便于做事。如果环境不同了，就应该采取相应的办法，而不能死守中原地区已经不适用的习俗和制度。经过一天的辩论，赵武灵王终于使公子成同意改革，并表示愿意带头实行。

可是王族公子赵文、赵造、赵俊等人和一些大臣仍然反对。他们指责说："衣服习俗，古之礼法。变更古法，是一种罪过。"赵武灵王批驳道："古今不同俗，有什么古法？帝王都不是承袭的，又有什么礼非遵循不可？夏、商、周三代都是根据时代的不同而制定法规，根据不同的事情而制定礼仪。礼制、法令，都是因地制宜的；衣服、器械，只要使用方便，就不必死守古代的那一套。"赵文等人感到无力再反对，只好同意改穿胡服。

于是，赵武灵王下令全国改穿胡服。由于穿着胡服给日常生活带来了许多方便，所以很快得到了广大人民的拥护。对于个别迟迟不肯着胡服的，赵武灵王就给予严厉的警告，迫使他们只得接受了改革。

赵武灵王在改革胡服措施成功以后，就亲自训练了一支强大的骑兵队伍，改变了原来的军队装备。从实施胡服骑射的第二年起，赵国的国力就逐渐强大起来。公元前 306 年，赵国攻取北方上千里的土地。公元前 305 年，又大举进攻中山国；中山国在遭致惨败后，献出四邑求和。公元前 300 年，赵军又攻占中山大片土地。到公元前 299 年，赵武灵王让位给赵惠文王时，赵国已是"七雄"中的强国之一了。

赵武灵王向胡人学习、借用来的短衣、长裤，以后就变成汉民族服装的一部分，并沿用了两千多年。他组建的骑兵，推动了中原地区国家骑兵部队的发展。

“胡服骑射”的成功告诉我们：一个民族，一种文化，必须不断地从外部世界汲取营养，才能持续地发展，并永葆生机。正是借助了这种开放的、兼容并蓄的机制，华夏族和华夏文化才得以发展、壮大为汉民族、汉文化。

四、“大一统”：一个口号的由来

在统一的王朝出现之前，得“风气之先”的一些学者，已在呼唤大一统局面的到来。

“大一统”一词，首见于《公羊传》。该书隐公元年载：“何言乎王正月，大一统也。”《公羊传》的作者，传说是孔子门人子夏的再传弟子，战国时齐国人公羊高。《公羊传》是公羊高为孔子手订的《春秋》一书做的传（即对《春秋》经义做的解说）。不过这些解说一开始仅为口耳相传，到西汉方得成书。《春秋》素以“微言大义”著称，它开篇第一句为：“元年，春，王正月。”公羊高所说的“大一统”，就是对这一句中的“王正月”所做的诠释和发挥。

我们有必要对什么是“王正月”，做一些说明。

“王正月”中的“正”，指的是一年的第一个月。夏、商、周三代的正朔（朔指一年的第一天）不同：夏正建寅，以寅月（接近于目前尚通行的阴历的正月）为正月；商正建丑，以丑月（阴历十二月）为正月；周正建子，以子月（阴历十一月）为正月。是谓“三正”，亦称“三统”（建子为“天统”，建丑为“地统”，建寅为“人统”)。春秋时，政令已不统一，告朔之制久废，各国所行正朔也不同，如晋国用夏历，宋国用殷历。《春秋》说“王正月”，是指周历的正月。《春秋》记时仍遵用周王颁定的正朔，并想以此表示各国历法应当统一。对此，公羊高以“大一统”做解说，意即孔子书“王正月”，包含着尊崇一统的“大义”。

这就是战国时期“大一统”口号的最初由来。

五、学者心中的大一统

“大一统”的原意，是指尊崇一统，可到后来，它的含义衍变为指大而一统的一种局面。战国时候的一些学者，对大一统的局面做了不少规划和构想，从而形成了中国人有关“大一统”的一些基本观念。这里选择两种对后世影响比较大的学说，加以介绍。

《禹贡》的九州说

《禹贡》是列入儒家“六经”的《尚书》中的一篇，托名为大禹所作。不过，经过深入细致的研究以后，目前学术界倾向于认为此系战国后期的作品。

《禹贡》说，大禹治水，将天下分为九州，即九个区域。它们是：

冀州	大致相当于今山西、河北、辽宁。
兖州	今河北、河南、山东交界部分。
青州	今山东、辽宁东部。
徐州	今山东南部，江苏、安徽北部。
扬州	今江苏、安徽南部，江西东部。

荆州　　　　今两湖及江西西部。

豫州　　　　今河南、湖北北部。

梁州　　　　今陕西南部和四川。

雍州　　　　今陕西北部、中部和甘肃及其以西的地方。

我们知道，战国时期虽有“九州”之名，却无九州之实。战国以前，现实生活中也从来不存在九州制。秦始皇统一中国，全国实行郡县制，也没有州制。所以，《禹贡》中的九州，是一个理想中的区域划分，是对“大一统”的一种向往和规划。

然而，包括《禹贡》在内的先秦著作中的九州说，却深深地影响了中国人。“九州”成了“中国”“天下”的代名词。而且，人们从此形成了一个根深蒂固的观念：“九州”不可分。南宋著名诗人陆游在《示儿》诗中，就曾这样充满深情地写道：“死去元知万事空，但悲不见九州同。”

《周礼》的建国之制

《周礼》，一称《周官》，也是儒家重要经典之一。有关《周礼》的作者和时代，历来聚讼不已。然而经过现代学人郭沫若、范文澜、顾颉刚、杨向奎等的研究，已基本上可以确认《周礼》系战国时人所作（成书另当别论）。

《周礼》亦非某朝某王典制的实录，而是勾画了一种希冀能用之万世的“大一统”的国家政权模式。比如，它涉及了有关国家政体形式的问题，包括：王在国家政权中的地位和权力；国家权力的划分和各级权力主体的组织形式；中央与地方的关系，等等。

《周礼》开宗明义：“唯王建国，辨方正位，体国经野，设官分职，以为民极。乃立天官冢宰，使帅其属而掌邦治，以佐王均邦国。……”（王者建立都城，辨别方向，制定宫室居所的位置，分划城中与郊野的疆域，分设官职，治理天下的人民，使他们都能成为善良高尚的人。于是设立天官冢宰，率领他的部属，掌理天下的政务，辅佐王者统治天下。……）《周礼》设天、地、春、夏、秋、冬六官，而将王定为一国之主和六官的统驭者。很显然，这个“王”的原型，出自“溥天之下，莫非王土；率土之滨，莫非王臣”的王；也就是“礼乐征伐自天子出”的天子。

《周礼》六官之制，是设官分职的总框架，也是全书最重要的制度之一。它体大思精，结构缜密：天子之下有大宰，大宰统领6官，6官之下有360属官。有总属，有分属，有当官之属，有冗散之属，条理清晰。大宰掌“六典”等10条官法总理朝廷、邦国，大司徒、大司马、大司寇等分奉教象、政象、刑象之法，各治一职，360官各有所司，互相配合和呼应，严密齐整。如此庞大而又整齐划一的官制，未必能在现实中推行，但确实表现出“大一统”的浑然气象。

所以，顾颉刚说《周礼》的中心思想“是组织人民，充实府库以求达到统一寰宇的目的”（见顾颉刚《“周公制礼”的传说和〈周官〉一书的出现》，载《文史》第6期），确有道理。

六、统一王朝的求“同”去“异”

秦始皇消灭六国以后，建立起统一的政权，并在此基础上，推出一系列措施，在社会生活的各个方面，强化统一。从此，“大一统”就由一种观念变为现实；而与此同时，“大一统”的观念，又在新的现实的基础上，进一步升华。

书同文

殷商以降，文字逐渐普及。作为官方文字的金文，形制比较一致。但是春秋战国时期的兵器刻款、陶文、帛书、简书等民间文字，则存在着区域间的差异。这种状况妨碍了各地经济、文化的交流，也影响了中央政府政策法令的有效推行。秦统一后，诏书发到桂林，当地人均不认识。于是，秦始皇下令李斯等人进行文字的整理、统一工作。

李斯以战国时候秦人通用的籀文（又称大篆，系周代文字）为基础，吸取齐鲁等地通行的蝌蚪文笔画简省的优点，创制出一种形体匀圆齐整、笔画简略的新文字，称为“秦篆”，又称“小篆”，作为官方规范文字，同时废除其他异体字。李斯、赵高、胡毋敬又分别用新颁布的文字，编写了《仓颉篇》《爰历篇》《博学篇》等，作为儿童识字课本，向全国推行。

此外，一位叫程邈的衙吏因犯罪被关进云阳的监狱，在坐牢的10年时间里，他对当时字体演变中已出现的一种变化（后世称为“隶变”），进行总结。此举受到秦始皇的赏识，遂将他释放，还提升为御史，命其“定书”，创制出一种新字体。新字体的特点是，将篆体圆转的笔画变成方形，字形扁平。这种文字书写起来更为流畅、快捷，很受欢迎，尤其是深得公文传抄者“徒隶”的青睐，所以很快流行开来，后人称之为“隶书”。隶书打破了古体汉字的传统，奠定了楷书的基础，提高了书写效率。

秦始皇下令统一和简化文字，是对我国古代文字发展、演变做了一次总结，也是一次大的文字改革，它对我国文化的发展起了重大作用。

度同制

战国时期，各国的度量衡制度和货币制度很不一致。秦统一后，规定货币分金和铜两种：黄金称上币，以镒（音亿，秦制 20 两为 1 镒）为单位；铜钱为下币，统一为圆形方孔，以半两为单位。金币主要供皇帝赏赐用，铜币才是主要的流通媒介。铜币圆形方孔，对应了古代“天圆地方”一说，并且使用很方便。所以在我国货币史上，圆形方孔的钱币占据主要地位，通行时间也最久。

秦国早在商鞅变法时就已在国内对度量衡的标准做过统一的规定。秦始皇以原秦国的度量衡单位为标准，淘汰与此不合的制度。秦廷在原商鞅颁布的标准器上再加刻诏书铭文，或另行制作相同的标准器刻上铭文，发行全国。与标准器不同的度量衡一律禁止使用。

在田制上，秦王朝规定 6 尺（1 丈 =10 尺 =100 寸，合今 230 厘米）为 1 步，240 步为 1 亩。这一亩制以后沿用千年而大致不变。

车同轨

战国时期，各国车辆形制不一。秦始皇统一全国后，定车宽以 6 尺为制，一车可通行全国。

行同伦

“行同伦”就是端正风俗，建立起统一的伦理道德和行为规范。在这方面，秦王朝也给予相当的重视。比如秦始皇二十八年（前 219 年），秦始皇来到泰山下。这里原是齐国故地，号称“礼仪之邦”。始皇就命人在泰山所刻的石上记下“男女礼顺，慎遵职事，昭隔内外，靡不清净，施于后嗣”（意谓男女之间界限分明，以礼相待，女治内，男治外，各尽其职，从而给后代树立好的榜样），予以表彰。而始皇三十七年（前210年）在会稽刻石上留的铭文，则对当地盛行的淫泆之风，大加鞭笞，严令“禁止淫泆”，以杀奸夫无罪的条文来矫正吴越地区男女之大防不严的习俗。

秦王朝还在各地设置专掌教化的乡官，名曰“三老”。这一制度为秦以后历代承袭，成为中国古代社会的一大特色。《后汉书·百官志》说：“三老掌教化。凡有孝子顺孙，贞女义妇，让财救患，及学士为民法式者（意谓可为民效法的），皆扁表（制匾加以表彰）其门，以兴善行。”

七、统一、多民族国家的发展

我国自古以来就是一个多民族的国家。秦始皇灭六国后，继续向西南、东南和两广少数民族地区推进，并在北方有效地制止了匈奴族的骚扰，使多民族国家的统一得到进一步发展。

统一百越

秦统一前，分布在今浙江、福建、江西、广东、广西一带的许多部族，总称为“百越”，其中著名的分支有于越、闽越、南越、东瓯、西瓯、骆越等。于越分布在今浙江绍兴一带，很早就建立了越国，战国时期为楚所灭。秦灭楚后，它成为秦的一部分。瓯越也叫东瓯，分布在今浙江南部瓯江流域。闽越在今福建福州一带。公元前223年秦灭楚后，乘势统一了瓯越和闽越，并在那里设置了会稽郡和闽中郡。

南越分布在今广东、广西的岭南广大地区。这一地区很早就与中原有密切的交往。秦始皇统一六国后，随即着手统一岭南的事业。

公元前219年，秦派屠睢率领秦军向岭南进兵。由于山高路险，交通不便，军粮运输困难。为此，秦始皇派史禄在今广西的兴安县境内，凿一条连接湘水和漓水的运河，以“通粮道”。这就是著名的灵渠。经过几年的艰苦作战，秦军征服了今广东、广西和越南东北一带，设置了南海郡、桂林郡和象郡。

秦始皇又迁徙中原几十万人去戍五岭（指越城、都庞、萌渚、骑田、大庾五岭，在湘、赣和粤、桂等省区边境。所谓“岭南”即指五岭以南的地区），与越杂处，从此，两广地区和祖国其他部分紧紧地结合在一起了。内地人民大量迁徙到岭南，带去了先进的生产工具和生产技术，和百越人民劳动生活在一起，加速了民族融合和这一地区经济、文化的发展。

统一西南

古代分布于今云南、贵州和四川西南部的少数民族，总称为“西南夷”。它们中的大部分，在战国时期已成为楚国和秦国的一部分。秦王朝又以成都平原为基地，向西、北两个方向扩张到今大渡河以北和岷江的上游，占据了邛、笮、冉和駹等部族地区。又派常頞（音案）向南开通了一条“五尺道”，从今天的四川宜宾延伸到云南的曲靖，并在沿线控制了不少据点，还在那里“置吏”，即设置行政机构。

北击匈奴，修筑长城

分布在蒙古高原的匈奴是我国北方的一个古老民族，他们主要从事游牧，以强悍和精于骑射著称。匈奴与华夏族很早就有了密切联系。在内蒙古发掘的战国时期的数百座墓葬中，有不少铁、铜器的造型和中原地区的形状相仿，显然这是受到了中原地区文化的影响。战国时期，赵国一度在今内蒙古河套一带设九原郡，抵御匈奴的南下。战国末年，赵国与秦国忙于战争，匈奴乘机占领了河套及其以南地区。

秦王朝于公元前215年派蒙恬率30万军队北伐匈奴，收复了赵国的旧地。第二年，在阴山以南、黄河以东重置九原郡，并新设44个县，统属于九原郡。公元前211年，又迁犯人3万户到今北河、榆中一带垦殖，加强了两族人民经济、文化的融合与交流。

战国时，各国为了割据称雄，在本国边境建筑了护卫性的长城。秦统一后，将中原地区的长城拆毁。为了巩固北方的边防，又将原来秦、赵、燕北边的长城连接起来，并修缮补建，筑成了一条西起临洮，沿黄河、阴山，东到辽东的万里长城。

就这样，一个统一的多民族国家，昂首屹立在北起河套、阴山山脉和辽河下游流域，南到今越南东北和广东，西起陇山、川西高原和云贵高原，东至大海的辽阔土地上。她是东方的巨人，也是世界的巨人。

八、四通八达的全国交通网

秦始皇统一天下后，在先秦已有的各地交通线的基础上，通过修筑驰道、直道等等，构筑起全国性的交通网。这是秦王朝缔造“大一统”的又一项重要内容。

由于长期战争，战国时期各诸侯国在各地都修筑了不少关塞堡垒，这大大限制了交通运输的发展，也阻碍了各地之间进一步的沟通和交流。秦始皇在统一六国后的第二年（前 220 年），下令“治驰道”。再过一年，开始出巡各地。公元前 215 年，下令拆毁各地阻碍交通的关塞堡垒，“夷去险阻”。公元前 212 年，又令大将蒙恬修筑了一条由咸阳向北延伸的“直道”。在秦始皇统一南方百越的战争中，南方地区也开辟了一系列交通线。

秦朝的驰道，据《汉书·贾邹枚路传》记载，是“东穷齐、燕，南极吴、楚，江湖之上，濒海之观毕至”。这似乎可理解为：驰道有两条主干线，一条向东通往过去的齐、燕地区，一条向南抵达过去的吴、楚地区；驰道联结了一些重要的江、湖，并且直达东海边。《贾邹枚路传》又说：驰道宽五十步，路面经过夯实，路旁每隔三丈种一棵树。

下面，以秦始皇在公元前 220 年（秦始皇二十七年）之后几次巡行全国所经过的线路，和秦王朝其他几条交通要道为重点，对当时沟通全国的干线，和以咸阳为中心辐射出去的交通网，做一番粗略的巡视。

1. 咸阳至之罘。秦始皇二十八年，东出函谷关，经洛阳、定陶，进入山东半岛，登泰山，然后过黄、腄、成山，登之罘。又转而南临琅琊，过彭城，渡淮水，转去长江中游的衡山和南郡，最后向北经武关回咸阳。秦始皇此次东巡前半段所经路线，即从咸阳到之罘一线，是横贯王朝腹地的一条大动脉。

2. 咸阳至云梦、会稽至琅琊。这是秦始皇三十七年最后一次出巡所经过的路线。当时秦始皇先达武关，然后沿丹水、汉水到云梦。再沿江东下，经丹阳，至钱塘，随后上会稽山。再经过吴地，在江乘渡过长江，辗转到达琅琊。

从咸阳至云梦，先秦即已存在联结南北的秦楚大道。秦始皇南下经过这一线，说明此线仍作为秦王朝的重要干道之一存在。

从云梦至会稽，再至琅琊，这一段线路的特点之一，是水陆联网，水道和陆路互相补充、延伸，构成一个网络。

3. 咸阳至碣石、碣石至九原。秦始皇三十二年出巡北方就是沿着此线经太行山东麓，过上党、邯郸、东垣、蓟县，到达碣石。又从碣石向西北，经渔阳、上谷、代郡、雁门、云中至九原。

4. 咸阳至陇西。秦始皇二十七年首次出巡即沿此线。先沿通向洮河河谷的大路，到达渭水发源地的陇西，又攀过六盘山口到北地，再至鸡头山，然后过回中，沿泾水返回咸阳。

5. 从咸阳至巴蜀。在这条交通线上，遍布着高山深谷，行路异常艰难。先秦已沿崖搭设栈道，到秦始皇时已有数条栈道可通巴蜀。一是“故道”，又名陈仓道；二是褒斜道；三是石牛道。其中起自陈仓，经褒水而达汉中的陈仓道，虽绕行较远，但易于通行，成为联结秦岭南北的主要通道。

6. 从云阳至九原。为了便于调动兵力，防御匈奴南下掠夺，蒙恬率卒从云阳向北至九原修筑交通线，“堑（斩）山堙（填）谷，千八百里”，道路笔直，极为壮观，后人称为“直道”。

7. 岭南新道。在统一南方百越的战争中，秦王朝开辟了一系列交通线。主要有：从赣南跨过拦捕关，沿溱水南下番禺；从湘南跨过阳山关，沿溱水南下；经九嶷山的湟溪关，转入连江，南下番禺；从湖南溯潇水而上，翻山到广西八步，再沿贺江南下苍梧；灵渠。其中以灵渠最为著名。它沟通了湘江上游与漓江上游，使长江水系与珠江水系联结起来，成为进入岭南的水路交通线。

秦王朝四通八达的全国交通网，好比是“大一统”帝国的动脉和经络。

为万世开基业
秦始皇的梦想与构造

秦始皇试图将嬴氏“家天下”传之永远的想法，不过是一场白日梦。但他从“千秋万代”着眼而精心构造的帝制和一整套国家制度，却开创了延续两千年的中华帝国的基业。

一、“皇帝”：人间的大神

秦王政在他登上秦国王位的第二十六个年头，终于统一了中国。天下初定，秦王政第一件急着想做的事，就是要重新给自己确定一个称号。

春秋战国，各国诸侯都被称为“君”或“王”。战国后期，秦国与齐国曾一度自称“帝”，不过这一称号在当时并不通行。已经一统天下的秦王政，以为过去的这些称号都不足以显示自己的尊崇，“今名号不更，无以称成功，传后世”。他下令左右大臣们议帝号。

经过一番商议，丞相王绾、御史大夫冯劫、廷尉李斯等人认为，秦王政“兴义兵，诛残贼，平定天下”，功绩“自上古以来未尝有，五帝所不及”。他们援引传统的尊称，说“古有天皇，有地皇，有泰皇，泰皇最贵”，建议秦王政采用“泰皇”头衔。然而，秦王政对此并不满意。他只采用一个“皇”字，而在其下加一“帝”字，创造出“皇帝”这个新头衔授予自己。

从此以后，“皇帝”就成为中国国家最高统治者的称谓。

“皇帝”称谓的出现，不仅仅是简单的名号变更，还反映了一种新的统治观念的产生。在古代，“皇”有“大”的意思，人们对祖先神和其他一些神明，有时就称“皇”。“帝”是上古时期人们想象中的主宰万物的最高天神。秦始皇将“皇”和“帝”两个字结合起来，第一说明了他想表示其至高无上的地位和权威，是上天给予的，即“君权神授”；第二反映了他觉得仅仅做人间的统治者还不满足，还要当神。

可见，“皇帝”的称号，乃是秦王政神化君权的一个产物。

二、始皇帝：“传之无穷”的梦想

秦王政做了中国历史上第一个皇帝，自称“始皇帝”。他又规定：自己死后皇位传给子孙时，后继者沿称二世皇帝、三世皇帝，以至万世。秦始皇梦想皇位永远由他一家继承下去，“传之无穷”。(《史记·秦始皇本纪》)

为了使皇帝的地位神圣化，秦始皇又采取了一系列“尊君”的措施：

取消谥法。谥法起于周初，是在君王死后，依其生平事迹，给予带有评价性质的称号。但秦始皇认为，像这样“子议父，臣议君”，太不像话，更没意义。他宣布除谥法，不准后代臣子评价自己。

天子自称为“朕”。“朕”字的意义与“我”相同，以前一般人均可使用，但秦始皇限定只有皇帝才能自称“朕”。

皇帝的命令叫作“制”或“诏”。

文字中不准提及皇帝的名字，要避讳。文件上逢“皇帝”“始皇帝”等字句时，都要另起一行顶格书写。

只限皇帝使用的、以玉雕刻的大印才能称为“玺”。

以上这些规定，目的在于突出天子的特殊地位，强调皇帝的与众不同，强化皇权在人们心目中的神秘感。秦始皇幻想借助这些措施，使他的皇位千秋万代地在其子孙后代中传续下去。

三、创立中央集权的政权机构

为了有效地管理国家，也为了替子孙万代开创基业，秦始皇吸取了战国时期设置官职的具体经验，建立了一套相当完整的中央集权制度和政权机构。

我们从官制入手，来看一下秦代国家机构设置的大致情况：

丞相　又分左、右，是中央政权机构的最高行政长官，协助皇帝处理全国政务。

太尉　是中央的最高军事长官，协助皇帝处理全国军务。

御史大夫　掌管监察工作，协助丞相处理政事。

丞相、太尉、御史大夫古代习称“三公”。“三公”之下设有“九卿”，即：

奉常　负责宗庙礼仪。

郎中令　执掌宫廷戍卫大权，统辖侍卫皇帝的诸郎（郎，帝王侍从官的通称）。

卫尉　掌管宫门警卫。

太仆　负责皇帝使用的车马。

宗正　管理皇族事务。

典客　主管少数民族事务。

少府　负责山林池泽的税收和宫廷手工业，属于管理皇室私家财富的机构。

治粟内史　负责租税赋役和财政开支。

廷尉　掌管刑罚。

秦汉以降，人们常将秦代中央官制归纳为上述“三公九卿”。然而事实上，在此之外，秦代还有一些比较重要的官职，比如：

博士　“掌通古今”，即通晓古今史事以备皇帝咨询，同时负责图书收藏。

典属国　与典客一样主管少数民族事务，不同的是典客掌管与秦友好的少数民族的交往，而典属国则负责管理已投降秦朝的少数民族。

詹事　管理皇后和太子的事务。

将作少府　负责宫殿建造。

秦王朝建立的这套中央集权的政权机构，后世一直被历代王朝所仿效。其中汉代的“三公九卿”，基本上是照搬秦制。

四、集权与分权：良苦的用心

为了使秦王朝的军政大权能操纵于一己之手，实行皇帝的个人独裁，同时又要让政府部门各司其职、有效地运作起来，以加强对国家的管理，秦始皇对如何集权、如何分权，颇下了一番苦心。

其中，他对相权、兵权以及司法权，进行了独到的处置。于此，最能看出秦始皇是怎样加强君主专制的。

丞相，秦时或称相邦、相国，他的职责是“掌丞（丞：帮助、辅佐）天子，助理万机”，是皇帝以下最重要的官职，有“百官之首”之称。

秦国的丞相最早出现于公元前309年（秦武王二年）。在此之前，史籍中虽有“商鞅相秦”（《汉书·地理志》引孟康注）一类的记载，但此“相”并非官名，像商鞅担任的是“左庶长”“大良造”。自武王任甘茂、樗里疾分别为左、右丞相以后，丞相才在秦国成为正式的官职。

自设丞相以后，秦国的一些国君就将军国大事全部委托于丞相，以至出现了像魏冉那样擅权的丞相。吕不韦为相国，也是总揽一切军政大权。所以，君权与相权之间既存在着互相依赖的一面，又存在着矛盾的一面：皇帝要依靠丞相处理政务，但丞相又最容易侵犯和削弱君权。

这一点，秦国在初置丞相时就已意识到了，所以它设了左、右二相，其目的就是要分散相权，便于国君控制。但是，以后的事实证明，以这种方法分散相权，尚不能解决君权与相权之间的矛盾。

秦始皇总结了历史经验，进一步削弱相权。

1. 在统一后的秦王朝，丞相仅系文官之长，武事由“三公”之一的太尉掌管（其实此职并未委以任何人，见下文）。太尉与丞相地位相等，同由皇帝颁予“金印紫绶”（任官授印，免官时缴印。印及缚印的绶带，因官秩的高低而有所不同）。

2. 以御史大夫分割相权。列于“三公”之一的御史大夫，原为秦国所无，系秦始皇参照六国官制在统一后所设。御史大夫地位低于丞相（“银印青绶”），但他掌监察，又参与处理朝政，对丞相起到了牵制作用。

3. 用博士侵削相权。秦王朝博士的地位和作用向来为人们所忽视。其实，博士在秦的政治生活中常发挥重要的作用。这些类似于顾问和智囊的人物，经常活动在始皇的左右，发表各种议论。由于秦始皇特别迷信，所以对“通古今”的博士也就格外信赖。秦始皇二十六年“初并天下”，令朝臣议帝号时，丞相、御史大夫、廷尉“与博士议”（《史记·秦始皇本纪》）后才向上回奏。始皇三十四年“焚书”时，博士是唯一有权读书的人。所以，博士以其特殊的地位和放谈的各色言论，影响着始皇，影响着朝政，从而在事实上构成了对相权的一种侵削。

秦始皇不仅在官制上制约相权，在平日里也对丞相存有戒心。有一次，秦始皇到梁山宫，从山上见到李斯的车骑仪仗很是隆重，就表示不满。谁知道这话后来传到了李斯那里，李斯立刻削减车骑。当秦始皇再次见到李斯的车骑仪仗时，发觉已经减少了，马上意识到是有人向李斯泄露了自己说的话，就下令将当时在场的人全部杀死。

秦王朝的兵权，理论上是交给太尉执掌，然而事实上，秦的太尉形同虚设。据考证，秦代未发现有一人担任太尉之职，在重大军事行动中也从不见有太尉出场。秦始皇始终亲自控制着兵权。

此外，秦始皇又有意抬高廷尉的地位。廷尉为秦王朝最高司法官，深受法家思想影响的秦始皇，赋予廷尉很大的职权，以此威慑百官。如秦始皇二十六年，李斯身为廷尉就能同丞相王绾、御史大夫冯劫一起，向秦始皇“上尊号”。由于地位显赫，所以后来当王绾提出分封皇子之议时，李斯能够站出来予以斥责。

秦王朝的“三公九卿”制，确立了古代中国的一种分权原则，比如，有人将设丞相、太尉、御史大夫，喻为中国的“三权分立”。但是要注意，这种分散的权力最后又都集中到皇帝一人的权力之下。分权，是为了让百官公卿通过互相牵制，更好地服务于皇权，所以也就是为了更好地集权。

五、秦无尺土之封：全国实行郡县制

秦王朝建立后，围绕地方政权究竟是采用分封制还是郡县制，在大臣中间展开了一场争论。丞相王绾认为，由于刚刚破灭六国诸侯，对那些辽阔而遥远的燕地、齐地、楚地等，中央无力统治，不如设置一些王，让他们到那里去加以镇服。王绾向秦始皇建议，对诸公子分封领地，建立属国，以维护中央。

秦始皇没有马上表态，而把王绾的这一建议交给群臣讨论。大多数官员都以为分封可行，支持王绾。但廷尉李斯力排众议，反对封地立国。

李斯说：当初周王朝分封了那么多的子弟，可他们到后来视若仇敌，互相攻击。目前幸赖始皇帝领导统一战争获取胜利，因而对皇室公子与功臣不宜分地立国，以免生出后患。对他们可以多赏赐些金钱，分与部分的赋税收入，从而易于控制。秦始皇听后，十分赞同，并指出："这么多年来天下征战不休，根源就在于有诸侯王。现在又要裂土封国，无疑是制造战争因素。如此而求安宁，岂不难上加难！"秦始皇果断地决定，不采取分封制。所以后来司马迁在《史记·李斯列传》中评论说："秦无尺土之封，不立子弟为王、功臣为诸侯者，使后无攻伐之患。"这句话道出了秦始皇不搞分封制、在全国全面推行郡县制，是利在后世。

秦王朝建立了统一的地方行政制度——郡县制。一开始，秦分天下为36郡。这些郡大多是秦国和各诸侯国原来就设置的，秦王朝加以沿袭。以后，随着边境的开发和郡治的调整，郡的总数达到46个。它们是：

巴郡（今四川阆中以东） 原为巴国地，公元前316年秦灭巴建郡。

蜀郡（四川阆中以西） 原为蜀国地，公元前285年秦在此设郡。

陇西郡（甘肃临夏以西） 公元前279年秦伐义渠（戎人），在此设郡。

北地郡（宁夏青铜峡以东） 公元前271年秦灭义渠，在此设郡。

以上4郡为秦国早先所置。

太原郡（今山西境内） 公元前245年，秦在占领的赵国地置此郡。

云中郡（内蒙古大青山以南） 战国时赵破林胡在此设郡。公元前234年秦取赵地，在原地重建郡。

邯郸郡（河北泜河南） 公元前228年秦灭赵后设此郡。

巨鹿郡（河北白洋淀以南） 公元前222年秦置此郡。

雁门郡（山西省北部） 战国时赵破楼烦（北方少数民族国名）置此郡。公元前234年前后，秦取其地重建郡。

代郡（山西东北部及河北一部） 原为代国地，后为赵所灭，赵武灵王时置郡。公元前222年秦占该地重建郡。

常山郡（河北正定南） 不见于秦始皇二十六年所建的36郡郡名中，可能为秦末改置。

以上7郡置于赵国故地。

上郡（今陕北至内蒙古伊金霍洛旗、乌审旗） 战国时魏国设此郡，后秦得其地，于公元前304年重置郡。

河东郡（山西沁水以西、黄河东） 战国时魏置此郡，公元前290年秦得魏地重置郡。

东郡（山东东河以西、河南延津东） 原为魏地，公元前242年秦得魏地建郡。后又将卫国旧都濮阳并入。

砀郡（安徽砀山西） 原为魏地，公元前225年秦灭魏建此郡。

河内郡（河南中部） 不在始皇二十六年所建36郡之中，疑后置。

以上5郡置于魏国故地。

三川郡（今河南灵宝东） 战国时韩国置此郡。公元前234

年秦得其地重置郡。

上党郡（山西西北地区） 战国时韩国置此郡。公元前 246 年秦得其地重置郡。

颍川郡（河南登封以东） 原为韩地，公元前 230 年秦灭韩，取其地置郡。

以上 3 郡置于韩国故地。

汉中郡（今陕西西南、湖北西北） 战国时楚国置此郡，公元前 312 年秦取汉中地重建郡。

南郡（湖北武汉以西、襄樊以南） 原为楚地，公元前 278 年秦取该地置郡。

黔中郡（湖南洞庭湖以西） 战国时楚国置郡，公元前 277 年秦取该地重建郡。

南阳郡（湖北北部、河南西峡以东） 原为韩、楚、魏交界地，公元前 273 年秦得该地建郡。

陈郡（河南淮阳、太康、西华等地） 为秦始皇二十六年以后所置。

薛郡（山东新汶、枣庄、济宁之间） 原为薛国旧地，后归齐，秦取其地后于公元前 224 年设郡。

泗水郡（安徽淮河以北） 先后为宋、齐、魏地，秦得其地后于公元前 224 年置郡。

九江郡（淮河以南及江西大部） 原为楚地，公元前 223 年秦灭楚后置郡。

会稽郡（江苏长江以南、浙江金华以北） 原为吴、越、楚地，公元前 222 年秦灭楚取该地置郡。

长沙郡（湖南洞庭湖以南及江西西部） 原为楚地，公元前223年秦灭楚后置郡。

衡山郡（湖南衡山周围） 秦始皇二十六年以后始置郡。

以上11郡置于楚国故地。

东海郡（今山东肥城以南） 原为齐地，秦始皇二十六年以后置郡。

齐郡（山东境内） 原为齐地，公元前221年秦灭齐后置郡。

琅琊郡（山东沂源南、临沂北） 公元前221年秦灭齐后置郡。

胶东郡（山东平度一带） 始皇二十六年以后置郡。

济北郡（山东境内） 始皇二十六年以后置郡。

以上5郡置于齐国故地。

广阳郡（今河北境内） 原为燕地，公元前226年秦灭燕后置郡。

上谷郡（河北张家口以东、北京昌平以北） 原为燕郡，秦灭燕后，于公元前222年重设郡。

渔县郡（内蒙古赤峰以南、北京怀柔以东） 战国时燕设郡，秦于公元前224年重建郡。

右北平郡（河北蓟县东、辽宁大凌河上游以南） 战国时燕置郡，秦于公元前225年重建郡。

辽西郡（辽宁大凌河以西、河北迁西以东） 战国时燕建郡，秦于公元前225年重建郡。

辽东郡（辽宁大凌河东） 战国时燕置郡，秦于公元前222年重建郡。

以上6郡置于燕国故地。

闽中郡（今福建及浙江宁海以南） 原为闽越地，始皇二十八年（前 219 年）秦占闽越后始置郡。

南海郡（广东珠江三角洲） 原为南越地，始皇三十三年（前 214 年）秦灭南越后建郡。

桂林郡（广西境内） 原为南越地，始皇三十三年秦灭南越后建郡。

象郡（广西西部、越南北部和中部） 原为南越地，始皇三十三年秦灭南越后建郡。

以上 4 郡建于南越故地。

九原郡（今内蒙古河套至包头） 原为赵地，后为匈奴占领，始皇三十三年秦伐匈奴得“河南地”后置郡。

以上 1 郡置于匈奴故地。

秦王朝在郡下面设县或道（内地均设县，只有边地少数民族地区才设道）。

县是秦代统治机构中非常关键的一级组织，属于秦王朝从中央到地方基层一整套国家机器中具有相对独立性的一个单位。比如，人民的户籍、征收的粮食均以县为单位保管，地方的武装以县为单位编制，徭役也以县为单位征发。县的这种特点和职能，在秦代确立后，对后世产生了深远的影响。

自秦代以降，中国整个基层一级地方行政区划，主要都是称县。仅有些朝代因政治需要出现了一些与县同级的其他行政区划名称，如汉代有侯国、邑、道，但它们过后即废，而且在数量上也是少数。历史上县的数量，也表现出一定的稳定性。秦代县数不太清楚，估计有好几百个，汉代达 1500 多个（除去侯国等外，县、邑有 1300 多个），以后历代几乎都在 1100—1200 个上下，仅唐代达 1500 多个，直到中华民国才增加到

2000个左右。

秦代至隋，郡基本上是县级以上的地方行政区划，但它远不如县那样稳定，变化较大。汉武帝时郡有一百零几个。东汉末年，在郡级之上又设“州”。魏晋南北朝时期，一直是州、郡、县三级，郡为二级政区。到隋唐时期，郡作为一个政区单位逐渐退出历史舞台。

秦代推行的郡县制其影响是十分深远的。今日中国的省县制，就是由郡县制逐渐演变、发展而来。

六、强化地方与基层政权组织

秦王朝的地方行政官员，郡一级的设守、尉、监等。郡的最高长官是郡守，主要掌管政务。郡尉负责军事和治安，不干预民事。监御史负责监察官吏，直属中央的御史大夫。

县一级设令（或长）、丞、尉。万户以上的县设县令，不满万户的设县长，他们主要掌管政务。县尉掌握军事，县丞掌管司法。

郡县的主要官吏，都由皇帝任免。

县以下有乡、里和亭两种不同的政权系统。乡和里是行政机构，亭是治安组织。

乡：乡是隶属于县的基层行政组织。其职能主要有四点：1. 摊派徭役：2. 征收田赋；3. 查证本乡被告案情；4. 参与对国家仓库粮食的保管工作。

乡官设有“三老”“啬夫”“游徼（音教）”。“三老”掌教化。“啬夫”掌诉讼、收赋税。“游徼”掌捕盗贼。多数乡官由当地地主豪绅担任。

里：乡以下是里。里设里正或里典（为避秦始皇名“政”之讳，而改“正”为“典”）。里中设置严密的什伍户籍组织，以便支派差役，收纳赋税。并规定互相监督告奸，一人犯罪，邻里连坐。

亭：亭属于治安系统的基层组织，系县尉的派出机构。亭有亭长，下面还设有“亭父”“求盗”各一人。亭除了主要管理治安，还负责接待往来的官吏，掌管为政府输送、采购、传递（文书）等事宜。

由上可见，秦王朝构拟或建立起一套严密而完整的地方与基层的政权系统，以强化国家对百姓的管理。

这套系统对后世产生了很大的影响。例如，汉代也设乡，有“三老”“有秩”（类似于秦代的“啬夫”）“游徼”；也设亭，有亭长。汉代郡、县二级的官制，也明显的承袭于秦代。

七、中华帝国的基业

秦始皇试图将嬴氏“家天下”传之永远的想法，不过是白日做梦。但是，秦始皇从“千秋万代”着眼而精心构造的帝制和一整套国家制度，却开创了此后延续了两千多年的中华帝国的基业。从这个角度来看，秦始皇对于“永远”的企求和理想，并没有全然落空。

绝对皇权下的稀世暴君
秦始皇暴政举要

《韩非子·外储说左下》："冠虽穿弊，必戴于头；履虽五采，必践于地。"

《新语·无为》："秦非不欲为治，然失之者乃举措暴众而用刑太极故也。"

一、民本思想的凋敝

春秋战国时期，绽开了一朵极为绚丽的思想奇葩——民本思想。其中最为后人称道并加以广泛引用的，是《孟子》和《荀子》中的两段话：

"民为贵，社稷次之，君为轻。"（《孟子·尽心下》）

"君者，舟也；庶人者，水也。水则载舟，水则覆舟。"（《荀子·哀公》）

中国古代的民本思想当然不同于西方的民主主义。比如，在古希腊实行民主制的城邦，是不允许有君主存在的，但中国古代的民本思想，却从来没有而且也从不试图在制度的层面上排斥和否定君主与君权。民本思想的主要特征之一，在于以民权制约或抗衡君权，也即在民与君之间构造一种“张力”。检视春秋战国时期的民本思想，可将其主要观点归纳为三：

1. 君权的根本在民；

2. 立君的目的在于保民；

3. 如果君不称职，民可以批评以至反抗。

但是，民本思想这朵奇葩在战国晚期逐渐枯萎，至秦王朝几尽凋敝。其原因大致可归之于两个方面。

1. 适应于战时特点的法家思想受到政治家们的青睐和采纳，而民本思想的积极鼓吹者儒家却往往不能见容于这个崇尚攻取的时代。一些法家人物，在为大一统的专制帝国摇旗呐喊时，将君权至上论推向极端。《韩非子·外储说左下》说：“冠虽穿弊，必戴于头；履虽五采，必践于地。”照他们看来，君主再坏，终究是君主；臣民再好，终究是臣民。这就好比再破烂的帽子也是戴在头上，再美好的鞋子也必须踩在脚下。

法家也有一些重视“民”的力量的言论。然而为法家所看重的，主要是可直接用于耕战的“民力”，而非“民心”。有的法家甚至公然宣称：“虽拂于民心，立其治。”（《韩非子·南面》）丝毫不见民心的向背对为政、治国的重要性。他们还将欲“得民之心”的儒家，斥之为“不知治者”，以为“民智之不可用，犹婴儿之心也”。为政如果想要适合民意、民心，乃是“乱之端，未可与为治也”。（《韩非子·显学》）

法家思想的本意，固然不在于造就一个绝对化的皇权，以让君主毫无约束，但思想界的这种动向，却在事实上为绝对化皇权的出现，做了舆论上的开路工作。

2. 被胜利冲昏头脑的秦始皇，不仅错误地过高估计了自己的才智和力量，而且想“独擅天下之利”。他以“独制于天下”的政治实践，彻底否定和摒弃了民本思想。

二、“天下皆为虏”

早在秦始皇统一六国之前，尉缭就说：秦王政“少恩而虎狼心……诚使（假如）秦王得志于天下，天下皆为虏（奴仆）矣”。不过，那个时候秦王政对自己的“虎狼心”还时常加以克制，对别人的批评和指责有时也能接受和容忍。对一些有真才实学的人，他甚至还可以屈尊相待。正是由于这一点，洞察秦王政本性的缭，最后还是被秦王政挽留在秦国，并担任国尉，为秦的统一大业奔走效劳。

然而，随着秦王政专制政权的巩固和发展，特别是在统一六国后，秦始皇使专制君主的权力在实践中获得了最大程度的实现，他的残忍暴虐的本性就日益暴露出来。

秦始皇以为，凭借强大的军事官僚机器和一整套严刑酷法，就可以任意“臣畜天下”。他视人民为草芥，无休止的横征暴敛，肆意地摧残、蹂躏，自己则穷奢极欲，纵情享受。他对周围的大臣从不放心，“天下之事，无小大，皆决于上”。他每天要亲自处理各种奏章文书，以竹、木简一石（120斤）为标准，不尽此数不休息。公卿大臣们只是仰承秦始皇的鼻息行事，个个诚惶诚恐。悖逆他的意愿或惹他不高兴的，随时会遭杀身之祸。

横扫天下、一统六合的英雄，变成作威作福、荼毒人民的暴君。

中国历史上的暴君并不少见，但以秦始皇所握有的高度集中的皇权和凌驾于一切之上而将所有臣民都践踩于脚下而论，他可算作所有暴君之“最”。

这里选择秦始皇残暴统治的若干事例略述于后。

三、“运石甘泉口，渭水为不流”

大兴土木，这大约是帝王们共同的“嗜好”，而秦始皇在这方面更是极尽其能事。

早在统一战争还在进行的过程中，秦始皇就在咸阳大造宫殿。每当消灭一国，他就派专人到该国摹绘那里的宫殿建筑，然后依照其式样，在咸阳附近的北阪，筑起同样的宫殿。据记载，这个建筑群的规模很大，有各具特色的宫殿、楼阁 145 栋。《史记·秦始皇本纪》说，它“南临渭，自雍门以东至泾、渭，殿屋复道周阁相属”。秦人又将在战争中缴获的钟鼓、美女安置其内。据《三辅旧事》载，那里有“后宫列女万余人，气上冲于天”。北阪仿佛变成东方建筑的博览会、东方美女的展示地。

平定六国后，秦始皇的享乐欲望和好大喜功的心理急剧膨胀。他大肆搜刮民脂民膏，滥征民力，劳民伤财地兴建了许多浩大的工程。比如：

在平定六国的次年（秦始皇二十七年），他下令在渭南建造信宫。信宫后改名为“极庙”，以象征天极的所在。

同年，下令修驰道。又筑“甬道”，联结极庙与咸阳。所谓“甬道”，就是在道路两则筑起高墙，专供秦始皇从中行走，不让路人看见。

秦始皇三十五年（前212年），修直道。

同年，秦始皇以“咸阳人多，先王之宫廷小”为由，在渭南上林苑营建“朝宫”。据记载，“先作前殿阿房，东西五百步，南北五十丈，上可以坐万人”。（《史记·秦始皇本纪》）殿前可树5丈高的大旗。宫前立12个巨大的铜人，各重24万斤，系秦初收缴民间兵器销毁改铸而成。还用磁石做大门，以防有人携带暗器入宫。

按照朝宫建筑群的营建规划，在前殿阿房宫周围，建有大小楼台亭阁相环绕。并修建一条阁道，从阿房宫直达南山，在南山之巅再造宫阙。这一构思，可能与秦始皇想便于和天上神仙沟通有关。还要筑一条“复道”（在楼阁之间架设的通道），将阿房宫与咸阳连接起来，其中有一段要跨越渭河。

如此庞大的工程，没能在秦始皇生前完工。秦始皇甚至未及予以正式命名。后世根据其前殿叫阿房，就称之为阿房宫。

关于阿房宫，唐代著名诗人杜牧在《阿房宫赋》中做了这样的描述：“蜀山兀，阿房出。覆压三百余里”，“骊山北构而西折，直走咸阳”，“五步一楼，十步一阁，廊腰缦回，檐牙高啄”，“一日之内，一宫之间，而气候不齐”。

现知秦始皇时营造的宫殿还有兴乐宫、梁山宫等等。当时可供秦始皇享用的宫殿，关中有300，关外有400余。咸阳附近的宫殿都以“复道甬道相连”，秦始皇可以随意地行幸、游乐。

除以上所述，秦始皇兴建的庞大工程还有骊山（始皇）陵墓和长城。

据说，修骊山墓和造阿房宫所使用的劳动力达70万人（一说各70万人）。修建长城的劳动力达30万人（一说40万人）。

《剑桥中国秦汉史》（崔瑞德、鲁惟一等著）曾对修建长城的难度以及动用人力的数目，作过一番评论。这些话有助于我们进一步了解秦始皇是如何劳民伤财的，兹摘引如下：

"……不管长城究竟有多长，似乎可以确定地说，建造这样一种连绵延伸的防御工事，其后勤供应一定远远大于建造一座金字塔、堤坝或其他固定的纪念性建筑物的后勤供应。因为随着城的延伸，筑城活动的中心经常变化，供应线也变得更长。此外，城墙不像正在修建的道路，它本身是很不完善的。就长城而言，由于它越过的漫长的山脉和半沙漠地带，以及这些地区稀少的人口和冬季的酷寒气候，条件就变得特别困难。对蒙恬能够使之在现场进行真正建设的每一个人来说，需要几十人建造工地上的通道和运送物资供应。死亡的人数也必定是非常巨大的。……对这个工程……来说，蒙恬的30万人，……绝不是夸夸其谈。"（中译本第78—79页，中国社会科学出版社，1992年版）

骊山始皇陵的规模也极其惊人。据现代考古工作者的估计，仅陵园中的封土、内外城墙、四大俑坑和防洪水堤等的土方量，就不少于1317.7万立方米，需10万人干一年才可能完成。骊山陵的石料，采自渭河北面的甘泉山。当时流传着"运石甘泉口，渭水为不流，千人唱，万人钩"的民谣（或作："运石甘泉口，渭水不敢流"）。工程之浩大、人力耗费之多，由此可以想见。

今天，长城和骊山陵（特别是秦兵马俑）都已作为人类文明史上的奇迹为人传颂，阿房宫等也时常作为一种“美谈”为人提及。可是，千万别忘了，它们是用多少百姓的生命和血汗换来的。

四、“生男慎勿举，生女哺用铺”

古代国家都强制人民承担一定的无偿劳动，此称之为徭役。《汉书·食货志》说：秦时徭役“三十倍于古”。这话或许带有夸张，但从秦王朝在不长的时间里就兴建了一系列大规模的工程来看，其征发的徭役必是极其繁重的。根据一些研究者的估算，秦王朝征发劳役与兵差所使用的民力，总数在300万人上下。这对一个二三千万人口的国家来说，是一个怎样不堪负荷的重担。秦始皇滥发徭役而置正常的生产、生活于不顾，在历史上实属罕见。

当时人民负担的徭役不仅重，而且待遇极差。服役者往往过着非人的生活，像牛马一样被驱使着。在清人杨廷烈所著《房县志》中有一则记载，反映了秦王朝的徭役负担给人民造成了怎样可怕的灾难。文中说：

有人发现一种全身长毛的“毛人”，他们是当年为逃避秦始皇筑长城的劳役而躲入深山老林的民夫的后代。由于在森林里生活、繁衍了千百年，所以他们全身都长出了毛。当有人遇见毛人时，毛人会先发问：“长城筑完了没有？秦皇还在吗？”如果那人回答：“长城还没筑完，秦始皇还在！”毛人会吓得立刻掉头就跑。

这当然只能视为一个传说。可是倘若历史上没有那样残酷的现实，它也就不会出现。

当时的残酷现实，还吓得老百姓不敢正常地生儿育女，以免使下一辈再遭苦难。一首秦代民歌唱道："生男慎勿举（举：养育），生女哺用铺（音不，一种糊状食物），不见长城下，尸骸相支柱。"（《太平御览》五七一卷引）

五、"收泰半之赋"

《汉书·食货志》说："至于始皇，遂并天下，内兴功作，外攘夷狄，收泰半（过半数，大多数）之赋……竭天下之资财以奉其政，犹未足以澹（音淡，满足）其欲也。"为了维持秦王朝庞大的国家机器，满足秦始皇等少数贵族的穷奢极欲和"大作大为"，秦廷还向全国索取沉重的赋税。

秦代的赋税，主要有田租、口赋和杂赋 3 种。田租，即土地税，它按土地的多少征收。口赋，即人头税，它按人口征收。秦代的田租仍按古代通行的"十一之税"收取（荀悦《汉纪》），即按 1/10 的原则分成计征。口赋则远比田租要重，所谓"收泰半之赋"，就是要将一年收入的一大半，作为人头税上交国家。史籍称这种税收是"头会箕敛"，即每到征收口赋时，秦政府将居民召集一处，责令各户按人口交现钱，然后用簸箕敛集运走。如果不采取召集开会的形式，就由"吏到其家"，"以箕敛之"。（《汉书·张耳陈馀传》）

劳动人民上交口赋、田租以后，所剩就不多了，一般只能勉强自给，如果遇到天灾人祸就不能维持。然而，秦政府还时常摊派杂赋，这是口赋、田租以外的各色名目的临时征调。

对广大穷苦农民来说，强行征收杂赋，好比是雪上加霜。

六、荒淫又残暴的“真人”

秦始皇在肆意地剥削和压榨天下百姓的同时，自己却纵情享乐，过着荒淫奢靡的腐朽生活。

在秦始皇的后宫中，满是数不尽的嫔妃和从全国各地搜罗来的美女。她们都是秦始皇的玩赏之物。秦始皇常常“纵酒后宫”，寻欢作乐。为了便于他轮流在各宫中淫乐，咸阳附近的宫殿都由复道、甬道相通。各宫殿内还都配备了豪华的设施，以供秦始皇生活起居和处理政务之需，史称秦始皇能“各案署不移徙”。(《史记·秦始皇本纪》)

纵欲无度的生活，极大地消耗了秦始皇的精力。加上他素来相信迷信，于是就一意想找寻长生不死的仙药。一些方士则投其所好，使出各种法子来欺骗他。

秦始皇二十八年（前219年），秦始皇东巡到琅琊，齐人徐市（音福。一作徐福）等上书说，东海之中有蓬莱、方丈、瀛洲3座神山，上面居住着仙人，并有长生不死的奇药，请求秦始皇委派他率领童男童女入海寻仙求药。

秦始皇听后大喜，立即下令赶造一批航海大船，并征集男女儿童数千人。徐市就带着这些儿童，驾船入海而去。可他一去数年不归。

秦始皇三十二年，秦始皇东巡到碣石，又派燕人卢生去寻求传说中的仙人羡门、高誓。随后又派韩终、侯公、石生去探求长生不死之药。当秦始皇继续向北巡行到上郡，卢生求见始皇，号称从大海中寻得鬼神图书而归。图书上写着“亡秦者胡也”。秦始皇以为所谓“胡”就是北方少数民族胡人，就派大将蒙恬发兵30万北击胡人。

秦始皇三十五年，一直未觅得长生不老药的卢生，为了交差，又编造了一套鬼话去哄骗秦始皇。卢生说：屡次寻求神奇的仙药而不得，是因为秦始皇经常被人臣看见，妨碍了神仙的降临。卢生要求秦始皇不让别人知道自己的居处和行踪，这样就可以得到不死之药。卢生还建议秦始皇经过修炼成为“真人”，胡诌什么“真人”可以“入水不濡（濡，音如，浸湿），入火不爇（爇，音弱，焚烧），陵云气，与天地长久”。求神心切的秦始皇信以为真，自称“真人”，并宣布从此不再称“朕”。

方士们一而再，再而三地蒙骗秦始皇；为了追求长生不老，秦始皇竟然也连连相信方士们的胡话，表现得愚蠢之极。

可是，神仙和长生药毕竟是不存在的，谎言也终有一天会被戳穿。而按秦法规定，所献之方无效验者，要处以死刑。所以随着时间的推移，方士们变得惊恐起来。

一日，卢生与另一方士侯生在一起商量对策，他们说道：“始皇天性刚愎自用，自以为是有史以来最了不起的人物。他贪于权势，天下之事无论大小都由他裁决，丞相诸大臣都不过是按他的旨意行事而已。始皇只信任狱吏，以刑杀为威，而官员们唯恐得罪始皇而丢掉俸禄，因而没人敢尽忠。上不闻过而日骄，下慑服谩欺以取容。”

卢生、侯生虽然以行方术为生，行为荒诞，言语不经，但他们对秦始皇和秦王朝的批评，却又切中要害，一针见血。卢生、侯生料定前程凶多吉少，便趁早逃之夭夭。

听到这一消息后，秦始皇大为震怒。他说：“吾召集了那么多的文学方术之士，想以此兴太平。而方士要寻求长生不死的奇药。时到今日，韩终不告而辞，徐市等耗费巨资，却始终得不到奇药。对卢生等，吾尊赐之甚厚，可他们却还诽谤我。吾派人调查，还得知在咸阳的诸生，常常散布妖言以乱民心。”秦始皇遂令御史把咸阳诸生全部捉来审问，诸生互相告发，这样查出“犯禁者460余人，皆坑（活埋）之咸阳”。(《史记·秦始皇本纪》) 这就是著名的“坑儒”事件。

秦始皇长子扶苏见父皇大施淫威，就加以劝谏：“天下初定，远方的庶民尚未和顺，诸生都诵习、效法孔子的言行，今父皇以重法予以惩罚，臣恐怕天下会不安。请父皇明察。”专横跋扈的秦始皇哪里听得进这一番忠言，立即命令扶苏北赴上郡，去担任正在那里戍边的蒙恬所部的监军。

在秦始皇三十五年“坑儒”的前一年，秦始皇还曾下“焚书”令：凡秦记以外的史书和非博士所藏的“诗、书、百家语”都要烧掉，只准留下医药、卜筮、种树之书；以后若有再谈论诗书的，处死，以古非今的，灭族，官吏若知而不检举的，与之同罪；命令下达30日内不焚书的，受黥刑并罚4年筑城劳役。

“焚书”和“坑儒”，在中国人的心中，留下了永远的伤痛。

七、余论：秦亡之鉴与民本思想的重新提出

秦朝统治者的残暴统治，非但没有使自己坐稳江山，反而导致了空前强大的帝国在极其短促的时间里土崩瓦解。这无情

的事实，令后人警醒。

人们在总结历史的经验教训时，重新提出了民本思想。汉初的思想家贾谊（前200—前168年）从秦末农民大起义认识到，人民有力量支持一个政权，也有力量推翻一个政权。所以，“民不可不畏也。故夫民者多力，而不可適（敌）也。呜呼，戒之哉，与民为敌者，民必慎之”。贾谊重新扬起“民本”的旗帜，他说：“闻之于政也，民无不为本也。国以为本，君以为本，吏以为本。故国以民为安危，君以民为威侮，吏以民为贵贱。”（《新书·大政上》）这就是说，民可以决定国家的安危，可以决定君主的威辱，还可以决定官吏的贵贱，一切都决定于民心的向背。

这种民本思想，对于中国古代高度膨胀的皇权，无疑构成了一种极重要的制约因素。任何统治者若不想重蹈秦朝灭亡的覆辙，就不能不对此给予某种程度的注意，并对自己的所作所为，有所收敛。这正如唐代李世民在教戒太子和诸王时所说的，“水能载舟，亦能覆舟”。小心，别让人民的水，翻了君主的舟。

法治的胜利与失败
秦法面面观

据《史记》和《史记正义》，秦王政平定嫪毐之乱后，流放4000余叛党于蜀地。是年，蜀地气候异常，虽已是初夏时节，却突然天寒地冻，“民有死者”。原因是，“以秦法酷极，则天应之”。《新书·过秦论》：“故秦之盛也，繁法严刑而天下震；及其衰也，百姓怨恨而海内叛矣。”

一、“庐山真面目”

秦自商鞅以后，一直奉行以法治国的政治策略。法治使秦国走向强盛，并最终统一中国。但秦法的极端残暴和酷烈，又导致秦王朝“奸邪并生，赭衣（指囚徒。赭，音者，赤褐色。古代囚徒穿红衣，因此称罪人为赭衣）塞路，囹圄成市（囹圄，音玲雨，牢狱。此句意谓牢狱里挤满了犯人，就像闹市一样），天下愁怨，溃而叛之”（《汉书·刑法志》）。因此，后世的统治者都耻于与“暴秦”为伍，而史家对秦的法律也讳莫如深。

长期以来，人们对在中国法制史上占有重要地位的秦的法律，知之甚少。在存世的历史文献中，只留下极其零散的一些史料。

然而，秦法的“真面目”，由于现代的一项考古发现，得以显露出来。

1975 年 12 月，我国考古工作者在湖北省云梦县睡虎地发掘出一批秦的竹简，总计 1155 支（另有残简 80 片），其中大部分是秦律条文和法律文书。它们是曾做过秦的地方司法官的墓主人喜生前抄录下来的，记载了从商鞅变法到统一全国前后（前 359—前 217 年）一百多年间秦的部分法律条文，其中主要是战国末期的律书，总计 4 万余字。

云梦出土的法律条文，虽不是秦律的全部，但却是迄今为止所发现的最为系统的秦律，如实反映了秦律的一些重要内容。从云梦秦简来看，统一之前的秦国法制已初具规模。而秦始皇统一六国以后，将秦国原有的法律推行于全国，并以此作为制定统一秦律的基础，所以，它们又可看作是秦王朝通用的法律。云梦秦简为研究秦的法律制度，提供了丰富而翔实的材料。

二、秦的几种法律形式

根据睡虎地秦墓竹简和其他历史文献的记载，秦的法律形式有如下几种：

1. 法律条文

秦国的成文法创始于商鞅变法时代。商鞅以李悝《法经》为基础，编订了《盗律》《贼律》《囚律》《捕律》《杂律》《具律》“六律”（见《唐律疏议序》）。至秦统一前夕，秦国的法律早已突破商鞅“六律”的格局，具体内容可分为三十余种，涉及刑法、民法、行政法、诉讼法等各方面。当然，在律文中并没有区分得这样清楚，而且主要还是刑法。

见于云梦竹简的秦律有：

《田律》 有关维护乡间社会秩序、农事管理、田赋征税的法律规定；

《厩苑律》 有关牲畜饲养、管理和使用的；

《金布律》 关于货币财物的管理的；

《关市律》 关于关市（掌管关口集市的官吏）职务的；

《仓律》 有关粮草仓库管理的；

《工律》 有关官营手工业管理的；

《工人程》 有关官营手工业生产定额的；

《均工》 关于调度手工业劳动者的；

《徭律》 关于徭役的；

《司空律》 有关司空（掌管土地、水利和工程建设的官员。秦因工程多用刑徒，所以司空也兼管刑徒）职务的；

《军爵律》 有关军功爵秩的；

《置吏律》 关于官吏任命的；

《除吏律》 关于免除官吏职务的；

《效律》 关于检验官府物质财产的；

《传食律》 有关驿传饮食供给的；

《内史杂》有关内史职掌的；

《尉杂》关于廷尉职掌的；

《行书》关于传送文书的；

《属邦》关于属邦（少数民族事务管理机构）职掌的；

《游士律》关于游说者的；

《除弟子律》关于任用弟子的；

《中劳律》关于从军劳绩的；

《藏律》关于府库收藏的；

《公车司马猎律》有关朝廷卫队田猎的；

《牛羊课》关于牛羊畜养管理的；

《傅律》有关男子成年时的登记手续的；

《屯表律》有关边防管理的；

《捕盗律》关于逮捕盗贼的；

《戍律》关于征发边防戍卒的；

《齎律》关于财物管理的（齎，音姿，通“资”，财物）；

另外，见于文献记载的还有《挟书律》(《汉书·惠帝纪》)。

2.命、令、制、诏

这是以君主名义临时发布的命令。秦始皇统一全国后规定，皇帝“命为制，令为诏”。它们一般又统称为“令”或“诏令”。见于云梦秦简的有“田令”等，见于历史文献的有“焚书令”等。君主的命令与其他法律条文并列使用，且具有最高的法律效力。秦简《语书》有“修法律令”“今法律令已布”“今法律令已具”等记载。这种以君主命令作为国家的基本法律形式的制度，反映了专制君主掌握着最高立法权。

3. 对律文的解释

即官方以问答的形式对秦律所做的解释，其中包括关于犯罪、刑罚、刑罚适用原则和诉讼制度的规定和说明。

秦国在商鞅时就在朝廷和地方郡县设置主管法令的官员，他们有责任教导人们知法、守法。百姓和其他官吏有权向他们询问法令，而他们必须给以明确回答，同时，还要将问答的内容写在一块 1.6 尺长的“符”上。符的左片给予询法者，右片封藏。如果主管官吏不肯回答，一旦询问者犯罪，并且所犯之罪正是所询问的，就要追究主管官吏的刑事责任。云梦秦简中发现的《法律答问》，就属于这种性质的法律文书。它们是律文的重要补充，是一种极其灵活的法律形式，便于满足某种特殊的需要。

4. 关于审理案件准则和法律文书程式的规定

这是由朝廷统一发布的类似后来行政法和诉讼法的有关法令。云梦秦简中的《封诊式》就属此类形式。《封诊式》除了规定审理案件的一般原则以外，还规定了各种案件的现场勘验、法医检验和查封犯人产业、看守犯人家属、翻供、审讯问罪等方面的程式，以及“爰书”（案件记录）的格式等等。

从以上 4 种形式可以看出，秦的法律虽还不如汉代有“科”“比”“例”（《汉书 · 刑法志》）和唐代的“律”“令”“格”“式”那样整齐、明确的法律形式，但已初步孕育了它们的雏形。

三、繁多而残酷的刑罚方法

1. 死刑

根据执行方法的不同，秦的死刑主要分为如下几种：

枭首：即将犯人斩首后，将其首级悬于木杆之上以示众。

弃市：在闹市当众处死。

斩：分砍头和腰斩两种。以腰斩为多。秦的腰斩适用于"不告奸"（不检举揭发"坏人坏事"）等罪。

车裂：以车拴头和四肢，向5个方向撕裂肢体，俗称"五马分尸"。有时是在罪犯已被处死后，再施以车裂之刑。

磔：又称为矺（音托）。以分裂肢体的方法将犯人处死。

戮：有两种：一是先斩首而后将其尸体示众；二是活着刑辱示众，而后再杀死。

定杀：即将犯人投入水中淹死。

生埋：又称活埋或坑。是用活埋的方法将人处死。

绞：用绳子将犯人勒死。

除了以上9种处死方法以外，据说商鞅变法时还设有"凿颠、抽胁、镬亨之刑"（《汉书·刑法志》）。所谓凿颠，可能是用钻凿头颅的方法将犯人杀死；所谓抽胁，可能是用抽筋拔骨的方法将犯人杀死；所谓镬（音霍，大锅）亨（通烹），可能是用大锅将犯人烹死。

2. 肉刑

肉刑主要有黥（音晴）、劓（音艺）、刖（音月）、宫4种。这些都是从夏、商、周三代流传下来的酷刑，在推崇重刑主义的秦国和秦王朝，它们被广泛地使用。

黥刑：又叫墨刑，是在犯人脸上刺字。

劓刑：割去犯人的鼻子。

刖刑：斩去犯人的左右脚，或左右趾。汉代桓宽《盐铁论·诸圣》提到："秦时，断足盈车。"

宫刑：即将男子去掉生殖器，女子幽闭。《史记·秦始皇本纪》讲，秦朝受过宫刑的犯人有"70余万"。

以上肉刑常与徒刑等并用。如秦简中提到"黥为城旦"（受黥刑后，还要去从事修城筑墙的劳役）。

3. 笞刑

这是用竹木板责打犯人的背部，属于对轻微犯罪的一种常用刑罚。云梦秦简提到笞刑有多处，其中有"笞十""笞五十""笞人百"的规定。

4. 徒刑

依照服刑时间的长短和所从事劳役的不同，秦设置了下列几种主要的徒刑：

城旦舂：城旦适用于男犯人，受刑人主要从事修城筑墙的劳役。舂适用于女犯人，受刑人被罚作舂米的劳役。城旦的刑期一般分为5年、4年两种。

鬼薪：适用于男犯人，是强迫他们进山采薪（柴），以供宗庙祭祀鬼神用。刑期为3年。

白粲：这是强制女犯人择米（使之白粲）以供宗庙祭祀鬼神用的一种刑罚。刑期3年。

司寇：司与伺同，司寇，即伺察寇盗。它是强制男犯人到边远地区服劳役，同时防御外寇的进攻。至于女犯人，则负担与司寇相类似的劳役。刑期都为两年。

罚作复作：罚作适用于男犯人，受刑人到边远地区戍边或劳作。复作适用于女犯人，受刑人主要在官府服劳役。罚作复作的刑期是3月至1年。

候：这是仅见于秦的一种徒刑。受刑人被罚去从事瞭望、防御的劳役。是轻于司寇的一种刑罚。

下吏：适用于犯罪的官吏。受刑者被罚作劳役。这也是一种仅见于秦的刑罚。

隶臣妾：这是将犯人或其家属罚作官奴婢的刑罚，男受刑人称隶臣，女受刑人称隶妾。隶臣妾实际上属于无期徒刑，但是隶臣妾可以通过一定形式得到赎免或赦免。此刑罚又叫收孥或籍家。

5. 迁刑

这是将罪犯遣送到指定地区服劳役而不准随意迁回原籍的一种刑罚。对一些没有犯罪但统治者认为有犯罪可能的人，也常采取这一措施，以作预防。

6. 髡刑，耐刑

髡（音昆）刑，是剃光犯人的头发。耐刑，是剃去犯人的胡须和鬓毛。

7. 罚金

这是一种经济制裁方法，由执法机关强制犯罪者向政府缴纳一定数目的金钱或有价物，使犯人在经济上受到一定的损失，以达到惩罚犯罪的目的。

8. 赎刑

由犯人用缴纳一定数量金钱的办法来赎免其被判处的刑罚。当然，有钱赎罪的主要是官僚和贵族。

9. 连坐

一人有罪，全家、邻里或有关之人同受刑罚。

10. 族刑

一人有罪，灭绝其宗族。族刑有时株连到父族、母族、妻族。

11. 剥夺政治权利，或流放出境

剥夺政治权利的刑罚有夺爵、废、削籍几种。夺爵，即剥夺爵位。废，即废弃罪犯的官职。削籍，即将罪犯之名从簿籍上除去。在秦统一六国以前，还有将犯人驱逐出秦国国境的刑法。

12. 谇刑

此即申斥责骂罪犯的刑罚，广泛适用于犯有轻罪的官吏。

四、“缘法而治”的传统

秦国从商鞅变法开始，当政者都十分重视依法治国，形成了“缘法而治”（《商君书·君臣》）的传统。法令一经颁布，包括国王在内，都不得随意更改，都必须遵法、守法。这里有两个例子，颇能说明问题。

一次，秦昭王生病卧床。老百姓知道后，有的买了牛做牺牲，在家为昭王祷告，祈求神灵保佑昭王早日恢复健康。大臣公孙述见百姓如此拥戴国君，就兴冲冲进宫向昭王禀报。

公孙述原以为昭王听到这个消息后，会十分喜悦。可昭王听过汇报后，不仅没有表示丝毫的欣喜和称赞，反而指斥那些百姓违反了秦法。原来，秦国是战国时期少数几个使用牛耕的先进地区之一，秦国上下都对牛十分珍爱，还制定了相应的法律保护耕牛。比如《厩苑律》规定每年四月、七月、十月、正月，由政府安排考察耕牛喂养状况。对牛喂养得好的，加以奖励；对喂养不好的，给予处罚。所以，当昭王听说百姓竟然宰杀耕牛时，就很不高兴，下令："凡宰牛为寡人祈祷的，一律罚缴铠甲二副。"昭王又解释说："秦国法令规定，不准私自杀牛。没有得到允许而擅自杀牛为寡人祈祷，这固然是爱寡人，但却犯了法。寡人若因此而不顾法令，或更改法令，就会破坏法治的规则。法不立，是乱国、亡国之道。因而不如对每个宰牛的人都罚两副铠甲，以保障法的威信，并使国家立于不败之地。"

臣民们听了这番话后心悦诚服，从此更加守法了。

还有一年，秦国发生饥荒，许多人都断了口粮。应侯范雎向昭王建议：开放国王宫内的五苑，让饥民入内拾蔬菜、橡果、黍栗充饥以度过灾荒。昭王不许，理由是不能因灾荒、饥饿而破坏法律。他说："秦法规定，民有功受赏，有罪受罚。今天若开放五苑，让有功无功的人都入内得到果蔬以果腹，这就破坏了秦法。让饥民吃蔬菜、果实是小事，然而因此把有功者赏、有罪者罚的原则破坏了，可是大事。所以不如不开放五苑而保持法律的严肃。"

五、秦法与吏治

秦昭王时，荀子曾入秦考察。荀子对秦国吏治的清明留下很深的印象，他说："其百吏肃然，莫不恭、俭、敦、敬、忠、信而不楛（楛，音苦，谓器物粗制滥造。此处用以比喻态度恶劣），古之吏也。”荀子以为秦吏具有古代良吏的遗风，这是给予了很高的褒奖。

秦国良好的吏治与它推行法治有着密切的关系。在云梦睡虎地出土的秦简中，有51支竹简抄录了一篇《为吏之道》。这大概是一篇训诫官吏的教令，也有可能是供学习为吏的人使用的课本。从《为吏之道》可以看到秦法对吏治所起的积极作用。

《为吏之道》提出了一套秦国官吏应该遵循的行为规范：“凡为吏之道，必精絜（洁）正直，慎谨坚固，审悉毋（无）私，微密韱（纤）察，安静毋苛，审当赏罚。”并将这些原则和要求具体概括为“五善”“五失”。所谓“五善”：“一曰中（忠）信敬上，二曰精（清）廉毋谤，三曰举事审当，四曰喜为善行，五曰龚（恭）敬多让。”所谓“五失”：“一曰夸以迣，二曰贵以大，三曰擅裚（制）割，四曰犯上弗智（知）害，五曰贱士而贵货贝。”

在以上对官吏的种种要求中，很重要的一条，是要他们严格执行、坚决维护地主阶级的法度，做到“审悉毋私”“审当赏罚”。所谓“审悉”“审当”，就是要合乎秦国的法律准绳。在秦简所载秦始皇二十年由南郡守腾发布的《语书》（即文告）中，曾明确宣布以是否“明法律令”作为区分良吏与恶吏的标准。所以秦的统治者十分强调官吏“依法”办事。

《为吏之道》又以严明赏罚作为“治吏”（管理、驾驭官吏）的重要方法。法家主张“明主治吏”而后治民，因此，治吏就成为秦统治者十分关注的问题。为了慎于治吏，特别强调严于赏罚。《为吏之道》规定：能全部做到“五善”，必须给予大的奖赏；而“五失”中仅有“犯上”一失，就要身及于死。从中反映了法家严刑厚赏的思想。

秦律条文中，有大量的对秦国官吏进行考核、奖励、惩罚的规定，其范围极广泛，涉及农业、手工业、军事、财政、司法和行政管理等各部门的官吏。秦律还特别规定，各级官吏不仅平时要书写和熟悉自己职务范围以内的法律，而且每满一年要向中央主管法律的官员核对刑律。已经废除的律令，不得继续执行，否则有罪。官吏对所辖地区的犯罪现象，不能及时发现为“不胜任”；知而不敢论处为“不廉”；处刑不当，为“失刑”；故意重罪轻判或轻罪重判，为“不直”；应当论罪而故意不论，或掩盖情节故意减轻对犯人的惩处，为“纵囚”。无论“失刑”“不直”或“纵囚”，均被视为“大罪”。

云梦秦简中的《置吏律》《除吏律》《除弟子律》，规定了选官的标准和途径，任官的程序，如何免官补缺，官吏的品级和待遇、职责和义务、考核和奖惩等，由此反映了秦的用人制度已高度法律化。

渗透在秦简中的这种对国家官员厉行法治的基本精神，充分体现了一个新兴的地主阶级政权曾经具有生气勃勃、富于进取的一面。

六、法治与君主专制

先秦法治思想的出现，是与成文法的公布相同步的。两者互生共长，共同推进了君主专制的建立。

公元前536年，郑国的执政子产鉴于社会的变化和旧的礼制作用的丧失，遂将刑法条文铸在鼎上予以公布，史称“铸刑鼎”，这是我国公布成文法之始。三十五年之后，郑国大夫邓析根据当时的社会现状，自行修订郑国原有的法律，并将其刻在竹简上，史称“竹刑”。邓析死后，“竹刑”为郑国采用。公元前513年，晋国也铸刑鼎，公布了范宣子任执政时制定的刑书。此后，宋、楚等各诸侯国纷纷效法，制定和公布成文法。战国时李悝所著《法经》，便是在总结、研究各国刑法典的基础上制定出来的。

先秦成文法的公布，体现了正在形成中的新的生产关系的要求和新兴地主阶级的意志。在强调血缘关系的宗法制度下，法律藏之于官府，处于秘密状态。少数“世袭”贵族垄断着法律，不让人民了解法律条文，以便他们随心所欲地以言代法。把成文法公诸于世，“一断于法”，不仅限制了司法上的随意性，还否定和剥夺了旧贵族的部分政治法律特权。

“成文法”剥夺了贵族的权力，却将大权集于国君一身。按照法家的理论，“夫生法者君也，守法者臣也，法于法者民也”（君主是产生、制定法律的人，臣下是守法的人，而民众则是效法于法的人。）（《管子·任法》），既然法是由君主所“生”，则“君臣上下贵贱皆从法”（《管子·任法》），也就是全国上下一律只能服从国君。

所以，战国末期集法家思想大成的理论家韩非就指出，“以一人之力禁一国者，少能胜之”（《韩非子·难三》），国君必须以法治国，法是国君以一人之力统治全国的工具；掌握了这个“帝王之具”，就能“独制四海之内”（《韩非子·有度》）。

在中国历史上，法治是与专制主义的中央集权制度一同形成的。它对于促成一个新的时代的到来，起了积极的推动作用。

商鞅在秦国变法，继承和发展了李悝《法经》所确立的原则和体系。加之秦国宗法制度的文化传统比较薄弱，因而尽管秦国成文法的出现要晚于东方诸侯国，但自商鞅变法以后，秦国的法制建设很快便获得长足的发展，成为当时最先进、最完备的法治国家，并促进了中央集权制国家的建立。

秦始皇建立“大一统”的专制帝国，其专制的工具仍然是法律。故而，《史记·秦始皇本纪》中记载：“海内为郡县，法令由一统，自上古以来未尝有，五帝所不及。”如果缺了这“法令由一统”，也就没有“大一统”。

秦国在战国中晚期列国竞雄中成为最后的赢家，并最终一统寰宇，从某种意义上来说，就是法治的胜利。

七、专制之法与“无法”

然而，中国古代的法和法治，不是万能的。当秦的统治者用推行法治来建立专制主义的中央集权制度的时候；当他们把严刑峻法用在迫使人民努力耕战以完成统一大业的时候——这时，诸侯割据称雄与人民大众要求统一之间的矛盾十分尖锐，从而使人民大众与统治者及其统治工具严刑峻法之间的对立和矛盾，暂时地被掩盖了起来——他们取得了伟大的胜利。可是，秦王朝建立以后，情形就不同了：此时，人民大众与统治者之间的矛盾突显了出来；尤其是原六国的人民，他们与秦统治者之间构成了一种极其复杂而微妙的矛盾关系。面对这样的现实，秦始皇理应省刑罚，轻徭役，使人民大众有一个从事和平劳动和重建家园的环境，缓和社会矛盾。

但秦始皇没有这样做。不仅如此，他反而在全国范围内变本加厉地推行严刑峻法，并力图用法这个工具，强制全国的官吏和人民驯顺地服从他的个人意志。由此，秦王朝一步步走向覆亡。

被胜利冲昏了头脑的秦始皇，失却了以往数任秦国国君克制私欲以“缘法而治”的作风，而将法变成纯粹的专制国君逞一人私欲的工具。他所颁定的法律，所有官吏和人民都必须严格遵行。可他自己，却可以凌驾于法律之上，置身于法律之外，并且有权修改、废除任何一项法律，有权以任何一项新法律代替旧法律，甚至有权置一切法律于不顾，一怒之下置千万人于死地。

法家法治学说的固有缺陷，因秦始皇及其儿子秦二世的所作所为而暴露无遗。比如：法家错误地认定国君是国家公利的代表，从而将立法权和行政权全部交给国君，致使司法权也不能独立。集立法、司法、行政大权于一身的国君，一旦放纵私欲，则法就从“治国的工具”变成为害天下的祸患。

正是鉴于法家倡导的法律，在本质上是一种专制之法，其法权的渊源在于王（皇）权，这就致使他们“唯法为治”（《韩非子·心度》）的美好理想，在专制制度下得不到保证，所以明清之际启蒙思想家黄宗羲干脆就说：“三代以下无法。”（《明夷待访录·原法》）

八、苛法亡秦：事实与经验教训

秦法的严苛，已如前述。及至二世胡亥即位，更是疯狂地以严刑峻法谋一己之私利。为了保住用阴谋手段篡夺来的帝位，他听取赵高的建议，“更为法律”，于是，“法令诛罚，日益深刻，群臣人人自危，欲畔（叛）者众”（《史记·李斯列传》）。但胡亥对此丝毫没有醒悟，为了“肆意广欲，长享天下而无害”，又“明申、韩之术，而修商君之法”，“审督责，必深罚”，以杀人多者为忠臣。结果造成了“刑者相伴于道，而死人日成积于市”的恐怖局面。

在秦始皇父子手里，法治，就是残暴的统治；法治社会，成了一个大监狱。

这样的法治，能不遭人民的唾弃？

于是，陈胜站出来说：“天下苦秦久矣！”

陈胜在大泽乡发动农民起义后的三年，刘邦率军攻入咸阳。他召集当地父老豪杰开会，也说了一句类似的话：“父老苦秦苛法久矣！”他随即宣布：“与父老约法三章耳：杀人者死，伤人及盗抵罪。余悉除去秦法。”（《史记·高祖本纪》）刘邦“约法三章”“除去秦法”的这一举措，竟然深深地打动了当地的人民，他们热诚地拥戴刘邦，唯恐刘邦不肯做秦王。这从一个侧面表明了人民大众（包括原秦国本土的百姓）对秦王朝的严刑峻法怀着如何刻骨的仇恨。

又过了数十年，贾谊在《新书·过秦论》中指出：秦因“繁法严刑”而兴，又因“繁刑严诛”而亡。贾谊洞见了秦的法治与秦兴亡的关系。

不过，需要进一步指出的是，对秦的法治及其胜利与失败，必须联系当时特定的时代背景加以理解和把握。如果除去春秋战国时期的一些诸侯国不论，秦可以说是中国历史上仅有的一个法治国家。它的出现，是中国社会从分封制、宗法制向大一统的中央集权制转变过程中的一个特有现象。秦的法治，对旧的制度及与之相联系的统治方式（礼治）构成一种“反动”和破坏；对新的时代，则起了积极的催生作用。问题是“取与守不同术”（贾谊语），“马上得天下而不能马上治天下”（陆贾语），法治虽然促成了大一统专制帝国的降生，可新帝国却不能仅依靠法治这一种手段加以统治和管理。

经验教训是以秦二世灭亡的代价换来的。

继秦而起的汉王朝，以秦的速亡为前车之鉴，采用礼法并用的“霸王道杂之”（《汉书·元帝纪》）的制度，为大一统的帝国摸索出一套比较切用的统治方式。

从西周的礼治，到秦的法治，再到汉代的礼法并用，历史在“螺旋式”的上升过程中一步步向前迈进。

* 中国古代的“法治”，与今人所说“法治”，是两个不同的概念，千万不要混淆。

思想的独尊与兼容
从百家争鸣到秦的统治理论

“百家争鸣”意味着“民主”吗？

秦的统治理论与诸子的思想存在怎样的关系？

独尊与兼容：中国古代思想与文化的一种模式。

一、“百家争鸣”

在春秋战国的社会大变革中，学术思想界出现了诸子并起，学派林立，相互驳难的空前繁荣的文化气象。各个学派的代表人物著书立说，各逞胸臆，或议论政治，或阐述哲理，进行思想上的交锋，后世称之为“百家争鸣”。

“百家”，表示家数很多。西汉初期的司马谈（即司马迁的父亲），曾将“诸子百家”总括为“阴阳”“儒”“墨”“法”“名”“道”6家。西汉末年的刘歆和东汉的班固则认为“诸子百家”主要是指“儒”“道”“阴阳”“法”“名”“墨”“纵横”

“杂”“农”“小说”10家。但他们又指出：“诸子十家，其可观者九家而已。”这是将小说家排除在外。在余下的9家中，除了讲合纵、连横的纵横家、综合各家学说的杂家、讲“尚农”和农业技术的农家，重要的也确只有儒、墨、道、名、法、阴阳6家。

儒家　生活于春秋末期的孔子为这一学派的创始人；战国时期儒家代表人物是孟子和荀子。儒家继承了血缘宗法时代的原始民主和人道的遗风，重视血亲人伦、现世事功、实用理性和道德修养。司马谈以为，“其（指儒家）序君臣父子之礼，列夫妇长幼之别，不可易也。”（《史记·太史公自序》）

墨家　创始人为春秋末、战国初的墨翟。墨子主张“兼爱”，反对儒家的“仁”；主张“非攻”，希望用和平方式统一中国，反对兼并战争；主张“尚贤”，反对旧的贵族世卿世禄制度；主张“尚同”，希望有一个贤德的国君；还主张“节葬”“节用”，反对儒家的“厚葬”“三年之丧”和权贵们的铺张浪费。墨子及其门徒还是个科学团体，他们在天文、物理、数学等方面的研究卓有成绩。

道家　“道”的本义是人走的道路，引申为规律、原理、宇宙的本源等。先秦诸子中以“道”为思想核心的学派，被称为“道家”。老子、庄子以及杨朱、宋钘、尹文，均以此为自己学说的主旨。在道家看来，人生在世，受到无数外在的束缚，如肌体之累，声色之乐，利禄之欲，死亡之惧，仁义礼乐之羁。只有超然于这一切之上，才能领悟到人生的真谛——道。所以他们讲求“无为”，主张追求个人的精神自由，提出要弃仁背义，废礼毁智。

名家　名家的代表人物是战国中期宋国人惠施和战国后期赵国人公孙龙。春秋战国剧烈的社会变动使旧有的名不能反映新的内容，新的名还需要社会的公认。名实不符的现象在当时社会上很突出。不少思想家都从各自的立场出发，企图解决“名”“实”问题。这就形成了战国时期的名辩思潮。名家就是这一思潮的产物，是专门研究“名”“实”问题的一个学派。他们对逻辑学的发展有重大的贡献，在自然科学上也提出了许多有价值的见解。

法家　代表人物有李悝、吴起、商鞅、申不害、慎到、韩非。他们主张法治，强调耕战，反对“法先王”，主张建立和巩固新的等级制度。他们对现实政治有着独到的深刻理解，将蒙在社会秩序、人伦规范之上的一切温情脉脉的面纱全然撕去，揭示出在其掩盖下的赤裸裸的人际间的利害关系。并以此为出发点，建构起君主专制政治的基本原则。

阴阳家　运用阴盛则阳衰、阳盛则阴衰，矛盾双方互为消长、一生一灭的原理来论证社会人事，并把阴阳与金、木、水、火、土“五行”结合起来，以解释社会人事，是阴阳家的两大创造。阴阳家的代表人物为战国中期的邹衍。邹衍以为，阴阳消长的结果，体现为五行相胜，循环运转，并反映于朝代的盛衰更替。每一个朝代都有金、木、水、火、土5种德（神力）中的一种与之相配合，由这种德支配着这个朝代的命运。黄帝“以土德王”；木胜土，故代之而兴的是“以木德王”的夏；金胜木，故代之而兴的是“以金德王”的殷；火胜金，故代之而兴的是“以火德王”的周。接下去，周将为“以水德王”的朝代所取代，如此周而复始。邹衍的这种循环论的历史发展观点，被称之为“五德终始说”。

二、唯我独尊：争鸣者反对争鸣

春秋战国时代的百家争鸣，毫无疑问是中国人进一步摆脱蒙昧意识的思想解放运动。从产生百家争鸣的外部社会环境而论，当时的中国弥漫着一种自由、民主的气氛。比如，扶持稷下学宫的齐国统治者，对士人自由的议学议政相当宽容，表露出较浓的民主气息——当然，在这“民主”之前，需冠以“原始的”3个字；它与我们今日所讲的民主，尚有很大的区别。

然而，一个不容忽视的现象是，百家争鸣的结果，并非民主政治的发展与民主思想的活跃，相反却促进了君主专制主义理论的发展与完备。百家争鸣的重要“议题”之一，是如何强化和完善君主制。当时的思想家除极少数人，如农家，曾向君主制提出质疑外，大多数人几乎都视君主制度为一种当然的理论前提，都未从制度上对君权的存在提出否定性的意见。

争鸣者还往往都反对争鸣，以为争鸣现象的出现，不是好事。我们来看一下诸子与此相关的一些议论。

《孟子·滕文公下》说：“世衰道微，邪说暴行有作（作：出现）……圣王不作，诸侯放恣，处士（未仕或不仕的人）横议，杨朱、墨翟之言盈天下。……吾为此惧，闲（意谓扞御）先圣之道，距杨、墨，放淫辞，邪说者不得作。”孟子以为，由于世道的衰落，荒谬的学说、残暴的行为就兴起了。自那以后，圣王也不再出现，诸侯无所忌惮，一般士人也就乱发议论，于是，杨朱、墨翟的学说充满天下。孟子将不同于己的诸子学说，目为“邪说”“淫辞”，将士人自由、大胆地发表言论，看作世道衰微的结果。孟子表示要担当起放逐“淫辞”“邪说”的重任，捍卫古代圣人的学说。

《孟子》的这段话，虽主要在于批评杨朱“为我”和墨子“兼爱”的理论，但由此也表露出他对当时百家争鸣的状况十分憎恶。

庄子认为百家争鸣因“天下大乱”而引致。专讲先秦学说的《庄子·天下》言：“天下大乱，贤圣不明，道德不一，天下多得一察焉以自好。譬如耳目鼻口，皆有所明，不能相通。……后世之学者，不幸不见天地之纯，古人之大体，道术将为天下裂。”晋人郭象注：“裂，分离也。道术流弊，遂各奋其方……”唐人成玄英疏：“儒、墨、名、法，百家驰骛，各私所见，咸率己情，道术纷纭，更相倍谲，遂使苍生措心无所，分离物性，实此之由也。”

荀子也著有专门评述先秦诸子学说的文章《非十二子》。“非”，乃批评之意。此文开篇就说：“假今之世，饰邪说，文奸言，以枭乱天下，矞宇嵬琐，使天下混然不知是非治乱之所存者有人矣。”荀子列举了慎到、田骈、惠施、邓析、子思、孟轲等12人，指斥他们是借乱世以惑众。

韩非更是反对人民都去从事智力活动，而脱离耕战等体力劳动。他说：“以百人事智而一人用力，事智者众则法败，用力者寡则国贫，此世之所以乱也。”所以他提出：“故明主之国，无书简之文，以法为教；无先王之语，以吏为师。”（《韩非子·五蠹》）显然，韩非对百家争鸣持全盘否定的态度。

综上所述，得益于百家争鸣自由空气的先秦诸子，却对百家争鸣现象本身颇多贬斥，或者完全予以否定。他们以为真理只握在自己一人（或自己所属学派）之手，其余的都是“淫辞”“邪说”，必须禁绝。

先秦诸子的这种唯我独尊意识，与他们所论证和鼓吹的君主制度正相契合。它揭开了中国古代思想界“独尊”局面的序幕。汉代“罢黜百家，表彰六经”的做法，可以在先秦诸子的独尊意识中找到某些“前因”。

三、法家思想与秦的统治理论

在战国七雄中，秦属于文化上的弱国。秦国本土从未产生过大的思想家，在秦活跃的人物中，有许多都来自异邦。不过，由于没有像东方国家那样比较深厚的传统宗法文化的积淀，在变法图强的道路上，秦反而具有了“轻装上阵”的优势。

秦国统治者坚决地选择了尚战功、讲实用的法家理论，以解富国强兵的燃眉之急。商鞅在向秦孝公游说时，曾先说以“帝道”和“王道”，但引起孝公的反感。后来改讲“霸道”，即法家的学说，才赢得孝公的重视。此后，法家思想就在秦国确立起“独尊”的地位，其他思想则被斥之为“治烦言生”的“六虱”（《商君书·靳令》）。

“理论在一个国家的实现程度，决定了理论满足于这个国家的需要的程度。”（《马克思恩格斯选集》第1卷，第10页）法家强调用严刑峻法迫使人民努力耕战，这一理论对秦国的强盛和用武力征服他国，产生了显著的功效，所以它受到秦国统治者的青睐。荀子曾于秦昭王时入秦，声称“秦无儒”，并想为儒家传道，但秦昭王以为“儒无益于人之国”，使荀子抱憾而去。

据《史记·老子韩非列传》，嬴政在读韩非的《孤愤》《五蠹》篇时，对韩非其人心向往之，感叹道：“嗟乎，寡人得见此人与之游，死不恨矣！”这足见他对韩非法家理论的赞赏。后人评论秦代是“师申商之法，行韩非之说”（《汉书·董仲舒传》）。

然而需要注意的是，统治者对某种思想的重视，目的在于有利于现实政治，而不在于思想本身。统治者对某种思想的尊崇，与思想家的唯我独尊，有着很大的不同：前者为的是实用，而后者突出的是思想本身（比如思想的纯粹性、完整性）。秦始皇对法家思想所持的实用主义态度，就极好地说明了这一点。

秦始皇喜爱韩非的著作，但是，为秦始皇欣赏和付诸实践的，仅是韩非思想学说中的一部分。这主要是鼓吹中央集权、君主专制和强调严刑峻法对治国的重要性的那部分。而不对秦始皇胃口的那些韩非思想，如反对“刑过”，主张刑罚要有限度；要求“赏”“罚”并用，软硬两手缺一不可；以及强调君主不能“释法用私”等等，却被秦始皇弃之不理。

如此，作为秦王朝统治理论的法家学说，就像东汉班固所指出的，失去了先秦法家那种“信赏必罚”的积极含义，而只是“无教化，去仁爱，专任刑法而欲以致治”了（《汉书·艺文志》）。这也正如恩格斯在《路德维希·费尔巴哈和德国古典哲学的终结》中所说的那样：“（它）愈来愈变成统治阶级专有的东西，统治阶级只把它当作使下层就范的统治手段。”

四、阴阳家思想与秦的统治理论

统治阶级对思想理论的实用主义态度，决定了秦始皇在尊崇法家思想的同时，为了其现实政治的需要，还会吸纳、采用其他诸子的思想。最典型的例子，莫过于秦始皇利用阴阳家的“五德终始说”，以神化皇权、促进统一。

《史记·秦始皇本纪》记载：“始皇推终始五德之传（传：次序），以为周得火德，秦代周德，从所不胜（意谓秦王朝以水德而兴，周不胜于秦）。方今水德之始，改年号，朝贺皆自十月朔。衣服旄旌节旗皆上黑。数以六为纪，符、法冠皆六寸，而舆六尺，六尺为步，乘六马。更名河曰德水，以为水德之始。刚毅戾深，事皆决于法，刻削毋（无）仁恩和义，然后合五德之数。于是急法，久者不赦。”

以上这段话包含了这样几方面的内容：

1. 秦始皇接过了邹衍提出的“五德终始说”，以为周为火德，而秦王朝以水德兴，是顺从了天意。这其实是将“五德终始说”当作秦帝国的神学基础，以此证明秦王朝的建立及其措施，都出自于神的意志。

2. 在秦始皇眼里，秦王朝的诞生，就是水德之始，于是他便按照阴阳家的规定，以十月为一年的第一个月。

3. 按邹衍的说法，凡是新朝代即将出现，上天必然会先显示出某一种德盛的现象，即所谓“符应”。比如，夏禹时先出现了草木秋冬不枯黄的木气盛的现象。这是“以木德王”的“符应”，预示着夏代的兴起。邹衍又根据某一朝代由某一种德支配，制定了相应崇尚的颜色。夏代属木，木色青，故尚青色。殷代属金，金色白，故尚白色。周代属火，火色赤，故尚赤色。传说秦文公时，一次出猎，捕获了一条黑龙。此被视为水德之瑞，昭示着秦王朝的必然兴起。据此，秦王朝以黑色为正色，衣服等的颜色都尚黑。

4. 秦王朝的事物都用“六”来记数。除了符（朝廷用以传达命令、调兵遣将的凭证，以竹木或金玉制成）、法冠（秦御史等所戴之冠）为“六寸”和“舆（车子）六尺”“六尺为步”“乘六马”等，还有：秦始皇在泰山、之罘、东观、峄山所作刻石，都是十二韵，144字，皆为6的倍数；会稽刻石二十四韵，288字，为6的倍数；全国划为36郡，也是6的倍数。近代著名学者王国维说：“秦之遗物，殆无一不用六之倍数。”（《观堂集林·秦郡考》）这种以“六”来计数而造成形式上的划一，能给人留下“统一”的印象。用“六”记数，与在全国一律以十月为岁首和以黑为正色，都明显带有促进统一的意图。

5. 因秦为水德之故，将黄河改称“德水”。

6. 秦始皇又进一步将“五德终始说”变成法家专制独裁思想的一种补充。唐代司马贞《史记索隐》在解释上引一段话时说：“水主阴，阴刑杀，故急法刻削，以合五德之数。”这是讲秦为水德，水德主阴，阴在政治上就表现为残酷的刑罚。依据这一原则，秦始皇滥用苛刑严法，又多了一条理论根据。因此，就这一点而言，阴阳家思想与法家思想的渗透、混合，助长了秦王朝“专任刑罚”的做法，其后果极其严重。

五、儒家思想与秦的统治理论

长期以来儒家思想在秦国一直没有什么市场，统治阶级在制定其政治策略时，更是一贯摈斥儒家的那套主张。至吕不韦执政，情况有所变化。在吕氏的门下，召集了不少儒家的信徒；吕不韦主编的《吕氏春秋》，反映出相当程度的儒家思想；吕不韦的为政方略，也采纳了儒家的某些主张。但吕不韦不能为嬴政所容，吕不韦兼采儒、法的施政纲领，也未被嬴政所接纳。

然而，这并不意味着儒家思想与秦始皇毫无关系。站在实用主义立场上的秦始皇，还是看到了儒家思想对巩固其统治有所“用”。

例如，先秦齐、鲁两国的儒生有一套“封禅”的说法。他们将泰山看作最高的山，认为历代帝王都应到泰山顶上去祭祀上帝，叫“封”；在泰山下的一座小山祭山川，叫“禅”，合起来叫作“封禅”。公元前 219 年（秦始皇二十八年），秦始皇第二次出巡至泰山，就从齐、鲁故地招来儒生和博士七十余人，“议封禅望祭山川之事”（《史记·秦始皇本纪》）。只是由于儒生们拟议的祭礼“乖异”，难以施用，秦始皇遂采用了自己早先祭祀上帝的仪式（《史记·封禅书》）。秦始皇虽然没有采用儒生所拟议的祭礼，可毕竟还是举行了封禅礼。

儒家的封禅学说如同阴阳家的“五德终始说”一样，是为了迎合帝王的政治需要而制定出来的。秦始皇为了表示自己出于“天命”，就成为儒家封禅学说的第一个实践者，如同他是阴阳家“五德终始说”的第一个实践者一样。

在秦始皇巡游时的几次刻石中，也反映出儒家的思想。如《琅琊刻石》所说“皆务贞良”“专务肃庄，端直敦忠”，《泰山刻石》所说“专隆教诲，训经宣达，远近毕理，咸承圣志”，《会稽刻石》所说“饬省宣义，有子而嫁，倍死不贞。防隔内外，禁止淫佚，男女絜诚。夫为寄豭（寄豭：寄放在别家传种的公猪，此处借喻入别人家中淫乱的男子），杀之无罪，男秉义程。妻为逃嫁，子不得母，咸化廉清”等等，都是典型的儒家伦常观念。

自然，为秦王朝统治思想所吸纳的，仅是儒家思想中很小的一部分，而且影响也极有限。为秦代统治者所服膺和实践的，主要是法家的政治学说。

六、独尊与兼容：对历史的一些反思

一个众所周知的事实是，自汉武帝“罢黜百家，表彰六经”，儒家思想便成为中国古代社会的统治理论。然而，即使是汉武帝本人，在他表示要对儒术“独尊”的同时，对法家以及其他诸子的思想仍采取一种“兼容”的态度。汉武帝不仅儒法并用，而且凡有利于巩固其统治的思想，都予以采纳。这样，中国古代的统治理论，就形成了一种“独尊”与“兼容”并存的特点。

“独尊”是为了统一思想，因为君主专制的统治离不开思想上的专断；而“兼容”也是为专制统治服务，因为它可以使君主的统治手段多样化，并且使专制制度具有一种灵活性。总之，“独尊”与“兼容”，都是为了最大限度地满足统治阶级的需要。

秦汉以降，中国古代社会一方面实行的是专制政治；而另一方面，它又表现出极强的兼容性。这与上述“独尊”与“兼容”并存的特点，恐怕有着很大的关联。

再回到秦代。

从本文前面的论述看，“独尊”与“兼容”并存的特点，其实在秦代已露出端倪。所不同的是，汉代独尊儒术，而秦代独尊法术。

秦代可视为中华帝国的统治者试图建立相应的统治理论的探索阶段。在这个阶段，他们朦胧地、不很自觉地开始采用“独尊”与“兼容”并用的两手。但是，他们没有意识到法家思想的局限，更不懂得法家思想“可以行一时之计，而不可长用”（《史记·太史公自序》）。对儒家，他们似乎感觉到了它对维护君主专制统治有所作用，然而却又没有真正领悟其意义和功效所在，仅把它作为点缀太平、树立君权君威的装饰，或仅用于整饬风俗。为此他们付出了沉重的代价。

从独尊法术到独尊儒术，地主阶级的政治家和思想家，逐渐变得成熟起来。

“本”“末”之辨
重农抑商的理论与实践

商人白圭说：“我做生意，就好像伊尹、吕尚用计，孙子、吴起用兵，商鞅变法一样。如果没有善于权变的谋，当机立断的勇，人卖我买、人买我卖的仁，和狠抓时机的强，虽然想学我这套办法，也是不行的。”

但，商鞅、韩非、李斯等人却以为，“商”为“末”，“农”为“本”，应“重农抑末”“上农除末”。相沿两千多年的一种政策从此开启。

可秦始皇又为何表彰大商人寡妇清？

一、从都江堰和郑国渠说起

秦昭王（前306—前251年在位）时，著名水利专家李冰担任蜀郡守。他利用岷江的水资源，兴修水利，大力发展农业生产。

在李冰的带领下，当地民众在今都江堰市西北的江边修筑了一条长堤，称作“百丈堤”，用以保护河岸免被湍急的江水冲垮。在离“百丈堤”不远的江心修筑鱼嘴形堤坝。这个“分鱼嘴”将岷江水流分为两支：东边一支叫内江，又名都江，西边一支叫外江。内江这边，在今都江堰市西南方附近开凿“宝瓶口”，使内江水从此口而下，分出许多大小支渠流入今成都平原，形成一个完整的自流灌溉系统。在“分鱼嘴”和“宝瓶口”之间，修筑一条叫“飞砂”的堤坝，当江水上涨时，内江过多的水，翻过此堤流入外江，这样就可以免除内江地区的水患。外江属于岷江，在那里组成航运和另外的灌溉系统。

这就是千古传颂的都江堰水利工程。

都江堰的建成，不仅免除了岷江对成都平原的危害，而且使约三百多万亩土地得到灌溉，那些常遭水旱之灾的土地变成肥沃的良田。成都平原逐渐变成全国著名的粮仓，人们称之为“天府之国”。唐代诗人岑参，曾将李冰的功绩与传说中的圣人大禹相比，“始知李太守，伯禹亦不如”，认为其功劳超过远古时候平治水土、划定九州的大禹。

秦国在一统天下之前，还兴建了另外一个大型的水利工程：郑国渠。

郑国原是战国后期韩国的一位“水工”，即专门从事水利工程的专家。韩国眼见强秦日益扩张，自己又无力抵抗，就想出“疲秦”一计。秦王政元年（前 246 年），韩国派郑国到秦国游说，提议凿一条渠道引泾水流入洛河，即从现今的甘肃礼县东北谷口（又叫瓠口）起，引泾水往东到今天的三原县北汇合浊水及石川河道，再引向东经过今富平、蒲城而后导入洛水，渠水可用于灌溉土地。韩国的意图，是想用这一庞大的工程消耗秦的力量，使其无力向东扩张。

在建造此渠过程中，秦王政识破了韩国的阴谋，要杀掉韩国奸细郑国。郑国临死前请求面见秦王。见到秦王，郑国竟然从容镇定，不仅不隐讳“阴谋”，反而侃侃而谈，力陈此“阴谋”对秦国并无不利，反而会带来好处。他说：“我劝说秦国的君臣修渠，确实是为了延缓韩国被吞并的时间。可是，渠修成之后难道不也是秦国的万世之利吗？”他又建议，“何不让我将这项水利工程完成呢？”

一番富于智慧的话语，打动了秦王的心。秦王决意将计就计，使韩王“疲秦”的愚蠢之计，变成造福关中的举措。郑国又全身心地投入到挖渠的工程中。渠道修成后，人们便称之为“郑国渠”。

这条人工长河，使秦国关中的4万余顷土地（相当于今天200万亩）得到灌溉之利，成为旱涝保收的丰产田。此前，渭北有不少盐碱地，土质瘠薄，庄稼收成很差。郑国引水灌溉，发挥了洗除盐碱的作用，同时，水中含有大量的泥沙，沉积下来使贫瘠的土地得以改良。从此，关中的农业生产面貌发生根本改变，亩产粟可达一“钟”（约合今320斤），这个产量在当时是很高的。

郑国渠、都江堰的兴建，极大地提高了秦国农业生产水平，从而为秦国统一中国打下了牢固的物质基础。

二、重农政策及农书的出现

都江堰和郑国渠的兴建，似乎是两个孤立的、偶发的事件，其实不然。战国时代，一些强大的诸侯国都很重视农田水利建设。像魏国，兴修了引漳灌邺工程。其中秦国长期推行重农政策，尤为注重农业生产的发展。都江堰和郑国渠，正是这种相当明确的治国方略所带来的产物。

巴、蜀是在秦惠文王（前337—前311年在位）时并入秦国版图的，秦国占有巴蜀后，积极开发当地经济，还迁徙1万多户秦民入蜀。李冰继续执行前任郡守张若发展生产的措施，并进一步加以推进。至于郑国渠，假使秦国没有重视农业生产的政策和方略，它的修造工程很可能就会因秦王识破韩国的“疲秦”之计而夭折。

从商鞅变法开始，秦国就力行重农抑商、奖励耕织的政策。商鞅将男耕女织视为“本业”，将从事商业、手工业以及游说，看作是追逐“末利”。商鞅规定，凡努力从事农业生产，使粮食和布帛超过一般产量的，可以免除本人的劳役和赋税；不安心务农而从事工商业或因游手好闲而导致贫穷的，全家罚做官奴。商鞅反对人民去当商贾、手工业工人和游士，在他看来，如果商贾可以“富家”，技艺可以“餬口”，游士可以“尊身”，那么人民就会逃避耕作。由于秦国地广人稀，荒地较多，商鞅把奖励开垦荒地作为发展农业生产的重点。他还招徕韩、赵、魏的无地农民到秦国垦荒，给他们土地和住宅，免除三世的劳役，让他们为秦国生产粮食。

商鞅推行的重农政策，后来变成秦国的一项基本国策。受此影响和带动，到战国末年，秦国的农业生产技术水平已在各诸侯国中跃居前列。铁制农具和牛耕普遍推广，水利事业长足发展，还出现了总结农业生产的专门著作《上农》《任地》《辩土》《审时》等。这是我国现存最古老的4篇农书。

《上农》等4篇收录于《吕氏春秋》。《吕氏春秋》系由时任秦国丞相的吕不韦召集众多门客编著的，其中反映的情况，虽不能排除来自其他诸侯国，但无疑包括了秦国在内。《上农》这个标题就是重农的意思。它比较详细地阐述了重农的理论，特别是着重讨论了农业与政治的重要关系。这是秦国重农理论在吕不韦当政时期的新发展。

《任地》《辩土》《审时》3篇，总结、记录了从播种到收获的一整套农业生产经验，涉及农具使用、土地利用、排水洗土，以及时令、虫害等与农业生产密切相关的问题。由此可以看出，当时的人们对于如何发展农业生产，已有了相当成熟的经验和比较系统的科学知识。

《任地》以当时农民时常要面临的10大问题开篇，现抄录如下，以帮助大家对战国时代农业生产的具体情状，有一些直观的认识。

“子能以洼为突乎？”（你能把洼地当作突起来的高地利用吗？）

“子能藏其恶而揖之以阴乎？”（你能把干燥的土地弃于一边，而让出湿润的土地来用吗？）

“子能使吾土靖而甽（音振，田野间的水沟）浴土乎？”（你能使土地不含过多的盐碱，而用沟甽排水洗土加以改变吗？）

“子能使（吾土）保湿安地而处乎？”（你能使土地保持湿

润，而让好田在地中存在吗？）

“子能使雚（音贯）夷毋淫乎？”（你能使雚夷这种野草不蔓延为害农田吗？）

“子能使子之野尽为冷风乎？”（你能使田里的庄稼通风良好吗？）

“子能使藁数节而茎坚乎？”（你能使庄稼长得壮实吗？）

“子能使穗大而坚均乎？”（你能使稻穗长得大而结实、均匀吗？）

“子能使粟圜而薄糠乎？”（你能使粟米长得籽粒饱满而皮薄吗？）

“子能使米多沃而食之强乎？”（你能使米粒长得有油性，吃起来有咬劲吗？）

以上10个问题，从整理土地、利用和改良土壤一直讲到耕作保墒、除草通风，从而达到使庄稼长势好、收获多且又要好吃的目的。这实际上就是当时精耕细作的10大要领。其中第三点以沟渠引水冲洗盐碱地以改善土质，正与前面所提郑国渠引水洗地相契合。紧接着这10个问题，《任地》又提出5项辩证的耕作基本原则，即土壤的“柔”与“力”（粘和坚硬）、“急”与“缓”（紧密和疏松）、“湿”与“燥”（湿润和干燥）、“息”与“劳”（休耕和连作）、“棘”与“肥”（贫瘠与肥沃）。《任地》指出，这5对矛盾在一定条件下可以相互转化。

《辩土》对《任地》提出的问题做了具体的回答，主要讨论了如何使用土地、以人力改变土质。《审时》则讲了各种庄稼与季节气候的关系。

到战国末年，商鞅倡导的重农和鼓励开垦荒地的政策，已结出硕果。像关中，已由原来成片的盐碱地，变为“膏壤沃野千里”。《尚书·禹贡》说到秦国所属雍州的地质时，就说是“黄壤”，列在“上上”，全国第一。大量的荒地变为已开垦的耕地，可视作战国时期秦国本土最重大的变化之一。

基于以上种种因素，战国末期的秦国，粮食产量猛增，成为诸侯国中最富庶的一个，用后来司马迁的话说，是“秦富天下十倍”。

三、抑商背景之一：战国的商业和商人

有意思的是，在战国时期重农思想发展的同时，商业以及手工业渐渐受到贬抑。在一些人眼里，农业是“本”，即国家的根本，而工商业则是“末”，即不重要的；为了国家的利益，必须重“本”抑“末”。但是，我们千万不要由此而误以为战国时候的商业活动，已受此严重摧残而一片萧条。恰恰相反，战国时期各诸侯国的商业活动空前繁荣。那么，这该怎么理解呢？重“本”抑“末”的作用又该如何看待呢？先让我们来对战国时期商业的发展和商人的情况，做一番了解。

中国的商品交换活动，早在公元前16世纪至前11世纪的殷代，就有相当的发展。殷人占卜用的大海龟，来自南方；殷墟（在今河南安阳，系殷代后期的都城遗址）发掘所见的鲸鱼骨，也来自南方；还有，丹砂出自湖南、广西一带；绿松石、玉石则产于西北陕甘、新疆地区。殷代已普遍使用具有货币性

质的等价交换物——贝。在殷墟的墓中，甚至发现了金属货币——铜贝。有一种观点认为，殷人之所以又称商人，是因为他们中的许多人是行商之人。

与“殷人重贾”不同，周族是一个传统的农业民族。据《诗经》记载，周人始祖后稷自幼就显示出农艺天赋，对农业发展做出卓越的贡献，后来就被奉为五谷神。战国时代重农思想的发展，不能不说与较多地受到周人这一古老文化传统的影响有关。

西周时的商业和手工业，基本上是由官府经营，商人、工匠多为官府的奴隶，有所谓“工商食官”的说法。这种状况在春秋时期逐渐发生变化，各种私营手工业开始从官营手工业中分化出来，拥有独立身份的商人也纷纷出现。随着农业和手工业生产的发展、社会分工的日益细密，商品经济的比重也一天天加大。

商业的兴盛，导致旧的城市格局被打破。中国早期城市的发展，担负着很强的政治功能，它们主要是作为“都邑”（政治中心）而非“市”（商品交易集散地）而出现的。春秋时代以及春秋以前的西周、殷商，国都以外的城市寥寥无几。到战国时期，商业活动已构成城市生活的重要内容，“市”在整个城市中的地位和功能就大大增强了。不仅各国国都发展为交通发达、商业繁盛的大都市，像齐国的临淄、赵国的邯郸、楚国的郢、秦国的咸阳、燕国的武阳、魏国的大梁、韩国的郑，还涌现了一批商业城市，重要的有：

燕国的涿、蓟；赵国的蔺、离石；韩国的屯留、长子；魏国的温、轵、安邑；齐国的即墨、安阳、薛；楚国的寿春；宋国的陶邑；秦国的雍、栎阳。

游说之士苏秦对临淄的繁荣景象曾做过一番非常生动的描述："临淄之中七万户。……临淄甚富而实，其民无不吹竽、鼓瑟、击筑、弹琴、斗鸡、走犬、六博、蹹踘者。临淄之途，车毂击，人肩摩，连衽成帷，举袂成幕，挥汗成雨。"这个舌辩之士的话不免有些夸张，比如说人们把衣襟拉开连起来可以合成围帐，举起袖子可以连成幕，大家把汗水一挥，就好像下雨。但是，也不完全是虚构，考古发掘证实，当时临淄城的规模的确相当大。它由大小两城组成。大城住着官吏百姓，小城是国君的宫殿所在。大城的西边是商业区。在宫殿附近还发现有铸造货币的遗址和铁器作坊。大小城总周长约 21.4 公里。由此，可窥见战国城市之一斑。

铸造货币的定型化，并广泛地用作流通和财富的储存手段，是战国时期商品经济空前繁荣的又一个重要表征。这些被称为"通货"或"通施"的金属铸币，由于地区不同，形状也不同，主要有：

1. 刀币，做刀形。流行于齐、燕、楚。

2. 布，做铲形。流行于魏、韩、赵。

3. 圜钱，是一种圆形币，做圆形方孔或圆形圆孔。流行于秦、东周、西周及赵、魏的黄河两岸。燕、齐后来也多行用圜钱。

4. 铜贝，是模仿海贝的样子制做的铜质货币，后世因其面上文字不可识，习称蚁鼻钱或鬼脸钱。流行于楚。

5. 郢爰，是楚国的金币。系一种扁平且钤印有"郢爰"两字的小方块。

商业的发展，也使得富商大贾越来越多。由于从事商品贩卖能迅速致富，拥有巨额资本，令包括国君在内的各种人士刮目相看，所以商人的地位在春秋末、战国初已显著上升。当年曾帮助越王勾践“卧薪尝胆”打败吴王夫差的范蠡，后来就弃官经商去了。他在“商海”中搏击了十九年，3次致富千金，号称陶朱公。孔子的弟子子贡经商于曹、鲁两国之间，家富千金。他常常带着成群的马匹，驮着礼品聘问各国。一些卿大夫也跻身于商业贸易的行列，既当官，又经商，弄权、挣钱两不误。如魏惠王的大臣白圭，采用“人弃我取，人取我与”的办法，从事倒卖谷物活动。他在丰年抛出丝、漆，收进谷物，待到荒年歉收又售出谷物，收进手工业产品，从中牟取巨额利润。《史记·货殖列传》中说，白圭做生意追赶时机的劲头，就像猛兽下岗一样，凶猛异常。白圭自己也吹嘘道：“我做生意，就好像伊尹、吕尚用计，孙子、吴起用兵，商鞅变法一样。如果没有善于权变的谋，当机立断的勇，人卖我买、人买我卖的仁，和狠抓时机的强，虽然想学我这套办法，也是不行的。”当时的商人都佩服他，尊他为“祖师”。他那一套掌握时机、贱买贵卖的生意经，也成为战国商人普遍运用的手法，并一直为后世商人所推崇。

社会上的贫富差距在加大。一些商贾富比封君，而广大的百姓则难以维持温饱，有的只好靠借债度日。这样，高利贷就发展起来。齐国的孟尝君，就是一个有名的高利贷者。他家里养着食客3000人，食邑的收入不足以供养他们，就向穷人放债，从中牟利。到战国末期，连堂堂的周赧王也不得不向高利贷者借钱，在他无力还债时，还要东躲西藏逃债呢。

后来欠债实在太多，他索性就不回宫居住，在外地造了一座高台，躲在上面。人们称之为“逃债台”。所以后世就把负债过多，难以偿还叫作“债台高筑”。

商人在经济上掌握了大量财富以后，便要求参与政治。战国时期有些大商人不仅结交王侯，插手政治，而且还成为政治舞台上的重要人物。最著名的就要数吕不韦了。这位投机商在发了财后，竟然还意识到：经营珠宝生意固然可以获得百倍利润，但如果辅佐一个王孙当上国君，就可得到数不尽的利润。于是，他转而进行政治投机，并最终当上了秦国的丞相。

春秋战国时期商品经济的迅猛发展，使一些人心生恐慌，如临洪水猛兽。于是，抑商的思想与政策，就在中国历史的舞台上出场了。

四、何以抑商：思想与措施

不过需要说明一点，在抑商理论提出以前，中国人对商业活动和商人的轻视乃至歧视，即已存在。春秋时期的齐国政治家管仲（？—前654年）将国中居民分为士、农、工、商4类，规定他们分区而居，不得杂处，也不许改变身份。4类人中，“商”居于末位。管仲是一个懂经济、善理财的改革家，他对“商”尚且如此看待，其他的统治者就更不待言了。

儒家创始人孔子，虽有学生子贡经商致富，从现有材料也看不出他对此举以及商业行为有任何直接的否定意见，但是，他所一贯倡导的“君子喻于义，小人喻于利”，却着实地将商人身上习见的投机取巧、追逐利润的行径，彻底否定了。

最早明确提出“重农抑商”思想的人，乃是商鞅。他认为商人对国家依赖性小，而且有钱，不容易听使唤；农民被土地所束缚，对国家依附性大，一旦国家有战事，只有农民才肯积极出力；同时国家也只有依靠农民，才能发展农业，才会强盛。“国之所以兴者，农战也。”商鞅又以为，人民务农则“朴”（朴实），“朴”则安居乐业、不生奸心，并听从官方的命令。商鞅清楚地体察到，农民辛苦而所得少，商贾安逸却得利多，如果农民纷纷弃农经商，国家必然失去立国之本。据此，他主张用提高粮食价格、加税等办法让经商无利，从而限制商人势力的发展，让农民安心务农。商鞅还提出不准贩运可以牟取暴利的奢侈品，不许商、农直接买卖粮食；对农民则少征徭役，以利他们多垦荒田，多种粮食。这样，农民致力于农，国家实力增强，便可称雄天下。

品味这些有关农与商、“本”与“末”关系的议论，再看看由此而产生的种种措施，对生活在今天的我们来说，是十分有意思的。这“意思”主要不在于我们需要就这种抑商的主张和做法，对秦国或秦王朝究竟是对还是错，或有多少对、多少错做出评价，从而“以史为鉴”，而在于这类主张和做法早已深深地影响了中国的历史、中国的文化，已深深地浸染了中国人的民族心理。因此，听一听、看一看，会有助于我们更多地了解我们的民族、我们的文化和我们自己。顺着商鞅所开的头，我们再听下去，看下去。

战国末期的韩非进一步阐述了“本”“末”关系及其与国家盛衰兴亡的内在关联。他将“本”解释为农，并将其等同于粮食生产。又将“末”指为工商，把从事手工业、商业的人叫作“游食之民”。韩非大概是中国历史上第一个对“本”“末”做出如此明确界定的人。他提出要对一切“无耕之劳而有富之实”的行业予以限制，批评商人和手工业者剥削、掠夺农民，是“五蠹”之一，应该让这些人少而地位卑下。韩非提出只有农业才算是生产劳动，而工商业皆不是。显然，韩非为重农抑商的政策提供了新的理论支点。

由商业投机而发迹的吕不韦，在他以执政者的身份出现在秦国时，也张扬起重农抑商的大旗。他主编的《吕氏春秋》收入《上农》等4篇代表农家观点的论著。和法家一样，《上农》也反对“民舍本而事末”，而且认为人民务农不仅是为了“地利”，还可以“贵其志”。对此，《上农》着重谈了3点：1. 农民朴实而易于驱使，可以依靠他们守卫和作战；2. 农民稳重而不发表私见，这能使他们守法而努力生产；3. 农民因财产累赘而难于迁徙，这可以使他们死守一处而没有二心。《上农》还指出，人民如果抛弃农业而从事工商“末”业，则会变得巧诈多变，不守法令，没有是非。这当然就会给统治者带来不利。从这番对重农与政治稳定之间关系的阐述看，吕不韦是将重农抑商提到统治之“术”的层面上加以把握的。

受韩非思想的影响，秦始皇进一步推行重农抑商的国策。不仅实施于秦的本土，还贯彻于连绵的兼并、统一战争之中。每当攻城略地成功，秦的统治者往往就将被判罪的“罪人”赦免，将其迁到新夺得的土地上去，以补充这些地方农业劳动力的不足。同时，又不断地从山东六国的旧都或大城市中，将旧贵族和大商人驱逐出去，让他们脱离原来的生活基础，流放到外地，以加强管理。留意读史的人会发现，西汉初期由冶铁而成巨富的豪强之家，几乎没有一家不是在战国后期被秦流放出来的。像蜀地临邛的卓氏，其祖先是赵人，本来在赵已从事冶铁业而致富，秦破赵时被迁到临邛。临邛的另一位巨富程郑，也是从他处迁来。南阳宛地的孔氏，其祖先本是魏人，原本在魏也以冶铁为业，秦伐魏时被迁至南阳。

秦始皇统一中国后，下令“使黔首（庶民、平民）自实田”，让平民向政府自报占有土地的数额，国家以法律的形式承认其土地私有。这使全国范围内涌现出一大批个体农户，并调动了他们的生产积极性，劳动生产率也随之提高。秦始皇又采取李斯的建议，将先前的“重本抑末”政策改为“上农除末”。不过要注意，这时的“末”仅限指“商”。“商”被放到了“农”的对立面，被视为非生产性劳动，应予去除。

秦王朝对商人进行了残酷打击。例如，在公元前 214 年（始皇三十三年）迁往岭南的十多万罪人中，有很大一部分就是商人及其后代。同时，又奖励农垦。秦始皇用免除徭役等方法，先后将大量人口迁到边疆和劳动力不足的地区去开垦荒地。如公元前 211 年（始皇三十六年）迁 3 万户去北河、榆中一带，给爵一级。这些措施促进了这些地区的发展。

秦始皇的“除末”政策，从理论上讲，似和韩非的思想一样，过于偏激。因为道理很简单：当文明发展到一定程度，无论什么政府、什么社会，都离不开商业活动；在中国，中央集权制下的自然经济，也需要商品经济作为补充。故而，“除末”在理论上是说不通的，在实践上也是不可能的。但是，事情又似乎并不是如此简单，那么秦始皇的“除末”究竟意味着什么？又推行到何种程度？这些看来尚需做进一步分析。

五、在“抑商”与“重商”之间：问题的实质

其实，不管是“除末”还是“抑末”，都不是要完全取消商品交易和商品经济，而只是想将其限制在一定的范围和一定的发展水平。抑商者也好，除末者也好，往往都还有“重商”的一面：肯定商业活动的某些积极作用。商鞅说过：“农、商、官三者，国之常官也。农辟地，商致物，官法民。”意即务农、经商、从政是国家的3种主要而且合理合法的职业。他强调：“贵人贫，商贫，农贫，三官贫，必削。”意谓农、商、官3种人如果都穷，国力便会削弱。显而易见，商鞅将商业和农、官同样视作国家所必需的。他要求抑商，很重要的一点，是为了稳定并保证农业有足够的劳动力，也就是为了达到重农的目的。《吕氏春秋·上农》也说过：“凡民自七尺以上属诸三官，农攻（意谓：治）粟，工攻器，贾攻货。”承认农、工、贾各有所属，各治其业，可以并行不悖。即使是抑商思想非常偏激的韩非，也曾对商业互通有无的作用做过肯定（见《韩非子·难二》）。

因此，抑商政策与商业的发展并不是截然对立的。谁若将两者对立起来看待，许多现象就不好理解了。

重农，一是为了发展农业生产，二是为了储备和随时提供军事力量，第三还有利于加强统治和管理，因为农民朴实，而

商人“奸巧”。这些经《商君书》《韩非子》和《吕氏春秋》的阐述，已经非常明白透彻了。它告诉人们，重农抑商政策，除了着眼于发展经济、扩充军备和武力，还与政治上的专制主义、文化上的愚民政策相辅相成。明了这一点，就能进一步认识到：只要商品经济不损害甚至还有利于统治时，统治者就完全会从“抑商”变为“重商”。

秦始皇的“除末”政策，看来是颇为灵活地加以运用、贯彻的。对东方六国的大工商业主，他视之为如韩非所说的“蠹虫”，坚决、无情地予以驱逐、流放。像前面提到过的赵国的卓氏，这位昔日的大富商在秦始皇灭赵国后，被强制迁徙。那时，夫妻俩是推着一辆车子，步行离开原住地的。

然而在原秦国本土，并非一概地“除末”。相反，不断地有开发丹穴和经营畜牧业而成为巨富的。巴地有位名清的寡妇，因开发丹穴内的丹砂（氧化汞），得到了很多钱财，又由于她能坚守家业，于是便获得了秦始皇的称赞，并为她造了“女怀清台”，从而名扬天下。又有一位叫倮（音裸）的乌氏人，他买了精美的丝织品献给游牧部族的戎王。戎王赠还他大量家畜。倮后来就致力于畜牧业，并成为巨富，也得到秦始皇的褒奖。可见，如何抑商，对统治者而言，有一个“度”的问题。这个“度”就在于如何能够有利于统治者的利益。像清、倮之辈，既不触犯秦始皇的专制统治，又能得到秦始皇的欢心，或许还有助于粉饰升平，所以不但不遭贬抑，反而获得称誉。

六、作用与评价

从那个特定的历史阶段看，秦国的重农抑商政策，基本上是成功的。它限制工商业以保护和促进农业生产；反对工商业者的投机取巧行为而调动人民务农的积极性；通过扶持小农经济来巩固君主集权制的社会基础；在兼并战争中及统一六国后，又用贬黜、流放六国豪富的手段，来达到消除社会动荡因素的目的……这一切，使得秦国迅速强盛起来，并最终完成统一的大业。

在先秦，坚定而持久不懈地施行重农抑商政策的，唯有秦国。而那些农业、手工业和工商业的发展水平一度远胜秦国，并总是耻笑秦国的国家，最后都纷纷败下阵来。其中的奥妙值得玩味、思索。

秦王朝在度过十多个年头以后便覆亡了，但是，从商鞅到秦始皇所发展、形成的重农抑商思想，却没有随之消亡，而是跨越、保存、影响了整整两千年。秦汉以降，历代王朝无不奉行以农立国、“重本抑末”的政策，虽然各自特点可能有所不同。对于从汉迄清各代重农抑商的作用及其评价，不在本文讨论的范围内。但笔者还是想指出一点：中国近代的落后与统治者固守的“重本抑末”的思路，和因长期纠缠、固执于“本”“末”之辨而积久形成的社会心理，存在关联。

一种政策，从成功，到失败，不同样值得深思吗？

秦帝国的崩溃
从始皇之死到子婴投降

法国前总理希拉克参观秦陵兵马俑时赞叹说："世界上有七大奇迹，秦俑的发现，可以说是第八大奇迹。"

可是，这奇迹是用多少百姓的生命和血汗换来的。

正如马克思在评论伟大作家巴尔扎克的作品时所说的，这些"伟大的作品是对上流社会必然崩溃的一曲无尽的挽歌"。

一、始皇之死与沙丘之变

秦始皇三十七年（前210年），长期操劳国事且又纵欲过度的秦始皇，时常被一种不祥的预感所侵扰。笃信神祇的他，让人为他占卜，结果得了"游徙吉"的卦辞，意思是只有外出游历才会吉利。

于是秦始皇决定外出巡游。在这之前，秦始皇已四次巡行全国。所以，这是第五次巡游。然而，他没想到，这也是最后一次。

跟随秦始皇一同出巡的，有已升至丞相的李斯，执掌始皇车骑和符玺的宦官中车府令赵高。临行前少子胡亥请求同行。胡亥聪明伶俐，深得始皇钟爱，立刻得到应允。

出发之前，秦始皇对军国大事做了一番安排，由右丞相冯去疾留守咸阳，总理朝政。至于长子扶苏，早已派往上郡，与大将蒙恬一起率兵防御匈奴。

十月（秦以十月为岁首），秦始皇带着大队人马从咸阳出发，出武关，沿丹水、汉水至云梦，再沿长江东下，经丹阳，又顺水道和运河至钱塘。按原计划准备在这里渡水至会稽，但因水势凶猛，不宜渡舟，只得西行 20 里，改由狭中渡水。秦始皇上会稽山，祭大禹，并在那里刻石留念。

从会稽返回后，秦始皇从江乘渡江，至琅琊。秦始皇曾数度到达琅琊。琅琊地处东海之滨，而传说中的仙人就住在东海的蓬莱山上，这大概就是琅琊对秦始皇的吸引力所在。当听说秦始皇再次来到琅琊，一直打着为秦始皇求神药幌子而行骗的方士徐市等，又跑来进行蛊惑：蓬莱山上出产神药，只是海中有大鱼阻挡了通路，不得前去，所以请派人先把这些大鱼除掉。

秦始皇一心想着长生不死，以至对这些荒诞不经之言深信不疑，他立即派人乘船入海射鱼。求药心切的他，居然亲自拿起连弩（一种可以连发的由弓箭发展而来的武器），等候大鱼“出射之”。可是，从琅琊向北行至劳成山，一路上始终没见到大鱼。到之罘后，才射杀一条大鱼。然而这个时候，方士徐市早已不知去向。秦始皇遂取道临淄西归。

当车驾行至平原津，本来就体弱多病的秦始皇，加上旅途的颠簸、劳累，患上了重病。这位被长生的梦想搞得神魂颠倒的暴君，一向忌讳说“死”，所以这个时候，群臣也都“莫敢言死事”。然而事实无情，秦始皇的病情日甚一日。生命垂危之际，他终于意识到死亡之神已经向他伸出双手。

秦始皇开始安排后事。他口授了一封给公子扶苏的信，让他速回咸阳办理丧事，并继承帝位。然而，未等这封信送出，行至沙丘，未来得及返回咸阳的秦始皇就撒手人寰，魂归西天。这位叱咤风云的一代帝王，只活了49岁，就结束了他的一生。

秦始皇死后，左丞相李斯恐怕贸然宣布丧事会引起大乱，决定秘不发丧，将尸体放在辒辌车（始皇的卧车）中，每日照常命人送饭送水，以掩人耳目。只有胡亥、赵高及五六个宦者知道底细。车驾日夜兼程向着咸阳赶去。

这时，早就觊觎高位的赵高，开始盘算如何篡权。赵高曾当过胡亥的老师，教胡亥学习秦律，深得胡亥的宠幸。而胡亥的哥哥扶苏则信任蒙恬。所以，赵高就策划让胡亥继位，从而使自己可以攫取大权。他向胡亥暗示，秦始皇在给扶苏的信中要立扶苏为皇帝，而未封胡亥尺寸之地，企图挑唆胡亥销毁遗书。谁知在胡亥的心目中，父皇有着极高的地位，他根本不敢违逆父亲的旨意而有什么非分之念。

赵高见胡亥迂腐，就单刀直入要胡亥篡夺皇位。他开导说：“商汤灭夏桀，周武王诛殷纣，都是替天行道，不是不忠。”然后又晓之以利害，“臣人与见臣于人，制人与见制于人，岂可同日道哉！”（让别人做自己的臣子与自己做别人的臣子，管制别人与被别人管制，这是完全不一样的，岂可同日而语啊！）经赵高反复劝说，胡亥终于答应篡位。

但是，胡亥能否继位，李斯起着举足轻重的作用。于是，赵高就串通李斯参与阴谋。李斯也是一个权欲熏心的人，然而他知道此事关系重大，稍有不慎就有杀身之祸，故不置可否。见此，赵高便对李斯施展了挑拨离间的伎俩。他对李斯说：“扶苏最器重蒙恬，如果扶苏做了皇帝，势必用蒙恬为相。到那时，你想回乡做百姓恐怕都不可能了。现在决定谁为太子全凭你我。我做胡亥的老师多年了，深知他是一个仁慈笃厚，轻财重士，心里明辨而又诎于口舌的人，最适合做皇帝。如果能让胡亥继位，定能长保富贵。否则，就要祸及子孙。”

经过一番权衡，李斯同意了赵高的谋划。

赵高与李斯合谋篡改了秦始皇写给扶苏的信，捏造罪名，斥责扶苏在边疆十几年，“无尺寸之功”；还对未被立为太子有怨气，上书诽谤父皇，是为“不孝”；而蒙恬知道扶苏的言行而不加以纠正，是为“不忠”。所以，命他们两人自杀。赵高与李斯又假造了立胡亥为太子以继承皇位的诏书。伪造的书、信，由胡亥的亲信送往扶苏、蒙恬率军驻扎的上郡。

秦始皇晚年极少接见公卿大臣，所以除赵高等亲信外，其他人都不知道他的行踪。因此，赵高、李斯封锁秦始皇的死讯，做得天衣无缝。扶苏接到伪造的书信，不知其中详情，深知父命难违，便欲拔剑自杀。蒙恬感到事情蹊跷，劝他调查原委，核实诏书是否属实，但扶苏丝毫没有起疑心，表示“父赐子死，尚安复请”（做父亲的要赐死儿子，儿子还需要再请示吗）？就乖乖地自杀了。

此时，载着秦始皇尸体的车驾已从井陉绕道九原向咸阳进发。他们故意从北边绕一个大圈，一是为了掩人耳目，二是等使臣回报扶苏的消息。装载尸体的车已散发出臭气，尸体腐烂不堪。赵高下令装一车鲍鱼同行，以鱼腥气掩盖臭气。

当车驾由九原沿直道快要抵达咸阳时，终于传回了扶苏自杀的消息。赵高一伙欣喜若狂，立刻代表朝廷公开发丧，然后宣布胡亥继位，是为秦二世。那一年，胡亥 21 岁。

赵高因此当上了九卿之一的郎中令，掌握宫廷戍卫大权。

二、诛杀宗室、大臣

胡亥、赵高的篡权行为引起了诸公子和大臣们的疑虑。奸诈的赵高感觉到危机四伏，就对胡亥说："沙丘之谋，诸公子和大臣们都有所怀疑，愤愤不平，很可能发生事变。为今之计，要用严刑酷法，将先帝（指秦始皇）的旧臣以及诸公子消灭干净，然后收举余民，贱者贵之，贫者富之，远者近之，建立自己的势力。"胡亥听从了赵高的建议，开始密谋诛杀那些对他们心怀不满的大臣、公子。

胡亥有兄弟姐妹数十人。经过与赵高一同策划，胡亥罗织罪名，首先将 6 位公子杀死于宫中，随后又在咸阳的市上，公开处死 12 位公子。公子将闾等 3 人，自知二世不会放过他们，被迫含恨自杀。公子高见势不好，准备逃跑，却又怕牵连家人，满门被斩，因而主动上书，请求为秦始皇殉葬。见到公子高主动求死的奏书，胡亥大喜，准其请求，并"赐钱十万以葬”。

胡亥对姐妹们也不放过，将她们残酷杀害。

对胡亥、赵高来讲，大臣中的心腹之患，是蒙恬。当时接到伪诏，扶苏拔剑自刎，而蒙恬不肯，被使者逮捕，囚禁于上郡阳周。蒙氏家族自蒙恬的祖父蒙骜起，世代为秦国名将。蒙恬则为秦国扫平群雄出生入死，屡建奇功。统一六国后，蒙恬率兵 30 万，北逐匈奴，收复河南地，又负责构筑长城，声威赫赫。所以，胡亥、赵高必欲置蒙恬于死地而后快。他们派使者手持诏书，前去诛杀蒙恬。蒙恬表示要上奏皇帝申诉，被使者拒绝，最后只得服毒自尽。

蒙恬有个弟弟叫蒙毅，过去深得秦始皇的赏识，常跟随在秦始皇的左右。有一次赵高触犯律法，秦始皇将他交给蒙毅处治。蒙毅秉公执法，依秦律判其死罪。可当蒙毅将判罚结果上奏秦始皇，秦始皇却因宠爱赵高，下令赦免。此后赵高对蒙毅恨之入骨，发誓要报仇雪恨。如今大权在握，他自然要除掉蒙毅。但赵高不愿亲自出面，以免朝臣们说他公报私仇。赵高要借二世的手来除去这个心头之患。赵高编造了一套谎言，对二世说：“先帝在位时，曾打算立你为太子，然而因蒙毅一再从中作梗，使得先帝终于改变了主意。”二世听罢，对蒙毅十分反感，遂下令诛杀蒙毅。

胡亥、赵高还捏造罪名杀死了一大批朝臣。中央郎官以上、地方郡县守尉也被杀掉和撤换了一大批，并换上自己的亲信。二世又“更为法律”（对法律进行修改），对人民进行更加残酷的镇压。这一切，使得“群臣人人自危”，“黔首振恐”。

秦二世的残暴行径，为天下人所不耻。那些幸免于难的大臣、官吏，“持禄取容”，表面上唯唯诺诺，看胡亥、赵高的脸色行事，实际上貌合神离。胡亥的侄儿子婴，从维护统治的角度出发，反对胡亥、赵高如此残杀宗室、大臣。他用战国时候赵王迁杀李牧而信任颜聚、齐王建害忠良而用后胜，最终导致亡国的历史教训，劝谏二世不要滥杀功臣。子婴指出：“诛杀功臣而起用没有节操品行的人，将使群臣失信、斗士离意，对内、对外都大为不利。”可二世对这些话根本不放在心上，仍然肆意妄为。

三、空前的葬礼

秦始皇死后三个月，二世葬始皇于骊山北侧。

秦始皇的陵墓，是秦始皇在他亲政后开始着手兴建的。它位于今陕西省西安市临潼区东北部一带，北临渭水，南依骊山。据《史记·秦始皇本纪》记载，这项工程十分浩大，动用了七十多万人。墓中设施复杂，棺椁皆用铜汁浇铸而成。墓室规模宏大，犹如地下宫殿。其中不仅仿照秦廷议事秩序安置了百官位次，而且到处摆满了奇珍异玩、金银宝器，以及供君主享用的物品。墓室上方绘有日月星辰，地上塑有川河江海，并灌入象征流水的水银。在墓道和棺椁周围，布置了弩矢机关，若有人靠近，即会自动射杀。墓中还用人鱼（可能是指鲵鱼，即娃娃鱼）膏制成灯烛照明，长年不熄。

由于陵墓过于庞大和精致，秦始皇生前未能竣工。秦始皇死后，秦二世继续修建。始皇下葬后，工程还在继续，直到反秦大起义的队伍打进关中，才被迫中止。

秦始皇陵的规模以及奢华、精致的程度，不仅超过了秦国历史上所有先公、先王的陵墓，而且在中国历代帝王陵墓中也是绝无仅有的。

秦始皇葬礼的细节，史书中记载不多。但是从秦始皇陵的规模，可以想见当时治丧的“盛况”，一定是空前的。

当时，秦二世下令，凡没有生育过子女的始皇后妃以及大批宫女，全部为始皇殉葬。这是秦史上规模最大的一次人殉。二世又害怕营建秦始皇陵的工匠们泄露墓室中的机密，竟下令在始皇灵柩下葬后，迅速关闭出口，将所有在墓内劳作的工匠统统活埋在里面。不仅如此，二世还在秦始皇陵墓外围埋下大量的殉葬品。

经过近几十年的考古发掘和研究，人们已对秦始皇陵有了进一步的了解，弥补了文献记载的不足。有关情况，撮述如下。

整个秦始皇陵园区占地 56.25 平方公里，主要包括 5 个部分：封土、地宫、城垣、寝殿等附属建筑，以及陪葬坑。封土，即坟丘。它是用黄土堆积、夯筑，呈上小下大的方锥体状。据记载，秦始皇陵原来“坟高五十余丈，周回五里余”。经考古工作者研究，确定原封土的底部南北长 515 米，东西宽 485 米，总面积 24.9775 万平方米。由于历经两千年的风雨侵蚀，现存封土已比原来小了很多，但高度仍在 50 米以上，东西长 345 米，南北宽 350 米，面积为 12.075 万平方米。高大的封冢像一座小山，与南面的骊山遥遥相望。

利用遥感技术、地球物理探测技术现已确认，地宫位于封土堆地平面下 30 米左右，东西长约 170 米，南北宽约 145 米，呈矩形。地宫内存在明显的汞异常。探测过程中发现了大范围、含量较高的汞，且东南、西南强，东北、西北弱，从而验证了《史记》中有关秦始皇陵地宫内“以水银为百川、江河、大海”的记载的真实性。墓室位于地宫中央，高 15 米，东西长约 80 米，南北宽约 50 米，墓室周围有多层细夯土质地的巨大宫墙，每层夯土层厚约 6—8 厘米，宫墙高度为 30 米，顶端比当时的地面要高。地宫内有东西两条墓道，还有十分发达的排水系统，以保证内部的干燥。

封土四周有内外两道城垣。城垣已倾圮，目前仅存墙基。经勘测，内城和外城均呈南北向的长方形。内城南北长 1355 米，东西宽 580 米。外城南北长 2165 米，东西宽 940 米。内外城四面都有门，门上有阙楼。

城垣以内、封土的北侧和西侧，发现大片地表建筑遗址。经考古资料与古文献记载相印证，得知封土北侧的建筑是陵园的寝殿，西侧的建筑是供奉寝内墓主灵魂饮食的饲（音四）官的住处。这是模仿人间宫殿“前朝后寝”制度而来的，反映了视死如生的观念。

在城垣内外，有数不尽的陪葬坑。比如，在封土西侧出土了大型彩绘铜车马两组，它们应是供墓主灵魂乘坐巡行用的车马仪仗中的副车。西边的内、外城之间，发现珍禽异兽坑及跪坐俑（古时殉葬用的陶制或木制的偶人）坑 31 座，出土有鹿麂及其他珍贵动物的骨骼及跪坐陶俑。这是象征着宫廷的苑囿。在外城东边的上焦村，还发现马厩坑及跪坐俑坑。它们象征着宫廷的厩苑，跪坐俑是古代叫作“圉（音雨）人”的负责饲养马的人员。此外，还相继发掘百戏俑、文官俑、乐手俑和青铜水禽等。

在秦始皇陵东侧 1.5 公里处，有一组大型陪葬坑，从中出土了震惊世界的秦始皇陵兵马俑群（将在下面介绍）。

根据以上情况可知，秦始皇陵园的整个建筑布局，模拟了始皇生前居住的京城的格局，是将地上王国搬到了地下。例如，那高大的封土下的地宫象征着皇宫，内外两城象征着京城的宫城和外廓城。内城里有寝殿、便殿、寺园吏舍，还有供皇帝出行用的乘舆，游猎用的苑囿。外城外边的厩苑内有供驾车和骑乘用的骏马。再加上地宫内的百官位次以及无数奇器珍怪，构成了一幅“千古一帝”的理想宫城图。

至于兵马俑，应是象征着驻扎在京城外的军队，即守卫京城的宿卫军。

就这样，秦始皇被掩埋在雄伟的地下“宫城”中，身旁还有浩荡的“大军”守卫着。

四、兵马俑：世界第八大奇迹

现在，我们专门来谈一下秦始皇陵的兵马俑坑。

1974 年 3 月，几位农民在距秦始皇陵东侧 1.5 公里处打井时，偶然发现几片陶俑的碎片。他们意识到地下一定埋有重要的文物，就立刻向文物部门报告。于是，引出了一项震惊世界的考古发现。

经发掘，那里有以军阵形式排列的兵马俑坑 3 个。一号坑呈东西向的长方形，东西长 230 米，南北宽 62 米，面积为 1.426 万平方米。二号坑位于一号坑的东端北侧，为曲尺形，东西最长为124米，南北最宽为98米，深约5米，面积约6000平方米。三号坑位于一号坑的西端北侧，呈“凹”字形，东西长17.6米，南北宽21.4米，深4.8米，面积约520平方米。

3个兵马俑坑出土的陶俑、陶马和真人真马大小相似，形态逼真。它们的排列是按照当时的军阵编组的。一号坑是以战车与步兵组合排列的长方阵；二号坑为战车、骑兵、步兵混合编组的曲尺形军阵；三号坑的陶俑做仪卫式的夹道排列，是统帅一、二号坑军队的指挥部。它们是强大的秦军的缩影。

古代军队的阵列一般分为左、中、右三军。古代军队驻扎的地方称作“壁垒”。因而，一号俑坑可视为右军的“壁垒”；二号俑坑为左军的“壁垒”，三号俑坑是指挥部。那么，中军呢？

在位于一号俑坑的中部北侧，即二、三号俑坑之间，有一个面积为4608平方米的未建成的俑坑。其正处于中军位置，当是拟建的中军俑坑。这个坑之所以没有建成，估计是由于公元前209年周文率领的起义军，打到了骊山北麓的戏，俑坑的工程被迫停工。

俑坑工程始于何时？史无记载。根据俑坑出土兵器上刻辞的纪年来看，最早的是始皇“三年”，最晚的为始皇“十九年”，这说明兵器放进俑坑的时间最晚不会超过始皇十九年。此时距秦始皇统一中国相差七年。按照《史记》记载，秦始皇陵的大规模修筑是从统一后开始的。结合兵器刻辞分析，兵马俑坑的修建工程很可能始于统一后不久。工程持续到公元前209年，大约耗时十年左右。

上述三处从葬兵马俑坑成品字形排列，其出土陶俑、陶马

8千件，战车百乘以及兵器数万件。

兵马俑坑不但是一个丰富的地下军事博物馆，也是一个雕塑艺术的宝库。数以千计的高大的兵马俑群，其规模的宏伟、气势的磅礴，在中国和世界雕塑史上都十分罕见。多姿多彩、形态逼真、充满个性特征的艺术形象，具有经久不衰的魅力。它（们）具有中华民族的独特风格，表现了古代中国人民在艺术领域的卓越才能。

秦始皇陵的兵马俑，生动地再现了秦王朝军队训练有素、威武雄壮的场景；显示了秦王朝横扫六合、威震天下的宏大气魄。

因此，人们称它为“世界第八大奇迹”。

五、“兴，百姓苦；亡，百姓苦”

然而，奇迹是以天下百姓的生命和血汗换来的，是用无数建造者的尸骨堆出来的。

研究显示：秦始皇陵园外的这一组兵马俑坑，占地面积总计约为2万平方米。仅挖坑一项的土方工程量就达10万余立方米。所用木料均为巨大的松柏。根据遗留的木槽看，有的棚木直径为68厘米、长达10余米。初步计算，一、二、三号俑坑共用木料8000余立方米，棚木上铺的苇席和竹席1800余平方米，铺地用砖25万余块。加上7000余件大型陶俑、陶马（此为估算的数字，包括了尚未发掘出来的）的制作，其工程量和所耗费的人力、物力都是十分惊人的。

可这还仅仅是一个陪葬坑而已。

所以，司马迁记载的秦始皇派发70万人修建陵墓，不会是一个非常失实的数字。

因此，当时被榨干血汗的百姓们，纷纷诅咒暴君秦始皇：

“秦始皇，夺俺粮，开吾户（门），据吾床，饮吾酒，唾吾浆，食吾饭，以为粮，张吾弓，射东墙……前至沙丘当灭亡。”（《太平御览》卷八六）

秦始皇死后，继位的二世胡亥，继续大兴土木、榨取劳动人民血汗，其恣肆挥霍、穷奢极欲，丝毫不比乃父逊色。他除了继续建造秦始皇陵，还不停地兴建秦始皇统治时期未及竣工的阿房宫，并不断修筑直道、驰道。

为了满足自己的游猎享乐，胡亥又以防卫京城为名，征调5万步兵，豢养大量狗马禽兽，供他练习射猎。他甚至还下令，百姓不得食用咸阳周围300里内的粮食，以专门供给射猎士兵和禽兽。同时，他又向各郡县征发粮草，并规定输送人员要自备干粮。由于路途艰难，加上饥饿、劳累，役夫伤亡不可胜数。

胡亥说：“夫人生居世间也，譬犹骋六骥过决隙也（比喻时间过得很快，人生短促）。吾既已临天下，欲悉耳目之所好，穷心志之所乐……”这种极端腐朽的世界观，同他手中的权力结合在一起，给人民造成了无穷无尽的灾难。

这样的统治，能不覆亡吗？

千余年后，元代张养浩填了《山坡羊》小曲一首。他在慨叹世事沧桑时，特别提到了秦朝统治者的暴戾恣睢给百姓所带来的辛酸和痛苦：

“峰峦如聚，波涛如怒，山河表里潼关路。望西都，意踌躇。伤心秦汉经行处，宫阙万间都做了土。兴，百姓苦；亡，百姓苦。”

六、李斯的“督责之术”

比起昏庸而贪婪的秦二世胡亥，丞相李斯具有一定的政治眼光和统治经验。他见二世骄奢无度、秦王朝岌岌可危，几次劝谏，可二世依旧固执己见。一次，二世责问李斯：“听说古代的尧、禹等君王都是很辛苦的，难道君王就是为了如此苦形劳神而拥有天下吗？我可不希望当这样的君王。”二世又继续发问，“我想随心所欲，尽情享受，又要永远保有天下，你说有什么办法能达到这个目的？”

李斯向来看重爵禄，唯恐丢官，听到二世责问，就谄媚取容，提出一套“督责之术”以博取二世的欢心。他上书奏道：“贤主”必能行“督责之术”，“督责之，则臣不敢不竭能以徇（曲从）其主矣”；不能行“督责之术”的，如尧、禹这些君主，“其身劳于天下之民”，势必“苦形劳神，以身徇百姓”，真是受罪。

李斯所说的“督责之术”，简单地说就是严刑酷法加上君主的独断专行。李斯主张用“轻罪重罚”的办法来镇压臣下和百姓，使他们不敢轻举妄动。同时，君主还要独揽大权，驾驭群臣，而不能被臣下所影响。这样，君主的位置坐稳了，也就可以随心所欲、为所欲为了。

“法”“术”“势”本为先秦法家所提倡和强调的东西，并不新鲜。但先秦法家在肯定严刑峻法的同时，还注重“奖赏”，倡导的是“赏罚并用”；在突出君主权威的同时，还力主对君权有所节制。而李斯的“督责”说，显然对先秦法家学说做了不合理的扬弃，尤其是对其中一些致命的弱点做了大肆发挥。

联系李斯一生的言行来看，“督责”说并不符合李斯的真实思想。所以汉代即已有人指出，李斯属于“阿意督责”（《法言·重黎》），即用“督责”说去迎合二世。慑于宫廷政治的险恶和专制君主的淫威，李斯不仅参与了权奸的篡国阴谋，还堕落为一个无耻的逢迎拍马者。

秦二世对这种极端独裁专断的统治思想，却深以为然，“于是行督责益严”。凡对人民压榨得酷烈者，就嘉许为“明吏”；杀人多者，就称之以“忠臣”。结果使“刑者相半（伴）于道，而死人日成积于市”（《史记·李斯列传》）。

这自然激起了全国人民更激烈的反抗。

七、勾心斗角：李斯丧生

秦二世、赵高和李斯3人，是基于互相利用而联合起来的。由于权力和利益再分配上的不均，他们之间常常展开勾心斗角的争夺。

赵高原是赵国王族的远亲。秦灭赵时，他父母都做了俘虏，被迁到秦。入秦后赵高的父亲因触犯秦法，被施以宫刑，母亲也沦为宫奴，在宫中服役。赵高母亲生性放荡，在宫中服役时常与人“野合”，生下赵高。后来，她的不轨行为被人揭露，遭受刑罚。因此祸及赵高，他也被处以宫刑，罚做宫中奴仆。然而，一个偶然的机会使他的命运发生了转折。

一日，秦始皇在宫中遇到赵高，见赵高身材高大，力量过人，很是喜欢，就命他做中车府令，为始皇管理车马。在服侍始皇的过程中，赵高学习了“狱法”，于是始皇又命他做公子胡亥的老师。后来，赵高平步青云，及至沙丘之变，成为执掌秦王朝大权的几大重臣之一。

但赵高知道自己出身卑贱，在朝中又结怨甚广，十分惧怕大臣们在秦二世面前说自己的坏话。于是，他对秦二世说：“现在陛下年少即位，若与大臣们议事时出现差错，朝臣们就会轻视您。陛下不如深居宫中，由我在朝中与朝臣们议事，然后报告给您。这样您就不会在大臣面前有什么过失了，他们自然也就会把您当作英明圣主了。”

秦二世本就耽于享乐，厌于理事，赵高的建议正中下怀，从此便常居宫中，肆意寻欢作乐，大臣们再也难以见到他临朝亲政。而赵高则攫取了大权，政事皆由他一人决定。

赵高控制了秦二世，独揽朝政，作为丞相的李斯自然十分不满。为此，李斯时常与赵高争执不休。于是赵高便将李斯视为眼中钉，欲除之而后快。

一天，赵高一本正经地对李斯说：“现在关东形势很紧张（当时陈胜领导的农民起义正取得节节胜利），皇上却还屡屡征发人力大修阿房宫，无休止地搜集天下玩好之物。我想进谏，但我地位卑贱，实在有些不方便。你为什么不进谏呢？”

李斯早就对秦二世终日深处宫中、骄奢淫逸而不问政事，感到忧心忡忡。李斯听了，不知是计，就说：“我早想进谏，可是皇上不上朝，得不到进言的机会啊！”赵高说：“你若真想进谏，我帮你寻找机会，到时候通知你。”

两人约定后，每当秦二世在宫中与嫔妃们淫乐时，狡猾的赵高就派人通知李斯来求见。如此连续 3 次，惹得秦二世大怒，对李斯愈发怨恨。

赵高乘机诬陷李斯：“丞相参与了沙丘之谋，现在陛下做了皇帝，他的地位并没有提高，所以他想裂土封王。”赵高看了看二世的脸色，顿了一下，又接着讲道，“李斯长子李由任三川郡守，陈胜的军队过三川，李由不肯出击。听说李斯父子与陈胜之间还有文书往来，因为还没有拿到实证，所以我一直没敢奏报。而且，丞相在外边的权力可比陛下还要大啊！”

秦二世听罢，立即派人去调查李由与陈胜起义军的关系，李斯意识到大祸将至，立即上书秦二世，揭发赵高的劣迹，建议除掉赵高。

秦二世对赵高深信不疑，以为李斯是在诬告赵高，离间君臣关系，随后他把李斯上书的内容告诉了赵高。赵高立即先发制人，诬告李斯要除掉自己是为了篡位。二世遂下令逮捕李斯。与李斯一起下狱的，还有右丞相冯去疾和将军冯劫。

冯去疾、冯劫在狱中愤而自杀，李斯则还在天真地盼望二世的赦免。

二世令赵高审讯李斯。赵高立即刑讯逼供，逼迫李斯承认谋反的罪行，并将其宗族宾客抓捕殆尽。李斯经不住酷刑的折磨，只好承认了赵高的指控。可他仍存一丝侥幸，在狱中向二世上书，希望得到宽赦。

然而，赵高扣押了李斯的奏疏。随后，又命人假扮御史等官员，反复审讯李斯。只要李斯妄图翻案，就立即严刑拷打。最后，在二世派来的审讯人员面前，李斯无奈，只好承认了谋反之罪。

秦二世二年（前 208 年）七月，李斯在咸阳被当众腰斩，其宗族也被全部诛灭。

李斯的一生，颇发人深思：他在辅佐秦始皇建立统一的、中央集权国家的过程中，做出了一定的贡献，是秦始皇身边为数不多的几个具有政治远见的大臣之一。但他贪图禄位，缺乏气节，在专制政治的旋涡中，不敢坚持自己的见解，甘愿与昏君佞臣沆瀣一气。最后，他不仅毁掉了自己前半生的功业，还在权力的角逐中丧生。

李斯既是被专制政治和昏君、奸佞所杀，也是为自己丧失节操所害。

八、赵高指鹿为马

左丞相李斯、右丞相冯去疾死后，秦二世即拜赵高为丞相。由于他是阉人，可以出入内宫，故被称为“中丞相”。昏聩的秦二世终日沉溺于享乐，将朝政全部交给了赵高。但赵高欲壑难填。他不满足于一人之下、万人之上的煊赫地位，妄想有朝一日坐上皇位。

赵高首先派亲信控制了中央的要害部门。他任命女婿阎乐为咸阳令，弟弟赵成为郎中令，掌握了京师和皇宫的卫队。随后，开始试探群臣的反应。

秦二世三年（前207年）八月的一天，赵高当着群臣的面，献给秦二世一头鹿，却说那是马。二世一看，笑着说：“丞相错了，怎么把鹿说成是马呢？”但赵高仍旧坚持说是马。

秦二世随即问左右大臣究竟是鹿还是马。结果，有的人回答是鹿，有的人为了阿谀奉承赵高，回答是马，还有的人则沉默不语。

事后，赵高对言鹿者一一加以陷害。从此，群臣都缄口不语，免得因与赵高不睦而被治罪。

显然，赵高“指鹿为马”的目的，是要看一看他的威势究竟有多大。这是企图篡秦的一次预演。

就在赵高忙于做篡位准备时，刘邦、项羽率领的起义军已席卷关东，并开始向关中进军。当刘邦部队攻至武关的消息传到咸阳宫内，秦二世如梦初醒。他急忙派人去找赵高，商量对策。赵高闻变当机立断，决定除掉二世。

赵高让弟弟赵成做内应，女婿阎乐率领部属攻打二世居住的望夷宫。行动之前，狡诈而又狠辣的赵高怕女婿怀有异心，悄悄地将阎乐之母扣作人质。

阎乐顺利地攻进了望夷宫，抓获秦二世。糊涂的二世竟然还不知道是怎么回事，请求面见赵高。阎乐不允。秦二世无奈，便请求封给他一个郡，让他做个郡王。阎乐仍不允。二世又表示自己只要当一个万户侯，阎乐仍不准。无奈之下，二世最后请求让他与皇后去当普通的百姓，阎乐再次予以拒绝。

走投无路的秦二世，只得被迫自尽。

九、子婴投降

秦二世一死，赵高就把皇帝的玉玺握在了手中。文武百官见赵高居然握有帝印，按捺不住心头的不满，一时朝堂上议论纷纷。赵高见状，知道像他这样出身卑微的人想要登上皇帝的宝座，公卿大臣们是绝不会答应的，只好拥立二世的侄子子婴继位。

但是，赵高仅让子婴称王，并未称帝。“今六国复自立，秦地益小，乃以空名为帝，不可。”当时，在席卷而来的秦末农民大起义浪潮中，一些人纷纷打出原六国的旗号自立。二世自杀时，秦廷已完全丧失了对关东的控制。赵高则企图恢复战国时期各国割据称王的局面。

赵高让子婴斋戒，然后去宗庙举行授玺仪式。子婴十分痛恨赵高窃取秦王朝的国政，此时又听说赵高正暗中与刘邦联系，想在关中自立为王，就决心除掉赵高。子婴与儿子商议，拒绝赶赴宗庙，从而诱使赵高上门，然后将其杀死。

果然，赵高见子婴迟迟不去宗庙，就亲自前往子婴的住宅催促。子婴早已在家中设好了伏兵，等赵高一进门，立刻下令动手。伏兵一拥而上，将赵高乱剑刺死。随后，子婴又诛灭赵高三族（何为“三族”，说法不一。有一说认为指父族、母族、妻族），并将他们暴尸于咸阳街头示众。

然而，面对反秦起义军的强大攻势，子婴毫无抵抗之力。子婴称王仅仅46天，刘邦就突破武关，攻下峣关，兵临咸阳，屯军灞上。子婴眼看大势已去，只好用绳子自缚，坐着白马拉的车，携带秦的传国玉玺，向刘邦投降。

秦王朝彻底垮台了。

这时是公元前206年冬天，距公元前221年秦王朝建立，仅仅过去了十五年。

伐无道诛暴秦 秦末大起义

官逼民反，民不得不反。这是无可抗辩的“天理”。

虽然“破”不等于“立”，但没有“破”，又如何“立”？

天下的农民与士人携起手来共同抗秦，秦王朝焉能不覆灭？

一、星星之火

秦始皇的暴政，早就在民众的心里埋下了仇恨的种子。

随着秦始皇统治的残酷程度日益加深，人民的反抗斗争也愈来愈激烈。

《史记·秦始皇本纪》记录了以下3件事，从中颇能反映出当时的人民，正将对秦王朝统治的不满，通过各种形式表达出来。

秦始皇三十一年（前216年），在首都咸阳的兰池宫，秦始皇夜出逢盗，仓皇之中，幸亏得到随身武士的护卫，才免于一死。始皇事后下令，“关中大索二十日”，加强对人民反抗的防范。

秦始皇三十六年（前 211 年），有一颗陨石落在东郡。很快就有百姓在这块石头上刻下“始皇帝死而地分”七个字，诅咒秦始皇死亡和秦王朝覆灭。秦始皇遂派御史前去调查，后因抓不到作案人，竟迁怒于陨石落下之处的居民，将其全部诛杀，并销毁陨石。

同年，有人在华阴的平舒道拦截秦始皇的使者，公开咒骂“今年祖龙死”。“祖龙”即指秦始皇。

秦始皇死后，二世胡亥即位。秦二世统治的残酷，较秦始皇有过之而无不及。《秦始皇本纪》记载，二世统治时期，“赋敛愈重，戍徭无已”。于是，有更多的人铤而走险，为生存而起来斗争。

早就点燃的反秦的星星之火，很快形成了燎原之势。

二、大泽乡“揭竿而起”

公元前 209 年（秦二世元年），也就是秦始皇死后第二年，陈胜、吴广在大泽乡“揭竿而起”，由此爆发了秦末反秦大起义。

陈胜字涉，阳城人。吴广字叔，阳夏人。两人都是贫苦农民。公元前 209 年 7 月，他们和另外 900 名贫苦农民一起被征发去戍边。他们在两个将尉押送下，前往屯戍地渔阳。陈胜、吴广 2 人被任命为屯长。

当他们走到蕲县大泽乡时，因遇大雨，道路泥泞难行，不能在规定期限内到达渔阳。按秦法规定，戍卒不按期报到，必定斩首。陈胜便和吴广商量：误期要杀头，逃亡也是死，横竖都是没有活的希望，不如起来反抗。

陈胜平时十分关注天下大事，而且对秦王朝的残暴统治有着切肤之痛。他说“天下苦秦久矣”，二世胡亥本不当立，应当继承皇位的是公子扶苏。扶苏数次劝谏秦始皇，以致被外派领兵，后又被二世杀害。天下百姓都知道扶苏贤明，却不清楚他早已死去。另外，已故楚将项燕在楚地威望很高，人们也不知道他的下落。因而，我们可以借助扶苏和项燕，以此为号召，鼓动起义，天下人必定会群起而响应。吴广完全赞同陈胜的分析和建议。

陈胜、吴广为发动起义进行了周密的安排。他们暗地里在帛上书写“陈胜王”三个字，然后把它藏在鱼腹中。同行的戍卒在剖鱼时发现这一帛书，非常惊异。他们又在深夜到附近神祠的树林里点上一堆火，再模仿狐狸的声音，大呼“大楚兴，陈胜王”。

这“鱼腹藏书，篝火狐鸣”的办法十分有效，引得戍卒们私下里议论纷纷。他们觉得上天将降大任于陈胜，同时，又为“大楚兴”而激动不已。蕲县原为楚地，楚将项燕曾在蕲县反击秦军，所以“大楚兴”之言对当地农民有很强的号召力。

陈胜、吴广在等待时机，也在制造时机。

一天，两个押送戍卒的将尉喝醉了酒。吴广故意说要逃走，将尉一听，举鞭就打，然后还要拔剑杀人。吴广奋起夺剑，杀死将尉；陈胜也将另一人杀掉。这两个将尉平日里十分骄横，动辄打骂戍卒，大家早就对他们恨之入骨。陈胜、吴广杀了两人，既解了大伙的心头之恨，同时也点燃了一直压抑在他们心中的怒火。

陈胜抓住这一时机，把900名戍卒召集在一起，大声疾呼：“现在我们已经超过到达渔阳的规定期限，而失期当斩。再说，即使不因此被斩，戍守边境的也十有八九要死在那里。”陈胜慷慨激昂地指出，“壮士不死即已，死就要留下一个英名。王侯将相宁有种乎？（王侯将相难道是天生的吗？）”陈胜、吴广号召大家起义，干一番轰轰烈烈的大事。

挣扎在死亡线上的900名戍卒，一致响应陈胜、吴广的号召。他们推举陈胜为将军，吴广为都尉。大家以木棒、农具作武器，在竹竿上绑上布条作旗帜，“揭竿而起”，点燃了反秦大起义的熊熊烈火。

三、建立“张楚”政权

陈胜、吴广的起义军很快攻占了蕲县。接着，陈胜将队伍分为东西两路，乘胜进军。一支由符离人葛婴带领，攻打蕲县以东；另一支由陈胜亲自率领向西推进。两路义军进展迅速，势如破竹。陈胜很快占领了铚、酂、苦、柘、谯等地，并拿下了重镇陈县。义军所到之处，深受压迫的人民纷纷前来投奔，起义队伍很快壮大起来。在攻克陈县时，陈胜的队伍已拥有六七百辆战车，上千名骑兵和数万步兵。

陈在西周至春秋时曾为陈国首都。战国末年，楚国曾自郢迁都于此。这里地处鸿沟和颍水的交汇处，是南北交通的要冲地带。秦统一后，陈又成为陈郡的首府。陈胜入陈后，号令当地的三老、豪杰一起来议事。会上，大家认为陈胜“被坚执锐，伐无道，诛暴秦，复立楚国之社稷（土地神和谷神，常代指国家政权），功宜为王”（《史记·陈涉世家》）。于是，陈胜果断决定建立自己的政权，国号“张楚”。陈胜被大家推为王。

陈胜在陈站稳脚跟后，就以那里为中心，兵分3路，向西、北、南三面出击，进军全国。

北路军分成两支，分别由武臣和周市率领。武臣所率领的一支，以召骚做护军，张耳和陈馀做左右校尉，共有战士3000人，北攻旧赵地。他们从白马渡黄河北进，连续攻下10座县城，迅速发展到数万人。不久，他们又占领了原赵国的都城邯郸。周市率领的一支进攻旧魏地，并很快将其占领，随后向东一直攻到齐地的狄县。这时原齐国的旧贵族田儋趁机杀掉了狄县县令，自立为齐王，拼凑起一支割据势力，进攻周市的军队。周市退回魏地，齐地被田儋所占。

向南方派出的起义军，由邓宗、召平等率领。邓宗率军沿颍水流域一直打到九江郡。召平率军一路攻至广陵。

西路军是起义军的主力，由假王吴广率领。这路大军预定的进攻路线是：先进攻战略要地荥阳，进一步攻取洛阳，然后取道函谷关，进攻咸阳。这路人马很快打到了荥阳。荥阳乃东方的战略重镇，附近有著名的粮仓敖仓，秦廷有重兵驻守，守将为李斯的儿子三川郡守李由。李由龟缩在城中，依靠坚固的防御设施与起义军抗衡。吴广久攻不下，双方呈僵持状态。

陈胜闻讯后，决定派周文和宋留另外率军进攻关中。由于三川郡的秦军被吴广包围在荥阳，使得周文部进展非常顺利。沿途农民纷纷加入，队伍迅速扩大。当起义军到达函谷关时，已有战车千辆，战士数十万。

函谷关处于峻峭的崤山山口，易守难攻，历来被称为天然屏障。然而，它阻挡不住波澜壮阔的反秦起义军的铁流。起义大军漫山遍野而来，一拥而入。周文率军迅速进逼距咸阳仅一百余里的戏。

由宋留率领的一支队伍，则从陈县向西南先攻下南阳郡，再向武关挺进。

当周文率军到达戏时，从黄河两岸到长江南北的广大地区，都已受到了起义军洪流的荡涤。

秦王朝的统治处于风雨飘摇之中。

四、沈沈的殿屋帷帐

就在起义军四处出击、英勇作战，准备一举推翻秦朝统治的同时，留在陈县的陈胜，开始变得骄傲起来，日益贪图享受。

陈胜出身贫贱，但他从不甘心沉溺于贫穷的生活。年轻时，有一次他与人一起在田里耕作，闲聊时，感叹了良久之后，他说道："苟富贵，无相忘。"（日后如果富贵了，可不要互相忘记）和陈胜一道佣耕的人笑着说，像我们这样帮人种地的，如何能富贵？陈胜叹息道："嗟乎，燕雀安知鸿鹄之志哉！"（燕雀怎么会知道鸿鹄的志向啊！）

陈胜称王以后，逐渐脱离部众，并对豪华的住宅十分钟爱。一日，先前曾与陈胜一同佣耕的一位农民听说陈胜已为王，就跑到陈来见他。陈胜的府邸门卫森严，未让这位农民进入。后来等到陈胜出门，客人才拦住陈胜。这时，陈胜还没有忘记故旧，遂与客人一起坐车回府。一进入陈胜的府邸，客人见到殿屋幄帐相连，就感叹道："涉之为王沈沈者！"（《史记集解》："沈沈，宫室深邃之貌也。"）客人从那一片连绵、深邃的殿屋幄帐，立即感受到了称王后的陈胜那非同寻常的气派。可这气派正反映了陈胜已非昔日的陈胜，他的思想已发生了巨大的变化。

时间一长，这位客人出入陈胜的宫殿越来越随意，还时常向别人谈起陈胜的往事。于是，便有人对陈胜说："这位客人愚昧无知，总是乱说话，轻薄大王您的威望。"陈胜也认为这有损自己的威望和形象，就下令将这位旧友杀掉了。

陈胜的骄傲和故意摆出的"王"者的架势，使他与朋友和部下的距离越来越远。陈胜的岳父批评他骄傲自满，甚至预言如此下去，陈胜为王也不能长久。曾与陈胜共同经历苦难的"故人"一个个离他而去。而能获得陈胜信任的，只有两个善于察言观色、见风使舵的近臣：朱房和胡武。这两人依仗陈胜的权势，制驭群臣，有功者不赏，有罪者不罚。凡有私怨的，就任意加罪报复。就这样，陈胜日益丧失人心。

五、陈胜起义失败

当陈胜起义军攻占陈县的消息传到咸阳时，秦二世曾向"博士、诸儒生"征询意见。当时有很多人对秦二世说，这是叛乱，应当立即派兵镇压。毫无头脑的秦二世却自以为江山稳固，对这些忠言充耳不闻。

于是，待诏博士叔孙通上奏说："现在全国统一，兵器也都销毁不用了，上有英明的君主，下有尽职的官吏，人心归一，哪里会有造反的呢？这只不过是些'鼠窃狗盗'之流，不足挂齿，何须皇帝过问。只要命令地方官搜捕就行了，不用担心。"秦二世听了，心满意足，随即惩罚那些主张派兵的官员，同时奖赏叔孙通帛 20 匹，衣 1 袭，并升为博士。愚蠢的二世从此对政事更加不闻不问。

其实，叔孙通是在故意蒙蔽秦二世。他早就料定秦朝已危在旦夕。不久，他就悄悄逃出咸阳，投奔了起义军。

当周文所率的几十万大军打到戏时，秦二世才恍然大悟。他惊恐万状，慌忙召集群臣议事。少府章邯认为从各地调兵已经来不及了，建议赦免修造骊山秦始皇陵墓的刑徒，将其武装起来，抵抗起义军。秦二世遂宣布大赦天下，将数十万刑徒编入军队，向周文发起反击。与此同时，秦二世又把由王离率领守边的军队调回，全力以赴镇压起义军。

周文孤军深入，后援不继，又因连续作战，不得休整，因此，在遭到秦军的攻击后，难以抵挡，被迫退出关中。他们屯军于曹阳，等待援军。

然而，反秦军队内部却发生了分裂。抵达邯郸的张耳、陈馀鼓动武臣自立为赵王，割据称雄。武臣在二人煽动下，就自称赵王，以陈馀为大将军，张耳为右丞相，召骚为左丞相。同时，占领魏地的周市也拥立魏国旧贵族魏咎为魏王。

陈胜大怒，然而也知道局势已无法挽回，只好听从蔡赐的建议，承认这些人为王，同时让他们迅速西进支援周文。

可是，武臣等人却另有盘算。他们想利用张楚与秦相争的机会，坐收渔人之利。所以不仅拒绝支援周文，反而派韩广北攻燕地、派李良攻常山郡、派张黡攻上党郡，极力扩大自己的地盘。后来，韩广在燕地自立为燕王。

退守曹阳的周文，在孤立无援的情况下率部坚持战斗了两三个月，终因力量对比悬殊，不得已又退至渑池。在那里，周文率军浴血奋战十余日后，被章邯打败，周文自刭而死。这时是公元前 209 年 11 月，距大泽乡起义仅 4 个月左右。

周文的失败，使陈胜、吴广的起义军转入了守势。

吴广久攻荥阳不下，本应根据形势的变化，改变战略，但吴广拒不接受部将的建议，不肯拨出精兵去迎击正在扑来的秦军。副将田臧遂假称陈胜的命令，杀害了吴广，并将其头颅献给陈胜。陈胜无奈，只得任田臧为上将。田臧得到任命后，就令李归留守，牵制荥阳的秦军，自己率兵迎击章邯于敖仓。在敖仓双方都以主力投入战斗。一番激战后，田臧兵败身死。章邯继续进军，击败李归，李归等人也壮烈牺牲。章邯又率军直扑陈县。

这时，北方的几路起义军，不仅不主动向秦军出击，反而互相残杀。如武臣部下杀死武臣，张耳、陈馀又另立赵歇为王。而在南方，召平进攻广陵，邓宗进攻九江，又都不能及时回援。这样，只部署了少量兵力的陈县，形势顿时变得十分危急。

在占据绝对优势的强敌面前，陈胜亲自指挥军队与秦军展开激烈的搏杀。蔡赐等英勇战死。

十二月，寡不敌众的陈胜率部且战且退，到达下城父。陈胜准备整军再战，却被驾车的庄贾杀害。庄贾投降秦军。杰出的农民战争的领袖陈胜，就这样牺牲了。

陈胜直接领导的农民起义，至此宣告失败了。

六、前赴后继：反秦斗争新高潮

陈胜虽然牺牲了，但由他和吴广掀起的反秦大起义，却如决堤之水，滔滔不绝，势不可挡。

当初，大泽乡“揭竿而起”的消息不胫而走，各地的百姓纷纷响应，比如：

沛县人刘邦，在陈胜起义军占领陈县后的两天，聚众数百人，杀死沛令。刘邦自立为沛公，队伍很快发展到两三千人。

项梁、项羽在吴县杀死会稽郡守，集合精兵8000人。项梁自封为会稽守，又任项羽为裨将。

早就率领一支由“刑徒”组成的起义队伍的英布，迫使番阳县令吴芮共同起兵，队伍发展到几千人。

以上这些队伍，在陈胜、吴广领导的起义军进攻全国的同时，分别在各地展开反秦的斗争。陈胜、吴广失利后，他们继续进行战斗，并逐步汇合起来。而另一方面，陈胜、吴广的一些余部在失去领袖之后，也依然不屈不挠地坚持武装反秦。

原来担任陈胜近侍、后升任将军的吕臣，决心为陈胜报仇。他在新阳组织了一支头裹黑巾的“苍头军”，重整旗鼓，准备夺回陈县。经过英勇顽强的战斗，他们击败秦军，重新占领陈县。陈县城头上再次飘扬起“张楚”的大旗。他们杀死了杀害陈胜的叛徒庄贾。

后来，秦军疯狂反扑，陈县再度失陷。吕臣率兵转移，与在鄱阳湖一带活动的英布起义军会合，经过青波一战，大败秦军，又一次收复了陈县。此前奉陈胜之命进攻广陵的召平，得知陈胜失利的消息后，渡过长江以陈胜的名义任命项梁为“张楚”政权的上柱国，命令他率兵主动攻击秦军。项梁和他的侄子项羽率领8000人，渡江向西攻秦。从此，这支崛起于江东的武装，成为反秦的主力军。

项梁北上途中，陈婴率领东阳起义军2万人前来会师。进入淮河流域，又有英布和蒲将军领导的起义军加入。至此，由项梁、项羽统率的队伍，已达六七万人之众。当这支队伍到达下邳安营扎寨时，各地分散的起义队伍纷纷向那里聚集，在“张楚”的旗帜下重新汇合成一股强大的洪流。

但是也有一些起义将领不愿接受“张楚”的统一号令。原为吴广部下的秦嘉就是其中之一。当秦嘉听到陈胜失败的消息后，就立楚国旧贵族景驹为楚王，占据彭城地区割地称王。项梁进军至下邳，景驹、秦嘉陈兵于彭城以东加以阻挡。项梁宣布：“陈胜王首创义举，现在战事不利，不知下落，而秦嘉背叛陈胜王，另立景驹，这是大逆不道。”项梁遂发兵攻击秦嘉，追杀至胡陵将其击毙。

此后，刘邦、吕臣率众投奔项梁。反秦起义军日益壮大，掀起了武装斗争的新高潮。

至于陈胜生前派遣的以宋留为首的那支西征军，在由南阳向武关进军的途中，被秦军切断后路。这时陈胜已经牺牲，宋留率众向蔡撤退。在秦军的猛烈攻击下，宋留投降，全军瓦解。后来，秦军又将宋留送至咸阳，处以“车裂”的酷刑。

七、从薛县会议到巨鹿之战

项梁在接受“张楚”政权委以上柱国的任命时，并不知道陈胜已死。公元前 208 年 6 月，当项梁得到陈胜已经牺牲的确凿消息后，就召集诸将在薛县议事，商讨今后的行动计划。

会上，居鄛人范增建议项梁立楚国王族后裔为王，以便号召百姓。项梁遂派人在民间找到了正在为人牧羊的楚怀王的孙子熊心。项梁尊熊心为楚怀王（义帝），封陈婴为上柱国，自己则为武信君。从此，熊心在名义上成为各地起义军的领袖，而实权则握在项梁、项羽叔侄手里。

项梁、项羽是楚国贵族之后。项梁的父亲就是被秦将王翦击败自杀的楚国名将项燕。项氏世代为楚将，对于亡国之恨自然难以释怀。当年秦始皇出巡全国抵达会稽时，年少的项羽就说过“彼可取而代也”，有夺取江山的大志。薛县会议后，各路起义军协同作战，向秦军展开了凌厉的攻势。7月，项梁率起义军主力在东阿大破章邯率领的秦军，并向西追击。同时，项羽、刘邦率部由南面迂回到秦军后方，切断其归路。随后，他们攻克城阳。8月，项羽、刘邦转攻雍丘，杀死了在此督战的秦三川郡守李由。项梁率领的主力部队也在进攻定陶的战役中大破秦军。

在一连串的胜利面前，项梁开始骄傲起来，放松了警惕。9月，章邯夜袭定陶，结果义军大败，项梁被杀。东方重镇定陶重新陷入秦军之手。

项羽、刘邦为了避免被秦军各个击破，主动东撤，集结于彭城。吕臣驻军于彭城以东，项羽驻军于彭城以西，刘邦驻军于砀县，形成犄角之势，互为呼应。

章邯在定陶取胜后，不再把项羽、刘邦等人放在眼里，以为“楚地兵不足忧”，领兵北上击赵。这时，赵王歇和张耳、陈馀正与王离率领的秦军苦战于巨鹿。章邯率兵先攻占邯郸，然后与王离一起将赵王歇等逼进巨鹿城中。被秦军重兵包围的赵王歇，几次向彭城紧急求援。

彭城起义军分析形势，决定分两路进兵：一路由宋义、项羽率领北上救赵、击退章邯；一路由刘邦率领西攻咸阳。

被楚怀王任命为上将军的宋义率军到达安阳后，却按兵不动达四十余天，他希望先让秦、赵互斗，然后坐享渔人之利。当时岁饥民贫，军中也已无粮，士卒只能食菜和豆充饥，又值天降大雨，士卒们饥寒交迫。项羽几次建议迅即出兵，均遭驳回。盛怒之下，项羽杀掉宋义，然后向怀王奏报。

怀王无奈，封项羽为上将军，并将英布和蒲将军所率2万兵士划归项羽指挥。项羽率领兵马从安阳北上，进攻秦军。在渡过漳河后，为表示与秦军死战的决心，项羽下令凿沉渡船，打碎釜、甑（均为古代炊具），烧掉军营，每人只携带3天粮食。斗志高昂的项羽首先将王离所部包围。经过9次血战，起义军大破秦军，杀死大将苏角，俘获王离，另一秦将涉间兵败自杀。

当时，各地赶来援救巨鹿的六国军队数量并不少，但他们都不愿同秦军作战，而是筑垒自保。只有项羽率领的起义军独自冲锋陷阵，以一当十。因而巨鹿大战后，项羽被推举为反秦起义军的领袖。

秦军失利，遭秦二世斥责。章邯派人向朝廷求援，专权的赵高又视而不见。于是，部下向章邯劝道："现在赵高擅权，将军无功要被杀，有功也要被杀。"眼见大势已去，自己无力挽回败局，章邯遂于公元前207年7月，率部众20万向项羽投降。

巨鹿一战，秦军主力丧失殆尽，咸阳的小朝廷已朝不保夕。

八、破咸阳，灭秦朝

在另一个战场，刘邦率领所属部队从砀县出发，进入河南境内。刘邦采取避实就虚的战术，取得一连串的胜利。秦二世三年（前 207 年）二月，这支队伍攻占了粮仓陈留。四月，攻占颍川。六月，与驻守宛城的秦军“约降”。随后，秦军投降，起义军以和平方式占据宛城。

此后，刘邦率部一路势如破竹，各地纷纷效仿宛城的秦军，向刘邦投降。刘邦长驱直入，逼近武关。

八月，赵高杀死二世，立子婴为秦王。同时，赵高派人与刘邦联系，商议讲和，表示愿在关中自立为王。刘邦断然拒绝，率军攻入武关，进至峣关。刘邦听从部下张良的计策，先对秦军威胁利诱，然后乘其不备发动猛攻，打得秦军落花流水，一败涂地。

此时，秦廷一片混乱。子婴不满赵高的专权，更不甘心成为傀儡，就设计杀死了赵高。但子婴无力执掌危局，眼见刘邦攻入峣关，只好向刘邦投降。

十月（秦以十月为岁首，此时尚为公元前 207 年），刘邦率领起义军浩浩荡荡开进咸阳。

历史翻开了新的一页。

九、值得注意的几个现象

翻阅秦末反秦大起义这一波澜壮阔的历史篇章，有些现象值得我们注意和思考。

1. 陈胜、吴广的起义，迅速激起全国人民的响应。“诸郡县苦秦吏者，皆刑其长吏，杀之以应陈涉。”（各个郡县为秦吏所苦的人们，都起来惩处、杀死他们的上级官员，以响应陈涉。《史记·陈涉世家》）这种“万民离叛”（《汉书·贾谊传》）的现象，说明秦朝统治者已经极其孤立。

不仅如此，手执铁锄、木棍的农民起义军，竟然将庞大的、训练有素的秦军打得节节败退，并且在短短4个月左右的时间里，攻入函谷关，兵临咸阳，这又反映了靠武力征服而建立起来的、用严刑峻法加以管理和控制的秦帝国，其统治基础极其脆弱。这是秦朝迅速覆亡的一个很重要的原因。

2. 陈胜、吴广、项羽、刘邦都以“楚”为旗帜动员和激励人们起来与秦斗争，这是利用了关东与关中地区之间的矛盾。秦朝统治者存在着极强烈、极狭隘的地域观念，他们对秦国故地关中，和原关东地区的人民表现出明显的亲疏不同的态度。所以，秦王朝的土崩瓦解，首先是从关东六国的故地开始的；承担起推翻秦王朝统治任务的也主要是关东六国的人民，其中，六国复国势力在其中发挥了一定的作用。

原六国之中，楚国的土地最辽阔，人口也最多，并且远离秦朝的统治中心，因而楚人在整个反秦过程中，扮演了特别重要的角色。起领导作用的3位人物——陈胜、项羽、刘邦都是楚人。基于这样一种客观形势，当时就有人进行分析和预言，以为“亡秦必楚”（《史记·项羽本纪》范增引楚阴阳家南公语）。这句话果真应验了。

这是在总结秦朝灭亡的教训时，应予注意的一点。

3.《史记·儒林列传》说：“陈胜平民出身，带着一群勉强集结起来的人去屯戍，不过半月就自称楚王，再不过半年竟又灭亡了，……然而，缙绅先生之徒却手捧孔子礼器去投奔，甘愿为臣，这是为什么？这是因为秦灭绝了他们的事业，他们满怀积怨，所以投奔陈胜，以发泄愤懑。”这些话道出了导致秦朝迅速走向崩溃的又一个重要原因：其政权的阶级基础非常狭窄，越来越多的人被秦的残暴统治推向其对立的一面。所以连孔子的八世孙孔鲋，也“持孔氏礼器，往归陈王”。

除了孔鲋，当时还有许许多多的士人加入到反秦起义的队伍中来。他们大致有这样几种类型：

1. 受秦专制政策的压抑，被阻塞政治出路或不愿与秦政府合作的士人。他们反对秦对思想文化的摧残，不堪忍受其残酷的政治迫害，因而参加了农民起义。孔鲋以及陆贾、郦食其等就属于这一类型。

2. 曾为六国诸侯服务，感戴故国统治者的恩遇，因而仇恨秦王朝，或因受到秦的追捕和迫害，而加入起义队伍的，如张耳、陈馀、张良等。

3. 秦下层官吏中的士。他们对秦朝统治者的残忍昏暴有切身的感受，时刻有不安全感，并逐渐意识到为秦官吏，只有死路一条，遂弃暗投明。萧何、张苍、叔孙通等可为代表。

天下的农民与士人联合起来，齐心协力，共同反对秦的残暴统治，秦王朝焉能不覆灭？

事实上每个人都在努力生活，每一段历程，都会让我们的人生变得更加辽阔。

生活就是不断寻找自我的过程。我们努力地向上，除了让世界看到我们，更是为了让自己看到世界。

无论怎样，我们都需要明白，当你愿意接受原生家庭的现状，并且愿意为之努力去爱，那就是你和原生家庭更好的相处方式。

这个世界并不需要更多成功的人，但是迫切需要各式各样能够带来和平的人，能够治愈的人，能够修复的人，会说故事的人……还有懂爱的人。

成长不应该让你越来越隐藏，而是越来越敞开，越来越无所畏惧。

你说的话，就是别人眼中的你。语言的力量，是我们内心的一种修行。

序

人间所有小团圆，都是久别重逢

· 1 ·

很小的时候，特别喜欢过年。

大年三十的前一天，总会把新衣服放在枕头旁边，盼着天亮的那一瞬间赶快穿上新衣服，尽管小时候的衣服并不像现在那样漂亮。

妈妈给我改小的小棉袄，并不那么保暖的小皮鞋，还有质量并不太好的灯芯绒裤子，尽管穿起来真的很不搭，但是我还是很开心。

我最喜欢小棉袄上面的盘扣，好像轻轻一扣，就温暖了整个冬天；还有妈妈用毛线织的彩色毛衣，颜色像极了彩虹。那个时候哪怕只得到一个小发卡，都欣喜若狂。

那个时候，住在小小的平房，觉得世界真的很大。

后来有一天，我问妈妈：“人老了会怎样？”

妈妈笑着说：“傻孩子，人老了就会死呀，会离开这个世界。”

我赌气说：“我不让你变老，我就不让你变老。”

妈妈说：“每个人都会老呀，那不是我们能够阻止的。”

我躺在图案是一朵大红牡丹的床单上，用我的玩具望远镜望了望窗外。

尽管那不是真的望远镜，眼前是模糊的一片，但是我的心里像是突然刮过一阵狂风般灌满了悲伤。

原来，我们总有一天都会离开。

那时，还是小孩的我并不太懂一个人老去需要多少时间。

我舍不得家里的猫咪，舍不得门前那棵老树，更舍不得妈妈……

· 2 ·

在姥姥去世的第三年，我记得妈妈在吃饭时突然放下碗筷，眼眶发红。

妈妈说：“我想我的妈妈了。”

我记得《请回答 1988》里有一段话：听说神无法无处不在，所以创造了妈妈。

即使到了妈妈的年龄，妈妈的妈妈仍然是妈妈的守护神。

妈妈这个词，只是叫一叫，便觉得喉间哽咽。

前段时间我被一个姑娘写的文字所打动。

她说她的奶奶长年累月觉得她自己难受，浑身不舒服，去医院查也没有什么大毛病。

家人们的耐心久而久之也被磨得消失殆尽，他们觉得奶奶不自立，说她不坚强。

到后来，这个姑娘也觉得奶奶每天让人给她捶背是磨人，也受不了她时刻眼巴巴看着自己的神情。

所以姑娘扶着她走的时候，也跟她说：“奶奶，你坚强点儿，肯定没啥事儿。”

走路的时候，奶奶都要歇一歇。

姑娘记得奶奶跟她说的最后一句话是：“奶奶走不动了，真的走不动了。”

以前她的奶奶会在每一个冬天跟她说：“哎，也不知道能不能熬过这个年啦。”

姑娘会在每次过年的时候打趣她：“奶奶，你看你又熬过一个年。”

她说：“人在团圆的时刻，最是容易想念离别的人，但我更想让奶奶在我不知道的世界里永远爱说爱笑，在她爱的艳阳天里晒着太阳，懒洋洋，也暖洋洋。”

我读完的时候，瞬间泪目。

此生，唯有爱，是我们前行的一切动力。

此刻的你们，也一定围坐在亲人的身旁，或是感慨一年的时光飞逝，或是憧憬着下一年的新生活，请珍惜与他们相聚的短暂时光。

因为所有人世间的团圆，都会掸落我们心底的风霜雨雪。

· 3 ·

写文这些年，文字更像是住在我心里的一个小孩。无论过了多久，她始终陪着我。

喜欢这座城，也感恩内蒙古这片土地。

是它的高远辽阔教会我勇敢、坚强、不忘初心。

感恩所有遇到的人。

我记得我和洋在 18 岁时写过的彼此鼓励的小纸条。

我记得我和雪心底住着的香樟树。

我记得你们每一条真诚的留言，也用心记得每一位朋友带给我的感动。

喜欢这样安静地写一些文字，像是在记录普通平凡生活中闪耀的那些微光。

人生需要不断感动，才能守住那些始终干净的东西。

不断成长之后，我们在心里期许的愿望也在不断发出小芽。

多年前朴树在《生如夏花》中唱道：

也不知在黑暗中究竟沉睡了多久，

也不知要有多难才能睁开双眼，

我从远方赶来恰巧你们也在……

·4·

就像有句话说的那样：纵使饮冰，难凉热血。

不管此刻你窗外的风景是怎样，你是怎样的心情，都请微笑一下，用心拥抱这个世界。

愿你勇敢无畏，即使困惑也不迷茫。

愿你大大方方做自己，每一个当下都是最好的未来。

愿你喝酒骑马走四方，潇洒做自己。

愿你始终善良，无惧得失。

愿你有人知冷暖，有人懂悲欢。

很多时候，我们需要这样勇敢地去迎接新的明天和自己。

明天，愿你们遇到更好的自己。

所有人，加油。

易小宛

2018 年，于包头

目录

Part3 真正的美，是骨子里的高级

Part4 你见过更大的世界，才更懂得生活的意义

Part5 你若爱，生活哪里都可爱

Part1

对自己狠一点，才能活得鲜衣怒马

当你确定为梦想努力时，它就从来不是生活的妄想。越过高山才发现路途坦荡，跨过海洋才明白心的辽阔。现在的种种虐，终会在某一刻让你觉得值得。

对自己狠一点，才能活得鲜衣怒马

· 1 ·

我记得知乎上有一个帖子问：什么时候觉得自己最穷？

乔乔说她不知道该从哪里说起。她记得最难的时候，没有钱租房，每天带着行李箱和睡袋打地铺；所有财产就是一个红色的小小旅行箱，还有朋友们借给她的睡袋床单。

牙膏、牙刷、洗内衣的肥皂都放在一个薄薄的保鲜袋里，因为放在塑料袋里早上起来会发出清脆的声响吵到别人。肥皂沾了水又透不了气，开始涨大，从玲珑的粉色变成软塌塌、滑腻腻的白色膏状物体。乔乔没办法在那里死皮赖脸住太久，所以两个月之内搬了 8 次。

没休息好，嗓子发炎、低烧、感冒。

那些时刻，她都没有觉得自己穷。

几个月后，她躺在朋友宿舍的地铺上，地板那里吹不到风扇，热得浑身都湿透。半夜被蚊子叮醒，数了数，全身 23 个包。捂着热，敞着又睡不着，那一刻，乔乔躺在地上，睁着眼睛，听着耳边蚊子嗡嗡的声音，看着天花板上转动的风扇，然后天慢慢亮起来。

那一瞬间，她真的害怕自己没有勇气再去追梦了。那一刻，她觉得自己好穷。

早上起来的时候，她拿那块软塌塌的肥皂涂了整脸，然后擦掉。

乔乔说她不怕吃苦，就怕在苦难中失去做梦的能力。

所幸，天总会亮，路还很长。

·2·

有个姑娘说，若岁月静好，那就颐养身心，若时光阴暗，那就多谢历练。黑夜，是命运给你自愈休眠的时间。

我看过席嘉琪的故事。13 岁的她让我们知道，只要你愿意坚持，梦想都会成为用汗水浇灌而盛开的花朵。

幼年时，席嘉琪一家原本居住在新疆和田。7 岁那年，席嘉琪跟着家人来到广州，本以为一家人可以幸福地生活，没想到爸爸欠了债务之后离家出走。妈妈无奈之下，只能靠一个人的力量给家里还债。

由于生活拮据，席嘉琪只能跟着妈妈在学校附近的城中村租一间 30 平米的房子，每月 300 元租金。

尽管生活艰难，席嘉琪脸上却看不到自卑的影子，她学习成绩优异，和同学们相处愉快，没有半点因贫穷而产生的窘迫感。

她捡过矿泉水瓶，卖过文具，一块钱一块钱地攒下自己的跳舞经费。

她拿下了无数个街舞冠军，还代表中国参赛街舞界的“奥斯卡”，打败了 4000 多位顶级高手，拿下了世界四强。

为了练出肌肉的震动感，才 7 岁的她却跟着成年人一样做几十下俯卧撑，甚至举着两个哑铃练体能。

累到快哭了，老师一喊她的名字，马上爬起来，咬着牙接着练习。

其实刚开始的时候，她最害怕老师说：给大家十分钟的时间练习，一会儿一个一个到前面来跳。

“一个一个”，听到这四个字，她慌得手心直出汗。

最后，她靠着对街舞的兴趣和不懈的坚持，一步一步走向了成功。

或许此时荆棘满地，心中充满失落，但是请勇敢地去生活，不要在乎别人的眼光，虽然那些异样的眼神和言语会像一把尖刀一样插在人的心里，有时候甚至让你觉得窒息，但是你终究会成为自己的主宰。

· 3 ·

《银魂》里面有一句台词：“等你们长大成人了就会明白，人生还有眼泪也冲刷不干净的巨大悲伤，还有难忘的痛苦让你们即使想哭也不能流泪，所以真正坚强的人都是越想哭反而笑得越大声，怀揣着痛苦和悲伤，即使如此也要带上它们笑着前行。”

你会不会也在半夜醒来，心痛到无法呼吸？

会不会在人来人往的人群中突然难过到想要掉下眼泪。

我们看到很多人生的不易，好像身上背着重重的石头。我在一部电视剧里看到女主角在地下通道大哭的场景，她在心里对自己说：“当我下定决心为了梦想奋斗的时候，我以为我的人生就是要独自走过这黑暗的隧道，但也没想到会是这么黑暗，也没想到会是这么孤单，到底，还要走多久……”女孩仰着头，眼泪顺着脸颊流下来。

是啊，或许我们每个人都会在心里问自己，那些煎熬的生活到底还要过多久？

网上有句话流传很广：“抽烟、文身、蹦迪，这些看起来很酷的事情其实一点都不酷，只要你想去做很容易就能做到。真正酷的事情应该是那些不容易做到的，比如挣钱、读书、爱一个人、成就一番事业，虽然过程艰苦，但能做到就真的很厉害。”

青春是最富有激情和斗志的年纪，也是最能吃苦、最无所畏惧的年纪。同时，身处这个多样化的新时代，我们也遇到各种困难，面临前所未有的激烈竞争，但是也会有这个时代带给我们的更自由的天地。

· 4 ·

这个世界真的没有感同身受这回事，你的痛苦和眼泪别人不可能体会得那么真切。

倪萍在《朗读者》中的那段朗读让我记忆深刻。

她说："姥姥把不可避免的灾难，说成是天黑了。姥姥从前就说过，天黑了就是遇上了挡不住的难事儿了，你得认命。认命不是撂下，不是放下，是咬着牙挺着。"

茫茫宇宙中，我们都是很渺小的存在。

让我们的存在变得更有意义的，就是我们要让自己变得更勇敢。

事实上每个人都在努力生活，每一段历程都会让我们的人生变得更加辽阔。

我们的人生如同火车穿过山谷，车窗中上演着一幕幕风景的电影。人生如它一样，总会一往无前。山谷慢慢变成了平原或是盆地，不定时还会经历一条漆黑的隧道。在隧道中，火车的轰鸣声总会更加明显，但那些黑暗总会过去，不是吗？

你最该做的是站起来，无惧那些生活里的失落和丧气，然后在漫长的人生旅途中，成为哪怕没有人依靠，也可以是自己能够依靠的骄傲，对吗？

在你变得更强大之前，先带着自己的坚持和信仰。

你要相信，总有一天，你会变得更好。

好运只是个副产品，只有当你不带任何私心杂念，单纯地去做事情时，它才会降临。

我们能看到每一天的日月星辰，我们能感受到每一瞬间的宇宙变化。

我们是浩瀚中渺小的存在，但是再渺小，我们也是最伟大的存在。

我们的每一天都是在告诉这个世界，我们多么努力地去生活，哪怕暗夜流泪，哪怕孤立无援，哪怕世事艰难。

但是，我们就是我们自己的英雄。

我们要为自己的坚持点赞。

就像那句话说的一样：柔弱和强韧，就像一株风中的芦苇，随时都会折断，却永远不。

把工作做好的人
带着满足的微笑

· 1 ·

面包师猫姐是我特别喜欢的一位姐姐。

我第一次觉得做面包师不单单是为了美食，更多的是一种心情。

猫姐喜欢做面包，每一天都在做自己喜欢的事情，闻着面的麦香味，期待着面包出炉，面包制作完，配上一杯咖啡，就像那天的阳光一样，耀眼却暖身。

她说：“回忆年初我被学习制作面包的欲望折磨得无法安睡，到现在迈入面包行业成为初级面包学徒，内心又有了新的烦恼。这种烦恼来自于不满足，不满足只在自家的斗室中折腾，不满足每日制作的面包数量无法达到练习的目的。那些娴熟而不用经过大脑就能达到完美的手感是需要无数次练习才能掌握的。这样的不满足，这样的欲望又再一次折磨着我。炙热的炉火烘熟了一个个充满生命的面团，也烘烤着我的心。”

“增添设备、扩大销售，让产量来培训我的技术”，就如台湾的王培仁阿姨在 50 多岁时开始创业，实现自己的素食之梦一样，就算负债也在所不惜。此时的猫姐不会忘记自己最初的梦想——成为优秀的面包师，她现在走的每一步都是通向这个目标。道路艰难而长远，她已做好准备前进。

猫姐最开心的事情莫过于可以做面包，她说，在一步步的动手操作过程中，就像培育着腹中的胎儿，不知道将面对怎样的一个宝贝，当最后的成品映入眼帘时，喜悦之情无以言表。

她的面包最漂亮的时候，就是吃到面包的人能露出满足的微笑。

·2·

Annie Mac 大学主修英语文学，每天都听广播，她特别羡慕电台主持人，希望有天她也能成为他们中的一员。大学毕业后，她搬去伦敦，在录音棚里找到了一份工作，她希望借它完成梦想。

为了早日当上 DJ，她在录音棚里做过各种各样的活儿。有段时间，她做过电台的节目制作人，可是那并不是她期望的。她一边在 Radio1 当制作人，空闲时，还跑到一个小电台兼职主持人。终于有一天，有个老板发现她接“私活”，找她谈话。她本以为老板会臭骂她一顿，结果，老板非但没有说她，还鼓励她。后来，她一步一步实现了自己的主持梦。

她说：“这些年，我在职场学到的最宝贵的一课是，女人要可爱点。听起来像老生常谈，但把自己变成一个可爱的人，周围的人会更乐意帮你。机会出现，大家都会想着你。所以，别惧怕担当的任务太多太重，也不要每天绷着一张脸，多笑笑，主动承担。坚持下去，你会发现，你的路越走越宽了。永远不要期望拥有一个完美的职场环境和圆满的人生，不如意的事情每天都有，只有笑着面对才可以走得长远。”

“升职加薪”看起来很美，当我们没有全心全意地去做一份工作，却期待它能给我们带来更多的回报时，那样的概率几乎为零。

· 3 ·

当年为了生存，贾玲跑遍了北京的小场子，她在老板们面前毛遂自荐：我在台上讲相声，要是观众不买账，我就自动滚蛋，绝不拿一分钱；要是观众喜欢，赚到的钱三七分，我只要三成。

为了讨观众喜欢，贾玲豁得出去，一口气喝干啤酒，几秒啃完西瓜，都是她真实经历过的事情。可就连这样的舞台也很难上，女相声演员本就少，可讲的内容也不多，没人愿意接纳她。

有一次，她费尽心力地表演，喝下了不知道多少啤酒，啃了不知道多少西瓜，才换来少得可怜的 7 块钱，连来回的车费都不够。

她还因为没钱交房租，被房东赶了出来。卖掉了身上唯一值钱的随声听，用 20 块钱过了一周面条就咸菜的生活。可是在最难的时候，她也没有回老家。那是她的梦想啊，所以即使在困顿生活里，她也像是拥有自己的星辰与月光。

一年又一年的蛰伏与修炼，如今的她终于实现了自己的梦想。她成立了自己的公司，在公司成立 4 个月的时候，贾玲发了一条微博：从 10 多年前一个人的喜剧梦，到今天一群人的喜剧梦，从年轻貌美的女神，到年轻貌美的女汉子，最喜欢的还是你们的笑！

她用她的努力，融化了工作中那么多的苦涩。

· 4 ·

杨澜在书里说，自己是采访的“功课主义者”。她觉得自己并不算特别聪明，幸好有自知之明，知道要做功课、下功夫。她在采访前，总会提前做大量的准备工作，根据采访对象的职业阅历，做相关的知识储备。

她说：“以每次采访平均功课量为 10 万字计，策划、采访、编辑等时间加在一起，上万个小时应该也是有的。只要给我足够的时间准备，采访任何人都是可能的。”

沃尔特·艾略特说：“坚持不是长跑，而是一个接着一个的短跑。”

当你完成一个又一个短跑时，它会变得越来越轻松，你也会感到有越来越多的力量。

那些把工作做好的人，都有一种“工匠精神”。精益求精是工匠精神最为人称道之处。具备工匠精神的人，对工艺品质有着不懈的追求，以严谨的态度规范地完成好每一道工艺。具备工匠精神的人是向内收敛的，他们隔绝外界纷扰，凭借执着与专注从平凡中脱颖而出。他们甘于为一项技艺的传承和发展奉献毕生的才智和精力。

努力工作的人，用自己的心血和才情去赋予工作更多的生命力，用坚持和坚韧浇灌自己梦想的花朵，日复一日，年复一年。

最厉害的人
是能自律的人

·1·

有句话说：三月不减肥，四月徒伤悲，五月徒伤悲，六月徒伤悲……

年初制订的计划，等到真正下定决心要实施的时候，发现已经过了大半年。

睡觉前决定的早起跑步，在第二天闹钟响的时候，计划夭折在了甜蜜的梦乡。

其实拖延的另一个更接地气的词就叫作“懒”。

有个姑娘在网上留言：你说，我学个什么乐器，才能突出我这古典清雅端庄的气质？不要太复杂，我懒，最好能速成。

有人回答：木鱼。

很多时候，我们都像这个搞笑段子一样，想要轻而易举就速成，恨不得每个人都变成天才。

时间管理中有一个概念叫帕金森定律，这个定律表明：只要还有时间，工作就会不断扩展，直到用完所有的时间，有时候明明可以用半天完成的事情，硬生生拖到了第三天。明明可以提前完成，却缺乏立即执行的动力，就跟早起一样，很多人在闹钟响的时候睁眼，一闭眼，再睁眼的时候已经过了一个小时。

有人说："一个人的挑剔，就是一个人的自律。活得很好的人，往往都是挑剔的人，这种挑剔里，藏着对生活的质感。大家常说，你必须非常努力才能看起来毫不费力，真相却是，正因为懒于纷争，才有心力勤于生活。"

有人问一个在职场比较成功的人：为什么你能保持自律这么多年？

对方回答：因为危机感，如果我每天也像上班一样朝九晚五，可能就没办法完成客户的设计订单了。

萧伯纳说过，自我控制是最强者的本能。

无论是生活、学业、职场，自律都是获得成功的很重要的一个因素。

那些不沉沦、不放任自流、拥有强悍自控力的人们，一定都有属于自己的自律精神。

· 2 ·

淑娟对我说，2015 年，对于她而言是不平凡的一年，也是她心理重建的重要一年。酝酿了很久，她把那段经历留于文字，作为一个仪式，重新开启一段征程。

她说：“还是先从 2015 年以前的自己说起吧，从学生起我就是那种默默无闻，常常被湮没在人群中的普通女生，成绩和相貌都属于不优秀，但还算过得去的那种，‘过得去’也成了我一直以来的人生方向。”

淑娟大学毕业后就职于国有银行的一个基层支行，自然她也成了一个很应景的角色，应付工作、麻木生活，早已习惯了听周边人喋喋不休地抱怨生活，习惯了下班后窝在沙发里看无聊透顶的泡沫剧，习惯了整天抱着手机把微信、微博刷到不能再刷。

懒惰慢慢吞噬着她的内心，使她越来越脆弱和敏感，对人生越来越迷茫，对未来越来越懈怠。

怎么办？

没办法。

她觉得自己就是那样一个喜欢安逸的人。在她的观念里，努力应该适可而止，她不想把自己搞得那么累，对于自虐式的坚持和努力，她从来不认同，她理解不了那些给自己的生活增添种种束缚的人。

有人说：“世上的女人只有两种，一种是幸福的，一种是坚强的。幸福的是被捧在手心里，无需坚强；而坚强的，是被化在泪水和委屈里，不得不坚强！”三十岁以前的淑娟就认为自己是第一种女人，被人宠着惯着，过得舒服最重要。

2015 年，淑娟三十岁，生活的种种变化开始迫使她重新审视自己的人生。先是相爱十年的老公因为工作的压力开始没有耐心和精力再惯着她，两人频繁的争吵和冷战使她意识到，没有永远的靠山让自己依靠；接着是金融行业的整体下行开始让她有了危机意识，她觉得没有一技之长，又没有营销头脑的人总会有被淘汰的一天。最重要的一点是女儿开始懂事，模仿能力越来越强，她不希望女儿成为自己这样的人，更害怕她有一天会对自己说：“你自己都没有做到的事凭什么来指责我？”那样她将真的无言以对……

所以，淑娟决定改变自己。

· 3 ·

可是说起来容易，坚持下来太难。于是，淑娟先给自己定了一个小目标，每天跑步半小时，坚持一个月，坚持下来了就开始她的人生大计——准备司法考试。

2015 年，她开始跑步，每周至少有三天在跑步，每次最少三公里，春秋在马路上，夏冬去健身房。跑步是个特别痛苦的过程，有几个关键的坎儿很难跨越，一旦停下一次就再也坚持不下去，这种逼迫的方式后来却带给她彻头彻尾的改变。她不再抵触，反而爱上了那种整日与惰性做斗争的快感，享受一次次超越自己的过程。

她终于明白：态度决定了生活的质量。后来跑步也成为她的一种解压方式，成为她备考最难熬阶段的缓冲剂。大汗淋漓过后身体累了，心却安静了。跑步让她的自控力逐渐增强，她后来的很多改变都源于跑步带给她的自信心，因为体会到了掌控生活的感觉。

幸运的是她的努力没有白费，近两年，每年跑步 1000 公里，2017 年拿到司法考试 A 类证书。

淑娟说，这两年的变化源于逐渐强烈的意识和顽强的意志力，而这一切又都源于一些好习惯的养成：早起、跑步、列计划、听音乐思考。这些习惯让她的生活不再空虚，但所有让人变好的习惯都不会太舒服，坚持的过程中一定要有强大的意志力。任何一段精彩和成功的背后，都有近乎残酷的付出和基石。

豆瓣上有个“拖延症小组”，跟帖里有各种关于拖延症导致人生惨败的故事：有人因为玩“空当接龙”游戏错过一场精彩的采访，有人因为不整理自己的衣柜夏天还穿着羽绒，甚至有人因此失掉学业、高薪工作、女友，让人啼笑皆非。

其实，拖延并不会让我们快乐，相反，一个人在没有完成某项工作时，头脑会保持在一种紧张状态下，只要还没有完成任务，每个人都不会因为拖延而感到轻松。

越是自律的人越明白自己真正想要的是什么，会把碎片时间都利用起来，当你坚持了下来，你会发现坚持的力量真好。

· 4 ·

有个故事告诉你拖延症的危害：每次妖怪抓到唐僧，小妖们都会问："大王，咱们什么时候吃唐僧肉啊？"得到的答案是："不急……"最后他们都没吃到，反而被打死。所以这些事儿告诉我们，做什么事儿都不能拖拖拉拉，不能有拖延症，否则最好的机会就会没了……

明日复明日，明日何其多？我生待明日，万事成蹉跎。

拖延可以保护你，让真正的自我不暴露在别人面前。从某种意义上讲，拖延把你服侍得很好。它保护你，不让你意识到不那么令人愉快的一面，还帮你躲避内心的烦恼和恐惧。在你不想采取会让自己内心不安的行动的时候，它给了你一个方便的理由让你心安理得。如果停止拖延，你必须面对怎样的问题？

单纯地做事拖拉，只能定义为"拖延"，这是一种习惯，但当"拖延"已经影响到情绪，伴随着自我贬低、焦虑、抑郁、强迫等心理问题时，才能称之为“拖延症”。如果拖延症已经发生，我们要学会看清自己的本质。

自律的本质并不是你要通过各种方法去过度约束自己，给自己无形的压迫感，而是让自律能够很好地规划你的工作与生活，它是一种协调功能，不必过度去强迫它，需要慢慢地靠时间去形成，最终围绕在你的工作与生活中的一种习惯。

古人说：“律己足以服人，量宽足以得人，身正足以率人。”只有从严要求自己，自觉遵守原则和规矩，扎扎实实履行好每一件事，才能养成自律的习惯。

人唯自律，才能终有一日达到“从心所欲，不逾矩”的境界。

不要等到生活为难你，才后悔过去太安逸

·1·

看到一则视频，唐山撤销了周边所有的路桥收费站，所有在岗的员工将按照劳动合同法合理合法地给予赔偿。

视频中有被裁员工说：“我把青春都耗在收费站了，我现在 36 岁了，学东西也学不了。出去学东西也比 20 多岁的人学得慢，而且什么都不方便了，我们的优势都放在收费站了，我只会收费。如果在饭店端盘子端碗，至少会报菜名，现在啥也不会了。”

马云说过一句话：“人如果停止了学习，就开始走向失败。”

前段时间被《时代抛弃你时，从不说再见》刷屏。

朋友小洋开玩笑说，给自己定下的全年计划，当然没有执行。几天前，她和一位朋友聊天，她的朋友今年请来了几位韩国和喀麦隆的外教，因为语言不通而发愁。几天后问题就全解决了，一人一部对讲机，一套 1000 多元的翻译软件，6 种常用语言，同声翻译。

她说：“看看，投资一个 1000 多块钱的小机器，就永久地取代了一个英文和一个韩文翻译。还有什么不能被取代呢？机器人写稿，机器人收钱，机器人做手术，机器人写歌词。还有什么不能被取代呢？”

这是个令人焦虑的年代，我们总是焦虑同龄人跑得更远更快，把自己甩得越来越远。

· 2 ·

有人说：“历史已无数次证明，滚滚前进的车轮，并不会因为你担忧、因为你不会而停下，反而越滚越快！当你还在心疼自己学会计、财务管理的专业出处时，人家好多学子早已领着一大批 CPA、CMA、ACCA 等证书，走上与国际接轨的道路。当你还在担忧银行柜员何去何从时，建行直接把无人银行开到你家门口，大堂经理一并再见。这些都是时代进步的真实写照。汽车的出现，让马车夫一夜失业，才有了今天的高铁、飞机！换句话说，淘汰的不是人类，而仅仅是不学习不进步的某些人、某些事。”

有个女孩，家境很好，几年前她的父母觉得一个女孩子不需要太辛苦，长大后嫁个好人家，相夫教子就可以。所以她决定放弃高考的时候，父母并没有反对，反而任由她自由成长。

当所有的同学都在享受和珍惜大学生活的时候，她在炫耀自己的快乐自在。

可是没过几年，她的父母生意失败，她也没有一技之长，所以，在十年后的高中同学聚会上，她是最落魄的那一个。

那时候，她还没有嫁人，在一家超市做收银员，她对同学说：“工作一天好辛苦，真的好羡慕你们这些坐办公室的。”

有人开玩笑说：“赶快找个人把自己嫁出去哦，不是说干得好不如嫁得好？”

她沉默了半天：“当年我对自己的规划太少了，太不把学习当回事了，现在你说哪个高富帅会看上我。现在我才发现，曾经觉得压抑的校园、枯燥的学习，原来是那么珍贵。”最后，她有些后悔地说，“如果时光能倒流，多希望我父母当年在我决定放弃高考的时候对我狠点，多希望他们可以逼着我读书。”

如果时光能倒流，一定会有很多的人愿意回到学校好好学习，不用父母督促，苦点累点都没关系，至少能为自己赚取一个明媚的未来。

· 3 ·

有人说，我们在哪个阶段就要做哪个阶段的事情，在该拼命读书的时候你没有，就活该你在该谈恋爱的时候遇不到自己的白马王子，活该你该上班时找不到一份自己喜欢的工作。

因为，他本该在大学校园里等你，而你却一直未到；你的工作机会一直在等你，而你却找不到通往它的方向。

我们常常觉得，读书太苦，人生苦短，何必让自己那么累。

人生不会苦一辈子，但总是得苦一阵子。

如果在你的学生时代，总是想着如何让自己更快乐，那多年后，你会收获到更多的“不快乐”。

虽然现在很多家长都会说：“只要孩子开心，哪怕去捡垃圾我们也愿意。”凡是这样说的家长大多是家境不错，他们知道即使孩子不努力，他们也提供得起生活的保障。但是对于家境一般或是贫困的家庭，他们觉得想要改变命运让生活更好，只能通过学习，因为努力学习才是通向成功的最快捷径。

我们中的大多数并不是一生下来就是富二代，或是小天才，必须靠千般努力万般辛苦才能为自己赚来一个美好前途。如果不想努力学习，总有一天会为自己当年的懒惰而后悔。

纪录片《高三》讲述了福建省武平一中高三学生的故事。

班主任王锦春知道读书才能改变这群农村孩子的命运，他曾这样对家长说：“我们这里铁路不通，高速公路也没修好，想要走出去只有高考一条路。”

对孩子说：“读书不会读死人的，你就拿出半条命来读就可以了。”

有的人听从老师那句“读书不会读死人”的话，每天反复地背诵知识，有些人则充当了反叛者的角色。

成绩不够突出的张兴旺家境贫寒，父亲早逝，母亲改嫁，他内心脆弱，在重压之下借酒消愁。班主任劝他：“你一个人要更加坚强……如果我是你这种家境的人，我只有咬着冷冷的牙，报以两声长啸。”高考的日子渐渐近了。张兴旺顶不住压力，留下一封书信要放弃高考。班主任赶忙跑到车站把他追了回来。高考终于到了，所有人都知道这是一场不能输的战役。

有位家长的妈妈说，不想让孩子回武平，孩子去哪里她都会支持，如果钱不够也可以把房子卖掉。

“考上大学”成了所有人共同的目标。

十年后，有记者回访《高三》里的同学。很多人好奇，这么多年过去了，他们还相信“高考改变命运”吗？

接受采访的同学们无一例外地回答：“相信。”

满意自己现状的，他们感谢高考，比如罗艳。对自己现状不满意的，他们反思导致这一切的根源——高中时不够努力，不够拼，比如张兴旺。

高考所导致的学历差异，正在深刻地影响着他们的人生。

· 4 ·

美国有一个女作家，叫芭芭拉·艾伦瑞克。为了寻找底层贫穷的真相，她隐藏自己的身份与地位，潜入美国的底层社会，去体验低薪阶层是如何挣扎求生的。她流转于不同的城市、不同的行业，先后当过服务员、清洁女工、看护助手等，最后写了一本书《我在底层的生活》。这本书揭露了当时残酷的社会现实，但是也告诉人们：生活在底层的那些人们，如果想要摆脱那样的境遇，只有一条路可走，那就是让自己变得更有竞争力。

读书也并不一定都是苦，只要我们能在苦中体会到乐，就能找到更多幸福的理由。

上谷海棠说："学习可以变苦为乐。如何变？对自己狠，下苦功。前几天会很苦，尤其是第一天。但一定要坚持下去。遇到困难不要躲，死磕到底。困难像弹簧，你弱它就强，你强它就弱。没有解决不了的困难。当一个又一个困难被不断粉碎后，自己的能量也会大大增强，自信也越来越大。如此，渐入佳境，形成良性循环。"

大多数人觉得学习苦，是因为用寻常心态来学习的，不下苦功，想走捷径，遇到困难又想躲，结果困难越躲越多，形成了恶性循环。于是，最后就干脆投降吧。

投降者只能享受到寻常人的小快乐，他们享受不到逆袭者的大快乐。学习如此，工作亦如此。攻艰克难，勇往直前！

奋斗的人
都是孤独的

落在一个人一生中的雪，我们不能全部看见，每个人都在自己的生命中，孤独地过冬。

——刘亮程

·1·

刘轩和听众聊生活的时候，他说：“我永远记得从头开始的那一天，一个人提着两个皮箱，飞了半个地球，回到我很小就离开的那座城市——台北，一个既熟悉又陌生的地方。冬天的街道，感觉特别冷酷。我走进空荡荡的出租套房，唯一的照明是个快烧坏掉的日光灯，屋里全是一股麻辣火锅的味道，因为窗户没关，后面巷子里有个火锅店，天天晚上煮锅底。

“好饿啊！但是没人陪我围炉。那天晚上，我闻着火锅味，自己蹲在套房的墙角吃一碗泡面。”

我曾在《朗读者》节目中听到吴纯的故事，他是一位有三个博士学位的青年钢琴家。

他 4 岁开始学习钢琴，16 岁留学乌克兰，累计获得十八项国际钢琴演奏大奖，他被誉为“闪耀在欧洲的中国钢琴之星”。

9 岁时，父亲和母亲离婚，父亲带走了家里所有的财物。

母亲为了供他学钢琴，每天都打四五份工。他出国去留学时，拿了家里所有的积蓄，当时是三千美金。只有三千美金，一千五百美金用于交学费，还有一千五百美金要生活，第二年的钱他还不知道在哪里，就这样走了，要做好六年都不回来的准备。

从那个时候开始，他在乌克兰打工，每天要做四五份工作。他一般都四点半起床，五点钟要去送牛奶，六点钟音乐学院开门，他要去练琴。

留学期间，他曾为二十多个偏远山区里爱钢琴的孩子提供远程帮助，二十多岁学成归来，现在他成为了一名钢琴教师，教书育人，为这个社会作更大的贡献。

他觉得苦难对他最大的馈赠就是让他学会坚毅、沉着、从容。

他说：“遇到任何事情，想想那个时候的自己，就会觉得好像没有什么，都可以过去的。”

电影里有一句台词这样说：“如果此刻你在凝望深渊，那么深渊也正在凝望着你。有些孤独的情绪就像是未知的深渊一样，或许你身处深渊，正艰难前行，但是当你奋力走出深渊，你会发现，那些苦痛，都会让你变得更强大。”

· 2 ·

《孤独的城市》里说：“遭遇孤独的人，大部分都是为了梦想或者爱情奔赴另一座城市生活的人。努力也如此，总会有特别孤独的时刻。”

有人说，选择在北上广奋斗还是在老家安身立命永远是不衰的话题。

“北上广容不下你的肉身，三四线放不下你的灵魂……”

“北上广的税后 7000 不如三四线的到手 3500……”

“北上广是自己的梦想，回老家是父母的期盼……”

这一年，你或许过着黑白颠倒的加班生活，只是偶尔在看着天空的星光的时候，才能用心感受一下这座城市的万家灯火。

你也许终日埋头于电脑数据前，脚步匆忙，无暇顾及身边的人事变迁。

这一年，你或许因为压力有些烦躁，你的内心平静不下来。

有时候，你真的希望可以逃离这一切，但是回头细想，又觉得喧嚣之外还有那么多不舍。

有时候我们开始感慨、沮丧、自怨自艾，开始怀疑下定决心留在一座陌生城市的初衷，反复思考自己是否还有留下来的价值，失眠之时拷问自己内心到底想要什么。

“迷茫”“焦虑”“迷茫且焦虑”的状态会不定时地干扰我们。

“kitty 是好姑娘”写过一篇文字：《我清华毕业，为什么也会感到自卑》。她在文中写道：

“这不是我的故事，这是我们的故事。”

问清华人“你自卑吗？”这个问题，可能至少有一半的人回答“我自卑”。

当一个清华人在你面前说着“我很自卑”的时候，你可能会觉得这个人很矫情，甚至虚伪。这种感觉大概类似于我们听着一个学霸说着“要挂科了，要挂科了”，但是人家都在 95 分以上。

在清华的几年当中，我一直处于一种惊叹当中，惊叹于身边人的优秀程度。自卑是肯定的，但自卑的同时，更多的是感激。感激能让我有机会在青春年少之时，见识到在各个领域都如此杰出的大神们；感激自己可以不囿于“坐井观天”式的局限当中，能意识到自己的真正实力；嗯……当然也感激自己在这个过程中培养了一个好心态。

发现这个世界有好多东西可以学，最后就算发现有一座学术大神的高山过不去，至少也不后悔这一旅程。反正我也看到过高山，也怀疑过自己，估计到最后都有可能放弃，但也无所谓啊，见到天地，才是关键。

·3·

有个创业者说起自己当年在北京写程序，做网站，几乎每天都只睡五个小时，坚持做到一天当两天似的去干活。他经常会被各种人所抨击："你现在这么拼，到时候就只能在病床上了。"可是他知道如果现在选择了安逸，那未来就不会取得成功。他不断地去争取每一个客户，忍受创业期的各种鄙夷、谩骂。熬夜学习，他和他的团队虚心求教，说到做到，言出必行，做得更多的是沉淀自己的心和气。

张泉灵曾经在央视工作 18 年，42 岁的时候才从央视离职，成为一名创业者，在《奇葩说》上穿着睡衣跟辩手一起辩论。她笑着说："我做梦也没想到会有这样一幅画面。"

在微博写下的辞职信中，她写道："美国著名的投资人格雷厄姆认为，最适合创业的年龄在 25 岁。因为 25 岁时，人们拥有'精力、贫穷、无根、同窗和无知'的武器。这里的无知是创业者们根本不知道创业的前途有多么艰难，因而无所畏惧。而我既没有 25 岁的熬夜能力，也没有随时把所有东西打包就能搬家走人的方便。"

只要有想尝试的决心，永远不会晚。

一个人为什么要努力?

很喜欢的一个答案是：因为我喜欢的东西都很贵，我想去的地方都很远，我想爱的人超完美。

· 4 ·

很多人都会说，我现在努力，还来得及吗？

我说来不及，你就不学了吗？我们应该把重心从问“来不来得及”转到用功学习上来。有时候，你想得越多，越是什么事都干不成。认准目标就静下心来干，总会有结果。所以接下来的时间，无论是在哪个阶段，不要问时间够不够，这些都是次要的，最主要的是你要从现在开始努力。

有时候，我们在努力的过程中会感觉无力甚至是无助，但那些艰难困苦绝不能成为我们放任自我的理由，内心的孤独感更不能演变成精神的“早衰”和在生活中的随波逐流。

别怕心里有雨，眼底有霜

艰难的生活永无止境。

但因此，生长也无止境。

——里尔克

· 1 ·

欢子失业后瘦了很多，她因为工作付出的心酸太多了，她说：“终于可以睡到自然醒了，然而数钱数到手抽筋却只是一个梦。”我看着欢子，知道她内心的苦。那个为了一个方案彻夜不睡的姑娘，为了一个会议忙碌到胃溃疡，连续一年周末加班没有休息，更没有时间谈恋爱，可是老板说：“经过这一年时间对你的观察，觉得你还是不太适合这个岗位。”一句话就否定掉欢子的所有努力。

那天晚上，欢子喝了很多酒，像是一个失恋的人说：“怕什么，明天起来，本姑娘依旧是一条好汉。”然后喝酒撸串，想要把内心的那些失落都用酒精填满。最后她还是忍不住哭了，她的眼神里有藏不住的失望，生活真的好难呀，难得好像和我们心中期待的相差太多。

可是两年后，当我再看到欢子的时候，觉得和之前那个消沉的姑娘完全判若两人。

她自信阳光，开了自己的小店。以前她总觉得没有一份稳定的工作就失去了生活的意义，觉得自己创业就是特别冒险的事情。后来她想通了，与其再做无用功，不如自己努力根据自己的喜好去生活。

她开了自己的饰品小店，每天都会做自己喜欢的小手工。刚开始的时候，生意并不好，但欢子没有放弃。她热情地对待每一位顾客，那些顾客也被她的手工饰品所吸引。慢慢地，回头客就多了起来。

曾在网上看到一张旧照片，一个流浪汉开心地走在繁华的步行街头。“那城市灯火璀璨，却没有一盏为他而开”，但那又怎样，即便身处泥沼，也要仰望星空。

· 2 ·

我的一个同学。上初中的时候，学习成绩一塌糊涂。

离中考还剩两个月时，班里召开了一次家长会。

那一次家长会，老师没有教训他，而是批评了他的妈妈。

他看到妈妈在众多家长面前被老师点名，老师说：“你们是怎么教育你们的孩子的，初中三年，你们看看他都学到了什么？”

妈妈一言不发，他在一旁却觉得那是他一生中最难过的时刻。

那天回家，他翻出了所有的练习册，开始学习到凌晨。

他用了两个月的时间，做完了三年积攒的习题册，也为了心中那一股劲，他不想再让任何人因为他而看不起他的家人。

他以优异的成绩考上了一所很好的高中。高中时，他一直保持最拼的状态，考上了心仪的大学。

如今，他已经是一名俄语翻译官。如果没有当时下定决心的改变，可能他依旧是一个考试不及格、做什么都没耐心的人。

· 3 ·

几年前，看《这个杀手不太冷》。那个小女孩问杀手里昂："生活是否永远艰辛，还是仅仅童年才如此？"

里昂回答："总是如此。"

每当看到这里，我都会在心里扯着嗓子喊："不会的，不会的，生活总会好起来的。"然后像个小姑娘一样为自己鼓劲加油。

我觉得生活就是这样吧，即使你觉得狼狈不堪，但是在清晨醒来的那一刻，依旧会有一种特别美好的能量散发出来。像是一株在缝隙中生长的小植物，哪怕前一天狂风暴雨，但是等到天清气朗的时候，它依旧会蓬勃生长。

我们都曾迷茫。我们不曾退缩。

有个朋友每天晚上都站在图书馆三楼的那扇窗前练习口语，很多个白天也在那里，闭着眼睛也能想起那些角落里的沟沟壑壑。每个夜晚，灯火闪烁，很遥远又近在咫尺，就像每次站在那里的她很孤独又活得热闹。

有时候，在练习口语的空隙喝水的时候，她都会看看窗外。

虽然对未来依旧迷茫，但是心是坚定的。

想起很久之前看过的图片，一个男人坐在台阶上一边吃面包一边流泪。一个人在外面打拼，一定很艰难吧，这个世界上没有哪一种生活是容易的，我们所看到的那些光鲜亮丽的背后，想必都有一段无法言说的灰暗时光吧。

每一天都会有让我们感到沮丧的事情发生，但是我们拥有最珍贵的事就是，我们还好好地活着。

Part2

没什么是容易的，坚持下来都不会太差

愿你在遇到艰难的时候，不要放弃自己，耐心地等待乌云散去，无论怎样，对生活要有所期待，到后来你会明白：昨日种种，譬如昨日死；今日种种，譬如今日生。

你一无所有，你拥有一切

· 1 ·

记得几年前我看到一个小视频，一个年轻的姑娘从大连只身来到北京打拼，在她来北京的第二天，她的妈妈给她发了一条短信。妈妈说：“我今年 50 岁了，我很想你。”她说她来北京工作一年了，一无所有，但是她觉得自己的内心很快乐。

一个写作前辈说，她和妈妈出门，路过了 10 年前实习和工作时住过的小区，小区还是以前的样子，只是水泥路重新铺了一下，砖楼重新粉刷了一下。她在自己曾经住过的小屋门口站了一会儿，想了想 10 年前，她每天都要回去，现在看起来都不知道当初怎么住得下去的地方，她住了两年。

年少轻狂，当时一点也不觉得苦，觉得有个地方蜗居，每天能安心地睡上一觉，还能洗澡、洗衣服，就是很开心的事了，哪管下水道经常会堵，厨房小得只有两平米转不开身？

后来她努力工作攒钱，凑够了最低的首付，她买了房子。她说那个小房子是给妈妈的，她想告诉妈妈：“我不会让你永远住在那样的房子里，我们的生活还是会有希望的。”

我记得自己刚大学毕业的时候，一年内换了三份工作，每天倒好几趟公交车去上班，好像除了上班就是在上班的路上，有一次还遇到了小偷，差一点儿就把包里的钱包偷走。不过即使被偷走，钱包里的钱也不超过 100 元。

有时候，公司还会组织发传单，大夏天我们穿着租来的绿色服装，每个人都像战士一样给路过的行人发传单，估计在旁人看来我们的造型很可笑，像是一只只绿色的恐龙，但是满头大汗的我们并不觉得尴尬，好像在完成一件特别有意义的事情。

那时每天中午都回不了家，吃完工作餐之后，在办公桌上趴一会儿，想象几年后的自己到底是什么样子，好像对一切都充满了期待。下班后，我挤上公交车晃晃悠悠回家，每天回家路上陪伴自己的只有天上的星星。虽然累，但是我更喜欢那个时候无所畏惧、勇敢前行的自己。

那时虽然一无所有，但好像拥有最好的青春和激情。

· 2 ·

我很欣赏的一个姑娘如今有了自己的大公司，生意做得风生水起，全世界各地来回跑，过着自己喜欢的生活，见识更好的世界。

当年她力排众议带着梦想去淘宝创业，没钱也不敢让妈妈知道，连吃 40 天最便宜的米粉，有时候凌晨在地板上打包睡着，不敢上床，怕睡过去发不完货，只能靠着墙角，闭着眼睛眯一会儿，365 天全年无休，旺旺声音一响马上冲到电脑前……

其实她小的时候曾收到过七张病危通知单，医院通知家里她活不过 12 岁，要家里尽快准备后事。长大后她又经历过 4 次全麻手术，现在她的身体上手术疤痕还在，全家人日夜照料，看着她的身体越来越好。她觉得没有什么比活着更让人觉得幸运，既然死不了，那就可劲儿“造”。

时间是公平的，她会看到你的努力，你总会等到收获的那天。

痛苦只是暂时的，正如伊桑·霍克所说：“没有什么是免费的。想要发光就要忍受焚身之苦。”

就像我很喜欢的一个网红，她与大多数年轻人无异，最初也是一无所有地来到大城市，始终用自己的方式坚持着一种成就自己的期待。

她在天涯论坛发过服装搭配的帖子，在转发过万的短视频之前，她也尝试过表情生动的动态图，玩过风靡一时的小咖秀。她在某个广告视频里坦言："这十二年间的每一个选择，我只是坚持，坚持给自己暗示，不放弃，在最无趣无力的日子，也要对世界保持好奇。谁知道自己想做的事情是什么，你知道吗？"

生活就是不断寻找自我的过程。我们努力地向上，除了让世界看到我们，更是为了让自己看到世界。

· 3 ·

和珉嘉逛街的时候，路过一个文艺小书店，跑出来几个初中女生，美好得像是不染尘埃的棉花糖。她们拿着冰激凌欢快地说着学校里的趣事，说真期待快要到来的学校运动会，能参加短跑、跳高、接力赛……女孩子们边说边笑，声音都融到了周围的空气中。

珉嘉叹了口气，低头说："你看，她们多年轻，好像拥有一切。"

我知道珉嘉这个月的房租又该交了，她刚换了新的工作，每天因为策划文案的修改而被领导骂，有时候凌晨都会被客户的无理要求气哭。她说，这些年里，从最初的一无所有，到现在的一贫如洗，她早就练就了一身刀枪不入的本领。

珉嘉不是不努力的人，她曾有一个很稳定的工作，后来结婚，生了小孩。为了照顾小孩，她辞了职，谁承想老公赌博输掉了房子，欠了一屁股债，还出轨了。

她的老公没有对她说一句抱歉，她离了婚，独自抚养孩子。

30 岁的她，一切归零。

她说："生活好像很糟糕，房租又涨了，厕所被堵了，因为欠费停水停电了，厨房里蟑螂出没，楼道里又被对门邻居丢满了好久不扔的垃圾。一场雨落下来，窗外下大雨，屋子里下小雨，但是看到孩子可爱的笑容，就觉得自己必须努力奋斗，大不了一切从头来过。"

她的眼神虽疲惫却充满了无限的力量。

有人说：我怎么敢倒下，我身后空无一人。

但是我想说：我们身后还有爱，有时间，有梦想，有勇气。

看似一无所有，实则拥有一切。

正是这些力量，支撑着我们前行。

谁都向往更好的生活，只是我们还不能忽略这一路上必须承受的艰辛。现在说起的"一无所有"，也许在若干年后就只是云淡风轻的谈资。毕竟，人生很长，还有很多路要走、很多难关要过。

当我们一个难关、一个难关地闯过去时，你会发现，每个人的生命中，都有最艰难的那段时间将人生变得辽阔。

趁年轻，去经历你想经历的一切

· 1 ·

萌萌说自己是一个脸如同烙饼一样大的胖女孩，她是性格外向，爱纠结的天秤座。

她觉得她总跟别人不一样，好像多了很多特异功能，她问我：“自带亲切”算吗？然后哈哈大笑。

其实在我看来，萌萌的脸一点都不大，可能现在的女孩对自己的要求太高，总觉得自己很胖，可是我看到的萌萌分明是个能量满满的阳光美少女。

她自认为自己是一个奇怪的人，说不上来为什么但就是觉得自己“与众不同”，她愿意尝试新鲜的事物，愿意结交更多的朋友，她更喜欢一切美丽与智慧的东西。

一直以来，因为她的妈妈爱美，萌萌从小就是穿着很潮的小孩子。上学的时候，老师和同学们都很喜欢她，她机灵勤快，胆大外向，成绩好还多才多艺。

所以萌萌一直感觉自己似乎就该是活在“光环”下的小“公举”。

可是后来，萌萌的家庭遭遇了一些变故，以至于到后来很长的一段时间里，她仿佛开始了一场噩梦，没有了方向。

萌萌说：“别人都是从丑小鸭蜕变为白天鹅的，而我却是从自信到自卑，真的很可怕。小时候我感觉自己是个公主，被大家赏识，被认可，被喜欢，可是慢慢的，所有的一切都变了。”所遭遇的事让她不得不重新审视自己。

虽然经历了很多变故，但是长大后的萌萌还是遇到了自己的爱情。

认识他是偶然的开始，他是萌萌的学长，他们因在一个学习班学习而相识，一帮朋友经常帮他出谋划策追求他心仪的那个女孩，他也很大方，时常请萌萌他们喝奶茶。

慢慢相处下来，萌萌觉得这个个子高高的、眼睛小小的足球迷是个好人，人格魅力也是满分，对人也是真情实意。那段日子真的是青春有朝气的日子，他们一起在教室停电时讲鬼故事、一起翘课去玩捉迷藏、一起在放学的路上打游戏吃串儿、一起谈天谈地谈人生。

某一天，他问萌萌借手机，说要用一下，萌萌也没多想。原来他是想偷偷要萌萌的电话号码。回到家正要睡觉时，他打来了电话。就这样他们开始了青春期懵懂的暧昧。

萌萌觉得那就是爱情最美好的样子了吧。可是美好为了证明它是美好，总是短得猝不及防。

那一段时间，他突然失去了联系。萌萌并不知道发生了什么，而她也是个不愿主动的人，但其实心思细腻的她早已如坐针毡，可是她依旧不愿意多问。因为她都明白，爱从来都不会是让你苦苦等待，忽冷忽热，她一点也不想自欺欺人。直到某一天听朋友说起，他和当时追求他的女孩在一起了。他生病后住了院，做了手术，那个女孩去照顾他了，他们就在一起了。

就在萌萌原本以为他就这样要离开自己的生活时，上天又开了一个玩笑，没想到他因为一些原因留级了，跟萌萌一届，于是他们之间又开始了纠扯。

萌萌说："你看，爱情就是要把你扯到遍体鳞伤，可你还要笑着逞强。"

·2·

后来的他们在一起过，旅行过，笑过，对未来期许过，他们曾有过很多美好的愿景。也曾一起做饭，一起看电影，一起骑行，一起做蛋糕，一起牵手散步。

萌萌也时常在绿茵操场看他踢球，为他加油呐喊，为他拍下每一个踢球的瞬间。

但尽管如此，结局还是依然如故，分开，相聚，分开，相聚，重蹈覆辙。

就像陈奕迅的《你会不会》里的那句歌词一样：“我们约会，我们再会，没想到再没有拥抱的机会。我们伤悲，我们流泪，也只能流落到陌生人的嘴……”

他们分手的那天，萌萌尽力控制自己的情绪，努力不让自己在他面前流泪，她霸气说再见后，转身的一瞬间心痛伴随着失控的眼泪像放开了的水龙头不断涌出。那一晚上她坐在湖边哭了很久，也想了很多。整整五年，对于这段感情萌萌付出了很多，下雨天送伞，生病送药，打球送水…恨不得为他倾尽所有。她无怨无悔地付出，在那段感情里她变成了男生。那时的她变得不再像自己，没有了自信，了无生趣，糟糕透了。

后来的四年，萌萌的朋友圈里也总能看到他的影子，也曾有几次偶然遇到，但萌萌都躲了起来。

她觉得自己不再勇敢了。他们相识的这十年里，他没有一刻不活在萌萌的心底。每去一个地方萌萌总会匿名给他邮寄明信片，平日里萌萌总会把想对他说的话写在他们当时的情侣空间里，也不知道他是否收到过，倘若收了他会不会想到是这个傻女孩。

但是如今的萌萌只想把这份感情偷偷放在心里，因为萌萌知道他不再是自己需要的那个人了，她想要有人能读懂她的逞强，看穿她的伪装，呵护她保护她。萌萌会在心里悄悄地对那个男孩说：“愿我们再不相见，也愿我们不负此生。”

我刚认识萌萌的时候，如果单纯从外表状态来看，我根本看不出萌萌之前的生活状态，只觉得她是一个很阳光、很单纯的女孩。

其实要强的萌萌曾经摆过地摊，做过代购，倒腾过很多小买卖，也在企业里打拼过，经历可以说是数不胜数……

可能正是因为有这么多人生经历，才让这个姑娘的内心变得更加强大。

萌萌开玩笑地说：“我其实活得很累，工作中我总是很要强，大家大多都喜欢男孩子，谁说女子不如男，我就想把男孩子比下去，想要把工作干得出色，我处处不服，我觉得咱们女人一点不比他们男人差。哪怕是扛水扛煤扛大米我自己也照样做得到，工作苦里的乐，只有自己知道。原来我是茂密的大草场，现在成了三毛流浪记中的三毛，发际线明显后移，发福发胖，日子过得有些小颓废，但我依然觉得自己还是一个因可爱而美丽的女孩，虽然头发秃点，脸大了几圈，但我依旧值得被爱。生活的打压或许会让我难过，也会让我有过放弃的打算，但是如果你没有勇气去死，那就一定要好好地活着。”

甚至每次去卫生间只要看到一号坑的踩水故障，水流不止，她都必须要扯一块纸巾去拯救它。

我觉得这样善良的姑娘一定不会被现实打败。

我知道这个爱跳舞、爱唱歌、爱一切美好的事物，也曾弹琴、画画、弹吉他的美丽姑娘，一定还会找到自己的那片天空，找到那个对的人。

· 3 ·

趁年轻，做一切你喜欢做的事情。因为年轻的时候，我们拥有一往无前的勇气和一腔热血，最重要的是，敢于活出自己。

生活就是不断地去追逐我们喜欢做的事情。

如果你为人生画出了五彩斑斓的色彩，那么你会跨越深邃的人生极限。

在寻找、追寻梦想的旅途中，失败不要紧，重要的是带着一颗坚定的心去跨越一切逆境。

强者遇挫越勇，弱者逢败弥伤。我们能做什么？靠的不是双手，而是智慧，勤劳砥砺品性，态度决定未来。如果你有梦想，请为之付出努力，并从中感到快乐。

趁年轻，趁阳光正好、微风正熏，走出去，去看看，有些路只有走下去，才能看到我们从来不曾看到过的风景。

勇敢去尝试，比成功更重要

· 1 ·

那个在朋友圈发了自己骑着摩托在沙漠里飞驰照片的姑娘，就坐在我面前。

苏苏说：“姐，上学的时候去游乐场玩，别人不敢玩的项目我都喜欢，很多别人不敢挑战的，我也都想尝试。生活中也是，好多有趣的地方有趣的事，我都想要去看一看体验一下。”

有人说：“好看的外表千篇一律，有趣的灵魂万里挑一。”

苏苏就是那个万里挑一有趣的姑娘。

平常的她喜欢素颜，有时候着急忙慌的连脸都会忘了洗，但是哪怕是素颜或者几天没洗头她都是自信满满，能量焕发。说一句话就能把人逗得哈哈大笑，没有谁能阻挡她快乐的心情。她就是有一种自带“快乐”的气场。

苏苏曾是校园女排的成员，她和我说起她们当时训练的场景，每天早晨五点开始训练，迟到一分钟都会被教练罚绕着操场跑无数圈，所以每天雷打不动的早起和高强度的训练，导致苏苏的睡眠极度缺乏，也练就了她在课堂上坐着就能睡着，一闭眼再一睁眼就过去好几个小时的神话……

其实，上学的时候，苏苏并不是一个爱学习的乖孩子。

她在考试的时候，填完自己会的题目就开始睡觉，像动画片里的懒羊羊一样。

动画片里的懒羊羊常说："我是懒羊羊，我爱吃东西，吃很多东西，吃完东西要睡觉，睡个大懒觉，懒觉睡多了，再吃东西，再睡懒觉……"

她在校园里总爱打抱不平，替弱小的受了欺负的同学出气。

那个时候的她觉得自己更像是一个在江湖行侠仗义的大侠。后来上了大学，苏苏认识了很多朋友，可能也是随着年龄的增长，苏苏慢慢懂得了生活真正的意义。

她去旅行，去运动，去结识有趣的朋友，去考摩托车的驾照，有时候还会无厘头搞笑，总是一副嘻嘻哈哈乐天派的样子。

她说她不是没有烦恼，只是在记忆中把那些烦恼都筛掉了。我们的人生一共就这么多天，一定要把它过得有意思。等老了回忆起来，依然会笑个不停，那大概就是人一生最成功的事情了。

请联想一下老太太笑掉大牙的情形，是不是也十分的可爱，哈哈……

其实我们想要尝试的每件事情，都是为了在生活中找到更多乐趣。

·2·

李美萍是中国区域澳大利亚的时尚品牌的 CEO。

每天早晨醒来她都会问自己一句：“What can I do better today？（今天如何变更好？）”

一早醒来会考虑这个问题是因为她觉得，不论多成功，我们仍需要有施展才华、提升自我的空间，这样才可以不断提升效率，做出更好的产品。如果你或者部属只是沉浸在现有的光环中，思想会被固化，比如认定“把潜力发挥到极致了”。一旦这么想，大家做事的动力就会减少。

对于她和她经营的公司来说，有太多事情等着她做，比如，给不同的部门做培训、建立企业运营系统、设定管理结构，积淀文化内涵、做好财政控管以及和客户沟通等。

她说自己是“好奇心宝贝”，对很多领域都极有兴趣，很愿意去尝试，阅读、听广播、开拓新的旅游阵地、跟不同的人见面，等等。

去尝试才是真正属于自己的体验，是接触新知、刺激灵感最好的方法。

· 3 ·

俞敏洪曾经说过：“我们人的生活方式有两种，有些人选择做一棵小草，可以吸收阳光雨露，但永远长不大；有些人选择做一棵树，像树一样成长，活着可以成为美丽的风景，死了还可以成为栋梁之材。”

有人说：“你写 PPT 时，阿拉斯加的鳕鱼正跃出水面，你看报表时，梅里雪山的金丝猴刚好爬上树尖。你挤进地铁时，西藏的山鹰一直盘旋云端。你在会议中吵架时，尼泊尔的背包客一起端起酒杯坐在火堆旁。有一些穿高跟鞋走不到的路，有一些喷着香水闻不到的空气，有一些在写字楼里永远遇不见的人。”

或许此刻的你也如此，一个人在陌生的城市打拼，举目无亲又孤苦伶仃，好友不在身边，同事也只是冷漠的点头之交。

你可能会很疲惫地回到那个没有温度的小家。

你可能周末没人陪，加班到很晚。

有时候，你会厌倦自己的生活。

……

我们想成为什么样的人，想过什么样的生活，最开始都是从我们这颗心开始的。没有梦想的青春不叫青春，梦想是青春的第一层要义，勇于尝试，才有机会成为可能。

没什么是容易的，坚持下来都不会太差

· 1 ·

杨莹莹读大学时，强迫自己报了一个大学英语四级的社会辅导班。可那些课堂对于她这个连四级是什么都不知道的人来讲，简直是生不如死，更别说六级、“TOEIC”的考试。

她觉得需要一个外教来练习听力，她教对方中文，对方教她英文。但是去哪儿找外教呢？她想来想去，终于想出来一个好主意：就是采访外教楼里的每一个外国人，看是否可以结成对子来互相学习语言。

于是，她拟定了一个看上去很靠谱的采访提纲，准备好录音笔和采访说明书，发放到外教楼的每个小房间中去。很快，有七八个外国人答应了她的采访邀请。采访的过程有各种曲折，她问了很多很幼稚的问题，也遇到很多不同的外国人，他们请她听他们国家的音乐，跟她合影拍照，在小厨房给她做他们国家的美食。一时间，她成为了外教楼的常客。

很快，她和 Colin 就成为了互助学习伙伴。他们约定每天早晨 6 点见面，一起跑步去学校门口吃早餐，再一起去外教楼的天台上安静学习到 7 点半，再分别去上课。东北寒冬的早晨，本来约定早晨 6 点钟见面，但是他们每次都好像要为国争光似的，一直比拼谁起得早。

在天台上，望着寒冬里虽是清晨但仍黑压压的天空和静谧的校园，她不知道她的未来会不会因为现在每一天的努力而有所改变，可是她想要努力拼一下。她知道她不能像自己的同学那样，尽情地恋爱，无拘无束地吃喝玩乐，没事儿就逛个街约个会什么的，她不想做一分钟与未来无关的事情。

她说："如果我觉得自己的高考是失常的、失败的，那就要让自己证明那不是一场失败，用所有的努力来证明自己不是那个分数所代表的水平。"

她的英文水平在那个寒冬得到了突飞猛进的飞跃，并且后来顺利通过 TOEIC 和六级。

· 2 ·

我相信很多人都知道荷花定律。

一个荷花池，第一天荷花开放得很少，第二天开放的数量是第一天的两倍，之后的每一天，荷花都会是以前两倍的数量开放。如果到第 30 天，荷花就开满了整个池塘，那么请问：在第几天池塘中的荷花开了一半？

大部分人都会认为是第 15 天。

其实答案是第 29 天。

荷花定律也叫 30 天定律，我们很多人的一生就像是池塘里的荷花，我们努力想让自己的荷花全部绽放，或许一开始开得很快，但是慢慢你会觉得枯燥和厌烦，或者在途中就想要放弃坚持，这个定律告诉我们一个道理，坚持到最后，靠的并不是运气和天赋，而是坚持。只有坚持到最后那一刻，你才会看到结果呈现出来的样子。

很喜欢一个词“效率管理”，我相信很多人都看过张萌的“1000 天小树林计划”。

张萌从浙大退学后，考入北师大英文系，一入学就发现自己英语水平远远落后于同学。入学第一天老师对他们进行摸底考试，她是学英专的，学生 120 人。120 人当中，她清楚地记得她是考到第 87 名的位置，回到宿舍当中她觉得非常丢脸，所以她就进行了第二个目标的试验。

她觉得自己不能成为差生，这很没面子，她就做了个疯狂的决定，她要做一个 1000 天的小树林计划。在小树林里，无论你英语读得怎么烂，你在里面读，别人都不知道你是谁。所以她每天早上五点都到这个小树林阅读英语，大声朗读，每天坚持 3—5 个小时，读到早上八点或十点。但是冬天的时候比较难熬，待一段时间后她回到教室里，她身体上能活动的只有大脑，其他的地方就像吃了冰棍一样，在慢慢地融化。到125天的时候她不想玩儿了，她正要退出时，期末考试就来了，她考了第一名。这对她的激励很大，从此她再没有想过放弃，直到2008年她参加了北京的未来之声全国英语比赛，她获得了全国第一名。

· 3 ·

“1000天小树林计划”改变了张萌，让她的人生变得更有规划。

她说：“对自己负责就是要对时间负责。从时间维度上，可以分为输入和输出。我们要从输入端构建知识结构。而知识技能来源的四类场景——阅读、以人为师计划、课程与会议，以及行走的力量。通过这些输入实现正确输出的三种能力——写作、演讲及实践能力。这是这个时代最容易让自己改变人生的能力。”

她连续26年，坚持每3–5年训练一项“硬本领”；连续24年坚持记日记，每日自省；连续18年坚持每天早上5点起床，开始读书学习；连续16年坚持使用效率手册，规划自己的时间；连续10年坚持在旅行中学习和思考，行走了40多个国家；连续6年坚持每年出版1本书；连续4年坚持带领2个团队创业，每年演讲100场以上；连续3年坚持以人为师计划，每年向 50 个人物学习……

我看到过一个外国男士一年减重 136 公斤的视频。

因为肥胖问题已经严重影响到工作和生活，为了“不想再去大尺码服饰店买特制的裤子”，也为了证明自己，在 40 岁生日这天，这位 260 公斤的“胖子”励志要扭转自己的人生。

接下来，他便跟着教学视频开始锻炼：

并无成效；

累得瘫倒在椅子上；

上气不接下气，几乎要晕倒；

之后的几天一直到第 390 天，他成功了。每天努力一点，他坚持了一年 3 个月。

当初那个连抬腿都困难的胖子，现在变得帅气、精神、活力十足。

他说：“我明白我虽然无法做到影片中的每个动作，但我已经迈出了很不简单的第一步。有些人觉得这样很蠢，但你不试试怎么知道呢？”

当你看不清未来的时候，你要告诉自己：现在的每一天，我都要好好坚持下去。总有一天，你会看到你想要发生的变化。

·4·

所有的事都需要千千万万次积累才能从量变到质变。

不管你现在的生命是如何的，坚信坚持的力量，相信一切皆有可能，内心的信念将会是你坚持的力量源泉，带你看遍人生旅途上别人看不到的风景。

努力是一辈子的事情，梦想从来都是靠坚持来实现的。很喜欢一句话：勤学如初起之苗，不见其增，日有所长；辍学如磨刀之石，不见其亏，日有所亏。懒散和懈怠是生活的毒药，也是失败的人生基因。在人生道路中，我们每个人都应该拥有像水一样的精神，不断地冲破障碍，积累自己的厚度，当有一天机会来临的时候，奔腾入海，成就自己的生命。

坚持就是量变到质变的过程，在这个过程中，许多的困难会接踵而至，如果你选择放弃，将永远无法感受到生命的快乐。在人生的旅途中，用自己的心去听去感受，哪怕从坚持做一件小事开始，选择坚守、选择理想、选择倾听内心的呼唤，才能拥有最饱满的人生。

对生活的期待，
让我们把日子过成想要的样子

也许不知道前方如何，但庆幸一直在路上。

· 1 ·

春天的时候，走在路上，路旁的植物携着幽香的气息静立在那里。路边的几株桃花仰着头对着天空微笑。

马路旁的清洁工阿姨被太阳晒得有些黝黑的脸庞，脸上深深的纹路里没有展现出疲惫。

穿上清爽的休闲装，换上平底鞋，好像每一次呼吸都清新自然。虽然被风吹得没有造型，也没有变得很瘦，可是内心却很踏实温暖。

世间熙攘，四季分明，把那些杂乱的思绪投入云端。

有时会因为一个人而爱上一座城，也会因为一座城而爱上此刻的生活。你若保持倾听的姿态，那么，便会感受到那些景物在春风的轻拂下饱含水汽。

生生不息，这是我很喜欢的一个词。

有个姑娘给我留言，她说：

“小宛姐姐，你说人是不是不应该强迫自己做自己不喜欢的事情。很多道理我都懂，大学生活中，有时需要参加一些自己不喜欢的活动，那样自己的综合成绩打分才会更高一些。我一直在想这是不是因为自己还没进入社会不懂其中利害，或者是自命清高。我也一直很迷惑，自己是因为没有遇见令自己喜欢得发狂的事才安于平静如水的生活的，还是因为自己的心太过淡然，甚至淡然到不像一位学生。我高中班主任就说我的心境太过苍老，像一位隐居者。为什么会这样呢，我从未想通过这个问题。我告诉自己这是因为还没碰上从灵魂深处可以让自己产生共鸣的事物，但是我寻找了那么久，成年之后，还没找到它。我都有些害怕，自己尚未经历人世心就死了。心境究竟是个什么东西，像是一个肉眼看不到却深入骨髓的灵魂栖息地。”

我和她聊了聊我的经历。

· 2 ·

很小的时候，我其实是个非常容易“怕”的人。

我害怕地震，害怕车祸，害怕考试，害怕坏人，害怕爸爸妈妈变老，害怕死亡……

10 岁那年，我的家乡经历了一场地震，现在看来，当时的震级并不是很大，但是那个时候经常伴有余震，我记得那时居住在平房的人们都在院子里搭了地震棚。晚上睡觉的时候，看着爸爸妈妈都进入梦乡，而我却整夜担心得睡不着，那个时候对于生死就有一种超出年龄的焦虑。

我害怕一切未曾发生的事情，好像在每做一件事情之前，我都会想一遍最坏的那个结果，我害怕尝试。好像不去尝试，就永远不会有失败。

初中时，我第一次看到了张小娴写的《当时年少春衫薄》，我读了一遍又一遍，觉得当时的我像极了书里写的那个 14 岁的她：

“生活仍是再单纯不过的上学、回家，没有舞会、郊游、男生，别的同学花团锦簇的精彩内容炫人耳目；而我仿佛是修道院中的人。即使如此，生活中时时发生的情况，已令我疲累不堪。走在学校阴暗潮湿的隧道里，一步又一步，忍不住停下来想，这样充满挫败的日子，究竟要持续多久？”

是啊，那个 14 岁的我不知道那样的状态还要过多久。

那个时候，每天上学定时的闹钟一响，我的心就会“咚”一下，像是掉入一片漆黑的深井，好像有说不出来的迷茫和恐慌。

我并不是学习很差的小孩，也不是叛逆的小孩，好像都是处在中间最容易被人忽略的位置。我不像学习极好的同学备受老师关注，也不像是学习极差的同学备受家长关注，更不像叛逆的孩子能够疯狂地做自己想做的事情。我像是一壶处在保温状态下的开水，没有沸腾和冰点，永远处在一个温度，那个温度让人的内心空洞洞。

我觉得那时的我真的像是一个装在套子里的人。

·3·

但也正是张小娴那篇文章后面的语句激励了我，她说：

“只不过是个推门的手势，把心里的门推开，让阳光进来，让朋友进来，也把自己释放。回顾往昔，真的感念这一段不顺利、不光彩的成长，让我懂得被鄙夷的心情，认清每个人都应该被公平地对待。然而，在许多场合里，仍会特别注意到沉默的年轻人。年长的缄默，可能是洞悉世事人情以后的豁达恬淡；年少的缄默，很多时候只是禁锢着挣扎的灵魂，强自抑制。看见那些逃窜或惊惶的眼光，我总想知道，他们会不会像我一样幸运地蜕变？又或者，我能不能帮助他们蜕变？”

行至盛夏，花木扶疏，却仍记得当时年少春衫薄的微寒景况。

遇见在风中抖瑟的孩子，为他们添加一件衣衫吧。

所以后来的我慢慢敞开心扉，和朋友们一起努力成长。

虽然那个蜕变的过程很缓慢，但是至少在多年后，我庆幸自己没有长成自己当年讨厌的样子。

现在，当我能够喜欢和接纳真正的自己时，我觉得每一天都充满期待。

去广州出差的时候，回到宾馆，看着窗外的万家灯火、车水马龙，我突然觉得，当你的内心温柔的时候，感受到的一切都是温暖的。

· 4 ·

后来经过几次畅聊之后，那个之前给我留言的姑娘告诉我：她不再纠结，现在的她很喜欢自己的生活。

早饭、午饭、晚饭安排得妥妥帖帖，吃自己喜欢的、自认为健康的食物……她让自己努力接近理想的生活，她很开心让阅读成为了每日必不可少的调味料，学习为主食。晚上，在自己的小空间健健身。充分享受作为一名学生在校园的每一天，在没进入社会之前，在大学时代，让每一天独属于自己并且乐享其中。

现在，她努力学会珍惜每一天，在最有限的资源和空间里活出自己，让每一天都成为日后回味的棉花糖，而不是用来忏悔的毒药。她明白了人不能止于脚下，被现在束缚。

她觉得自己进入大学意味着很快就要向学生时代说再见了，回想起来真的有些舍不得。自从对时间有了概念，对它的每一次浪费，她自己都会深深地忏悔。

她说：“没有繁杂的工作、家庭生活的打扰，享受每一天单身自在的生活，在这期间将自己修炼成自己喜欢的模样，才能有更大的选择余地，才能对得起自己。”

有时候我们所向往的诗和远方，其实就在当下。

只有拾起所有的美好，才能把生活过成诗。

沮丧过后，
还是要继续开心起来

· 1 ·

我看到了一个标题：70 岁大爷考驾照一次就过。

那则报道深深地刺痛了我的心，因为我为了拿到驾照，科目二考了 N 次，还是挂了。

我记得自己第一次考科目二的时候，看到那些补考的学员，心里还是有些得意的，心想："不就是科目二吗，这还用得着补考？眼神里充满了不屑。"

但是在我刚上车考试开始十分钟之后，倒库两次都压线的时候，我听到了车里广播那个女声说"××× 结束考试"，我收起了笑容，提包走人。

第二次考试的时候，我心里的那份得意再也没有了，我就像是那个背乘法口诀总是背错的小女孩，哭着说："五五三十五，真是太难啦。"

考试开始时，十分钟之后，我又“华丽丽”地压线了，顿时头顶一大群乌鸦飞过。我再也笑不起来。

第三次考试的时候，我再也没有勇气和别人对视，恨不得赶快考完远离那个地方，我不知道为什么练车的时候感觉还行的自己总是考不过。那一刻，我觉得人生真的是好困惑呀。

第 N 次考……一脚刹车下去，那个熟悉的女声又响起……

然后就再也没有然后了。

告诉老天我不服输，结果老天下手更狠了。

有一句台词说：“人活着没意思的时候，真希望能像频道一样换一下。”

每次想到去驾校练车，我的心情真的很沉重。

不觉得是我在开车，觉得是车在跟我开玩笑。

有个人第一次练车，很紧张！他从右侧下车，下车后绕到左侧，拉开车门……紧接着一声大叫：“啊？方向盘哪儿去了！”教练回头看他一眼，很平静地说：“你开的是后门……”

虽然屡战屡败，但是我还是决定要开始新一轮的驾考之旅。

哪怕还会失败，但是打不死的小强还是很坚强。

我相信，总有一天，我会考试通过的。

此处没掌声也没关系，因为不管多丧，我们还是要笑着走下去啊。

· 2 ·

小红牛在刚毕业的时候去一家金融机构面试，花了半个月工资买了一套蹩脚的正装，结果公司的人穿得都很国际范，而自己像个卖保险的，自我介绍都没说完就让她走了，下电梯的时候因为贪便宜买大了一号所以鞋子掉了，没敢去捡就哭着跑了。

那个时候，她觉得自己真的狼狈。

那些很丧很丧的瞬间，我们都觉得，要是身边有个人陪就好了。

可是更多的时候，我们身边空无一人。

看过一部电影，男主角 24 岁，远离乡下父母，独自一人到新的城市工作，屡屡面试失败，终于进了一家公司做销售。这份工作对他来说非常来之不易，所以就算再苦，再难煎熬，他都会一一忍受这家公司不合理的规章制度。放弃带薪年假，放弃加班工资，忘记自尊，迟到扣钱，月月拿着基本工资，他也觉得只要好好努力，就会有一番成就，好好努力成为公司里的金牌销售。

他开始了没日没夜的加班，被上司指责，除了道歉，还是道歉，工作的压力让他喘不过气。人生别谈什么希望和梦想了，只要能填饱肚子，只要不给别人添麻烦就好了，每天能不出门就不出门，上班能少说话就少说话，脸上也完全没有了笑容，甚至都有了自杀的念头。

后来他遇到一个改变他人生的朋友，在朋友的鼓励和支持下，他鼓起勇气和公司说再见，他重新打上鲜艳的领带，他去见了部长。部长说：“现在的年轻人都吃不起苦，你撂了一屁股烂摊子就想走人？”被奚落的男主角说：“我能吃苦，而且我会努力工作，我会对自己负责。这家公司我进得有点草率，并不代表我不努力。”

当我们很丧的时候，可能并不是我们没努力，而是环境太糟糕，如果工作不能令你变得更好，那么就辞职吧。

· 3 ·

很多时候，我都会想，为什么那么丧的事情会发生在我们身边，我总是希望那些糟糕的情绪像是乌云一样，被风轻轻一吹，就吹散了……

有个朋友说：“的确我不够幸运地经历过家暴、男友的欺骗、朋友的背叛、部分亲戚的侮辱、病痛的折磨，但是足够幸运的是在大多数人都离我而去的时候，还有一小撮真诚的朋友能够给予我理解、信任，让我疲惫的生活可以得到喘息。”

和时予聊天的时候，时予说：“姐姐你能猜到我今天和你聊什么话题吗？”

我本来以为那个看起来阳光开朗又喜欢足球的姑娘会和我天南海

北海聊一番，正准备开口说是不是诗和远方呀，时予却对我说："姐姐，我想和你聊一聊抑郁症。"

其实当时真的是有些出乎我的意料，我觉得像时予这样从小到大家境优越、成长路上很顺利的女孩应该不会出现这个话题。

那天看到时予发了一张照片，照片是在黑色夜幕下绽放的烟花，她配文：你明知道那底色是长夜，而欢乐只是一瞬间的花火。

时予说她抑郁了有一年的时间了，她有时间也会去小旅行。她说，见到不一样的花朵树木，认识过着另一种生活的人们，也在这认真与纯粹中，映照出自己的另一个模样。

这段时间她回顾了自己的生活状态，她不确定自己是不是已经好了，但总归是在越来越好。其实生活赋予我们的，远比我们想象的要深情。

我对她说："每个人都会有小抑郁的一个阶段，每个人都需要从黑暗的谷底走出来。"

或许我们每个人都会纠结在一些问题上无法释怀，其实有时候我也特别容易逃避现实，总是想让生活看起来充满希望，但是真正遇到困难挫折的时候未必有那么强大的内心，总是想要屏蔽掉那些不愉快的回忆。

她说现在更多的是在思考抑郁带给自己的意义和收获。抑郁更像是给自己的精神力量一个整合的契机，好比让自己抽身而出，从高处来直面自己，俯视前后左右、过去和将来，这样就能够把自己解放出来，能够更真实、更从容地与世界交流，与自己和解。

时予在静下来的时候，抛开所有想法，便觉得是自由的人。

在某个晴日下午，她觉得往日里一定要做的事，一定要说的话，都可以不理会，只享受那暖阳就好了。

罗伊・马丁纳说过：“我生命里最大的突破之一，就是我不再为别人对我的看法而担忧。此后，我真的能自由地去做我认为对自己最好的事。只有在我们不需要外来的赞许时，才会变得更自由。”

当那些沮丧的情绪来临的时候，请不要害怕，它是提示我们休息一下，更好地修复心灵。

就像那句话一样：“时间，它像永不停歇的浪潮，在某一天，把你推上豁然开朗的海阔天空。”而我相信时予也会在生活中找到自己一直想要找到的答案，然后勇敢地去过好每一天。

· 4 ·

我曾在留言里面看到一条这样的消息，有一位读者说：“小宛，真正的成长究竟是什么样子的？为什么我努力了这么久，好像离自己心里设想的目标还很远？”

其实，在我们未曾达到一个新的阶段的时候，我们总是认为我们的生活是停滞不前的。

一位瑞士心理学家说：“一年中的夜晚与白天数量相同，持续时间一样长。即使快乐的生活也有其阴暗笔触，没有‘悲哀’提供平衡，‘愉快’一词就会失去意义。耐心镇静地接受世事变迁，是最好的处事之道。”

女大学生王可心对于希望成为一个怎样的人有着自己的理解：优秀的定义有很多种，我并不觉得自己很优秀。我更看重独立、有趣的品格。

她还记得 24 岁生日时，她写给自己的话——你永远不要市侩，不要中庸，不要目的性太强；你的眼里要有光，身上要有真性情，心中要多些担当。

我想告诉那些姑娘，当你困惑的时候，不要犹豫，有时候很难的时候才是你成长的时候。

未来的日子里，我们依旧会向前奔跑，不是为了终点，而是为了这沿途的风景。

董卿说过一句话：“我永远都没有长大，但我永远都没有停止生长。”

或许，我们都会有很消沉的阶段。

我们容易被眼前的黑暗所击倒。

但是你自己也要比自己想象的坚强。

时间一过，那些让我们很沮丧的事情都会过去。

Part3

真正的美，是骨子里的高级

经历了昨天，今天的你就会有所不同。成长无时无刻不在，较量每天都会发生。每天你都可以挑战自己，成就更好的明天。

亲爱的姑娘，
我会记得我们的五年之约

· 1 ·

收到一位小姑娘给我的来信，她把那封信用照片的形式发到我的公众号后台，她留言说：“小宛，一定要看呀。”

她说，在书中，有时候她会找到自己的影子。因为胖，她无数次的自卑，但是现在她想通了，如果自己都不欣赏自己的话，又有谁来欣赏自己呢。她努力学习，坚持运动，今后的梦想是当一名中医。

她说：“小宛，希望你能看到这封信，我想把这份感动延续下去，在我读到最后几页时，我暂停了几天，因为不想让这种读书的交流被打断，但是，书的结尾是结束也是开始对吗？”

其实看到这些真诚的留言总会很感动。

之后我回复了一段很长的内容给这个小姑娘，并且告诉她，一定要好好加油，希望 5 年之后，依然能收到她的来信。

她说她会记得这个“五年之约”，努力让自己变成更好的样子。

亲爱的姑娘，我想告诉你，在坚持自己的梦想时，一定不要害怕失败。

曾经有位记者采访了 11000 个人：

是什么阻止了你成为自己想成为的人？

他以为人们会说：是压力、懒惰、拖延、精疲力竭、放弃、没人支持、没有动力……但是人们的回答使他惊讶。

最多的答案竟然是：害怕！

“我想打篮球，但是我怕自己不够高。”

“我想成为特警，但是我怕我的家人担心。”

“我想恋爱，但是我怕耽误工作。”

“我想创业，但是我怕我的资金不够。”

很多时候，“害怕”成为阻碍我们的最大敌人。

永远不要因为未知就去放弃自己喜欢做的事情。

美亚说：“当你看过世界，见过众生，才发现你要见的世面，是你自己内心的勇敢和自信。”

· 2 ·

亲爱的姑娘，一定要有冒险精神，去看看这个世界，哪怕只是自己一个人的旅行，也要认真倾听自己内心的声音。

我曾看到杨柳松的关于自己独自体验一段旅程的分享，看完之后，被里面的冒险精神所打动。

杨柳松孤身深入羌塘腹地，他的旅程从青藏高原西端至高点——界山大阪开始，历时 77 天，一路向东，横穿整个藏北无人区后，北上进入阿尔金无人区，经可可西里山脉、昆仑山脉、鲸鱼湖……

全程以推车前行为主，行程约有 1400 公里，途中只有两次遇到过人，其他时间都是一个人在荒野中独处。

除了吃以外，水是他这一路上最大的挑战，曾经数次断水。一路上，手和脚上都出现裂口，脚掌裂口有 4 厘米长，手指上的裂口则是一直出了无人区才愈合。一个人推着自行车在荒原里晃了 70 多天，经历了断水危机、口腔溃烂、脚肿、和野兽面对面、幻觉。他说在他心中，这段旅程并未结束，只是告一段落，因为生命是一条贯通的河流，一切皆是没有开始的复始。

一位老师曾讲道：“世界那么大，你凭什么去看看？”

你要体验那些你想要体验的旅程，你会发现，生命中有那么多我们不曾想象的精彩。

多年后，我们再回望我们自己时，请对他说：“你好，别来无恙。”

我记得 Ann 在《见字如面》节目中，给十年后的自己写了一封信。信中有几段话这样说：

你好，大概你早已不记得这封信的来由了吧，如果这十年间你没有记起过《见字如面》，没有想起你曾是多么爱写信的文艺青年，那么大概你会丝毫想不起何以会有这么一封信。毕竟现在的我，28 岁的我，也完全记不起 18 岁那年自己在做着什么，甚至 18 岁生日那天是如何度过，发生了什么好玩的、有趣的或者印象深刻的事。

还记得高中时的你吗?

那时候你还没有整过牙齿，所以笑起来总得用手捂着，外貌也不出众，甚至可以说是很普通，自然没有了电视剧里的早恋、情书之类的浪漫情节……

虽然你一直笃信命运的变幻无常，但你更愿意相信我命在我不在天。十年，我知道会发生很多事，尽管是此刻的我不曾想到的，但我相信，你会在彼岸静静等待我的到来，让我把手递给你，握紧她，一起走很远很远的路途。

我相信 10 年后的 Ann 看到这封信的时候，一定会记得自己曾经的期许。

· 3 ·

亲爱的姑娘，要学会爱和被爱。

要相信爱情，但是不要依附爱情。

一个采访节目中，许知远问俞飞鸿：男人是否会帮助她扩展自由的边界。

俞飞鸿说："还真不是，很多是精神上的汲取，电影、阅读、思考、经历，去体验人生。我不喜欢把责任和情感放在另一个人身上。"

慢慢地，随着时间的流逝，你一定学会了很多事情。

比如到了分岔路口，就要学会和一些人说再见；比如你知道，我们总会和一些人相遇和一些人分离。所以，你也要学会和曾经的自己挥挥手说一声再见了。

不要总是停留在自己的小世界中，你总要学着长大。

往后崎岖也好，漫长也罢，我相信你会学着勇敢和独立。

窦靖童说："命运是自己的选择与外部环境的结合，要成为自己理想中的那个人，并不是一件容易的事情，这需要自我的坦诚，需要内心的勇气，还需要时间。"

· 4 ·

亲爱的姑娘，你要相信你自己。

五月天主唱阿信说："小时候，即便是我生日，到学校也什么都不会说的，因为我就是那种害怕被过生日的家伙……对着我唱生日歌，在众人面前许愿、害羞地接受每个人的祝福，一想到就想挖个地洞钻进去啊。”

多年后那个曾经无比害羞的小孩站在自己的演唱会上说：“我们花很长的时间写歌，很长的时间作词，很长的时间编曲，所以有时候，你们会等很久。但是我发现，无论如何，你们也一直都在，没有离开过，没有放弃过。你们知道，五月天虽然总是会迟到，但是最后，我们一定会到。”

想变成那个谁的我们最终还是变成了我们自己。

亲爱的姑娘，希望你不穿盔甲，不用伪装，也不会受伤。

不要去骗人，不要虚荣，不要嫉妒。

这世界上有一千种等待，最好的那一种叫作来日可期。

五年后，我希望你还是那个，收到喜欢的小礼物，哪怕只是一个简单的拥抱，也会开心好久的小女孩。

跑步带给我们的到底是什么

· 1 ·

苗叔叔和他妻子到家里做客。看到他们的时候，我很难相信他们是一对 50 多岁的夫妇，明明就是 30 多岁的样子。苗叔叔喜欢跑步，坚持跑步很多年，他说：“到了现在这个年龄，最重要的就是有个好身体，每天坚持跑步，去体检的时候一切都正常。感冒都不用吃药，几乎不感冒。”

苗叔叔的妻子一直保养得很好，但是后来随着年龄增长，她的体质开始变差，总是怕冷。但是在苗叔叔的带动下，她也开始了跑步，从最初的 1 公里开始，到现在的 10 公里都不在话下。她说跑步坚持一段时间之后，她的体质真的变好了很多，不像之前那样动不动就感冒怕冷。

他们都喜欢上了跑步这项运动，越跑越精神，越跑状态越好。

如今，越来越多的人把跑步当作生活的一种方式。

于晨是四大国际会计师事务所之一——普华永道的合伙人，作为北大某跑团的创始人，他不仅每天坚持晨跑，还在一年之内跑了5次全马和14次半马。

其实于晨并不喜欢跑步，他一直觉得跑步是一件特别痛苦的事情。

除了坚强的意志和自律精神外，于晨还尽量在跑步这个过程中使用一些方法，来获得快乐和满足感。

比如，为每天跑步设定不一样的路线，给自己丰富的体验，每天坚持打卡。

就这样，他的跑步生涯最终坚持了下来，并且在忙碌繁重的工作压力下一跑就是三年。跑步带给他的，不仅仅只有减掉的60斤体重，还有良好的精神状态和坚韧的工作态度。

·2·

很多人都会问为什么坚持跑步？

大头帮主说：“我一直以为，跑步能让我更好地认识脚下的这座城市，在轻松的节奏中丈量这片土地。尤其是对建筑师而言，徐徐行进间阅读城市，感悟人体尺度与城市街道肌理的融合，也是颇为有趣的体验。渐渐地，我发现，跑步并不仅仅是在丈量城市，我也在用脚步，丈量着自己的生活。”

电影《阿甘正传》里阿甘从跑步中获得了一种信仰：面对命运、面对痛苦，只有不停奔跑、不停地向前，才能跨过命运设置的重重阻碍。

热爱跑步也是我们热爱生活的开始。

几年前，有个叫门门的姑娘为了保持身材，吃了六年减肥药，身体状况跌到了谷底，药物带来的副作用，让她的肾脏出现了问题。

病痛让她意识到，能拥有一个好身体多么重要，她开始了跑步。跑步让伤病复原后的门门，拥有了更积极的生活态度。

她说：“生活中其实充满着各种各样确实而微小的幸福，我学会了用心去感受，哪怕是一些不好的事情，也会尝试着用幽默的态度去面对。”

她有一次在旧金山的全马体验。当她在凌晨 5 点的旧金山，站在起跑线上环顾周围，全是女孩子。她见到了来自世界各地的女性跑者：有年过半百的老者，有身体残疾的女生。那一刻她觉得没有什么困难克服不了，不管什么时候，都要拼尽全力。

很多时候，我们没办法一直坚持跑步，是因为我们总是在开始的时候就想要一个结果。

我们认为跑一个月就应该瘦多少多少斤，当我们发现跑了一个月之后没有达到预期的效果，便想到放弃。

我们总是想通过跑步达到某种目的，当一个人很单纯地去做一件事情的时候，我们发现会有很多乐趣，一旦加入很多其他元素进去，就会扰乱我们最初坚持的决心。

有一位跑步爱好者，在去年最热的5—8月，每天一个半马，跑了100天。他觉得跑步不为取悦别人，只为战胜自己。

当我们把跑步当成一种习惯而不是一项任务时，你会发现，你会感知到更多未知的力量。

· 3 ·

曾听到一个姑娘的故事，她在准备出行的两周前，跑完了人生的第3个10公里，那时感觉腿要废了，走路都外八字了，脚底板一步一疼，心里想半程马拉松和全程马拉松有20公里和40公里，她觉得简直不是她能完成的任务。

夜风微凉，她听着音乐，5公里完成，10公里完成，没有太累的感觉，或许是因为她心里清楚，自己还有10公里要跑。沿着来时的路原路返回，风越来越大，人越来越少，腿越来越硬，脚底板又开始报警。距离目标还有6公里的时候，她停下来拉伸了大腿和小腿，在肌肉依旧紧绷的状态下，继续向前。音乐很好听，慢慢地脚下又轻松起来，就像走路而非在奔跑。路过最后一个红绿灯时，耳机里充满磁性的跑步APP某君对她说：“你已完成半马，非常好……”激动的眼泪不自觉地从眼眶里溢出来，人生第一次的半马，原本以为不可能的 double10 公里，在这样的夜晚，自己一个人默默地跑完了。

她说：“或许如果不是要去朝拜，我永远不会在这样的时刻跑完自己的第一个半马，或许如果不是对自己的不安，我也不会有这样试一试的想法。当看着远处和更远处的时候，就会不知不觉走得比自己原本以为的更远一些，人生不应该停下尝试的脚步。8000 米高空，从没意识到原来也可以距离自己很近很真实。”

或许跑步本身并不能带给我们什么，甚至还会带来身体上的酸痛，但是我们在跑步的过程中，需要和自己的浮躁焦虑和解。

能让我们变好的，只有我们自己。

真正的美，是骨子里的高级

·1·

依依说，人最难的是接纳自己。

两年前，依依总觉得自己不完美，个子有些矮，长得也不是很漂亮，每天都纠结着要不要逃离这个现实的社会。其实依依在别人眼中，已经算是很完美了，有一份稳定的工作，一个爱自己的老公，自身也很优秀，可是依依就是无限放大自己的缺点，她总觉得自己一无是处，感觉生活被自己过得一团糟。她总是在想一个问题：我怎么会是这样子的呢？

在一个沉闷的周末，依依终于爆发了，她大哭一场，觉得生活对她来说没有任何意义，她一个人拖着行李箱，去了北京。

在北京的一个小胡同住下，每天清晨去公园跑步，中午去门前的餐馆吃饭，寻常的烟火气息，让她的内心渐渐归于平静。

她喜欢上了清晨深呼吸的感觉，看着周围来来往往的人们都在努力过好自己的生活，她突然释然了。她突然觉得一个人用心生活的样子，不就是最美的样子吗？

她开始改变，用心接纳自己，变得阳光开朗起来。

她利用业余时间学习瑜伽、健身，和朋友们一起快乐小聚，把家布置得更加温馨，学习做好吃的饭菜，用心感受这个世界。她变得越来越爱自己，爱生活。

她说：“经历过这些内心的煎熬之后，终于懂得，生命的价值，在于释放滋养的能量。世界上最美的风景就是，我有一颗高贵和善良的心，散发着优美的磁场和魅力，无论走到哪里，都会照亮和温暖哪里。”

如今的她，每天都过得充实快乐，充满能量。

有位哲学家说：“每个人都被幽闭在自己的意识里，因此人生是去是留不是重点，重点是我们的意识是被匮乏还是富足左右。只要我们有富足的内心，到哪里都会是最好的选择。”

网上看到有人在地铁口遇见一位卖栀子花的老太太，满头银发。

她们聊天：“阿婆，侬年纪大了干什么还出来卖花啦，辛苦伐？”

阿婆回答：“哎呦，你不懂，今生卖花，来世漂亮。”

总是被这样的回答温暖到，总觉得世间一切皆是希望。

当我们变成更好的自己，你以为那些过不去的坎儿，都会过去，收不到的回头率，也都会在下一个路口等着你。

·2·

在一个节目中看到女孩靳魏坤演讲的主题是关于整容，她说："每个人都有自己害怕的事，你们害怕什么？怕蛇，怕黑，还是怕鬼？你们怕的我都不怕，但我最害怕的事儿是照镜子。因为每次照镜子，我看到的都是陌生的脸。没错，我整过容，10次17项整形手术，那是个什么概念？就是你们今天看到的这张脸，眼睛、鼻子、颧骨、下颚角、下巴全都动过刀。"

说起当初整形的原因，是因为她胸太大了。从16岁开始，她就经常被人起一大堆奇怪的外号，走在街上的时候老被人这样指指点点。她没有穿过吊带衫，没有下过水，没有游过泳，甚至连跑步都是件很困难的事情。所以她选择了整形，她希望能通过整形手术摆脱负累，能像普通女孩一样穿上漂亮的衣服，去过正常的生活。但是没想到，这却成了她噩梦的开始。

当绷带拆除那一刻，她看到的是发黑的胸部。因为乳腺组织的坏死，她必须每天进出手术室，忍受医生用刀子在她身上割去组织的疼痛。因为伤口没有办法愈合，她四处求医，她找遍了所有的医生，他们都束手无策。他们对她说，切除胸部吧！那时她才23岁，她不知道以后要怎么活下去。

在她人生陷入绝境的时候，她看到了一档整形真人秀节目，里面有一个案例跟她的情况特别相似，但是修复得特别好。那一刻她觉得有救了，所以就报名参加了，并且幸运地被选中了。

随后她经历了三次手术，她以为熬过了痛苦的恢复期，三个月就可以拆掉纱布，像电视里演的那样，看到一个美丽的仙女。但出现在她眼前的却是一张完全扭曲的脸，鼻子和下巴向两个不同的方向歪着，下嘴唇不受控制地向右牵扯，整个下巴都是麻木的。

从那以后为了修复，她不得不又进行了多次的手术，她常常会担心自己的脸出问题，因为她脸上的骨头全部被截开过，现在靠钉子固定着，有 12 颗。人多的时候，她会下意识地躲开，她特别担心万一谁跑过来撞到自己，她的鼻子会歪了，她的脸会塌了。

整形之后的五年里，她不敢见朋友，没有办法工作。所有与美丽有关的东西，跟她都没了关系，女人最美好的几年青春，全挣扎在维权和修复上。

· 3 ·

如今，越来越多的人为了漂亮的外表去尝试各种可能。

但是请记住，无论多美，骨子的自信才是最好的名片。

著名作家林清玄说：“人生如果是一栋三层楼宇，一楼是身体与欲望的，二楼是文化与思想的，三楼是灵性与美感的。”只注重皮囊外表的美好，显然是不够的。我们还应该关注如何使自己的内在匹配自己美好的外表。

27 岁中黎混血的女主持人瑞玛，18 岁那年去美国读书，还没毕业就经历一场车祸。男友当场死亡，她死里逃生，但是全身 30%–40% 被灼伤。刚开始，她看着自己血肉模糊的脚都觉得不是她的。

她曾是田径选手和网球选手。她说：“我现在全身都是疤，假如不把自己的身体练好，那我到底该怎么生活下去。我身上也没有什么特别吸引人的地方，所以要把自己身体练得更有线条更健康。”她通过健身，经过数年恢复，终于变得更健康更美。

身上的大片伤疤并没有让她自卑，却让她成为更加坚强乐观的人。

她变身成为一名狂热的健身爱好者，所行之处，随时都在健身。

她成为了旅游节目主持人、演员、模特，瑞玛用自己的方式感受生活，也鼓励了很多人。

她说：“每天去做一件让自己害怕的事情，让自己更进步，看看今天的自己有没有比昨天的自己更进步更成熟一些。”

· 4 ·

英国的著名演员艾玛 · 沃特森，她曾在联合国为女权主义演讲，那是一场声势浩大的“他为她”的运动。

她说：“这个世界虽然令人不安，但女人要相信自己一直很美，平静地去做一些事情，把每一件小事尽自己最大的能力做到最好，让内心日益平静，打破时间的约束。当我们容颜日益老去，我们的坚强很美，我们的温柔本色也很美，我们不在意的姿态很美，我们更关注自我内心的样子更美。”

刘叶琳已经 50 岁了，容貌和身材却宛若少女。她喜欢挑战大家都想做却做不到的事儿，习惯去自家附近的湖泊游泳，冬天也照去不误，已经持续了 30 年。

她和儿子走在路上经常有人弄错，把她当成儿子的女友。“我感觉自己的心还是 15 岁”，她的生活少了一地鸡毛，却多了极限挑战和坚持不懈的锻炼。除了健身，她还去旅行，开阔自己的眼界，热爱游泳的她说：“我希望把世界上所有的海都游上一遍。”

或许在很多人的意识里，50 岁是一个很尴尬的年纪，但在她看来，只要心态不老。她永远都是 20 岁的年纪，甚至她比 20 岁的时候还要美。她坚信“每一滴你流过的汗，都会变成对抗衰老的子弹。80 岁是第四个 20 岁。很多时候，不是红颜易老，而是你流汗太少”。

我想告诉那些姑娘：腹有诗书气自华，岁月从不败美人。一个真正美的人，并不是她的五官有多么精致，而是她的气质呈现出来的那种豁达和淡然。

长得美是优势，活得漂亮才是更有意义的事。相由心生，30 岁之前靠的是遗传，30 岁之后就要看内心的自我成长。当你的内心充满了能量，你的头脑里充满了生活的智慧，你会发现，那种由内而外散发的美，才是真正的美。

没有百分百完美的原生家庭

· 1 ·

心理咨询师若杉的一个来访者叫誉。

誉来自农村，大学毕业那年，他从云南来到北京，买完了车票，身上只剩 600 块钱。

若杉问他：“为什么想要来北京？”

他说：“来北京算是我的梦想吧，高考那年就想来北京，可惜成绩不理想，就留在了昆明。几年心心念念，所以，一毕业就来了。”

来到北京，租了地下室，剩下的一点钱只够一周的伙食费，就暂时找了街边发传单的工作，边发传单，边找工作。后来，到一家房地产经纪公司卖房子，生活慢慢有所改观，好歹，吃喝不愁了。他踏实又肯动脑子，成了公司的销售冠军，终于搬出了地下室。再后来，他跳到了一家地产公司做销售经理，一步步稳扎稳打，现在 8 年过去，已经成了公司的销售总监。

回顾他这些年的北漂之路，若杉问他：“你焦虑过吗？有没有担心过自己在北京活不下来？”

他说：“说实话，担心、焦虑是一定有的，销售本来就是一个压力大、容易让人焦虑的行业，但却打心里从来没有觉得自己的北漂生涯走不下去，一直相信，自己会越来越好，一定可以在北京活下来。”

若杉问他：这样的信心来自哪里？他说，可能来自小时候母亲每天的等待。

誉说：“小时候，因为学校离家远，每天上学、放学都要走很远的路，可是不管多晚回家，母亲都会做好了晚饭，在门口等我。一直到现在都记得，有一天下雨我摔了一跤，膝盖都磕破了，在泥水里一跛一跛地往家走，没走多远，就看见母亲打着伞迎面而来。”

大概是因为知道家里永远有等他回家的母亲和一碗热饭，所以，不管走多远，不管有多难，他的心都是安定的，不容易慌张。

若杉说：“一个人最早得到的依靠，来自于家庭，有能全身心无条件依赖的家人，是一个孩子建立安全感的最初条件。因为被爱过，被相信过，所以一早就确认自己是谁、喜欢什么，不轻易地被外界的声音所扰，可以坚定地过自己选择的生活。相比之下，有多少人挤破了头，想去证明自己，告诉别人：我可以，我过得比你好；有多少人，长大之后为了证明自己值得被爱而一次次地刷存在感；又有多少人，长大之后因为缺乏安全感而在一段关系中不断试探。他们像是无法停靠的小船，一直都怀揣着寻找温暖港口的执念。而被足够的爱滋养过的孩子却从容，因为她从生命之初，在无须证明什么的时候，就已获得了足够的肯定和爱。小时候被爱，是一个人一辈子的铠甲。”

·2·

但是，并不是所有的原生家庭都是完美的。

一个学医的亲戚在儿童医院 ICU 重症监护室实习，某天早晨，他们接收到一个病人，一个 9 岁的小男孩，送过来的时候已经奄奄一息，头部重伤，看样子是遭到重击之后脑部受伤。他们联系到了小孩的家长。

小男孩的爸爸说：“如果孩子抢救不过来的话，就放弃，不想让孩子活过来再受更多的苦。”

原来，小男孩的爸爸和妈妈离婚了。离婚之后，小男孩一直由妈妈抚养，妈妈把对爸爸的恨都发泄到他的身上，每天只给小男孩吃一顿早餐，吃完就让去操场跑步，一不开心就拳打脚踢。这次送进来之前，他被妈妈持续殴打了 4 个小时。

医院当即报了警，他的妈妈被抓走。

可是小男孩被宣布脑死亡，成了植物人。

有个姑娘，总是一副盛气凌人的样子。

周围所有的人都觉得她一定是被家里惯坏了，才一副目中无人的样子。

可是有一天另一个姑娘笑着说她：“嘴巴这么毒，内心一定很苦吧。”

那个总是无理取闹的姑娘非但没生气，反而蹲下来呜呜地哭了。

最软弱的时候，是被人看穿。

· 3 ·

我们每个人都需要两次出生：第一次的出生是从妈妈的子宫里出生，我们无法选择从哪个妈妈的子宫里出现；第二次的出生就是我们从孩子到成年，经历了很多的快乐和难过，最终我们愿意接纳、承认我们的原生家庭，也更愿意让自己变得更好。

接纳和改变原生家庭是每个人自我成长的第一步。对于有家暴倾向的原生家庭，当我们很小的时候，我们总会觉得：是不是我不够好，是不是我总是犯错，所以父母才会无休止地发脾气。你会觉得，原来这个世界是不友好、不安全的，你总是想要逃离。所以那样家庭的小孩总是很孤独，他们在别人面前是冷漠的，但是别人不知道这份冷漠背后，是因为他们更害怕受到伤害。

在我们的潜意识里，童年最容易留下的也就是那些创伤的印记，也就是那些对我们而言像是阴影的记忆。这是原生家庭带给我们的印记。我们有时候总会想：“为什么我没出生在一个特别有钱的家庭？

为什么我一出生就是在偏远落后的小山村？为什么我的爸爸妈妈长得不帅不美？为什么我一出生就需要受苦？为什么……”

我们没法选择父母，没法选择出生的家庭，那些都不是我们抱怨的理由。

但是我们可以选择自己未来的人生。

·4·

没有百分百完美的原生家庭，接纳原生家庭，从治愈自己开始。

当你更爱你的父母，你的内心就会充满了爱的能量。每个小孩都是父母最珍贵的礼物，其实当父母生下你以后，他们会倾尽所有去爱你，只是有些爱的方式或许太过极端，或许生活的变故让他们产生了厌倦，所以带给你的不全都是快乐。

但是你要看见父母的付出，你也要学会接纳。承认我有这样的父母，哪怕他们是自私的、唠叨的、贫穷的，哪怕他们心中没有一点的爱，你也要承认他们现在的样子。

我们不能总是要求父母能够给予我们什么，当我们的内心没有抱怨、没有无休止的愤怒，你会发现你更容易喜欢上现在的生活。

无论怎样，我们都需要明白，当你愿意接受原生家庭的现状，并且愿意去为之努力去爱，那就是你和原生家庭更好的相处方式。

完成比完美更重要

生活的漏洞太多了，她需要将它们一一织补起来，还原它形而上的完整。

她抢救围巾上的脱线，治疗褂兜里的旧伤，缝合袜底儿的大洞小洞。

风吹过，搅浑她眼角的河水，将一层一层落叶堆积在她镂空的心思。

——唐月

· 1 ·

刘墉说：“我一直要求自己和孩子成长比成功更重要，而成长的关键就在于‘处世情商’这四个字上。技能和成绩决定了一个人能走多快，而处世的能力决定一个人能走多远！”

有时候，我们会觉得完美就是成功。

上学时，有个同学，她的作业本和书本永远都是班级里最整洁的，书皮包装是最精致的，她的课桌也永远都是一尘不染，甚至连一块小橡皮都用心呵护。

每一课她都坐姿端正，用心听讲。

可是每次成绩出来的时候，她的排名总是在后面。

工作时，她的工作区装扮得与众不同，每一处布置都用心千万遍。

她说“良好的开端是成功的一半”，确实开端很成功，可是她的工作内容像是外表光滑的柚子，内里却空空的看不到更多的果肉。

她的工作效率低，年度评优的时候总是没有她。

她说：“这不公平，我明明很努力地去做好每一个细节，为什么我的付出得不到应有的收获。”

就像是我上学的时候，作业本刚写两个字就觉得字写得不太好，破坏了作业本的完美，所以我就立刻撕下那一页重新写，导致一个学期下来，我所有的作业本就薄薄的几页。我所追求的完美不过是在破坏完美，而且我忽略了完成的意义。

年少时的我总以为写几页漂亮的字就等于学会了无限多的内容，总以为完美才是最重要的，好多事情却以半途而废收场。

· 2 ·

在妈妈家的小区里，每天傍晚都会准时听到一个声音……

或许你会想到恐怖片里阴森森的画面和令人毛骨悚然的怪声。

其实那是一个很欢快的声音：吹奏笛子的声音。

最早听到那个声音是四年前，刚开始那个声音确实不太好听，像是噪音，每天都出来打扰别人的耳朵。

可是，慢慢地，那个声音变得好听起来，不再刺耳。

如今，四年过去，那个声音从未间断，也吹奏出了最完美的曲调。

朋友圈里有一位妈妈，每天都坚持发她 7 岁女儿练习拉丁舞的视频。我想称赞的并不只是坚持发视频的妈妈，更多想告诉她的女儿：她坚持的样子真的很美。

虽然我很少在视频下留言，但是看到她女儿每一天都在反复练习那些动作，从一开始发到现在已经 600 多天，没有一天中断，每一天都在很认真很认真地完成练习。

曾看到一张图片，一个练芭蕾的小女孩，压腿的时候，眼前被汗水淋出了一大片圆形的图案。

我们付出的那些血汗，总有一天会成为我们骄傲的资本。

很多事情，坚持一天很容易。

坚持十天，好像也不是太难。

但是坚持 100 天却很难。

就算我们第一天做得无比完美。但是没有办法坚持到第二天，也就失去了它最初的意义。

我们要完成这件事，在完成的过程中，再不断完善。

先做到及格再谈优秀。

· 3 ·

有人说，我凡事都想做到完美，却没有办法做到完成。

许多事情，当我们坚持不下去时，你会发现：没有人一开始就做得很棒，但是哪怕自己做得不够好，也不要放弃，慢慢地，你会感受到正是因为那些看起来不太完美，甚至有些糟糕的咬牙坚持的过程，才有了完美的结果。

但是也并不是说不注重细节，只要赶进度就马上完成。而是先要理清思路，给自己一个期限，不要拖延。

有人说：“现在很多人的毛病，打起精神来3分钟就能干完的事儿，‘打起精神’就要花上3个小时。”

完成才是走向完美的必然之路。

只有完成了这个过程，尝试过，才会知道哪些方向是值得我们一直坚持下去的，哪些细节需要我们去完善。

上学的时候，我总是会列很多计划。

每天都严格按照计划执行，当稍微没有按计划中的某一个小时完成后，心里就很沮丧，非常焦虑。

我觉得自己打破了之前定好的计划，一天都没有心情学习。

然后开始放弃，每次打破计划后我都对自己说：从明天重新开始，一定好好坚持。

就这样放弃了无数次，重新开始了无数次，每次都没办法坚持到最后。

后来我发现，我太在意坚持的形式了，而忽略了坚持真正的意义。

当我们不再把完成一件事情当作人生的任务去对待，你的内心会有更多坚持下去的力量，你也会变得更加从容。

· 4 ·

有人说："最闹心的烦躁，是你不知道自己究竟在烦什么，就无缘无故的负能量爆棚。"

其实很多时候，我们都容易被琐碎的生活所干扰，那些照片上的宁静温馨的场景好像真的只是瞬间定格在那里，其他的时间，我们都在处理那些琐事。

我们每天上班下班，过着看似和大家都一样的生活。

有时候，我们觉得很累，每天很疲惫地完成着自己的工作，好像觉得自己忙得不可开交，可是又觉得自己什么都没有做。

有时候我们羡慕别人的生活，看到别人书法、绘画、古筝、红毯，各种充实的生活，回头看看自己，依旧是一杯咖啡和茫然的未来。

我们总说：“哎呀，时间太快，我们这一年的计划还没来得及实施就已经到了下一年。”我们期待变成更好的那个自己，还是没能养成“管住腿、放开嘴”的习惯。我们日复一日地焦虑急躁，我们觉得生活像拼图一样被打乱了，费了半天劲儿，还是没有还原成最初的完美。

有多少次，我们想要放弃，有多少次我们不再期待。

可是在我们心里，那些走过的路不能忘，那些用力活着的坚持，还有我们的斗志不会随着时间渐渐地消散，反而只会越来越清晰。

我们都要学会自我治愈

· 1 ·

有人在百度上提了一个问题：手上的动脉在哪儿？要具体。

我看到有很多回答。

A 回复：我爱你呀小可爱，你的动脉线被我藏起来了，你笑一下我就给你看。

更多的人回复：手上没有动脉的，别找了，我爱你。

还有一条回复最让人感动：离你的提问已经过去了 65 天，我相信你一定已经走出了生活中的阴影，我们都希望你好好的。最后，我爱你。

即使再绝望，也要有努力活下去的勇气。

看到朋友圈里的一句话：每天演好一个情绪稳定的中年人。

哈哈大笑之后，发现作为成年人的我们，有时候真的不能太情绪化。

· 2 ·

电影《气象预报员》里，父亲告诫儿子：“成年人的生活没有‘容易’二字。”

三年前见过一个 90 后的姑娘，那个时候她刚大学毕业，刚到了一个新的工作岗位，还没褪去小姑娘的稚气，充满了朝气。她的妈妈是我们同事的朋友，她拉着她妈妈的手欢快地听着他们聊天。

可是两年前，她的父亲突发脑梗瘫痪了。女孩工作很忙，她的妈妈每天照顾父亲很辛苦。

女孩谈恋爱了，可是男孩觉得女孩的父亲是一个负担，所以提出分手。

父亲生病半年后，妈妈因为照顾父亲过度劳累，在下楼买菜的时候，也突发脑梗住院。

面对两个生活无法自理的老人，女孩并没有像别人想的那样垮掉，她努力协调好照顾父母的时间，因为她知道，再多的眼泪都无法再让父母回到最初的样子，只能坚强面对。哪怕自己再累，哪怕一辈子或许都不会再有人愿意和她在一起，但是她觉得，只要父母在身边，哪怕他们总是需要别人照顾，苦点累点她都不怕。

三年后再见到她，她在为她的妈妈办理出院和后期治疗的手续，比三年前的她有了更多的倦容和疲惫，但是她的内心却越来越成熟。

我们谁都不愿意看到好好的生活发生变故。

我们说好的明天和未来呢？那些负重前行的人们，并不是我们的一句“一切都会好起来的”安慰就能真的好起来。

一切真的很难，内心的煎熬，经济的重担，当那一切到来的时候，只有扛着，别无退路。

生活不一定一直是美好的，但是那些挣扎和煎熬会让你变得更坚强，那些改变可以让你变得更有智慧。

· 3 ·

格格郧在自己失恋的那一年，想用旅行来疗伤，在云南大理，吹过上关风，看过下关月，晒了高原明媚的阳光，仍觉得心底是冷的。有一个清晨，在古城闲逛，突然就闯进了熙攘的菜场。地上竹篓里摆满了各色菌子、竹笋和乡野山货，火腿腊肉老远就闻到香气，到处是招摇的茶花。

她买了竹笋和火腿，回到客栈找厨房做了一碗火腿竹笋汤，压下来那一刻在她心底的悲伤和漂泊感。从此在旅行中，菜场成了她必去的地方。她说：“人生要活到一定时间，才能知道一饭一蔬对自己和对他人的意义，才能体会逛菜场带来的乐趣和安慰。尤其在远离故乡的城市里，一个菜场带给我们的安慰，就和深夜还亮着灯的便利店一样。”

有一位模特，和自己心爱的人结婚怀孕后，她的下颌生了恶性肿瘤。

她的下颌被切掉了 95%，下排牙齿只留下了 4 颗，她的喉咙上有一个疤，右肩下是一条巨大的疤痕。

她第一次发现，面对镜子是一件多么需要勇气的事。然而，她接纳了自己不再如初的容颜，冒着风险生下了孩子。

她说：“生存是美丽的。”

当我们勇敢地面对生命与生活带给我们的残缺，或许更能活出完整的生命。

· 4 ·

我看到许飞写的一篇文章，她和大家分享她是如何从一个孱弱多病的音乐人变成一个六星跑者，完成世界六大马拉松满贯的，还有跑马拉松为她的音乐创作带来了一些什么。

中国最年轻、最有才华的吉他手，现在看来也是一个最全面的音乐制作人李爱，在 2013 年去世了，当时刚满 30 岁。一夜之间，许飞的朋友圈、微博里铺天盖地都是音乐圈朋友们的扼腕叹息。此事引发了许飞对自己生活现状的一次深度的思考。

许飞写道：

在过去的很多年里，我一直打着“艺术家本应该自由”的旗帜放纵自己，安逸地过着黑白颠倒、焦虑、无序、恐惧、虚弱的生活，生活上的不克制与透支，也让我的身体耐性无限降低。渐渐地，我察觉到自己已经没办法应对日常学习、工作和生活了，哪怕是最基本的工作、唱歌，我都会不断犯错。那次思考之后，我又第N次办了一张健身卡，这次我希望能够清醒自己的头脑、坚定自己的意志，能够不再被自己的懒惰打败，我想尝试一下变得坚强起来。

她慢慢发现，跑步不但改变了她的身体，她的时间忽然也多了起来。她有了整个上午，甚至可以有一整个白天来浪费，当然也可以用来学习。所以在多出来的时间里，她在家完成了弗吉尼亚理工大学的在线地理课程，她还听完了台湾蒋勋先生解读的不一样版本的《红楼梦》。

从一开始单纯地打发时间，到后来不自知地认知提升，合理善用闲暇时光，她发现自己从一个怕孤独、恨寂寞又耐不住冷的人，变成了一个扛得住寂寞、耐得了孤独，并且可以自行取暖、发光发亮的自己。

她说：“30岁以前，道理我们都听过了，也都讲完了，那些灿烂的词语几乎用到了尽头。曾经在笔记本上密密麻麻抄过唯美的、煽情的、励志的鸡汤，现在，所有摘抄的语言变得乏味，甚至不可信，话越说越素净，字越写越质朴，生活本来的面目渐渐清晰，到最后所谓人生有效规则就那么简单的几个字——热爱、专注、执着。”

·5·

有人说：“这个世界运行的法则很有趣，你给出的暗示往往决定了事情的走向。无论是情感关系、职场项目或者身体锻炼，你只要给出正向暗示，一切看起来就会轻松很多。一早调整好心情，会让人一整天都有好心情，可以从容应对接下来的各种挑战。”

或许这也正应了“生活虐我千万遍，我待生活如初恋”。

詹姆斯·安吉尔在《晚安》中有一句话，他说：“教育最主要的目的不是教你如何挣得面包，而是使每一口都更加香甜。我想生活也一样，我们每个人活着的目的，不应该仅仅是去获得更多的面包，而是应该使获得的每一片面包都香甜。”

我们有时候都会想：“你看他们真的很有毅力，换做我，真的是做不到。”

其实我们能走多远，靠的不是双脚，而是志向；我们能登多高，靠的不是身躯，而是意志。希望所有人，永远不要忘记锻炼成长、超越自我、努力坚持，我们终将会治愈我们自己，我们的生命也会更加精彩。

能一直陪着你的，
是那个了不起的自己

·1·

Mint在刚开始实习的那段时间，因为工作很忙，每天晚上都是超过9点钟才下班，早上六点半出门，有时是凌晨1点才能忙完。有时候真的很累，但是她一遍一遍告诉自己，熬过实习期就好了。

有一天，她睡眠不足，晚上一如既往地加班到很晚，吹了风，头很痛，大概已经预测到是要生病的节奏。第二天，她起不了床。公司里只有她一个人住在宿舍，其他人都走了。没人能够带她去看医生，所以她只能慢慢下床，烧开水给自己喝。走一步眼前发黑，蹲下来坐在地板上好久，好一点再起来。

那时候，Mint抱住自己，感到了前所未有的孤独。那一天，连她自己都不知道是怎么过的，她没有哭，只是仰着头放空地看着天花板。

或许我们每个人都有这样的时刻，感到疲惫无力，内心是空洞

洞的。

我曾看过宗柳伽写的一篇文章，她在文章中写道："十年前，我是刚进时尚圈的编辑，和几个娱乐圈经纪人合租。我们的工作，白天出入五星级办公楼和酒店，见最美的艺人、拍最时尚的片子、造最奢的美梦，晚上，回到通州，去路边吃麻辣烫。麻辣烫很便宜，一群穿得奇形怪状的年轻人吃完，在路灯下欢声笑语走回家。生活的落差大到可以发电，我们暗自惊讶，冷暖自知，却干劲十足。我们不知道明天会怎样，但空气很自由，明天永远自由。"

或许年轻时最大的动力就是无所依傍。

年轻时最大的勇气就是以梦为马，不会被天黑天亮打扰。

· 2 ·

有个姑娘说，最难过的时候抽过烟、喝过酒，被孤立、被背叛、被冷落、被看不起、被冷嘲热讽都经历过，后来烟酒都戒掉，告诉自己要有资格用自己喜欢的方式活在这个世界上，每天刷题刷到两三点，五点半爬起来背单词准备高考，每天的娱乐就是十二点的时候花十几分钟看看话题节目，终于坚持到最后。一个人的路很孤独，但是相信自己可以。

美国哲学家梭罗曾远离尘嚣，只身一人在瓦尔登湖畔隐居两年。

后来有人问他：“你一个人住在那一定很孤独，很想见人吧，特别是在风雪天里。”

梭罗回答：“我们赖以生存的地球不也只是宇宙中的一叶小舟吗？我为什么会感到孤独呢？我们的地球不是在银河系中吗？”

其实，孤独之外，我们就是自己的主宰。

我们都有孤独的时刻，却也因为那些孤独而变得勇敢。

如汐在某一天下晚班拍摄了一张自己所在城市的照片，她配文说：“这是武汉，我独自一人站在天桥上，看着这个城市的夜景，很美。在车水马龙的街头走动，在这喧嚣的城市里停留，没有哪一刻会觉得凄凉和孤立无援。因为心里住着一个人，因为他我来到了这座城市。”

· 3 ·

有一句话说：“十年前的心脏很厚，用力才能碎，里面是发条青蛙、鸡毛毽子、信纸和崭新的回力运动鞋。十年后心脏很薄，一吹就能破，里面是酒瓶、失眠夜、黑眼圈和离不开的手机。时间一路向左，记忆偏偏掉头向右，所以我们就成了有故事的人。”

记得年少的时候，我会经常做同一个梦，梦到自己在一个像迷宫一样的大房子里，找不到出口，每次醒来，都会深呼吸一下，庆幸那是梦。可是梦里的那种焦虑和恐惧真的会很清晰地感受到，甚至在又梦到的时候，我在心里想，怎么又来到了这里?

20 岁之后，有一段时间很消沉，对任何事情都没有信心，沉默、怯懦。

好像觉得每天的天气都是阴天。

闷闷的，没有一点活力。

那个时候的我真的想瞬间就变成 50 岁，想每天都在摇椅上晒太阳，想跨过中间的好多年，觉得有时候心里真的很累很疲倦。

可是后来，过了几年，在生活中一点点感知，在工作中一点点磨炼，我发现我变得不再悲观失落，我喜欢每一天都充满能量。

觉得那个当年想要瞬间变成 50 岁的自己，真的是太傻太幼稚。

就像《四重奏》里说的那句话一样：“边哭边吃饭的人，是能够活下去的。”

· 4 ·

我记得去年为了做一个读书会的分享节目，我一个人在剧场的小舞台上练习。我记得那是分享的路遥老师的《早晨从中午开始》，剧场很安静，好像除了我和电脑里的配乐，其他的声音都没有。那一瞬间，我想起了小时候在课堂上回答问题的那些画面，那个时候的我胆小、拘谨、自卑。我从来没有想过有一天自己也可以站在台上和别人分享读书的心得，也从未想过有一天自己可以按照自己喜欢的方式去生活。

练习的中途，有几位保洁阿姨进来打扫卫生，其中一个年龄并不太大，她笑着说：“你继续，我女儿也经常在家给我朗诵，她成绩特别好呢。”我看着她脸上带着骄傲的神情，我跟着舒缓的音乐，在她面前预演了一遍，我看到她的眼神真的可以读懂。有些时候，他们可能做着在别人眼中看似卑微的工作，但并不代表她们的生活也是卑微的，她们也是懂得如何去努力生活的人。好像在那一瞬间，她们也给了我很多力量。

第二天读书会结束，好友对我说：“小宛，看到你一步一步走到现在，真的好感动。那个曾经沉默不语的姑娘，如今终于可以站在那么多人面前发出自己的光亮。”

我笑着回答：“你就当我是一只小小的萤火虫。”

其实，我没有告诉她，我曾经记得每一个灰暗的时刻，记得每一个失败的瞬间，正是那些心灰意冷的时刻，才让我鼓起勇气去变得更好。记得我们小学毕业的留言册上写着：愿今后一帆风顺。如果连自己的帆都没有，又怎么能知道自己今后的方向呢。

刘同说过一句话：“你的脸上云淡风轻，谁也不知道你的牙咬得有多紧。你走路带着风，谁也不知道你膝盖上仍有曾摔伤的淤青。你笑得没心没肺，没人知道你哭起来只能无声落泪。想起要让人觉得毫不费力，只能背后极其努力。”

时间会让我们懂得：你的坚持，终有一天它会给你答案。

Part4

你见过更大的世界，才更懂得生活的意义

“请你，一定要保留一些梦想，一定要相信自己，一定要接受和喜欢自己，一定要让自己变成你真心喜欢的样子。如果你想要做的，不是长辈所希望的你的样子，不是这个社会所规定的你的样子，请你一定要勇敢地为自己站出来，温柔地推翻这个世界，然后把世界变成我们的。”

内心丰盈，自有力量

· 1 ·

像邻家女孩的程璧扎着麻花辫，身着灰色棉麻连衣裙，搭配黑色半袖针织衫出现在“薄雾里的晨钟”个人演唱会的舞台上。她一开口，沉静而有空间感的歌声悠扬婉转，让人仿佛沉浸在森林般的晨光中。

小时候，程璧和祖母生活在北方的一个小院子，里面种满了花花草草。初春时，祖母会与她一起观察一颗种子的萌芽；夏天的雨后，祖母会去小院儿摘下湿漉漉的青豆角，包成热腾腾的蒸饺，然后拿一把蒲扇，坐在葡萄藤下等她放学回家。每年年末，祖母会裁一匹薄纸，挑选不同的花色，教小程璧剪窗花。

慢慢地，她学会了认字、写毛笔字。十几岁时，她写了一首简单的小诗，回忆与祖母共度的时光：

庭前花木满，院外小径芳。

四时常相往，晴日共剪窗。

程璧遇见音乐，是在研二去往日本佳能公司实习的时候。在一位同事的家里，古典吉他的尼龙弦发出的温润声响，像触电一样击中了她的心。第二天，她就买了一把古典吉他，练起了简单的和弦，旋律自然地从指尖流淌了出来。

后来程璧有了自己的工作，专心做自己的音乐。

几年后，她出了自己的专辑，作品被越来越多的人认可。那些诗意舒缓的歌词为我们描绘了一个更加温柔的世界。

她说："我从来没有把自己定位成民谣歌手，我希望我的音乐可以没有局限，不流行、不民谣、不可定义，永远是一个在生长的样子。"

· 2 ·

我们每个人都是永远在生长的样子。

和芳芳老师认识的时间并不是很长，但是每次都被她对生活的热情所感染。

最初认识芳芳老师的时候，她是一个读书会的主持人，优雅风趣的谈吐，美丽端庄的外表，让所有人都觉得，原来有一种知性的美真的是很让人赏心悦目。

日常的她读书、品茶、运动，每一天都特别充实。

芳芳老师说，她很小的时候，父母给她最好的礼物，就是一个小书房。

书房里的经典图书让芳芳老师从小就体会到了阅读带给她的乐趣，也让她学会如何做一个内心愉悦的人。

她在每周末都会组织读书会，做自己喜欢的事情。

她说："丰盈的人，才能和平淡岁月友好相处。"

· 3 ·

世上有这样一种姑娘，哪怕她们生活拮据，哪怕她们买不起名牌包，用不起奢侈品，但是她们依然能把生活过成诗和远方。她们有一种能量，即使是吃着凉皮穿着拖鞋，背着 50 元的小布包，也能让人觉得现世安好，不染尘埃。她们对生活充满无尽的期待，虽然家是让她们丑得最舒服的地方，但是她们还是会用刚抠着脚趾的手弄个漂亮的发型自拍。她们周身仿佛藏着最绚烂的色彩，把每一个平凡的日子都描绘出来。

老话说"看好吃香"，享受做早餐的过程，享受每一顿早餐带来的味觉体验，生活不是要为给谁看的，而是要传递积极的能量，让我们能有勇气面对所有不如意的事情。

她业余时间做小饰品，每天六点下班就马不停蹄地去摆摊，自己一个人拿着很重的东西。那个季节风很大，她吃着路边买的手抓饼。

大风刮着，她一个都没卖出去。可是她说，真正富有的是一个人的内心。所以她每天都很开心。

· 4 ·

有人总会说，生活真无聊呀，一日三餐好无趣。沉迷游戏，日渐发胖。

见到一个 17 岁的女孩，她说她没见过妈妈，从小和爷爷奶奶一起长大。虽然和其他家庭相比，她好像失去了很多温暖，但是在她看来，有爷爷奶奶的陪伴就足够了。那些她无法改变的现实，她学会了勇敢面对。她是个特别有规划的孩子，她喜欢茶道，她说大学她一定要学茶专业。

为了心中的那个梦想，她在学习之余，去茶室学习茶艺，研究茶的制作。

她说："茶如人生，淡中有味，虚怀若谷，怡然自得。即使是便利店角落里的一杯，也是一个人的盛宴，不瞩目、不鼎沸、不偏执。"

真正的内心丰富也不在于物质，不在名利，而是一种兼具自信与责任的豁达。一个内心丰富的人，生活往往很简单。坚持自己的步调，保持对生活的敏感度和好奇心。

努力做一个内心丰富的人。你会发现，这个世界并不像我们想象的那样无趣。

你见过更大的世界，才更懂得生活的意义

我们要让 365 天都不一样，而不是同一天过了 365 次。

· 1 ·

费尔南多·佩索阿曾经说过这样一句话：“人与人最大的不同在于：你是真的活了一万多天，还是仅仅生活了一天，却重复了一万多次。”

丹麦摄影师 Peter Funch 花了 9 年做了一个实验，每天早上 8:30 到 9:30 在同一地点中央车站蹲拍。

同一时间，同一地点，他本想看看随着时间流逝，人们的生活会发生怎样的改变？

不曾想，九年如一日的坚持，换来的结果却有些遗憾。

在整理自己的摄影册时，Perer 发现：同样的人竟然在不同的年份，出现在镜头中，甚至重复出现两三次。

从发型、衣着、姿态、表情，甚至人们手中的咖啡、身边的同伴，都高度一致。

城市生活，如机械般重复的一面，就这样以诙谐的方式展现。

几年间，爱笑的人依然爱笑，悲伤的人依然悲伤。

我们日复一日地重复着我们前一天的表情，我们活在固定的模式中。

我们要让自己成长，但是也要有改变的勇气。

·2·

有个小伙子说：“来上海之前，你要是告诉我有人买一千多万的法拉利跟买菜似的，我是不信的。那种故事的桥段，不是应该出现在霸道总裁的故事里吗。别说法拉利了，你跟我说隔壁的女同事一柜子的奢侈包，每天换一个，一个月能不重样，我都会觉得那个人在吹牛。”

后来他在上海待了两年。

他第一家公司的老板，被第一财经报道为业界著名的富二代，有私人飞机，喜欢车，车库里停着七辆各种颜色的法拉利。某年上海车展，这位老板买下了车展中最贵的一辆车。小伙告诉自己，这位老板只是一个特例，生活中这种人毕竟是少数。

小伙遇到的第二个老板，买过一辆最新的特斯拉，就停在公司楼下。这位老板为人低调，白手起家，现在是上市公司老总，身价十几亿。

小伙的第三个老板，白手起家，游戏行业发家。

经历了三任老板，小伙也看到了成功人士的焦虑与艰难，但他也特别想成为那样的人，或者一步一步去接近那样的目标。

小伙说，危机感和焦虑感，可能来自于你正在见识更大的世界，而这本身也是成长的过程。

· 3 ·

小时候总觉得时间过得特别慢，每天都慢悠悠地期待着长大。

长大之后才发现，时间又过得如流水，还没有回过神来，这一年又过去了。

就像张爱玲说的，童年的一天一天，温暖而迟缓，正像老棉鞋里，粉红绒子上晒着的阳光。

逝去的那些时光，我们究竟得到了什么？

或许你会觉得，时光让我们的失去变得越来越多，多到每一天好像都不属于我们自己。

我知道我们总是被工作、生活、压力、未来，好多好多的未知或者已知的困惑所干扰。

可是我们生活本身，不就是让我们用心体验生命的未知吗？

每个人在 80 岁回忆这一生的时候，都不想说是一片空白，没有任何波澜，或者说只是撕了 80 年相同的日历而已。

《超级演说家》冠军刘媛媛，出身寒门，曾经是差等生。考研期间，为了节俭，她和朋友住在筒子楼里面。住处的家具已经看不出原来的颜色，屋顶散布着蜘蛛网，生活到了崩溃的边缘。在这样的环境中，她憋足了劲，刻苦学习，考上了北京大学法律系的研究生。

· 4 ·

认识于老师是在一个读书会上，于老师是最年轻的嘉宾，他在台上幽默的演讲让很多听众成为了他的粉丝。

于老师是一个商人，我觉得他是一个特别爱读书的商人。

几年前，他在国外留学的时候，他说："连续三个月熬夜的辛勤工作，最终换来了这短短的只属于我自己的 10 分钟。今天的课我来讲，还好，换来了一片掌声，赢得了肯定与尊重，又再一次成功地营销了我自己。此刻我好像明白了，我的青春应该是个什么样子。"

如果不曾努力，又怎么会知道自己的人生究竟该是什么样子的呢？

那个你曾经觉得不可能成为的人，那个无数次对生活产生过怀疑的自己，我们都曾经历过生命中最消沉的低谷，那些挫折都会成为我们的垫脚石，虽然有时候会砸到我们的脚，但是只要将挫折踩到脚下，我们会看到我们未曾看过的风景。

就如村上春树所说：“你要记得那些黑暗中默默抱紧你的人、逗你笑的人、陪你彻夜聊天的人、坐车来看望你的人、陪你哭过的人、在医院陪你的人、总是以你为重的人、带着你四处游荡的人。是这些人组成你生命中一点一滴的温暖，是这些温暖使你远离阴霾，是这些温暖使你成为善良的人。”

虽然生活给了我们很多出其不意的打击和困惑，可每次当你大踏步地迈过去的时候，抬头看看头顶的那片天空，你的嘴角还是会不自觉地上扬。

不要用诗意美化苦难，那是咬牙活着的灵魂

愿所有梦见过远方的人，心有惊雷，生似镜湖。

——蔡崇达

· 1 ·

看过一个新闻，有一位 63 岁的母亲，为了获取 20 万的意外保险金给儿子筹集关节置换手术，从 9 楼一跃而下。或许，直到坠地的那一刻，这位母亲也不会想到，这份无私无畏的爱，遗憾又无奈，因为她的保单早已过期，而自杀并不在被保范围内。苦难压垮人的，是多么的绝望而无力。最让人感到心酸的是，这位母亲当天破天荒地买了一份十几块的水饺，这种再普通不过的食材在这位异常节俭的母亲看来已经算得上奢侈。当老人平静地吃完水饺，纵身一跃的那个瞬间，刺痛了多少人的心。

我认识的一个女孩，人很美，还会画很好看的油画。

如果她不曾说起她的故事，我真的以为她的生活特别幸福。

她说，有个女孩，在她小的时候，她父亲曾经无缘无故地虐待她、打她。即使女孩学习已经第一名了，回家不停干家务，每天仍要经历皮鞭之痛，她的母亲没有帮过一次。女孩曾经遇到非常尊重他的男生，他们互相喜欢，女孩的母亲却非要拆散。女孩在之后又遇到一些不错的追求者，但是女孩的母亲却不等她认识了解，就把每个人都莫名其妙地骂了一通。正常约会见面，女孩母亲都会骂她是非不分。

女孩一直到 33 岁都没有越雷池半步，她的母亲从小就习惯骂她，把女孩送到乡村中学吃苦。后来女孩再也不想结婚，决定和母亲好好过日子，女孩陪同朋友一起去南方工作，躲开有家暴的父亲。但是母亲心情一不好就扮演弱者向女孩磕头，装疯卖傻，从此那个女孩不定时就会崩溃………因为她不知自己存在的意义，母亲是她的心灵支柱，至少经历那么多以后终于理解她了，可是女孩非常不明白为什么自己的母亲总是无端地让她难堪。有些亲戚认为女孩虐待母亲了，可是她真的没有，却收到母亲总是可怜巴巴、崩溃的面孔。

但只要女孩的父亲回家，女孩的母亲就正常了。因为女孩父亲有严重的暴力倾向，看女孩母亲无病呻吟，更加会暴跳如雷地去打她的母亲。所以这位母亲只把最脆弱的一面给女孩看，也许是为了让女孩心疼她。可是毫无逻辑的心疼，而且看到那个满脸受害者的样子，让女孩觉得自己好像是坏人，心里特别难受。

·2·

女孩几年前因为连续一周的家暴已经经历过两次自杀。第一次，她把药和遗书都准备好，但有个善良的男孩感动了她，所以她为了最后的温暖活了下来。第二次，女孩去了乡村中学，受尽苦难与流言蜚语，放假又经历连续一周暗无天日的家暴，母亲不管，她被父亲打到遍体鳞伤。女孩问外公借了10元买了2瓶安眠药吞了，因为药店不卖整瓶，都是半瓶。抢救过来，女孩的父亲竟然说了一句“你怎么还活着”。

那些话像是一把把刀刺穿了女孩的心。

曾经很多同学羡慕女孩家庭好，其实女孩从5岁开始就被打得心灰意冷了。

经历了很多，女孩长大后变成了一个好像不太理会世俗的人。

我明明看到她特别美、特别好的样子，明明看到她很努力地去过好每一天。

可是，女孩说：“我不期待婚姻，能好好活着就不错了。”

我明明看到她努力去平衡一个家庭，看到她亲自为母亲做好吃的甜点，给母亲挑选好看的围巾。

可是，伤害她的真的是她最亲近的人。

· 3 ·

苦难就像是生活赠予我们的一场风寒。

记得很小的时候写作文，我写了一篇《感谢苦难》，后来妈妈看到了，她说："为什么要感谢苦难呢？苦难一点都不好，只有经历过的人才能硬生生地走出来，如果走不出来，就被苦难打倒了，所以，请不要感谢苦难，而是要勇敢面对它。"

那个时候，我不太懂，我真的以为苦难就是为了磨砺我们而来的。在我们的骨头变得更强之后，我们会变成更好的自己。

可是后来我发现，背负苦难的人，有那么多的无可奈何，也有那么多别人无法感同身受的体会。

很多痛苦不是我们想象的那样轻易就可以忘记和痊愈。南非的一个救助中心在野外发现了惨死的犀牛妈妈和受重伤的小犀牛，它们的角被偷猎者割掉。被救助中心收养后，小犀牛身体的伤慢慢恢复，但心里的伤难以抚平，它无法入睡，需要它信任的饲养员一直陪着它……

有人说，成年人的生活没有容易二字，你以为自己现在举步维艰，但是比你苦的人还有很多。站在悬崖边上，被生活逼到走投无路，排着队等着跳下去的人都有很多，但是我希望你并不在其中。你要成为自己的支撑，所以无论接下来生活会有多么艰难，都要记住，不要轻易地被它打败。

有个姑娘在高三那年，父亲癌症去世，从拿到病历单到走只有七天，亲戚朋友避之不及，算计着父亲何年何月花过他们一笔钱，却自动忽略父亲富有时给他们带来的财富。

她靠着葬礼收到的钱上完了高中，亲戚不愿意替她交大学学费。于是，在高考那天，她背着所有人交了白卷。深爱的男朋友，用家庭条件差别大的理由和她分手。没有人知道她是怎么过来的，或许是数着日子一天一天地熬，对着陌生人笑，心里却绑着一把刀。

· 4 ·

有些伤痛，是令人沮丧而无力的。

我们习惯安慰别人，听着他们分享着他们的故事、他们的焦虑，以及那些不愿跟他人提起的隐秘情绪，我们想要给他们带去一些微光。可是他们的那些难过，有时候真的不是我们所能左右的。好像我们为了抹平那些伤痛已经做出了所有的努力，可是，原本在心里的那块清澈透明的玻璃，却被下一次的撞击击得粉碎。那些残渣留在心里，变成了不定时的折磨。

19 岁的李懒懒一个人拎着行李走在后半夜没有什么车的大街上，

搜遍了身上所有的兜儿，找到了几十块零钱，住进了街边灯光昏黄的小旅店。蟑螂死在垃圾桶旁边，苍蝇围着白炽灯嗡嗡作响，只剩她一个人蒙着被子号啕大哭的时候，那一瞬间她觉得是时候长大了。

有个男孩大学刚毕业，一个人来到了广州，迫于生计，找了一份便利店收银的工作，一个月2400块，每天凌晨一点下班，错过末班巴士，只能骑将近一个小时的小黄车回到住所。很久没有休息过，一个人守着一家店。而且那是他抑郁症确诊的第二个月，他说："我还没有放弃，也请你们好好活着……"

有人说，面对嘲笑，总要努力一下，就算破茧变不成蝴蝶，也要变成幺蛾子晃花那些人的眼。

以前那些总是"拧不开瓶盖"的姑娘，如今也要独自去抵挡那些生活的失意与无奈了。

哪怕最后没有遇到我们心里的盖世英雄。至少我们还有我们自己的花果山。

别人都不知道，我们坚强的背后，不是因为怕输，而是想要变得更好。

但是还是要相信：只要活着，日子一定会有变好的那一天。

天总是会晴的，熬过那些最艰难的岁月、最艰难的几年，想必后面会越来越好的。你一定要记得时不时地给自己鼓劲加油，你要相信那些苦难都会过去。

这个世界并不需要更多成功的人，但是迫切需要各式各样能够带来和平的人、能够治愈的人、能够修复的人、会说故事的人……还有懂爱的人。

一个咬春自尽的人，满腹花开。

你的好是一颗糖，你的坏却是一把刀

·1·

安然和紫陌是特别好的闺密。

她们一起长大，一起读书。

就像是姐妹一样，看着对方长成闪闪发光的样子，也知道对方最糟糕的糗事。

很多朋友都羡慕她们10多年的友谊，真的是看着对方长大啊，那样的感情是其他人都代替不了的。

她们考上了同一所大学，在新生迎接会上，她们和学长学姐一起吃饭唱歌。

其间，因为一句玩笑话，安然和紫陌吵了起来，安然一下子情绪失控。

她说："这些年，我都好像是你的陪衬一样，你永远都像是花朵。我凭什么当你的绿叶，你以为你有什么了不起？"

紫陌一下子蒙了，她从没想过在安然心里，自己居然一直是压迫她的一方。

虽然第二天安然向紫陌道了歉，说自己只是情绪激动，让紫陌不要放在心上。

但是紫陌知道，有些话已说出口，并不是一句道歉就能抹掉的。

虽然最后她还是原谅了安然，但是紫陌知道，从对方愤怒时说出的那些话之后，她们心里就有了隔阂。那种隔阂是，无论回忆有再多的温暖，心里的那块空洞仍会越来越大，以至于后来彼此说的每一句话，哪怕是真心，好像也是虚伪。

所谓“良言一句三冬暖，恶语伤人六月寒”，无论过后如何修补，都会有裂痕。

曾看过一则新闻，事情发生在泰国的一家超市。

儿子沉迷于电脑游戏，终日消沉。

一天，父亲又看着儿子消沉，怒不可遏，对着儿子说：“有种你就别活了！”随后把枪上膛要转身离开，儿子拿起枪就自杀了。

父亲听见枪声后回头看见儿子躺在柜台上，他没想到儿子会开枪，以为儿子是装的，上去拍了一下儿子的头，儿子的身体倒了下去。母亲扑倒在地上，双手砸地。父亲看到儿子死了，直接摔倒在地上。母亲越过倒在地上的丈夫，捡起了枪，害怕丈夫会自杀。

有时候我们无意间一句特别狠的话，会成为刺向别人的一把刀。

愤怒的我们，其实是内心的软弱找不到出口。

·2·

我看过苏禾老师的故事，他曾是一个主持人，三十岁就拿到了“金钟奖”。

后来他离开媒体圈，投身公益活动。

可是感情上突如其来的打击，让他完全跌入谷底。

相爱十四年的女友，提出分手。他开始陷入抑郁，生活一片混乱。

他不愿意让任何人知道他的情况，也不知道得了抑郁症该怎么做，有时候工作时突然情绪来了，他会躲在桌子底下，完全不知道该怎么处理那些情绪；有时候在办公室里一直绕圈圈，一直走到感觉脚不是自己的，等到情绪过去了，再拖着疲惫的身子回来，没有悲伤，也没有欢乐。

直到他所在的城市发生了一场大地震，他去灾区当志愿者。他看到房子倒了、马路碎了、整个世界都碎了。虽然他的情绪仍然是麻木的，但是在那一刻他突然看到了很多人都在他面前，那些人是他以前在灾难现场拍摄过的人，他们在世界各地，在极大的灾难中求生存。

他突然有了一种很大的羞愧感，好像被上天打了一巴掌：“你想死吗？你看看，要活着有多难？”

后来，他尝试着走出抑郁，尝试每天画出情绪的时间表，以不同的颜色标记情绪，希望能发现情绪的脉络。六七年的时间，他学习心理学的课程，不停地上课，希望能通过那些课程理解自己、认识自己，找到情绪的出口。

他慢慢地挺了过来，还成立了帮助更多人找到情绪出口的组织。他说，只要信任生命，每个人都会在困境中找到机会。

苏轼在《前赤壁赋》里有这样一句话：“惟江上之清风，与山间之明月，耳得之而为声，目遇之而成色，取之无禁，用之不竭，是造物者之无尽藏也，而吾与子之所共适。”

面对生命中的重大变故，愁绪难解，苏轼选择忘掉自我，返归自然。

多年前，姚明背负着13亿人的期望，登临篮坛最高舞台NBA。

在一次常规赛中，他遭遇对手的恶意犯规，同队的老大哥弗朗西斯立即挺身而出，要为自己的中国兄弟讨回公道。

那一幕着实令人动容，但姚明更有着自己独特的看法。

赛后记者问他：“遭遇到这样的恶意犯规，有没有想过对对手进行报复？”

姚明说：“有。”

记者问：“是什么呢？”

姚明说：“他们疯狂犯规，我就用疯狂的得分来回击他们。”

很多时候，人们都会说：“我是一时冲动”。

情绪管理对于我们现代人来说特别重要。当你能够控制好自己的情绪时，才能显示出你的教养。学习和自己相处，去感受自己的感受，去看见自己的内心和需要。

· 3 ·

一个人的情绪决定着一个家庭的氛围。我听过一位老师举的一个例子：

在你脑海出现了一个场景，女人在单位时，她的客户解约，她被领导叫去狠狠地批评，告诉她年底的奖金都没有了。当她下班回到家，一进家门，老公在沙发上看手机，家里很乱，小宝宝在地上哭，那一瞬间，该有什么样的反应？

老师说，很多人都告诉她，那一瞬间如果是自己的话，就摔门而出，或者破口大骂，或者忍着眼泪默默去收拾，无论哪一种都是特别消极的情绪。

换一个场景，女人在单位时，客户解约，但是领导并没有责备她，反而说她工作很辛苦，年底会给她多加奖金。当她下班回到家，一进家门，老公在沙发上看手机，家里很乱，小宝宝在地上哭，那一瞬间，又是什么样的反应？

老师说，很多答案都是，女人会笑嘻嘻地说“我们一起出去吃一顿大餐吧”，或者走进厨房，开心地说“我给你们露一手”。

同样的场景，结果取决于你不同的心情。

· 4 ·

有人问袁咏仪：“你什么话都敢讲，为什么跟张智霖吵架有时不说话？”

袁咏仪说：“不是我不说话，是我要想清楚了再说，因为说出去的话是收不回来的，除非你不爱这个人。可是我爱他，我就要小心一点。”

所以有人提出了一个词叫作“积极暂停”。

就是当你快要发火的时候，快要愤怒的时候，找一些能够让自己静下来的事情，比如听一首歌，睡一小会儿，逛一会儿街，吃点美食，任何能让你觉得情绪好的事情。当这一切让你平静下来，你就会发现，你很好地管理了自己的情绪。

真正的情绪管理，不是控制情绪，而是善用情绪。情绪就像弹簧，你越要压抑它、控制它，它就越拼命地反弹。如果放下控制，单纯地感受，它自己就平静下来了。

别人的“赞”没有那么重要

·1·

以前总觉得努力都是要被看见的，写稿到凌晨还不忘发个朋友圈：努力成为自己想要成为的人。刚跑步第一天就拍个照片发个朋友圈：努力健身，加油加油。可是第一天之后，并没有好好坚持下去。

以前总觉得生活的片段都要分享出来：看个电影秀个恩爱、吃个美食晒个自拍。

后来慢慢地发现，好像活在朋友圈的是那个虚假的自己。每个人都很忙，我们真的有那么多观众吗？总以为那些努力好像说一说就离梦想很近了，殊不知，很多时间都浪费在了期待别人的关注中。

有时候，我们太期待别人的关注了，或者说太在意别人对自己的看法了。

别人认知到的你，和你自己认知到的自己是不同的，你必须要让自己不断突破局限。

有人说，太多的人被别人的眼光、看法绑架，而在你关注别人的眼光时，别人也做着同样的事情，生命变成了一场无谓的茫然。你看路边的花朵，不管你看与不看，都尽情绽放，因为尽情绽放本身就包含着生命最根本的意义。

· 2 ·

我记得有一个朋友曾经跟我说过这么一句话："好像年龄越大，越不爱更新动态，好像活着真的变成自己最真实的体验，和他人无关。"

这也是为什么更多的人把自己的朋友圈设置成最近可见。因为越来越多的人发现，生活本来就是一件很私人的事情，想要分享的时候一起分享，不想分享的时候更喜欢那一份安静和淡然。

别人赞与不赞，都不会改变我们的生活轨迹，也影响不了我们此刻的心情。

我们的生活不会因为别人的一个赞就变得更好，也不会因为没有人赞就变得更差。

好的风景，更多的是在我们心里。

那些很小的细节，才是我们真正快乐的根源。就像一位我喜欢的歌手说："小滋味是发展大世界的好物，如此珍贵，但是往往小独特却不是大世界的感官所能及。贵在有可以思考的大脑，贵在勇于选择而不以得失为目的，所谓的喜怒哀乐愁，本就是生命的完美解说。”

我在短片《凡人》里看到那个在上海打拼的吕小溪，她在公司里是一个没什么存在感的人。她的包里每天都装着两双鞋：先穿着平底鞋挤几个小时地铁来上班，到公司门口再换成不合脚的山寨爆款高跟鞋，穿着它抱着摞成一人高的快递分发给同事们。

同事们从来注意不到那个隐没在快递堆后面的小透明。

只有在吕小溪的社交账号上，她才过着人们想象中高级白领的体面生活。

一次偶然的机会下，她进入了和她合租房子的室友房间，偷偷试了那个女孩的高跟鞋。从此她在社交账号上扮演着那个女孩的生活，她常常趁那个女孩不在家时，偷偷穿着女孩靓丽的衣服，假装自己也拥有了光鲜亮丽的人生，虚构的生活满足了她的虚荣感。

直到有一天，她偷穿女孩的衣服被当场揭穿，从此闹翻。

吕小溪又回到现实中没有存在感的日子，却发现那个女孩在片场当演员的生活并非她想象的那么光鲜亮丽。

或许我们的生活都很平凡，但是每个人的生活都有平凡中不平凡的一面，所以无须活在他人的朋友圈中。

· 3 ·

也许我们每个人心中都需要一个让自己休息的岛。

我记得《金氏漂流记》中比较深刻的一句台词：“生活变得很简单了。”

当把所谓的生活、所谓的都市都抛在了脑后，生活变得很简单了。

人群让生活复杂，活在自己的岛上，远比活在人群中单纯。

但现实是，没有很多的岛来给我们住，每个人都只能在自己心里的那个岛，也就是你心里有片净地，你住在那里，以自己的方式、自己的标准，走自己的路，过自己的生活。生活是可以这么随意和浪漫的。

我们都是自由的。生活是自己的。独立的思想很重要，自己有个世界也很重要。

歌手李健，他每天以一杯气泡水开始，早上 10 点起床，夜里 2 点入睡。

每天只吃两餐，然后是咖啡、品茶。空余的时间拿来弹琴、写歌，剩下的时间用以运动和读书。他不喜欢把每天的时间排得满满的，也不希望以功利的态度去强化日程。他说：“我喜欢可控的生活，喜欢隐藏在生活里，做一个旁观者。”

于是，他家里摆满了各种咖啡壶具，还有单独开设的茶室和一个硕大的书架。他在自我天地里洞悉着生活的本质。

·4·

胡先生是我在实习的时候见过的一位记者前辈，虽然如今他已经离开记者行业了，但是看到他的状态，依旧是文艺老青年一枚。40 岁的他学习英语、学习日语、学习太极，好像每一天都用来充实自己、与这个世界对话。

这些年，最让他难忘的就是记者那份职业带给他的改变。在记者节那天看到他更新的朋友圈，放着不同阶段自己采访的图片。

他说："这些照片苍白地隐匿着十年：闻着天地间的恶臭，我在北川中学那处三千人的大坟旁住了三天；忍着刺骨寒伤，亲耳听到井下 29 名矿工的死讯；忍着眩晕的呕吐，站在空难的现场……还有，我帮着把刚去世的高三女生的尸体抱着放进停尸车……是的，那十年，我见惯了生死，也不断地感受着生命的感动。"

立春的时候，刘姐说，"立"是"开始"的意思，所谓"一年之计在于春"。开始的崭新并不重要，重要的是崭新的结局。

生活是我们自己的。

那些对生活最真实的感觉也是我们自己的。

很喜欢《小虾》里的一段歌词：小虾就是我，不忍直视的自己，忘记了渺小的定义，世界擦肩而过的交集。小虾就是你，一生逞能的自己，接受了大自然的洗礼，还有着向死而生的勇气。

感动和相遇，是所有人的小确幸

·1·

这些年来，遇到很多人，虽有离别，但留下更多的是暖意。

或许我们都曾经历过失望，但是千万不要让我们的自私成为别人心里的疤痕。

请感谢那些陪在你身边的朋友，也请忘记那些故意的疏离。

我们总会遇到更多的人，更真诚的心。

不要怕，请多给自己一点时间。

孤独从来不可怕，它教会你如何在黑暗中走好自己的路。不被他人左右，不被议论所困扰，然后等着你自己去发现同类。

你要相信，努力可以带来好运气，相信用心可以交到真朋友。

要深信善良。

虽然有时候，我们总是容易迷茫和焦躁。

其实幸福很简单，它的样子有很多种，愿我们不论多少岁都有着执着变好的疯狂与勇气。

哪怕仍旧有那么多的不如意，那又有什么关系？

我们总会找到适合自己的方式，去好好生活。

你看此时的风，是不是根据你的发型，刮成了你想要的形状呢？

你看你的脸，是不是也被太阳晒成了它喜欢的颜色？

如果看到上面那段文字的时候你笑了，说明你的内心还是特别有趣的样子。而生活，也会根据你心里描绘的样子，变成你喜欢的样子。

· 2 ·

荳荳是我在 2017 年遇到的一个特别善良的姑娘。

我问她有没有自己感动的小故事，她想了好久好久，她说自己写了又删掉，总觉得自己认为的那些小感动很幼稚。

我记得我们第一次见面的时候，她很腼腆地对我说："姐，很高兴认识你。"

她的那种善良是一眼就能看到的。在一场读书活动上，我邀请了她和我们一起参与。

活动结束后一起吃饭，虽然我们的酒杯里都是饮料，但是话语间我们却红了眼眶。

有些情谊，即使喝的不是酒，也会让人沉醉。

她说，她突然觉得人活着就是感动。

以前她觉得有些事情是不敢面对的，长大后她发现她也可以直面这些问题。虽然每每想起还是会流泪。

荳荳说：“当我们敢于面对一些事情的时候，也许就是一个人逐渐走向成熟的表现吧。”

有好多朋友和同学说她和其他单亲的孩子不一样，他们说他们见过的单亲孩子性格有问题，但是荳荳却特别积极乐观。每次听到这些话，荳荳不知道该说什么。她也不知道她哪里和他们不一样了，她觉得单亲双亲的孩子都一样，也许家庭环境会影响到一个人的性格，但有些东西是与生俱来的。单亲就应该被所谓的消极悲观笼罩着？

其实她也始终坚信：我是一个什么样的人，我就会散发一种什么样的能量，宇宙也会给我反馈一种什么样的力量。

荳荳说：“小时候，我大概就比其他小朋友少块脑子，有没有父亲对我来说不重要，因为所有的，我妈妈都给我了。等我长大一些，我妈妈告诉我为什么在我那么小的时候他们就离婚了，我觉得我妈妈做得对！”

父母离婚的故事很简单，就是她妈妈当年太青涩，嫁进了一家有着严重重男轻女思想的人家。听说，在荳荳出生那天，医生告诉他们荳荳是一个女孩的时候，她的那位奶奶当场就晕倒了，醒来后还破口大骂嫌荳荳妈妈生不出男孩。

再然后，他们逼荳荳妈妈把她送人，然后再生一个男孩。就这样，荳荳妈妈抱着她，跑回了姥姥家。于是荳荳就愉快地在姥姥家成长。之后她的记忆里，只有姥姥、姥爷、妈妈和她。

荳荳妈妈当年提出的要求就是，只要荳荳，其他什么都不要。他们的衣服，她的玩具，什么都没有带走，还有姥爷给他们买的那套房。

· 3 ·

在荳荳成长的 20 多年里，她所谓的父亲没有尽到一丝做父亲的责任。

荳荳的好朋友曾经问过她："你恨你爸吗？"荳荳当时就愣了，为什么要恨别人，每个人都有自己的选择，我们能主宰的只有自己。至于其他人，荳荳不想浪费时间在那些人身上。

她觉得只要过得开心快乐就是对他们的惩罚，所以她一直在努力。

荳荳是在姥姥家长大的。她只上过一个月的幼儿园，剩下的时光都是和姥姥一起开心度过的。最有意思的是姥姥陪她打游戏，一人一个手柄玩赛车、打鸭子，生活中处处充满了欢乐。她上小学时，姥姥为了接送她上下学，提前退休。那时她最开心的事就是每天放学回家和姥姥等着姥爷和妈妈下班回家。姥姥和姥爷在她的成长过程中，给予了她太多太多。她 3 岁学电子琴，他们极力支持；她学舞蹈，他们陪着；她学长笛，嘴上吹起个大血泡，好长时间下不去，姥姥和妈妈说坚决不让她学长笛了……现在和姥姥姥爷坐在一起说起当年那些事，荳荳笑着笑着就哭了。

平凡的幸福中，充满了感动。

·4·

荳荳说自己想不出用什么语言来描述妈妈的付出。她上初中时，妈妈为了她离学校近点，就在学校旁买了一套房。她上高中时，妈妈又把那套房卖了，在她高中学校附近买了一套房。那时候同学都羡慕荳荳，离家真近。

如今，荳荳和妈妈生活得很好，所以后来，荳荳还能开心地告诉妈妈：当初幸好你不要他了，不然他还拉低咱俩的生活水平了。

现在的荳荳，每天都很幸福，她找到了自己爱的人，有了一份自己喜欢的事业，每天都充满能量。

生活中，虽有冷漠，但是我们依旧会遇到很多感动。

特别喜欢一段话：以前看《武林外传》的时候，最喜欢的是同福客栈的屋顶，每个人难过惆怅的时候，都可以坐在上面，喝壶小酒发发呆，并且总是会有人发现，然后就有人过来陪着。屋檐下面是江湖，屋檐上只有柔软的人心。

Part5

你若爱，生活哪里都可爱

成长不应该让你越来越隐藏，而是越来越敞开，越来越无所畏惧。当你明白了生活想要教会你什么时，你会更有力量前行。

会说话的人，
一开口就赢了

· 1 ·

不知道从什么时候开始，有一个词出现在我们的生活中：尬聊。

不会说话的人，话都不知道该怎么接。我其实是个特别不会说话的人，有时候和别人说话我都恨不得给自己嘴巴上个拉锁。其实之前的很多年，我都觉得说话不重要，一个人想说什么就说什么，干吗非得说得那么有条理，思路清晰？觉得不说话也没人把我当哑巴。

可是慢慢地，我发现一个会表达的人才能够更好地掌控你的职场和化解生活中的很多矛盾。

有一次去参加一个活动中心阅读活动。活动由两个主持人主持，第一个主持人表达得特别流畅自然，让人有一种特别舒服的感觉，第二个主持人有些紧张，语速太快，而且拿着主持稿的手不停地抖，最后声音紧张得甚至有了哭腔。那个时候很多在场的人都觉得心也跟着她的语速紧张起来，有一种压抑感。

鹿小姐说，你的语言表达里藏着你的素养和未来。声音只是其中的一部分，更重要的是你的语言表达方式。你说话的语气语调、节奏、音量、清晰度，以及说话的分寸感、逻辑性、沟通的方式、回应的技巧等，这些都构成了你的语言表达方式。而你的语言表达方式就是你的个人名片。我们从什么时候开始了解一个人，或者别人从什么时候开始真正了解我们？就是从你开口说话的那一刻开始。

只要你开口表达，就像你的外貌、颜值一样，会给人留下印象。

在职场、生活中，语言表达影响你的境遇，在和观众、嘉宾对话时，声音是基本条件，它只是一块敲门砖。你还需要用实力说话，也就是你的语言表达能力。

所以，每次开口说话前，她都会先在心里想明白三个问题，跟谁说话、对方是谁、说话的目的，再寻找不同的话题切入，铺陈观点，并控制说话的分寸感，引导对方说出心里话。

· 2 ·

和颜悦色地和别人说话，会让对方觉得你更有亲和力。说话虽然是一件平常事，却最能体现出一个人的学识和修养。

会说话的人首先会倾听，而不是在中途随意打断别人，而且也会尊重别人的感受。

身边的一个朋友换了新手机。

另一个朋友说："哎呀，你那破手机早该换了，三天两头开不了机。那个旧手机就是白送人都没人要。"

本来换了新手机满心欢喜，听到这样的话语，那个朋友的脸一下子沉了下来。

有个姑娘开玩笑地说："今后我就招一个上门女婿，生的孩子要跟我姓。"

她的同事说："是呢，像你的家庭条件一般，如果要找个上门女婿，除非那个男的家里又穷又没本事。换作其他人，谁愿意做上门女婿呢。"

本来是很轻松的聊天，结果被这样的同事把天聊死了。

那个姑娘青着脸再没说话。

语言的杀伤力是巨大的，我们不能小觑。

说话要有温度，不要尖酸刻薄地讨人厌烦。

一个会说话的人，一定是内心谦逊的人。

蔡康永说过："你越会说话。别人就越快乐，别人越快乐，就会越喜欢你。别人越喜欢你，你得到的帮助就越多，这样的人运气就会格外好。"

口吐玫瑰，予人馨香。好听的话并不是恭维，而是恰到好处地让别人觉得舒服，处在一个舒服的语言环境中，彼此的交谈也会很顺畅。

· 3 ·

电影《爱在黄昏日落时》，男女主人公在维也纳相遇，共度了一天之后分离。九年之后，他们相遇在法国巴黎。他们同样也只有一个下午的时间，晚上男主角就要乘飞机离开。

就是那样短暂的秋日午后，他们一路从书店走到公园，从公园走到塞纳河边，穿越熙熙攘攘的人群，路过大大小小的商店。他们一路都在交谈，谈论自己这九年是如何度过的，诉说记忆中的精彩片段。他们聊了整整一个下午，落日洒在男主角的眉梢和女主角微笑的唇角上。

温暖的沟通，会让我们的内心世界感知到更多的美好。

有些恋人经常因为一些小事吵架，并不是说他们不喜欢彼此，或许更多的是说话的方式不正确。

有个朋友和她男朋友的对话总是这样：

“你是不是脑子进屎了，开车的时候让你用导航，你非说记得路，你看，又走错了吧，真不知道你的脑子是用来干嘛的……”

“又迟到，总说自己开会，工作重要还是我重要，如果工作重要的话你就和工作结婚去吧，天下又不缺男人……”

类似这样的对话还有很多，每次她说完话，他的男朋友刚开始还会生气反驳，到后来就沉默冷战，她没有意识到，她说的话已经伤到了对方。

消极的对话会让对方溃不成军，鼓励温和的对话会让对方能量满满。

即使是很亲近的人，也要注意说话的分寸感。

会说话是一种出众的口头表达能力，彰显的是思路清晰、富有条理、感染力和吸引力。但是会说是前提，关键还是在行动力上。

常言道，看一个人怎么样，要听其言，观其行。

如果一个人总是夸夸其谈，把任何事情都说得天花乱坠，那么他带给人的感觉并不是舒适的，反而会让人反感。

诗人马娅·安杰卢曾说过：“人们会忘记你说了什么、做了什么，但永远不会忘记你带给他们什么样的感觉。”

言而有诚、言而有信是一个人自身修养形成的人格魅力。

·4·

电影《春光乍泄》里有句台词：有时候，耳朵比眼睛还重要，很多东西用耳朵听比眼睛看好。一个人可以假装开心，但声音就装不了，仔细一听就知道了。

比起动作和表情，声音更容易表达出一个人的内心。

鲁豫曾经说：“语言是用来传递正能量的，良好的语言和沟通能够创造出一种和谐的气氛，反之就会适得其反。语言也像一把锋利的刀子，有时候它是杀人的武器，有时候它也是救人的工具。”我想有些人一定不懂得这个道理，美其名曰自己说话直接个性爽朗，但实际上我认为肆无忌惮的讲话是自私的一种表现，是不愿意花心思考虑对方感受所带来的结果而已。

因为好的说话方式，可以疏解苦闷，舒畅心情，对方会觉得跟你在一起很开心，可以让人产生“你懂我”的感觉，让人很想靠近你。

表达是一种本能。每个人都有诉说自己的欲望，有被理解的渴望。这就是为什么“共情”这个词在心理咨询中非常重要。

有人说，一个好的心理咨询师，只做了一件事：让人说话。让人把说不清楚的感觉说清楚，让人把在别人面前说不出来的话说出来。

你知道在一个人面前能够敞开心扉的感觉吗？

一个健康的说话方式，是让对方觉得和你沟通是安全的，他的自我表达不会被你否定掉，从你的话语中对方会得到更多能量。

我们为什么要好好说话？

你说的话，就是别人眼中的你。

语言的力量，是我们内心的一种修行。

你若爱，生活哪里都可爱

· 1 ·

luck00 是一位摄影师，我很喜欢她拍的那些自然唯美的照片。

她说：“在 Muir Woods National Monument，每一棵参天大树都约有上千年的岁数了，这里壮观的景象会使你不敢相信自己的眼睛。如果喜欢自然景观的，尤其推荐到访此地。阳光从树叶间隙中洒落下来，那些斑驳的点点光影，非常漂亮。”

她一直喜欢自然光和日常环境的拍摄，也在一直追寻如何拍出感染力和故事性并存的照片。虽然拍摄的是普通人，却细腻、静谧、动人，又带一些寂寞感，也不乏凌乱的记忆片段里闪烁的光芒。

那天她和拍照片的姑娘来到海滩，刚好是日落时分。姑娘换上轻薄的白色纱裙。在海滩边的礁石上，她拍下了一组逆光照。在真实的环境中，感受当下的气氛，从光线、环境到模特的情绪，一切都是真实存在的。自然光之所以神奇，是因为它给了你无限的可能性，不仅仅让照片有视觉的味道，更是表达情绪的推手。

她说：“对于拍摄，我更在乎心境的表达和情绪的把控。没有什么必须要拍的标志性景点或者建筑，因此可以是完全放松，充分融入了细腻的情绪表达。真正好的东西，都容易隐藏在被忽略的角落里。因为任何一个看似普通的地方，都有你不曾发现的美；任何一段旅途，都是一段值得珍藏的体验。”

她也喜欢独自旅行，没有很详尽的旅行攻略，几乎走到哪拍到哪，不管是森林、海边，还是城市，没有设定场景、角色，就是聊聊家常。自然、生活、休闲、安逸都是它的关键词。而 luck00 只要在一旁诠释她自身的状态，让景色和光线来为这些照片加分。

有一次，最后临上飞机前的一个小时，她收拾完行李，还觉得意犹未尽，在住所附近的公园，换上最舒适的夏装，像是回到高中校园的操场上，奔跑大喊，不受拘束地笑，像是重回 18 岁。

· 2 ·

朋友谨说她从没想过自己会出国留学，更没想过自己作为一个妈妈出国留学，很多人都不能理解她怎么能舍得 1 岁的宝宝。其实她很舍不得，但是人生很长，难道为了宝宝一辈子围绕在他身边就好吗？舍弃自己的人生，牺牲一切陪伴孩子？谨更希望在孩子成长的过程中带他走她曾经走过的路、去过的小镇，告诉他妈妈曾经坐过了公交车，没赶上去伦敦的飞机，中间得到很多陌生人的帮助。

每一刻她的心里都是宝宝，都是她将要告诉他哪里有趣，想象着他们一起出行，孩子作为她的向导重新按照原来的路线再走一遍。

认识谨的时候，她还是一个考古专业的大学生。她在参加工作时候努力考研，后来生完孩子后，出国留学半年。

她说，有些事情不想就以为淡忘了，其实当你回顾的时候，每一个细节就像刚发生过一样生动。

威尼斯是一个水城，没几步就要过一座桥。当你上威尼斯岛的时候，小巷子连接着高高低低的房子，公交车和电车的终点站旁边有一座大桥，和售票员一起上班的还有一个胖疯子。谨每天上课都要上这座桥，所以每天都能看到这个“胖疯子”。

胖疯子每天都很欢快地用人们喝完的空可乐瓶敲击他的大肚子，梆梆梆的，特别响亮，再加上他不怎么好听的意大利歌曲，有些“勇敢”的人会上前和他一起唱歌，也有人给些零钱，可谨每次都躲得远远的，慢慢地看着他。

有时候谨也在心里想，他并没有任何攻击行为，为什么不能给他一些硬币，大方地打个招呼呢？他一定不知道有个人为纠结是否给他点零钱一直纠结到最后一天上岛。最后一节课那天她并没看到他，难道他是生病了吗？很可笑地想着他各种不来的原因，也为自己找借口，如果他出现的话，谨觉得自己一定会坚定地给他 1 欧元或一个面包。胖疯子很快乐，希望有人看到他，能为他拍张照片。

· 3 ·

谨和同伴经常说在街头表演的人是艺术家，胖疯子可能不算艺术家，而那些在勃兰登堡门前的大提琴、小提琴和主唱组成的小乐队和布拉格广场的爵士乐队一定是！

佛罗伦萨的手风琴大爷、香榭丽舍大街的黑人街舞小哥……也一定是！

我们的生活太平淡，这些人的人生太精彩。想一想就会难过，他们的技巧精湛，或许他会缺下一顿饭的钱，但是他会为了每天的钱放弃他的爱好吗？也许会，也许不会……

谨经常一个人去旅行，旅行中经常没有伙伴，因为到了后期大家为了自己喜欢的路线只会尽量搭伴，但不会强求。

在圣马力诺的时候，她们都去挪威看极光了，因为谨有课就没去成。

圣马力诺是一个被意大利包围的小国家，坐火车到博洛尼亚再转火车到里米尼再坐班车到圣马力诺。谨到现在都后怕，如果她没有赶上那最后一班到圣马力诺的汽车，她晚上该怎么办。里米尼是大部分人去圣马力诺的中转站，很乱，还出过危险的事，所以每当回想起这些，她满脑都是幸好幸好，订了一个小旅馆，小到差点连 Google 地图也找不到。还好有个在外面抽烟的大厨指了对的方向，大概十分钟就到达，歇了一夜。

早上是个大晴天，前一个晚上的盘山公路到早上变了风景，绿色美，建筑美，风也美，云也美，什么都美，那个无政府的小国家就是靠这片美丽的景色支撑到现在。当你看到你会感受世间的美好，也会感叹并不是所有人都能看到这片景色。

· 4 ·

短片《人生不设限》，其中的故事让大多数人都深受感动，那故事里的女生就是一步步走到了今天的。她们曾经一直被年龄与世俗压力所困，刚推开人生新阶段的大门，就发现门里面的世界早就被一笔一画地用年龄限定好了。影片里三个女生在成长的路上都遇到了年龄带给她们的困扰。她们的手腕上都有一个反映着其年龄的标记，而随着年纪增长，她们越发地感受到外界所带来的年龄压力，年龄似乎渐渐令她们忘了当初的自己是如何闪着自信的光芒。

她们曾躲避年龄、挣扎反抗，当她们终于领悟不该被年龄捆绑，而应听从内心的声音，正视每一个年龄的自己时，她们从内心撕掉了年龄的标签，也打破了年龄的限制。

每当回忆起自己去过的那些地方，爱笑的谨总是一脸幸福。每个人的生活轨迹都是独一无二的，也是这独一无二的轨迹导向了每个人不同的人生。不论哪种，最重要的是不枉此生。

就像《飞越老人院》里说的：“人生最大一种痛，不是失败，而是没有经历自己想要经历的一切。别忘了心底的那个梦想。”

只怕心老，不怕路长

日子过得就像那些不眠的晚上，她嚼着口香糖对墙漫谈着理想。

阳光里她在院子中央晾晒着衣裳，在四季的风中她散着头发安慰着时光。

——《南方姑娘》

· 1 ·

有个姑娘说，28 岁了，依然保持着想吃一碗面，穿越半个城市也要去吃的热情；想去看海了，订下周的机票就可以走；想念雪山了，自己找路线做领队召集队友。生活即使有不痛快，可以允许自己难过，但决不允许一直沉沦。一切都会变得越来越好。

我们常说，明天和意外不知道哪个先来。

我时常看到朋友的朋友圈，有开心，有悲伤，有积极，也有消沉。但是有个姑娘，无论什么时候，都像是在心里住着一个小太阳。

她是瑜伽老师，妈妈是主持人，爸爸是音乐老师。从小到大，她都是在一种特别自由的状态下成长，比其他孩子更独立，更懂得如何去生活。

她的朋友圈有美食、瑜伽、有态度的生活、温暖和爱。

她的妈妈是个很漂亮的女人，年轻时是播音主持人。有的时候她们会一起度假，母女两人一起拍搞怪有趣的照片。

她对美食情有独钟，总觉得好好吃饭是对周末最好的尊重，而且喜欢健身，拔个牙，瘦了三斤，她说："你以为我会开心那就大错特错了，因为拔牙后饮食障碍和运动障碍，导致体脂率上升了，蛋白含量下降了，肌肉含量也下降了。真正的好身材从来只看围度不看重量。"

可是在不久前，我看到了她发了一张她妈妈的照片，配文说："剃了一个光头。"

照片里她的妈妈笑得还是那么温暖，但是我们知道，她的妈妈生病了。

因为化疗，她的妈妈没有了头发，但是还是会戴着漂亮的帽子，和她一起去 KTV 唱歌，好像要用尽全力去拥抱每一天。

在经过六次化疗之后，妈妈的状态好很多，她们一起去迪拜旅行。

我看到照片里她和她的妈妈，笑起来真的是这个世界最好看的样子。

· 2 ·

听《南方姑娘》的时候，让我想起那个叫王雪卿的姑娘。

她觉得油画特别美，她想把生活过成油画的样子。她出生在惠安的一个小渔村，家境比较贫困，交不起学费就没有上学。

她曾经遭遇过一次情感的失败，那次挫折，再加上城市打拼的辛苦和无望，让她特别向往乡村生活，远离繁杂困扰，她想活成自己想要的样子。在福州的一个山村里，王雪卿租下了一座二十年没人住的房子，破烂不堪。她用口袋里仅有的一万块开始了对房子的改造。为了心中的理想庄园，她一边兼职去镇上打工摆摊，一边修葺小屋，她相信自己可以用双手创造美好的生活。自己能干的活她一律不请人，她从山上运来石头自己砌墙，到林中砍木头，拿起刷子粉刷墙壁，向老乡借来镰刀砍除杂草。

她种菜栽花，养鸭裁衣，看书拍照。为了生存，也为了生活。她用木板搭了篱笆，圈了小小的菜园，锄了地，种上了自己喜欢吃的蔬菜。

她学着做一个木匠，自己制作桌子凳子，油漆成自己喜欢的颜色。她再铺上喜欢的桌布，摆上陶罐、插花。

她平时就是灰姑娘的打扮，她虽然没有学过设计，但曾摆摊卖过服装，也曾在服装厂打过工。她有基本的裁缝技术，她想穿自己喜欢的欧洲宫廷服饰，她买来喜欢的布料，铺展开来，画图裁剪。

屋里的摆设，大多是王雪卿从回收站低价买来的，或者是捡来的废弃物，但经过她的修理和装饰后，却变成了一件件模样别致的家具。自己亲手打造的居所，是让她更有归属感和心生温暖的地方……

没有什么文化的她还自学了拍照和摄影，把自己充满欧洲童话色彩的日常收入镜头之中，有一种油画一般的美。

她说："其实说起来我要感谢他，如果不是因为他当时对我的抛弃，我可能下不了决心来到这里专注做我想做的事情。现在的生活就是我以前梦想的样子，别人打碎了我的梦，我就自己再造一个。"

不要以为自己最好的时间已经过去，你需要在老日子里开始我们的新生活。

· 3 ·

你们有没有这种感觉呢？有时候会觉得，自己用心做好的计划，总是不按照计划好的方向发展，每天都觉得很丧，打不起精神，对任何事情都没有兴趣。

除了第一天热血澎湃的坚持，第二天、第三天开始的时候，就像是白骨精一样，被现实中的孙悟空打回原形，日子过得糟糕而又忙乱，感觉好像被全世界嘲笑一样。

Miss Pi 讲到自己的北漂经历：“我搬过数不清多少次家。刚开始，住过漏屎的房子，那时室友排班表里的任务，一直都有“清理马桶侧漏物”这件事；后来租到回迁房，一洗澡楼下就漏水，北京老奶奶总会上楼砸门大骂。从一开始什么都没有，到后来拥有很多东西，我以为自己在这里扎了根，但只有在搬家时，才会突然意识到，自己是漂着的。”

有时候我们会有很多负能量。我们听过了太多道理，却依然过不好这一生，到底怎样才算是过好这一生呢？对于失去家人的人来说，最好的一生就是家人都在身边；对于有病痛的人来说，最好的一生就是拥有健康；太多人过着我们想象不到的艰难的生活，何谓最好的一生？我觉得用心而活，即使我们普通平凡，也依然是最好的一生。

·4·

有时候，我们会感到很深的失落：

我们不知道未来到底是什么样子，也不知道我们每一天的努力究竟有没有意义。

可是，从每天清晨看到的第一束阳光开始，我们依然能感觉到这个世界的美好和善意。

在东京的街头，一个男孩在弹着吉他唱《光辉岁月》。一开始他用日语唱，后来又用中文唱，人来人往，没有人停下来。有一个女孩站在路边，跟着哼唱起来，同时眼泪夺眶而出。那个女孩也是中国人，那一瞬间，或许觉得在异国的街头，以这样的方式相逢，即使再孤单再艰难，心中也会燃起了新的希望。

纵然前路依然荆棘丛生，但是只要有梦想在，终究会抵达。

小说《晚年》里，作者写道："我本想这个冬日就去死的，可最近拿到一套鼠灰色细条纹的麻质和服，是适合夏天穿的和服，所以我还是先活到夏天吧。"

在这个世界上，总有一些事情是我们重新爱上这个世界的理由，请记住：努力过好我们的人生，成功不再是所谓的人生巅峰或者终点，而是我们前行中每个感动的瞬间，是真实存在、安宁和平静。

请让你的能力成型，而不是一盘散沙

· 1 ·

姐姐的一个同事，刚参加工作后，每天都很忙碌。今年报会计资格证，考了一科觉得太难，放弃了……明年又报个心理咨询师，没过几天又觉得律师的职业特别好，又积极准备司法考试……

你看她的日常，除了学习就是学习。

别人都羡慕她说：这么努力上进的姑娘，今后的发展一定差不了。

可是两年过去，这个姑娘在自己的本职工作上没有任何进步。

她的学习就像是大海上撒网一样，耗时耗力，最后捕捞上来的却并不都是自己想要的。

一个回国两年的年轻人，发文吐槽自己得了抑郁症。

回国前，他在欧洲住了四年，那段日子很完美，他迫切想要摆脱自己的舒适区，经过理性的思考和分析后，他决定回国创业。

两年后他创业失败，感到沮丧和焦虑。他认为自己之所以抑郁，是由于国内价值系统太单一，周围有各种声音争夺着他对生活意义的阐释权。

程曦说：“HR 入行多年，我发现我的成长并不是技能的累加，而是能力的提升。只有不断思考，不断充实自己的人才不会被淘汰。”

让自己能力成型首先要敬业。敬业的工作态度，让人的内心感受到充实，让人能在工作中成就自己。

《未来在等待人才》这本书里提到，知识固然重要，但仅有知识却远远不够。对于这种知识和经验之间的关系，你是如何感受，如何思考的，这才是最重要的。

有时候我们都会觉得，我明明很努力了呀，我明明都不舍得休息，不断地学习，可是为什么升职加薪的没有我，领导表扬的没有我，工作业绩总也上不去？

有时候不是我们不努力，而是我们没有找对努力的方向。就像那句老话一样：贪多嚼不烂。

不要样样精通却又样样稀松。每个人的精力都是有限的，当你花了大把的时间去做无用功的时候，最后的结果也一定不会让你满意。

· 2 ·

Stella 说：“职场主导权正在向年轻一代转移，而那些被急促脚步吵醒的中年人则心生惶恐。我觉得年龄并不可怕，一个人不愿意接受和了解新鲜事物的心态，才可怕。”

能力的积累就像是我们在上的台阶一样，只有足够多的力量和能力走到更高一个台阶的时候，你的视野才会更宽阔。

有一位我特别欣赏的设计师，她靠着自己的勤奋一步步走来，而且忙碌的时候从来不会忘记给自己充电。她说：“以前感觉拥有物质就有成就感，可无论拥有多少物质也改变不了贫乏的内心，以前总仰望别人成功的人生，可无论读多少传记也复制不了别人的人生。当物质不能满足我的自豪，唯有强大的头脑和果敢的内心才能重塑少年的榜样。我们永远是生命中奔跑的少年。”

有时候我们会把我们的视线无限地扩大，也会因为一点小事就无限缩小。

我们在没有遇到更多人和更多事的时候，总是会按照自己固有的思维模式看待这个世界，但是当你有了更多体验，更多对未知的探寻时，你会发现，那个不断被你否定的自我正在一次又一次突破自己。

· 3 ·

Amber 是 IBM 的高级顾问，即使工作再忙，她都会保持旺盛的求知欲。在生活上，她也毫不吝啬地热爱，每个假期都带上孩子一起看世界，享受潜水、飞行、登山、滑雪的种种乐趣。

很多人都好奇，她为什么在这么高压的工作状态下，还能自由切换，游刃有余。

跟大多数人一样，她刚毕业的时候非常普通，学历普通、长相普通、能力普通。拿着3000元的月薪，在最底层的技术岗，每天被呼来喝去，翻译技术文件、处理各种细枝末节的琐事，甚至为了一个项目连续通宵，身体严重吃不消。

但是工作依旧得不到认可，后来领导一句话点醒了她："你每天是很忙，很累，但是像一个无头苍蝇一样做事，又有什么用呢。"

虽然领导的话很刺耳，但这让Amber意识到：工作那么多，每天只有24小时，盲目地努力，又有什么用。

她开始学习时间管理。她每年都要阅读几十本书，举办十几场分享会，拿下高级工程师、SAP全球财务资格等多种职业证照，甚至还挺着大肚子考取了厦门大学管理学硕士。

后来，她也发现，原来许多人都有时间焦虑症：

熬夜晚睡，总感觉时间不够用，事情做不完。

总是爱拖延，结果被事情压得喘不过气。

工作容易分心，效率低下。

制定一长串计划，能认真执行的没有几个。

其实，任何一项工作的完成，都是心智、大脑、资源综合性的提升。

有人说：“每个人都至少有三个自我，一个是由基因决定的自我，一个是在环境与文化影响下的自我，还有一个是由我们自己所追求的人生目标与价值所定义的自我，而这最后一个，才是最重要的、完全属于自己的自我。”

· 4 ·

李善友说：“成年人学习的目的，应该是追求更好的思维模型，而不是更多的知识。在一个落后的思维模式里，即使增加再多的信息量，也只是低水平的重复。”

主持人董卿，她在主持《中国诗词大会》那档节目时，背包里始终备着新华字典，趁着每次化妆的时候翻阅字典，对于生僻字认真标注，反复仔细地准备稿子。她生动的主持和对诗词的理解，离不开她私底下一个人用心的思考。

董卿自己经常会 7 点多钟坐下去，一直到凌晨两三点才离开椅子，除了喝水、上洗手间，她一动都不动，完全沉浸在台本当中。

她每晚睡觉前都会保证一个小时的阅读时间。

就像是《冬牧场》里的一段话说的那样：知道的越来越多时，会发现不知道的也正在越来越多，这“知道”和“不知道”一起滋长。这世界从两边向我打开。当我以为世界是籽核时，其实世界是苹果；我以为世界是苹果时，其实世界是苹果树，但举目四望——四面八方是无边无际的苹果树的森林……

你的能力就像是让风筝起飞的风一样。如果没有风，不管你跑得有多快，你的风筝都不会飞起来。

你要成为那种不声不响，
却什么都做得很好的人

如果你累了，学会休息，而不是放弃。

·1·

有个姑娘说，大年初一到初七，值班，每天都到凌晨三点才能休息，舍不得叫外卖，吃了几天泡面，把手里的两千块工资寄回了家。有时被上司骂哭不敢生气不敢哭，强忍着，直到下班坐很久的地铁回到家，在地铁的座位上，低着头用包挡着，才能让眼泪悄悄流下来。

有多少次，我们累了想要放弃。

有时候我们甘于平凡，却不甘于平凡的溃败。

张晓楠是我特别喜欢的一位主持人。

最早看到她是从她的一个演讲开始。我记得演讲的题目叫《就是不想负了青春》。

那段演讲给我留下很深刻的印象，她说："如果你有一个梦想，你羞于告诉别人，谁会相信你能实现？你如果敢站在舞台上大胆地告

诉大家，这就是我的梦想，你才有义无反顾地走过去的勇气和付出行动的能力。我逢人就说我想当主持人，看我欠缺什么，你看我应该怎么走。我见过很多人，接受过无数次的拒绝，也受过无数次的打击。比如有人说，你这样的我见多了，根本不行，你别试了。还有人说，你这么高龄还想换行业，尤其还想做一个对女生来说的青春行业的主持人，你还是歇了吧。我想我这个梦想不实现我才真的歇了呢。我没管他们，该干吗干吗，虽然比较艰苦，但是最终我实现了。”

为了上镜效果更好，她从一个130斤的小胖子，努力健身减肥变成了一个90多斤的瘦美女。这些年，她的微博每天都会更新，每天都会有自己的感知和能量，所以每次看到她的动态的时候，都会觉得，这个前辈真的在很努力、很用心地去生活和奋斗。

她和同事聊天，说起当年为什么转行做媒体工作，原因始终就一个，也很简单：喜欢。她说：“说了喜欢之后，就没那么容易了，需要持续的努力和付出，用行动让自己的时间变得真正有意义，因为那是生命的构成。”

她多数的时间都是晚睡早起，早起就会觉得一天的时间很充裕，可以多做很多事情。所以她总是舍不得睡懒觉，这些年忙忙碌碌，她错过了很多，但得到了更多。

就如她写的那句话一样：时光匆匆，顾不上停下脚步扼腕遗憾，只够扬头前行，去迎接新的阳光。

· 2 ·

和朵兰姐只有一面之缘，虽然只是在微信上看到她的动态，但是还是被她积极的状态所感染。

她说她总想试一试，人生到底有多少可能性。

她试着制订短中长期计划，试着管理时间，试着把电视机送人，减少无效社交，试着运动，试着读书和练书法，试着公众演说和活动策划，试着写作……

她用一年的时间学会了做减法，把不擅长、不重要的事情都放了下来，底牌太多容易让人左顾右盼，反而将精力分散到不断选择的过程上。

接近两年的时间，她的闹钟都是5:55响起，她的案头总得摆着几本书，她每周都要写近万字，为了做好一节公益课的分享，她会做足功课，为了记下一个突然想到的思路，不管多晚哪怕是半夜，也要立刻记下。

她说："这两年，一直是在思考中取暖，在行动中疗饥。一路的坚持，并不是为了胜利，而是为了内心的丰盈和无愧，庆幸自己曾在平庸的熔炉里却没有被点燃。谁不是一边光鲜亮丽，一边负重前行？"

10年前，18岁的Taylor Swift在接受采访时候谈论自己在10年后

28岁会怎么样，她说：“能够自己领衔很棒的巡演，能够仍然发行成功的专辑，歌曲内容可以伴随自己的成长而成长，永远不要和自己的粉丝分离，我想要我的音乐可以关于粉丝的一切，我希望这一切都不要改变。”

10年后的她，真的做到了当初所希望的那样。

·3·

那个夏天，见到清华和她的女儿的时候，她们穿着母女装，一个特别美，一个特别萌。

我第一次见到清华的时候，觉得她就像是生活在江南水乡的美女，明眸皓齿，笑靥如花。

清华是一个画家，成立了自己的工作室。

或许大自然真的会微笑，有时候清华看到那些用画笔勾勒出来的画面，觉得自己在晴朗而柔和的森林里，在被阳光包围的屋子里，在白雪飞舞的冬天，在白云朵朵的天空下，一切仿佛都要复苏……

清华说她很喜欢画画，想要把它定格下来，她喜欢画笔在纸上描绘的过程，那种触感就像是在一匹丝绸上不见波痕地向前滑动，总是能很好地呈现自己的内心看到的这个世界，让色彩在空气里舞蹈。

画画的时候，每一天都像是美好的季节里最好的一天。有时候她会拉着姑娘的小手，一起外出写生，有微微的风拂过，一切都显得美好安然。清华也会教小朋友们画各种各样的蔬菜，鲜嫩的胡萝卜、红扑扑的西红柿、如同小太阳般的南瓜……

清华的女儿也喜欢画画，有时候看着女儿的小手被水彩弄得五颜六色，她似乎感到一种无法言说的感动，就像是这个小生命降临的那一瞬间，就给她带来了无可取代的快乐。她用心画自己的画，每一幅画都像是一个生动的符号，她用画笔记录了生命中最温暖的时光。

画画的时候她的小姑娘总会在一旁静静地观看，她柔软的气息轻轻落在清华的锁骨上面，让她觉得很暖。

或许当世界被美丽的色彩填充，才彰显了它独特的意义。

她不喜欢喧闹，喜欢静静地用心生活。生活中每一个人每一件事都成了她意识里的独立的元素，让她用自己的视角和自己的画笔去体会。就像她笔下的线条、色彩、墨迹，共同构筑一个斑斓的世界。

清华的那种宁静让你觉得她与世无争，却也一直在坚持做着自己喜欢的事情。

不管做什么事情，清华都特别认真，而且她会让自己的心静下来，不被周围的喧闹所影响，像是一朵从水下生长的莲花，自在生长，无惧风雨。

她也经常去帮助那些残疾小朋友，她想要把爱传递给那些更需要帮助的人，她也会教那些孩子画画，看到那些残疾孩子露出微笑，她觉得那就是人生最有意义的事情。画画的人都会用心倾听自然的回音，一个懂得聆听自然的人，一定会有一颗懂得关怀的心。

画画让她把向往的风景，变成走过的路。

有时候并不是我们感知到这个世界的温度就觉得它美，而是学会珍惜和付出更多的爱，才会觉得这个世界无比可爱。

· 4 ·

我们总说：“命运对一个人多好呀，你看老天多眷顾她。”很多时候，被命运眷顾是因为她付出了值得被肯定的努力。如果每天躺着睡大觉，爱咋咋，爱谁谁，幸运女神或许也会从你身边走过，不同的是，她会碾过你，让你遍体鳞伤，抓不住她。

当你用尽全力去经营自己的梦想和生活的时候，你会发现：坚持过后，时间会为你鼓掌。

如若
岁月可回头

你内心的那片土地，是不是一直陪着你勇往直前。

· 1 ·

有人说，如果有时光机，你最想回到哪里？

吴哲说，一天晚上，有位大叔踉踉跄跄地到他的店里，大叔结结巴巴地说喝多了，找不到家。儿子不停地打电话过来，大叔连个地址也说不清。他扶大叔坐在门前的台阶上，然后给他儿子打了电话。他儿子很快来把他接走。走之前大叔一个劲地说还是好人多，他儿子也拼命谢他，说快急疯了。其实，他见到大叔的时候，想起了以前爱喝醉的爸爸，希望在另一个世界，爸爸喝醉的时候也有人帮他回家。

如果有时光机，我最想回到自己的 8 岁，好好陪陪姥姥。

一个姑娘说，大学暑假去姥姥家住了几天，她拿着一条旧的内裤准备扔掉，她姥姥见到对她说：“这个图案挺好的，我给你做成口罩接着用吧！”笑着笑着流下了眼泪。

如果姥姥还在，该有多好。

·2·

几年前，去达尔罕茂明安，那儿的老村里有一口井，那井口由几块年代悠远的大石板砌成。石板与石板之间的缝隙被水泥严实地雕刻。井沿口一道道凹陷下去的、如刀刻般的深痕是几百年来村民用绳索吊水时磨下的印迹。据村里的老人讲，这口井通体是由3块石头组成。旁边就住着一户80多岁的老夫妻，他们回忆起年轻的时候，夏季时分，人们黄昏下田劳作回来，三五成群担着水桶去井边挑水。这时，他们的门前便会响起吱吆吱吆的挑水曲。偶尔也会有动物的哼哼声从山头的树丫上传来，一幅恬淡的乡村夏夜风景。

80岁的老妇人说年轻的时候，夏季日落时分，群鸟归巢。村里家家户户灶堂上炊烟袅袅，是家里的姐姐或母亲正在为一家人做晚餐，用一锅烧开的井水，再加小米熬制的小米粥，那样熬制的米汤陪伴他们度过了很多个夜晚。老人把我们领到家里，我用铜瓢在水瓮里舀了半瓢水，大口喝了个痛快。滋味是那样的清冽透肺，落在肚子里一股清凉。

·3·

那时，有的人已经搬到新村，旧村和那口井安然静默在那里。周围有风，苍朴的大石板，井口有绳索勒下的深深的痕迹，镌刻着村里人和这口井的不解之情。那口井不知道哺育了村里世世代代多少人。几位前辈向下看了看，井里的水依然看不到底，水面很沉静。我不敢往下看，我用手心轻轻地触摸冰凉光滑的清石板，不忍打扰她的安静。

我们起身离开的时候，又回到老两口的屋前同他们告别。我和两位老人合了影，他们的笑容深深地印在了我的脑海里，一起活到80岁，那真的是一辈子的相守。站在老村的一头，望着新村的另一头，情绪不禁迷茫缥缈地充满心胸，在那刹那的时间中震荡。我知道，这是他们对老村的不舍，也是对崭新生活的期盼。我突然间明白，生活不可能永远安于喧嚣或者永远栖于宁静，喧嚣也好，宁静也好，都是必经的，也是必然的。

出来的时候，隔壁院子里有一个大羊圈，羊儿长得肥壮，伸手摸摸羊毛便生出一种微妙的温暖感觉。像是风雪之夜睡在姥姥煨的热炕上，肌肤全部被温暖包裹着。有人讲，物亦有语言，大自然的语言就是这种。而且由它引申，还能看到老屋的围墙，窗户上的窗花。

风渐渐地小了，有一些小雨滴降落到土地上。在我的记忆里，那个沧桑的院落，那些曾经的树林，那些山，那些歪歪扭扭的脚印，还有再熟悉不过的油菜花……它们如流水进入泥土般融入人们的灵魂，让人无法剥离。有时候，往事似乎在轻轻呼唤你。我常想，是不是只有接近泥土的人，才能真正率性地活着。

·4·

父亲说，他儿时的故乡贫穷落后，但是每一天都好像充满希望，正因为亲历过那个年代，所以他从小就不觉得农村生活清苦。每逢麦子成熟的时候，往日僻静的村庄活跃起来，平晒场，添置收割家什，磨镰刀……一切准备就绪，麦子开镰了，人们清早踩着露珠下地，傍晚踏着月光而归。有时候父亲躺在麦地里看着蓝天，想象着未来生活的样子，也迫切地想靠自己的努力改变贫穷的命运。

后来，父亲真的通过努力学习改变了自己的命运。

而且最让我敬佩的就是父亲的自律能力。每天六点准时起来锻炼身体，每天坚持阅读，做任何事情都特别认真，永远是我的榜样，在他走过的生命里，每一滴辛勤流下的汗水，都是属于他们那一辈人的奋斗史。

舅舅年轻时干的工作是销售粉条，每天都在家和好粉面。当年还没有压粉条的机器，一切都靠人工。压好粉条之后，每天早晨 5 点起床后，开始送往各个饭店和农贸市场。在姐姐的印象中，舅舅的脖子上总是搭着一条毛巾，因为每天压粉条出大量的汗，所以那条毛巾总是湿漉漉的。有一个阶段因为太累，舅舅的腰疼得受不了，所以在周末的时候，懂事的姐姐也帮着压粉条。当同学问她周末为什么不出来玩的时候，她总是笑着不说话，因为她懂得父母的辛苦。

过了几年，舅舅用销售粉条的积蓄开了一个小饭馆，但是经营得并不是很好，每天辛苦地早起晚睡，依旧没多少客人。换了好几个店面，依旧没什么起色。可是舅舅没有放弃，他改变思路，他研究饭店的市场发展方向，确定更合适的选址和定位。终于在创业多年后，饭店经营得越来越好，规模越来越大。

他让一家人的生活过得越来越好。

每当姐姐讲起当年的故事时，总是会眼眶发红。她说："当父亲担当起我们的未来时，当我们一起度过那些煎熬的时光之后，才发现，那段时光既是痛苦也是财富。是父辈教会我们该怎样成为一个大写的人。"

· 5 ·

夏天回爷爷家，恰逢下了一会儿小雨，我们在村里逛了一会儿。透过那雨，我依稀看到乡村浮漾而出的流光，带着那种纯粹的清冷和沉静。总觉得清冷和沉静的事物，会有着那么一点沧桑和历史感，似是看惯了风卷流云散的老者，沉默无言。凝视久了，又似乎泛出万般柔和，想必是这片土地之间留有父亲手掌的温度吧。若是雨点稍大，便可以听那雨滴落在土地或房檐上的声音，低沉、夹杂着清愁，或许是舍不得人们搬离它，绵绵雨雾，笼罩着草木，一直延伸到诗人的韵脚里。

也许，面对故乡，我们并不是一个旁观者，我只是再次回归，寻找骨子里一直向往的那个澄澈纯净的世界，每方石块都被光阴打磨得光滑圆润。有时觉得，那更像父亲和母亲以及前辈们打磨的生活，一天天，一点点，路渐渐地平坦而柔和。也许就像是一盆冬天里不灭的炭火，燃起一家人的热情，燃起一家人的兴旺。

时间不断地让我们和旧日子告别，其实它们并未过去，它们的灵魂永在。

心生自由，
任他东西南北“疯”

· 1 ·

有个姑娘说：“终于到了小时候羡慕的年纪，却没能成为小时候羡慕的人。”

栀子19岁第一次离开家来到陌生的城市，选择了美术专业，最开心的就是每天凌晨坐在画室整理颜料盒，心里想一些喜欢的人、喜欢的事。每天早上起床，睁眼闭眼都是画画，满手的铅笔灰，脸上被抹成小花猫，衣服上各种颜色的颜料，体验过每天画苹果画到吐，体验过削一根铅笔从头断到尾的痛，现在想想都成了最珍贵的记忆。

那些当时让我们觉得很苦很难的经历，最后往往会成为最好的回忆。

记得高中的时候，每天都会因为考试和学业焦虑，好像每天脑子里都需要记忆和背诵很多很多，草稿本上不停地演算，每节课都会因为老师的提问而提心吊胆，最害怕听到老师说：“×××，你来回答。”

那个时候，恨不得在黑板上挖个洞把头埋进去。

可是当我真正离开校园，真正告别那段岁月的时候，回头发现，我真的有那么多留恋。

课桌上那一摞厚厚的书本，现在想来还是很感谢那段很辛苦的岁月，它让我们懂得了想要获得，必须要付出汗水。

学校里的那个小操场，也成为我们舒缓压力的好区域。

那时的风，那时的天空，都是温暖的气息。

那时的我们，都是最单纯的样子。

正是那段时光，教会我们在今后的生活中勇敢坚持。

有个小男孩给我留言，他说：“我很佩服你的心态，我马上20岁了，可是还浑浑噩噩，碌碌无为，不知道自己的梦想和远方在哪里。”

心理学上有个名词叫“归因偏差”，指的是当某件事情发生后，我们可能会在分析原因时，歪曲或过分强调某种客观事实。

我们努力了一次，失败了，下一次尝试的时候，我们总觉得还会因为同一个原因而导致放弃。

有人说，每个人都有各自的命运，命是命，运是运，这取决于你选择相信“过去决定了现在”还是“现在决定了过去”。有些可以“事在人为”，有些则不得不“听天由命”。描述里说的“因为不完美的失落感和不服”似乎与命运没有太大关联，更多的是因为“没有达到自己对自己的期待”而产生的情绪，所以首先还是要先看清自己——“我是谁”。

· 2 ·

演员陈数说：“几年前，开始不爱过生日了。在我看来，它除了提醒我离青春的肉身又远了一步，没有其他意义。而今天，我改变了想法。衰老，是我们每一个人不用做任何努力都会自然到达的一个结果，如何经历这个过程，如何与时间携手、与之相处，从中吸纳养分，让生命质地更丰厚，这是考验我的智慧。”

我们追求的那份内心的自由，正在一点一点地带领我们发现生活更好的样子。但是在自由之前，我们必须要有足够的资本。

有人说：“有钱有闲想去哪去哪，没钱只能喝东西南北风。”

如果把自由建立在金钱、权力之上，那这个“自由”的概念就太局限了。

Scarlett 在荷兰生活了三年，她始终认为自由是人间最美妙的东西。遇到什么样的人都有，火车站摆着钢琴所以永远都有音乐和舞蹈，老建筑里充满梵·高、唯梅尔和伦勃朗的气息，音乐家们也热爱去那里开唱狂欢，风和郁金香，运河上的玻璃船，桥上卖场的老艺人，鸽子群猝不及防飞上天空……

Scarlett 觉得在那里永远不会觉得无聊，黑和白都摆放在日光之下，人们带着自己的故事，说着你好和再见，短暂或长久地停留，然后奔向别处。那个来了就走不了的地方，就像照片里阿姆斯特丹中央火车站门口的桥上写的那样，“today I love you”。与你同在一天，我就爱你一天。

·3·

一个爱旅行的男孩说：“在 EBC 线上，凌晨四点起床，喊醒背夫替我指路上 chukung-ri。同行的队友高反无法上山，于是我和背夫两个人踏着黑暗，一步步走向光明，阳光从马卡鲁峰方向升起。六千、七千、八千级雪山环绕四周，阳光把山峰一个个点亮，日照金山，群山闪耀。”

背夫指完路后下山，他一个人坐在山顶，云从洛子峰身上缓慢地散开，正前方是太阳照耀下的马卡鲁，左侧是洛子峰的巨大冰墙，排山倒海般的气势，右手边是他见过的最美丽的山峰女神峰阿玛达布拉姆。

奔腾的河流从山谷间呼啸而下，雪崩和冰裂的声音响彻山谷，除此之外，一片寂静。世界永远能带来感动，语言在这种环境下苍白无力，那一瞬间的感动会永远激励着他前行。

或许我们期待着晴天，却总是会有雨天出现。

或许我们期待的小旅行变成了无休止的加班。

或许我们期待的玫瑰变成了柴米油盐。

可是那有什么关系，我们的内心变得自由，一切都是最好的样子。

《理想三旬》里有一句歌词：

“再不见那夜里，听歌的小孩。时光匆匆独白，将颠沛磨成卡带。就唱歌吧，眼睛眯起来。”

就开心唱歌吧，把烦恼忘记。

就开心生活吧，让每一个回忆都值得纪念。

Part6

愿有个人，为你赴汤蹈火还乐此不疲

希望有个人，无论遇到什么艰难险阻都陪着你，为你撑伞，为你添衣，陪你悲欢，陪你数黄昏，为你赴汤蹈火还乐此不疲。

愿有个人，为你赴汤蹈火还乐此不疲

·1·

网络上看到一段恋爱10年、异地9年的爱情长跑，从校服到婚纱，他们再次证明，再远的距离和时间终将败给爱情。

有人问：“你在何时决定非他不嫁的？”

她说：“大夏天我们去看房子的时候，穿凉鞋的脚磨破了，他就去买了冰的饮料和创可贴，饮料拧开给我，蹲下去给我脚上贴创可贴。在超市门口那么多的人，我都不好意思。他一脸心疼地看着我的脚，当时看着他出汗的额头，就决定是他了。”

她说：“大夏天晚上穿超短裤和他在外面吃东西，被蚊子咬到满腿都是包。他卷起裤腿心疼地说：该死的蚊子来咬我，别咬我媳妇儿。大概是那一刻，我决定就他了。”

她说：“他离我有八百七十二公里远，我晚安前的一句想你了，他半夜一点多的飞机来找我，然后紧紧地抱住了我。”

她说：“我希望我们以后的房子无须太大，阳台有草有花，中午晒着太阳睡在了躺椅上。偶尔闹闹脾气，我哭，你哄，你怒，我耷。我们记性都差，吵了架扭脸就忘。踏着夕阳西下，一路上聊得嘻嘻哈哈。”

这段美好的爱情正如钱钟书写给杨绛的那段话：“遇见你之前我从没想过结婚，遇见你之后结婚这事我从来没想过别人。”

· 2 ·

有个姑娘说：“十八岁时，幼稚的我也曾想过，找一个能够爱我缺点的人。后来才发现，连爱我优点的人都屈指可数。”尽管如此，我们还是要相信，那个对的人一定会出现。

执子之手，与子偕老。那个我四岁时出现在我生命中的小姑娘，要结婚了。我陪她一起去挑选婚纱，恍然觉得时光倒退好多年。她很小的时候，比她稍微大一些的我就带她一起玩。把她放到自行车的后座，学着大人推着自行车，结果不小心把她掉下去了。

她总是像一个小跟屁虫一样跟在我身后，不嫌弃我把她的发型梳得很奇怪。去玩单杠的时候，小小的她也要吵着玩，后来还是受了轻伤。我们一起抢遥控器，一起被爸妈教训，一起被爸妈表扬，一起走过好多时光。很小的我们抱着洋娃娃，无数次地想象过长大后的样子。

如今，那个小小的爱受伤的小孩变成了亭亭玉立的大姑娘。看到她试穿婚纱的那一刻，不知怎么的，很想掉下眼泪。那个陪我一起长大的小女孩，真的快要出嫁了。

镜子里折射出七色的光芒，我希望她新婚快乐，永远快乐。希望她笑靥如花，幸福满目。

因为遇到对的人，那些被我们内心渲染的小世界，都会变得明亮起来。

“当你走上红毯的那一天，微笑中流下的眼泪，一定很美……”每次听到这首歌时，都会觉得，我们倾尽所有想要遇见的，不过是一场生死相依。

· 3 ·

我认识一个姑娘，很胖，但是也很美。

男友对其他人说：“我就是要把她宠上天，胖一点才说明她心情好，胃口好。”

他说的一点都没错，之前这个姑娘很瘦，但是在遇到他之后，她整个人都像是一颗五颜六色的棒棒糖，每天都眉眼带笑，阳光灿烂。

她爬山扭伤脚，他背着她从山上走下来，感觉自己膝盖都要掉了，还笑嘻嘻地说，下次要小心。

她吃鱼卡到喉咙，他第一时间把她送医院，尽管最后医生说是虚惊一场，但是之后每次吃鱼，他都会帮她把鱼刺挑出来。

她喜欢唱歌，他陪她扯着嗓子在 KTV 疯唱。

她喜欢吃红烧肉，他就去网络上查资料做给她吃。

总之，我们看到那个被宠上天的姑娘，在每天的吃喝玩乐中好像也变得更有魅力。她为了他将自己装扮得更美。

这大概就是爱情最好的样子，让彼此都成为更好的人。

· 4 ·

有人说："人的一生会经历很多的悲欢离合和四季春秋，也许在不断地寻找，也许在不断地等待。在漫天飞舞雪花的夜里，你会想牵着她的手走过长长的街，无论遇见有多晚，只要风景甚好，来日便方长。"

我要感谢亲爱的他，这些年用心陪伴着我，他懂我的悲伤，明白我的喜悦。

很多时候，当我浮躁烦恼的时候，他总是会用心开导我，给我鼓劲加油，让我从一个总是容易退缩的人变得更加勇敢乐观。

他把一切温暖和微笑都储存在我的心里，用爱堆砌了一个坚固的城堡。我竭尽全力把所有的幸福都去珍藏。

有他在，不管什么样的路程，都不会觉得孤单。就像是村上春树在《挪威的森林》里描述的那样：

“最最喜欢你，绿子。”

“什么程度？”

“像喜欢春天的熊一样。”

“春天的熊？”绿子再次扬起脸，“什么春天的熊？”

“春天的原野里，你一个人正走着，对面走来一只可爱的小熊，浑身的毛活像天鹅绒，眼睛圆鼓鼓的。它这么对你说到：‘你好，小姐，和我一块打滚玩好么？’接着，你就和小熊抱在一起，顺着长满三叶草的山坡咕噜咕噜滚下去，整整玩了一大天。你说棒不棒？”

“太棒了。”

“我就这么喜欢你。”

愿那个为你赴汤蹈火的人就在你身边，或许正在赶来的路上。

爱你所爱，
一切都是最好的回应

“你好吗？”

“我很好。”

——《情书》

三三心里有一个她喜欢了很多年的人。她说不上那个人到底有什么好，但就是喜欢。那种感觉用一个词来形容，真的是“一眼万年”。

可是，那个人已经有了女朋友。

所以每当情人节的时候，三三总是一个人喝酒，一个人大哭着给周围的好友打电话。

电话里她哭着说：“为什么不是我啊，哪怕试一下也好呀，可是连这个小小的要求他都不同意！”

每次酒醒她都用被子捂着脸觉得自己特别丢人，她觉得那个画面像是涂了睫毛膏的眼睛被眼泪淹没成了大熊猫，然后到处找人哭诉着

自己的爱而不得。

她翻了翻自己的通话记录，发现每次通话都超不过 10 秒钟，原来那些自言自语真的是说给自己听的，没有人能够耐心地听她去说。

她觉得那真的是这个世界上最孤单的爱恋了。

我记得我曾经问过她，喜欢那个人后悔过吗？

她对我说："不会啊，虽然他给不了我爱情，但是给了我对爱情的向往。虽然我知道我们这辈子都不可能在一起，但是他更像是这个世界写给我的情书，让我能够在一个人孤独前行的路上，想到他的时候，能够有一些力量去面对这个并不是那么如意的世界。"

曾看过一个小故事。

大三那年，她最喜欢坐在他斜后方听课。

他看黑板，她看他，那帅得冒泡的侧脸让她流尽口水。

有天上课，她问旁边的姐妹："我想挑个日子表白，哪天好？"

姐妹答："5 月 20 号，520 我爱你。"

可 520 那天她挣扎了一天也没敢去找他。

快 12 点时她接了个电话，对方的声音好听得叫她肝颤："你说好的表白呢？我等了一天了。"

最幸福的事情大概就是，他计划的未来里都有你。

在网上看到一个小片段：一个男孩即将出国留学，和一个女孩认识一个多月，一直没敢表白。出国当天，女孩来机场送他，他没忍住，终于表白了，女孩没有回答。

男孩上了飞机，想着出国前了却自己的这桩心愿，可以坦然面对留学生涯。起飞前，最后看了一眼手机，准备关机。一条简讯传来，来自那个女孩："我等你，好吗？"五个简单的字瞬间照亮了男孩对于一切未知的忐忑。他笑着，几乎是颤抖着，给女孩回复了两个笑脸。那班飞机，按照男孩的说法，基本是听着自己的心跳搭乘完的。

那样的场景，想想都觉得美。多庆幸我是我，被你疼爱的我。

我想很多人都记得在表白之后得到喜欢的人的回应之后的那份感动。

爱情最好的结局一定是在一起吗？我觉得相爱的那些瞬间就是爱情最好的结局。就像有人说："突然的雨阻碍了你的出行计划，你可以庆幸至少没有在半路淋成落汤鸡。吃了一口的冰激凌掉在地上，你可以庆幸至少已经尝过味道。喜欢的人不喜欢你，你可以庆幸至少心动过。"

因为对于爱，一切都是新鲜的，一切都是值得珍惜的，像是刚从土壤中掊出来的幽香，弥漫眼鼻唇舌，像清冽的蓝天白云，像暮色下的炊烟风霭。像春天，像蔓藤，像落叶，像秋草，即使结局不完美，它也像一切人间已逝的东西，又在遥远的山之巅、云之岫永恒地存在着。

很喜欢一首歌的歌词："我拒绝更好更圆的月亮，拒绝未知的疯狂，拒绝声色的张扬，不拒绝你。我想要更好更圆的月亮，想要未知的疯狂，想要声色的张扬，我想要你。”

就像一部电影里妈妈写给女儿的一封信里的那段话一样：妈妈认为人之所以能感受到寂寞，肯定是为了与另一个人相遇，有时生活会很艰辛，但恋爱能让人忘了这些烦恼。记得要恋爱，也希望你能遇到那个只属于你的人。那个人一定会回答你所有的问题，还会听你讲故事，他会感激上苍让你来到这个世界。

爱你所爱，一切都是这个世界最好的回应。

错有什么好怕，错过才可怕

· 1 ·

陈奕迅在《十年》里唱：“十年之前，我不认识你，你不属于我。我们还是一样，陪在一个陌生人左右，走过渐渐熟悉的街头。”

朋友阿楠说：“如果当初我勇敢一点，说不定我们真的会在一起呢。但是等我终于鼓起勇气时，他已经成了别人的另一半。”

世界上没有“早知道”预测，我们永远不知道我们知道的到底是不是最真实的感觉。

有人说，人们向往、追求并且至死守候的，自始至终不过是人世间至真至纯的感情。

有时候，我们在开始一段感情的时候，真的很害怕会受到伤害，害怕付出的真心得不到对方的珍惜。

何洁说：“12 年前，那个站在舞台上唱歌的女孩，一定想不到今天所发生的一切。”虽然我们无法预料未来会发生什么，每一个用心生活的人，哪怕仍旧有疲倦有忧伤，但是每一个此刻，都是我们的未来。

请别怕前路煎熬，虽然可能遇到了错的人，但是我们的心没有错。

·2·

有个姑娘说，她和初恋分手的时候，特别恨他，是那种深入骨髓的恨，恨不得从未相识过。她觉得这辈子做的最错的一件事情，就是爱上他。

分手后，姑娘伤心欲绝，开始健身旅行。

几年后，姑娘的闺密对她说：“你现在越来越漂亮了！”

姑娘笑着说：“难道我以前很丑吗？”

闺密发来了一张几年前她的照片。

姑娘看着照片里那个胖乎乎、头发油腻腻的女孩。

很多回忆像电影一般浮现在她的脑海，她突然明白，他当年是如何喜欢那个糟糕的自己，并且给了她那个年龄该有的甜蜜和回忆。

她一下子释然了，放在心里的那些恨像冰块被阳光融解。

是他的离开让她找到了更好的自己，也是更好的自己原谅了那个曾带给自己伤害的前任。

遇到对的人会让我们变得更好，但是错的人也会让我们变得更加强大。

因为爱在身边，所以时光不老。

刘若英说：“她这辈子看到陈升穿过两次西装。一次是陈升的婚礼，一次是去她的演唱会。原来不是所有美好的感情都有完美的着落，也因为那些为爱痴狂的瞬间，本身就是爱情本身。”

支撑我们的，就是我们身边的那些爱的力量。

· 3 ·

有个男孩说，他曾经喜欢过一个女孩，那种喜欢到了只要她愿意，随时都能和她领结婚证的地步。他们在一起度过了大学的四年。男孩穷困潦倒，女孩风华正茂，却从来不在乎任何流言蜚语，女孩一直无怨无悔地陪着他。男孩挂科的时候，女孩会在图书馆熬夜陪他做题。男孩给女孩买的最贵的东西不过是一个不漂亮的娃娃，打完折后才 50 块钱，女孩却像个宝贝似的抱在怀里，在宿舍床边放了四年。

后来因为各种原因他们分手了，男孩只是和她吃了顿散伙饭，然后连夜离开了她所在的城市。

最开始男孩居然有种解脱感，一直想着女孩的小缺点，女孩爱限制他抽烟，爱翻他的手机，总是催促着他奋斗上进。

随着时间的流逝，悲伤才慢慢蔓延开来，此后男孩遇到的都是陪他抽烟的姑娘，没一个会劝他戒烟。

她是唯一一个翻他手机的女孩，剩下的都是翻他钱包的。

直到有一天男孩在异乡的街上看到一条很漂亮的围巾，他才有了失恋的感觉。他想女孩围上肯定很好看，而他竟然从没有送过她这么贵的礼物。

爱错真的有那么可怕吗？我记得上学时，有一个很漂亮的姑娘突然有一天和一个所有人都很讨厌的男生在一起。那个男生在同龄人眼中总是一副吊儿郎当的样子，三天两头换女友，所有人对他的评价都不高。

可是女孩说："我知道他在你们眼中有千万种不好，但是他是我喜欢的人，请你们不要去指责他。"

虽然后来女孩和他还是分手了，但是多年后回忆起来，那个姑娘说："他虽然花心，虽然做事不靠谱，但是和我在一起的那段时间，他真的是全心全意在对我好，有那段回忆也很值得。"

· 4 ·

胡杏儿曾经说过："我的前前任和前任都很棒，他们一个教我做温柔的女人，一个教我做成熟的大人，但我最喜欢现任，他教我做回小孩。"

或许当初信誓旦旦说要和我们永远在一起的那个人已经不在我们

身边，或许我们也曾痛彻心扉觉得如果遇到的不是他就好了，可是，如果重来一次，或许你还是会像当初一样选择。

至少在你们彼此相爱的那一刻，你们没有错过。

至少在那一瞬间，你们都不计得失地决定去爱对方。

我曾看到一个姑娘的爱情故事。在这里就称呼姑娘为小 A 吧。

小 A 高二的时候，开始和大她一届的 P 先生谈恋爱。两个人在外面租了一间小破屋，租金大概是五十块一个月。里面什么也没有，就一张烂席梦思。房顶是十二根柱子拼成的。但是那个时候觉得两个人能在一起，就特别幸福。

读大学的时候，小 A 的母亲生了一场大病，家里经济条件急转直下，大一时候一个月只有不到 300 元的生活费，一袋馍片一块五，每个月都只能凑合过。有一回学校举办晚会，他们系推荐小 A 主持。刚开始她向辅导员推掉了这件事，她说感冒不合适，其实是衣服鞋子都得自己花钱购置，小 A 没有钱。后来她跟下铺借的衣服，对铺借的鞋，完成了那次主持。

后来 P 先生把他的手机，一个三星翻盖手机，寄过来给小 A 用，说这样好联系。后来他知道了小 A 家里的事，从大三开始，P 先生每个月都从自己的生活费中省下两百元寄给小 A。毕业后有一次 P 先生的好友跟小 A 说，P 先生总是煮清水面条，没面条的时候就没日没夜地睡，节省体力。

毕业后她到P先生所在的二线城市，开始找工作。头一年四处碰壁，整个人都是灰色的。

那段时间真的很穷，整个冬天想吃一锅羊肉汤都得精打细算。

但幸好有彼此的不离不弃。转眼上班几年，他们的生活越过越好。

小A说：“之前那些年活得太辛苦，虽然皮肤上添了很多小细纹，但是我一点都不后悔，因为每一天，我的灵魂都变得更加富有。”

爱情，本来就是勇敢者的游戏。如果你不够勇敢，你很快就会出局。如果你够勇敢，此刻转个身，就能抱住你所爱的人。

错误的人会走散，相爱的人会再相逢

世间赠我山川河流千百份，

也给我一份正当好的爱情。

我们常常因为手持那份感动，而拥有了整片星空。

· 1 ·

有句笑话说，二十多岁的年纪，有人脱了单，有人脱了贫。而欢欢觉得自己像脱了缰的哈士奇一样，在人生的道路上蠢蠢地狂奔。

她觉得什么都有，就是没有爱情。

她说：“古代真好，承受太多压力就会成妖、成魔、成神。而现在承受太多压力就会成神经病。”

说这句话的时候，欢欢正和好闺密爱瑞逛着街。回到家才发现，自己后背上挂了一只内裤逛了一下午的街，捂脸笑瘫，好像自己才是那个真正的神经病。

欢欢真的好想嫁人，她看到一个帖子，提问楼主老公当年是怎么追到她的。

有个回复说：“砸钱，认识半年砸了十几万，要啥买啥，不要也买，全是牌子，到处旅游。到现在结婚两年，一起还债，感觉日子快撑不下去了。”

欢欢看完后大笑，可是她还是想要两个人的爱情，换她自己用钱砸他，砸到一个白马王子，然后让他陪着自己一起还债。

欢欢喜欢健身，她说：“不 battle 的健身房跟公园有什么区别？健身房的攀比风气更能让你拼了老命练习呀，你这边轻轻地压压腿，旁边的人一下就劈叉了，有一种要决斗的既视感。”

现在欢欢觉得还是努力最靠谱，就像有人说的一样，努力生活，努力工作赚钱，不然心情不好的时候，只能买一袋鸡爪在路边嗷嗷地哭，努力赚钱的话，就能躺在幽美的山中温泉里敷面膜。止不住眼泪，还可以去纽约哭、去伦敦哭、去巴黎哭、去罗马哭，边潇洒边哭，想怎么哭就怎么哭。

她觉得总有一天，那个对的人会出现在她的面前。

· 2 ·

有个姑娘跟喜欢的男孩子告白，被男孩拒绝了。于是她开始了一个人的旅行，在全国最高的摩天轮南昌之星上拍了一张照片，她一个人，一个包。那天是下雨天，前后都是情侣，只有她是一个人。刚上摩天轮的时候手都在颤抖，下了摩天轮，在回酒店的路上，走了10多分钟才拦到的士。

那时候，她就在想：我一个人，我有很多没有走过的路，我有很多没有认识的人，我狠狠地记住这一次就够了，接下来一定要好好爱自己。

·3·

录娜说自己很感谢老公这些年对她的付出。

见到录娜的时候，她正忙着给小朋搭配拍照穿的服装。她是属于那种可爱类型的小辣妈，笑起来的样子很美。

录娜大学时学的是摄影专业，毕业后她和老公开了自己的摄影室。摄影室就好像是录娜的一个温馨的小窝，平常拍摄完成之后，录娜和老公会一起窝在沙发里看电影。有时候录娜很忙的时候，老公也会用心照顾好她，怕她累怕她烦，会给她讲有趣的段子，会逗她开心，会帮她缓解压力。从恋爱到结婚生子，老公对自己的感情从未改变过。

如果遇到一个真心对自己好的人，那么，每一天的生活都是充满阳光的。所以，录娜每天都很开心。做着自己喜欢的事，被心爱的人宠着，每天醒来，阳光和自己爱的人都在，那大概就是爱情最好的样子吧。

· 4 ·

罗家英对汪明荃的爱，全世界都知道。她是太后，他是她的英英。

恋爱 21 年，求婚 19 次，60 多岁才结婚，可是他说："晚一点儿没关系，只要有一个好的结尾，最后跟你一起。"

有一期节目，两个人共同演绎了一首《鹊桥仙》。罗家英脖子上扎着一块红色的花布领结，被主持人打趣，他说这是当年汪明荃做旗袍剩下的边角料，嘴上说着嫌弃，眼角全是得意。

叱咤香港影视圈半个世纪的阿姐在一旁腼腆地笑，那是只有对着爱人才有的神情。

汪明荃排练累到没食欲，罗家英就买来她最爱吃的牛肉丸子和炸藕合子。她没空的时候，他就给她研究剧本，设计布景，甚至亲自上北京给她定做戏服。他没钱，没名气，可是他敢对她说："从今往后，我不会让任何人在舞台上欺负你。"

罗家英说："我好像林黛玉，未曾花开，先思花落……我面对汪明荃时好自卑。真的，她说话比我大声，钱也比我多，脾气也比我大，我大过她的只有年龄……"

汪明荃86年就患过甲状腺癌，2002年，她又查出了乳腺癌。好容易熬过去了，2005年，罗家英又被查出了肝癌，还是晚期。

正是这种生离死别的悲凉，让他们更加珍惜彼此。2009年5月2日，63岁的罗家英终于得偿所愿，和汪明荃结束21年爱情长跑，在美国拉斯维加斯正式注册结婚。

汪明荃用大丝巾改造成一件旗袍，剩下的布她做了一个红色发箍和一条领带给罗家英，就是罗家英在节目里戴的那一条。九年来，他一直压在箱底珍藏。

只有了解了这段往事，才能读懂罗家英信中的每一个字，他说："你剩半条命，我也剩半条命，我们就合成一条命。"

· 5 ·

有个男孩说："爷爷在生命最后的那几年得了癌症，记性越来越差，到后来连自己的儿子都辨认不出了。但最后的那段时间，他病床边一直摆着一支笔和笔记本。无意间翻开，整个本子写满了奶奶的名字。他说："我不能忘了她。""

有个姑娘说："我始终相信，在世界的某一个角落，也有一个人，和我一样找寻着对方的身影。在便利店，在咖啡馆，在某一条街，或是某一个路口，或许我们擦身而过，或许我们未曾相识，但是，我们都在默默地找寻着对方，只是还没有遇到我们对的时刻。当我一个人走路，一个人吃饭，一个人看海的时候，我总相信，会有一个人，像我等待他一样也在等待着我，两条平行线终有交汇的一天……”

还是要相信爱啊，下一个路口，总会有一个爱你的人出现。

他或许嘴上说你胖，却还是一日三餐变着法的给你做好吃的。

他或许没那么多金钱，但是会为你努力拼搏，把最好的给你。

他或许没那么浪漫，但是还是会为你准备特别的惊喜。

他的每句话、每个眼神，都是出自真心，不曾敷衍。

他或许不是别人眼中的独一无二，你却是他眼中的无可取代。

“世间情动，不过盛夏白瓷梅子汤，碎冰碰壁当啷响。”

耐心等待一下，好吗？

穿越人山人海，他会是你想要用心记住的幸福时光。

你的地老，
不过是我一个人的天荒

有没有那么一个人，

曾让你对未来充满期待，

却未曾出现在你的下一个春天里。

· 1 ·

身边有个特别漂亮的姐姐，她的名字叫柯雅。

柯雅姐生活在北京，小时候我和家人去北京的一个亲戚家过暑假的时候，在那个胡同里认识了她。无论是她优秀的品质，还是她的高颜值，都是我们无比羡慕的。

在我心里她一直都是女神般的存在。

几年未见，终于在去年我们又联系到了对方。

柯雅姐和我说起了她的故事。

柯雅从小生活在一个传统教育的家庭里，所以在她的婚姻观里没有离婚的概念。

因为和初恋分手，柯雅和第一任老公经人介绍，从认识到结婚也就四个月时间。

柯雅的工作待遇能带给她富足的物质生活，她不需要靠别人来养活，甚至在经济上她的收入要远远高于老公的收入。也许正是因为如此，才让她在婚姻生活中占了上风，成了人们口中的强势一方。

之后有了孩子。老公在异地上班。那些年，她过着又当爹又当妈的日子，每天工作、孩子忙得她也根本没心情去计较，日子清淡无味。

后来老公赌博输了钱，半年以后柯雅才知晓。因此婚姻断断续续出现矛盾，她的个性容不下背叛，可是因为有了孩子，她一直在容忍。在这期间，柯雅的精神备受折磨，好强的性格让她把自己的痛苦封闭，导致了抑郁，甚至在严重的时候出现幻觉。但那些日子没有人知道，包括她的家人。

后来在柯雅深思熟虑以后，选择了带着儿子净身出户。丈夫是过错方，但她没有要任何赔偿，甚至连房子都留给了他。

· 2 ·

离婚后的那两年，她的日子平静而舒心，直到遇到李先生。

2014 年，她在网络上碰到他，那个时候柯雅离婚两年多，他离婚不到一个月。

对于其他人来说，好像离婚不到一个月的时间确实太短，但是对于柯雅来说，她觉得遇到一个对的人就不会在意他的过去。

当柯雅决定选择他的时候已经做好了一切心理准备，她向来是个敢爱敢恨的人，过去的婚姻对她来说是种解脱。

他们刚开始的那段日子，真的像是两个孩子，热恋中忘记了彼此已经为人父母。他们在校园里骑单车，回忆上学时期各自的种种经历，包括那段曾让自己刻骨铭心的爱情。他说他好开心遇到她，又有了初恋的感觉。

每次出差他都会给柯雅写信、视频，每一天都过得挺开心，现在想起来觉得真的像个孩子一样纯真的感情，那应该叫作爱情。他也说很庆幸在这样的年纪还能有这样的心境，柯雅也感激在最好的年纪遇见最好的彼此。柯雅到现在也相信那一段是彼此最真实的感情。

李先生是个好男人，会做饭，收拾家，照顾孩子，每天除了单位就是家，没什么不良嗜好，有上进心。在柯雅心里，她很满足。她曾把这样完美的他当作一种炫耀、一种自豪，相信那句“总会有更好的等着你”。从他们在一起时，柯雅就对全世界宣布“我有了新的生活”，经常发他们一家人的照片，她不是晒幸福，她是感到真的幸福。走哪她都说有两个儿子，看着别人羡慕她是两个孩子的年轻漂亮妈妈。

后来他们买了房子，从开始装修到结束的半年里，柯雅亲自盯着每个环节，最后把家按照心里所想的装修好，每一个角落都有他们幸福的影子。

在他们在一起两年后，李先生的态度突然变了，他告诉柯雅："我们分开吧。"

那一晚，他们俩坐在那很久没说话。那一刻，柯雅突然做了决定。她说："你走吧。我什么都不要。"他哭着抱着柯雅说对不起，然后他走了……

柯雅吃下了 70 多片药，给他发了一条信息"记住我爱你"，给父母发了一条"对不起"。把所有手机关机，扔掉。躺在那里睡了三个多小时后，柯雅的父母找到她，她已经失去意识。柯雅的妈妈联系到他，他抱着柯雅冲下楼，一路上叫着"老婆别有事"……

经过抢救，她从重症监护室转到了普通病房。在医院的那几天，李先生寸步不离地守着她，照顾她。那晚，柯雅在他睡熟后拿他手机给他前妻以他的口吻发了信息才知道，原来在他态度改变的那段时间，他一直和前妻在一起……

柯雅好像明白了什么，即使没有那次小插曲，也终归会有这么一天。柯雅为他流了最后一滴泪，她选择放弃生命是因为她曾经说过会用命、用一切来爱眼前这个男人，她输不起。她没有勇气再去面对她的家人、她的孩子，还有她自己。

·3·

从分开到现在，柯雅没有动过任何有关他的东西，包括手机里的照片，他在她手机里的称呼、位置。那些曾经有过的，她都没有动。

柯雅说：“人生道理我都懂，换做别人，我都可以讲三天三夜的道理不重复，去了心理咨询师那我也说过不要跟我说大道理，我不是孩子，更不是任性的人。离开他，我应该庆幸，我也很清楚，即使他再回来我也没办法原谅，像从前一样爱他。我不是接受不了他的离开，是这个过程我不想面对，我没办法面对这个过程带给我的痛苦和对生活的绝望。”

35 岁这一年，柯雅经历了人生的最后一次磨难，她笑着说：“应该会是最后一次了吧。”

大半年，终于从 74 斤吃到了 88 斤。于是她去拍了一组写真。很感谢摄影师合她的节拍，拍出来她想要的感觉。了解她的人大概都能从一张张照片中看到很多故事吧。

大半年过去了，似乎很多东西都变了，也似乎都没变。

柯雅说自己现在很少在任何场合传递负能量，抑郁症是一种病，却不是一种悲观失落的心情，不是矫情，不是故作姿态，是大脑中的血清素、多巴胺和去甲肾上腺素的分泌失衡。当然，也是人经历过一些重大事件的变化而自然形成的一种疾病，而不只是一种心情。

目前，她还没办法摆脱药物的依赖性，靠它维持正常的睡眠，有时候也靠它控制自己不安的情绪。现如今柯雅平静下来再回想当时的种种往事，都只是她脆弱不堪的玻璃心在作祟，只是当时的她完全没有哪怕一丁点力气来对抗自己的抑郁和脆弱。

她拼命告诉自己，她还有生的牵绊和欲望。一路走来，真正关心她的人很多很多，有同事，有朋友，有家人。她感谢那些强大的力量，让她能够勇敢地面对，坚持。她也想让大家看到重获新生的自己。

他们就如《半生缘》里的曼桢和世钧，到最后只能说一句“我们回不去了”。

· 4 ·

到今天，柯雅用着两个手机，一个工作的，一个私人的。工作的手机这一年已经换了三个。私人的一直在用，苹果 5 系列的，已经糟糕得不能再糟糕，可能连 200 块钱都不值。但她还是舍不得换掉。里面依然什么都没动过……她其实也知道是在自欺欺人，“老公”这两个字总是在通讯录里的第一个，有时候她也讨厌那样的自己。

她觉得心态不好是真的，现实也是真的。

不知不觉，他们分开已经有一年。有些往事回忆起来就像在昨天。

柯雅在这一年，不曾再接触过任何男人。她的前夫已经再婚了，又生了孩子。

柯雅说：“等我老了，再回头看的时候或许就真的成了看别人的故事了。”

她觉得挺好。她自己没什么，就是觉得对不起孩子。

她说：“或许就像《好孩子》里安妮·海瑟薇的一句台词：‘我无法控制自己对你的难以忘怀，可是我对于你的一切已经再也没有了期待。’我应该真的要放下了，毕竟爱这种东西，必须是我有一半，他有一半。”

故事不够动人，说故事的人却总掉眼泪

我知道，那些夏天就像你一样回不来，我已不会再对谁满怀期待。

我知道，这个世界每天都有太多遗憾，所以，你好，再见。

——《安和桥》

· 1 ·

嘉尔总会想起和子杉遇到的场景。

那天早上下了点雪，嘉尔去学校的路上，远远看见有个姑娘摔倒了。他想赶快跑过去扶一把，结果脚下一滑，把那个姑娘踹得更远了……

然后就看到头发乱糟糟的子杉躺在那。她本来想气呼呼地说一句“我一个黄花大闺女”，结果一着急说成“我一个黄瓜大闺女……”，话说到一半她就笑了，同时也看到了像阳光一样温暖的嘉尔。

嘉尔扶起了子杉，当然，他并没有认真看子杉的样子。

之后子杉通过各种细节，要到了嘉尔的联系方式。

她用一个女生小小的伎俩，构筑自己缥缈的幸福：

比如假装和嘉尔在食堂偶遇，比如在篮球场偷偷地看他打球。

比如把番茄酱抹在鼻子上假装流鼻血。

比如把准备好的牛奶偷偷放到嘉尔的课桌上。

她的那些小心思，就像是春天里下午的花朵，绽放得让人心动。

当嘉尔终于和她说爱，说不如“我们在一起”，子杉简直不敢相信自己的耳朵。那一晚，她在被窝里做着连绵不断的好梦，甚至在梦里都咯咯地笑出声来。

在电影院里，她靠着他的肩膀，笑得花枝招展。她听着他笑的声音。他说：“这种时候，只有我们，要地老天荒。”

子杉呵呵地笑，对他说：“这句话真好。”

他们一起努力学习，一起唱歌，一起跑步。

好像两个人的生活，比一个人多了更多的色彩。

那种甜蜜像是彩色的糖果，别说吃到嘴里，就是看着都心生美好。

· 2 ·

嘉尔和子杉手拉着手一起度过的那些夏天是温暖的，也是明亮的，闪着五彩光芒的。

每天躺在自己房间里，阳光只有在一天中的特定的几个小时能透过那一扇窗户洒进来，落在窗前自己最心爱的吉他上，嘉尔坐在床上，把脚趾伸到光束底下，闭着眼睛想着子杉的笑脸，就像是小时候爬到山顶看到的天空，空气清新自然。

嘉尔喜欢拉着子杉的手，两个人都很瘦很会搭配衣服，站在一起像是从漫画里走出来的男女主角。子衫其实是很有礼貌的女孩，无论上课还是放学，总是会微笑地和所有同学打招呼。嘉尔总是在一旁看着她，好像用尽全力去保护自己最喜欢的人。子杉笑起来会露出两颗小虎牙，睫毛特别长，两只眼睛特别亮，像一只猫。很多男同学也在喜欢着她，只是看到他们俩人一起牵手走过的时候，心里大概是有所嫉妒和羡慕的吧。那画面真的很好看，任何人都不忍心打乱那一份美好。

嘉尔总是对子杉说："等再过几年我们可以结婚了，一定要生一个长得像你的小孩。"然后用手拨乱她的头发，那时候每天的天空都好像是最甜的颜色。

嘉尔每天送子杉回家，看着子杉穿着漂亮的连衣裙和小高跟鞋哒哒哒地消失在他的视线中，他才放心离开。

那真的是最甜蜜的时光，像是天边柔软的云彩。

夏天的时候，他们穿着情侣 T 恤招摇过市。

路过婚纱店的时候，子杉说："等我结婚的时候也要穿这样的婚纱。"

他们拿着冰激凌躺在草地上，闭着眼睛的时候，内心会感受到很多清新，会感受到空气里的温柔，会感受到光线移动带来的暖，也会感受到彼此的呼吸，却并不知道几年后的他们会不会依然在一起。

· 3 ·

高考的时候，嘉尔和子杉考到了同一所大学。

拿到录取通知书的那一天，他俩整整唱了一晚的 KTV。

喝着啤酒，掉着眼泪。

子杉觉得自己好幸福，能和自己心爱的人在一起。

就像那段话说的一样：我希望买的鞋子是你渴望的颜色。我希望拨通电话时你恰好在想我。我希望说早安时你也刚起床。我希望写的书是你欣赏的故事。我希望关灯的刹那你正泛起困意。我希望买的水果你永远觉得是甜的。我希望点的歌都是你喜欢唱的。我希望我希望的是你希望的。

大学的四年，他们虽然有吵有闹，但是更多的是彼此的陪伴。

大三放假了，在家里为了考研日夜颠倒，晚上有时候看书，凌晨两点都没有睡觉。

那天白天子杉和嘉尔去体育场看了篮球比赛。晚上嘉尔送她回家。

微暖的路灯下，嘉尔拉着子杉的手，两个人看着彼此的影子，觉得那是最幸福的时光。

半夜两点，嘉尔突然打电话给杉杉，说就在她家门口。

子杉埋怨他大半夜的跑出来扰了她休息。

嘉尔说："刚才梦见你发烧了，过来看看你是不是真的生病了。"

那一刻，子杉感动得想要掉下眼泪。

可是，尽管爱很深，他们依旧有很多不同。

嘉尔喜欢安静，子杉喜欢搞怪。

嘉尔喜欢做很多计划，子杉喜欢随心所欲去生活。

嘉尔喜欢整洁，子杉的屋子总是乱糟糟。

好像时间久了，彼此牵着的手，内心再也没有那么大的波澜。

所有的朋友见了他们都说："好羡慕你们，从中学时代走到了大学毕业，你们要一直幸福下去。"

每当听到朋友那样说，子杉总是会拉着嘉尔的手说："听见没，要赶快娶我哦。小心过期不候。"

嘉尔总会用手摸摸子杉的头说："知道啦，小傻瓜。"

再后来，嘉尔选择出国，子杉留在国内。

有时候距离呀、时间呀，很多很多因素会改变我们对爱情的看法。

他们各自忙碌，没有争吵，也没有过多的关心，慢慢地，那些浓烈的感情化成了一丝清愁。

不再像上一辈的恋爱一样，要么生死相依，要么痛彻心扉，他们只是慢慢地将这段感情归零。

就像是那段台词：“‘夏天过去了’，真是最平淡无奇又让人觉得莫名伤感的一句话，它不像‘一年过去了’那样给人当头一棒，却有种影影绰绰的难过。蝉鸣退了，假期过完了，电视台不再连播电视剧，网吧空了，书店变得冷冷清清，奶茶店的桌子不再被你们霸占。‘夏天过去了，却好像什么也没做’，孟克柔的单车穿过蓝色大门，夏天过去了。”

· 4 ·

不是没有痛，只是那些难言的痛已被现实的黑板擦抹平。

终于不用整天盯着手机，终于不用在洗澡时擦擦手回她的消息，终于不再聊天至凌晨，终于可以好好睡觉。就像是有一句话说的那样：本以为春风十里不如你，结果等到落雪靡靡，孤影寂寂，鼓起勇气一个人走的时候，才发现那时的春风夏月、秋霜冬雪，都美好过你。

可是，心里总是像丢了一块，嘉尔永远忘不了子杉对他说的最后一句话：“我很好，请你也要保重。”

你是当年最动人的情书，我也曾动心过。

只是会在听到那首歌的时候，突然忍不住眼泪掉下来。

子杉婚礼时，嘉尔一个人走在异国他乡的海边，他脑海里是子杉熟悉的脸庞，只是时间让他终于放下。

他在心里默默对子杉说了声“新婚快乐，我曾经的最爱”，然后像个小孩子一样蹲在海边哭了，海浪声一点一点拍打着他的心。

想起子杉大笑的样子，那是他年少时最好的爱恋。

就像《绝代双骄》那个结局：四个人原本处理好了一切江湖恩怨，在最后一刻，小辣椒突然说：“我不跟你们去了，我要一个人走。”

小鱼儿拉她到一旁说：“以前，我总是要赶你走，你却不肯，老是要跟着我，真没想到，你会在这个时候离开我。”

很多时候，我们都只能远远地怀念着自己喜欢的人，与他说再见。

后来的故事，小辣椒走之前抱了抱小鱼儿，她说：“我会一直等你，因为我相信，这个世界上，已经找不到第二个小鱼儿。”

可是，现实中的爱情不总是那么圆满。命运好幽默，让爱的人都沉默。

或许他们已经释怀。

或许他们还会再遇到对的人。

在一场年少时他们自以为会白头到老的恋爱里，终究会有一个人先走。

但是，没关系，时光会替你们记住彼此相爱的样子。

你的至尊宝，
还是成了别人的齐天大圣

有人说：“人和人的出场顺序很重要，陪你酩酊大醉的人是没有办法送你回家的。”

也有人说：“时间会告诉你，我爱你都是真的，如果你给我的和你给别人的都是一样的，那我就不要了。”

他说：“我爱你，只是不再喜欢你了。”

小贝问闺密：“这句话是不是一个病句。”

闺密说：“你可以这样理解他说的话，如果有一天你要死了，如果拿命去换，他愿意去做，但是如果你活得好好的，他不想和你一直过下去。”

小贝说：“他明明说过，在能看见你的岁月里，我只想对你一个人好。”

· 1 ·

10 年前，小贝转学的那天，下了一场很大很大的雨。她穿着白色

的跑鞋在操场上跑了 5 圈，雨水淋湿了她的头发，脸上分不清是雨水还是泪水，突然间抬头看见男孩跑过来，穿着好看的校服。他跑过来对她说：“小贝，如果我再不说的话，或许就没有机会了，我真的很喜欢你呀。”那天的雨很大，以至于小贝觉得那更像是一场幻觉。但是她很清楚地记得男孩边跑边抓过她的手，十指相扣，说：“我想就这样牵着你一起跑。”

她没有松手。

那个夏天，虽然转了学，但是小贝总能收到男孩寄来的各种用彩色信纸写来的情书。小贝小心翼翼地把它们锁在自己的小抽屉里，每天睡梦中都感觉心情是彩色的。小贝努力学习，有时候看着窗外的景色，好像真的能闻到树叶的清香。哪怕只是在每个周六见男孩一面，拉个手都觉得是最幸福的事。

就像《小王子》里的那句话：“假如你下午四点钟来，那么从三点钟我就开始感到高兴。”

高中时候的他们依然隔着两条街道，小贝变得爱美，校服裤子被她悄悄地改成了灯笼裤，身材也变得越来越高挑。

男孩每次见她的时候，会买她最喜欢吃的果冻，冬天的时候会把她的手放到他的胸前取暖。小贝也会偷偷逃课跑去看男孩打篮球，男孩总是大汗淋漓地跑过来一把搂住她，恨不得向全世界都宣布“她是我的女朋友”。他们穿一样的情侣装，甜蜜到就差在额头上刻上彼此的名字。

·2·

高考结束的那个夏天，小贝开始留长发，和男孩填报了相同的志愿，她要和男孩去同一座城市。那个假期，小贝和男孩去了他们一起读过的中学。那儿的操场被翻新修葺过了，他们站在当年那个下雨的操场，拉着手说“我们要永远在一起”。

他们最终没有去到同一所大学，甚至两所大学在不同的城市。

他们开始了漫长的异地恋。

小贝总是担心男孩有一天会离开自己。

每次打电话的时候，她总是会在最后那一句话之后说：“你不会离开我的对吧？”

第一年男孩总是会笑着回复她：“傻孩子。”

第二年的时候，男孩开始变得越来越沉默。

他们在一起的第九年，小贝在的南方城市下雪了。很漂亮的雪花盖在常绿植物的叶子上，阳光下闪着像水晶一样的光。于是她突然想给男孩一个惊喜，她订了当天的票去了男孩的城市，她想要参加男孩的毕业典礼。那一天，她站在他们学校的大礼堂中，看着变得越来越成熟睿智的男孩在台上讲话。她本以为，男孩一定会看到台下的自己，然后激动地跑过来拥抱她。

可是她等来的，却是男孩拉着另一个女孩的手走出礼堂。她觉得那个瞬间她一定像是《白雪公主》里恶毒的皇后一样，拿着毒苹果，尾随在他们身后。

男孩对女孩说："我们终于毕业了，谢谢你亲爱的，一直在我身边。"

女孩没有说话，只是用头依偎在男孩的肩膀。

真的像是黑色幽默呢，难道这么多年自己在他身边的存在竟如空气一般被忽略。

· 3 ·

小贝没有喊住他们，也没有像电视剧里的女主角那样跑过去甩几个耳光，声嘶力竭地大哭。

她只是用手机拍了一张他们牵手的背影，在回程的途中，发给了男孩。

彼时的小贝，已经不是当年那个在操场被大雨浇得迷茫且哭泣的小孩。

她长发齐腰，因为担心男孩会离开，所以她从来没有放弃过变成更好的自己。

努力学习、健身、画画、跳舞、主持，在和男孩分开的那些日夜，唯有让自己忙碌起来才不会有那么多无法抑制的想念。

她以为那句永远不会说出口的分手，竟然真切地到来。

好在，好像早已做好了准备。

至于男孩后来是怎样回复她的，都已经不再重要，至少他曾给了她十年最好的回忆。如今，他的样子在小贝脑海里已经变得不甚清晰，好像变成了一种长大过程中遗憾的感觉，一种茫茫人海中有幸遇见彼此的纪念，被写在最后遗忘的风里面。

· 4 ·

小贝说：“依稀记得那日风很凉，空气很冷，海鸥在海边自由翱翔，偶尔有零星的几只海鸥站在海岸线上眺望远方，也有几只安静的海鸥默默地看着同伴飞往下一片天空，就像那年为了爱情义无反顾的自己。”

可是，那个心爱的男孩最后成了别人的新郎。

那就这样吧。

谢谢你来，也不怪你走。

不求一生，但求一程。

Part7

努力地活着，今生和此刻都只有一次

因为那些闪烁在人生苦难里的微光照耀着我，所以即使有失落，有哀伤，依然想温柔地对待世界。

心生善良，
终会有人陪你骑马喝酒走四方

· 1 ·

见过很多善良的姑娘，第一次见嘉嘉的时候，就被她的温暖笑容所感染。二十几岁阳光开朗的姑娘，总是会让人心生美好。

嘉嘉说，“在饭店里遇到佝偻着背、头发花白、正在卖毛豆的老奶奶，旁边有人帮助了老奶奶，她会觉得心里特别暖；酷暑里喂猫咪的小姑娘，在她眼里就如同天使一般；流浪动物救助站里的人们，像是对待自己孩子一样关爱、照顾着它们，为无家可归的毛孩子无偿提供住所和粮食，尽自己的全力为它们寻找一个家……这一切细小的“琐事”，都在时时刻刻地感动着她。

很喜欢那句话：“最高级的善良，是心疼别人的不容易。”

嘉嘉和我谈起在她记忆中最难忘的一件事，那是 2015 年，她在路上看到一位老奶奶独自拉着一个不起眼的小车，从接近国门的方向走来，花白的头发和干枯得皱巴的双手，单薄的外套，在刚下过雪满是

寒风的满洲里面前显得那么微不足道。看得出来，老人家境不好，嘉嘉和朋友提议老奶奶和他们一起坐公交车，她都不肯，可是，她的家却在离国门好几站地以外的交通局。她说，她多少年都是这么来回走着的。实在不忍心，嘉嘉热心地帮老人上了公交车，她一路感谢，一路感动，一路满眼泪光……她向嘉嘉诉说着家里的遭遇。老人曾是一名小学教师，儿子成绩很好，一直向往北大，但是由于失误，高考以10几分之差与北大失之交臂。孩子决定复读，在复读期间压力过大患上了脑神经疾病，也就是俗称的精神病。老奶奶为给儿子治病，花光了家里所有积蓄，四处借钱，现在靠着市残联的帮助和自己卖饮料瓶的钱还债。由于老奶奶家住得太远，公交车无法直接到达，我们只能半路下车，老奶奶下车的第一句话是："我要去两元店还人家钱，我不能总欠着人家的钱，小姑娘谢谢你，我要记住你的名字，老天一定会保佑你的……"

看到老奶奶在寒风里推着小推车的身影，嘉嘉心里不是滋味。她思来想去后，决定跟在老奶奶身后进入两元店，想着即使帮不上大忙，哪怕给老奶奶买副手套也好。大概是老人怕嘉嘉再打车送她，不想要亏欠别人太多，就没从店的正门走，两元店的老板说，老奶奶直接从后门走了……

嘉嘉说："很遗憾，临时给老奶奶买的手套也没有能给她，再找不到老奶奶的身影，也没能给老奶奶拍一张照。但是我记下了老奶奶的电话号，可以和她取得联系！”

回到大学校园后，嘉嘉深知自己能够做的事情太少，只希望同学们以后把喝完饮料的塑料瓶子给她，至少，可以给有尊严不想接受别人钱财的老奶奶一些帮助……

本以为周围的同学不会太在意这件事情，但出乎意料的是，接下来的近一个月，嘉嘉的宿舍、隔壁宿舍、全班的宿舍，甚至整栋女生宿舍楼的姑娘们都自发地拿着饮料瓶、拿着袋子送过来，上课的时候也有好多男生主动来送瓶子。

善良的嘉嘉觉得，有时候，幸福和发自内心的快乐与感动就是会这么不经意间地到来。她也总是不怕别人笑话地随口说出“世界真美好”这样类似小孩子的话，可是，这些真的是一个善良的姑娘的真心话。

如今，嘉嘉参加了工作，也用自己的善良影响着周围的人。我觉得像嘉嘉这样美好的姑娘，一定会遇到最好的爱情。

· 2 ·

和凯悦吃饭的时候，凯悦说：“姐姐，你有没有觉得我成熟一些了？”

我笑着说：“一直都很懂事成熟啊。”

她笑：“那我是有多老呀。”

凯悦说："姐姐，有时候觉得找到一个对的人真的很难，但我真的不想因为年龄大了或者因为结婚就凑合着嫁人。我觉得生活这么美这么好，一定要等到一个懂我的人来和我一起体验。"

凯悦是我见过的特别美特别好的姑娘。她的朋友们都觉得她太善良了。

凯悦说她小的时候，四个小朋友每人拿一元去跳蹦蹦床，其中一个小朋友中途用一元钱买了冰激凌，到了蹦蹦床那没钱玩，凯悦主动把自己那一元借给那个小朋友。那个下午，她一个人站了一下午，看着其他三个小朋友在玩蹦蹦床。

凯悦说她总是害怕让别人受委屈，总是想让所有人都开心。

我看着眼前的这个姑娘，笑起来像是爽朗的天空。

凯悦是个特别优秀的姑娘，大学的时候一直是学校里的男孩们心里的女神。

她会主持、会跳舞，人美心善。

她最愁周围的人们说："哎呀，马上要奔三了，不要挑了，不要眼光那么高，小心嫁不出去。"

她说："因为我对自己的要求很高，而且我觉得这些年我这么努力变成现在自己喜欢的样子，找一个和我同样优秀有趣的人应该不过分吧？"

真的不过分。

更好的姑娘就应该配一个更好的男孩。

· 3 ·

凯悦大学时的初恋，并不是很帅，高高的，喜欢书法和阅读。那个男孩曾借给她一本书。书上有一段男孩手写的笔记，当时凯悦就被男孩那一手好字打动了。刚开始的时候，两个人相处得很好，可是慢慢凯悦发现，男孩子有些花心。

她是一个特别专一的女孩，所以当一个男孩子花心的时候，她会毫不犹豫地选择离开。

哪怕曾经有那么多的海誓山盟，有那么多的无法割舍，花心的都会变成路人。

她最喜欢的专业课就是播音与主持，她说她在上课时总能找到很多乐趣，很多感受和声音的结合，都会让人有更多的体验。

所以在听她录制的音频时，我知道那个不断努力，不断用善良和真诚去给这个世界带去更多美好的姑娘，从未偏离生活最初的轨迹。

她相信生活中的小确幸，相信生活中的大爱。她不喜欢和那些冷冰冰的不懂爱的人相处。

她说，如果一个朋友在她失恋的时候，不是静静倾听和安慰她，而是说：“哎呀，四条腿的青蛙难找，两条腿的男人到处都是，你这么美，担心什么。”她会立即远离那样的姑娘，因为她觉得一个人如果体会不到别人的痛楚或者把感情当作商品一样，那样的人是没有太多爱的。

· 4 ·

到了快要结婚的年龄，凯悦周围的朋友很多都结了婚。

凯悦是泪点很低的姑娘。

在婚礼现场，她总会忍不住掉下眼泪。

并不是因为羡慕新娘新郎多么恩爱，也并不是感慨自己还没嫁出去，而是她看到新娘母亲的那一刻。

她说：“当我看到新娘的妈妈在看着新娘的时候，眼里那种溢出来的幸福和女儿将要嫁人的难舍，我就真的忍不住流眼泪。”

有些我们心底的脆弱，反而会让我们更加去爱这个世界。

我对凯悦说：“你的婚礼我一定会去参加。”

凯悦笑着说：“好啊，希望很快能找到那个命中注定的人。”

会的，一定会的。

而我也始终坚信善良是这个世界留给人们最好的品质。

万物皆善，幸与不幸皆是万幸。

努力地活着，今生和此刻都只有一次

人生能有多少天，是按自己的想法活着？在浩瀚无垠的宇宙中，在短暂的一生中，鼓起勇气做想做的事，成为想成为的那个自己，去他妈的命运。

——《七十七天》

·1·

病床上紧攥舞蹈鞋的18岁女孩去世了。

那个叫齐秦的女孩4岁时失去了父亲，15岁的时候考入了自己喜欢的音乐学院舞蹈系。那年7月，她生病，胸椎以下全部瘫痪。

漂亮的齐秦一直是同学眼中的女神，漂亮大方，人缘特别好。

生病治疗期间，齐秦心爱的红舞鞋始终带在身边。每天晚上，她抱着舞鞋才能睡着。

她说：“有重要表演时我才会穿这双舞鞋，抱着它睡觉，总能梦见我站在舞台上，台下坐满了人……”

她多么希望自己的双腿能够奇迹般地站起来。

可是最后她还是被病魔夺去了生命，永远地离开了这个世界。

当张锋站在演讲台上。他说：“这是我人生第一次演讲。我人生无数次站在舞台上，都是因为模仿迈克尔·杰克逊。但我怎么也没想到，这次站在舞台上，却是因为我得了癌症。医生告诉我，我只能活半年，所以我给自己列了一份心愿清单。”

张锋的心愿清单排在最前的是骑行川藏线。这个梦想他已经实现了。

27岁的他背上行囊，从成都到拉萨，骑行28天，行程2000多公里。

他的另一个心愿是举办一场很酷的人生告别会。

·2·

见到晓霞姐的时候，其实我并不知道她就是之前我们微信里加的那位前辈。

其实我们在微信里早就简单地聊过，可是真正见到晓霞姐的时候，还是被她优雅的气质和谈吐所感染。

主持人汪涵曾在一档综艺节目里问刘嘉玲：你最享受人生的哪一段时光？

刘嘉玲低头沉思了一下，然后说：我最享受现在，此刻就是我最好的时光。因为我从来没有像现在这样自信，舒展，欣赏自己。所以我最好的时光不是 20 岁，也不是 30 岁，而是现在。

优雅的晓霞姐也喜欢她人生中的每一个阶段，她觉得每个阶段都是时光赋予我们的温柔。

她很感谢生活，因为是岁月淬炼了她独特的气质，开阔了她的眼界和胸怀。年龄对于她来说只是一个符号，更多的是内心的沉淀。

居里夫人曾说过：17 岁时，你不漂亮，你可以怪罪你的母亲，她没有遗传给你好的容貌；但是，30 岁了你依然不漂亮，你就只能责怪你自己了，因为在那么漫长的日子里，你没有往你的生命里注入新的东西。

我喜欢晓霞姐的微笑，有一种知世故而不世故的坦然。她是拥有智慧的美丽女人，她知道当下就是远方。

我们的人生只有一次。何不大大方方地活出自己。

· 3 ·

赵瑜在一个读书会上分享了马尔克斯的《活着为了讲述》。

一个同事曾问她："你经历过那么多的磨难，为什么不去享受生活，而是在这儿吭哧吭哧费劲工作，是因为经济困难吗，是因为钱吗？"

她说，其实经济不是特别困难，她看到那个书名的时候，有一种豁然的感觉，因为活着是为了讲述，既然活着，就漂亮地活着。

赵瑜生完孩子被送到ICU抢救了15天，心衰、急性肾衰竭、急性胰腺炎、血小板5000多、双眼视网膜脱落……身上插着20来条密如蛛网的管子和呼吸机，忍着病痛压迫的瘫软，感觉陷入泥沼，自己用不上一点力气。

但是大部分时间她是清醒的。

后来在抢救手术中，她因水肿严重，一个简单的手术换了4个十年以上临床经验的大夫都没做成功，后来有一位大夫在她最绝望的时候说“让我再试一次”。

就是这一次尝试，让赵瑜好了起来。

她之后遇到挫折无奈的时候，总会想起那一句，“让我再试一次”。

如今，她和她的双胞胎女儿快乐地生活。

她说：“心有坚毅，则身无所惧。”

我们每个人都曾有过最无助的经历，心底的坚强也曾在瞬间崩塌过，但是你仍要像一把尖刀，刺向黑暗的心脏。

· 4 ·

玛吉阿米的老公在前年8月份心衰住院，确诊马凡氏综合征，历经8小时手术，15天ICU，8月底去世。当时她31岁，女儿7个月大，还没断奶，有50%的可能性会遗传。去年4月，婆婆开始住院，切除一部分肺叶，然后又查出肺腺癌。

她在上下班的路上一边开车，一边哭到看不清前方的路，上班的时候实在忍不住，躲在卫生间努力忍住不发出声音大哭过，夜里睡不着，咬着被角哭湿过半个枕头。在他墓前哭到崩溃过，然而，擦干眼泪，该上班上班，该干活干活，该看孩子看孩子。不怨天尤人，不憎恨，不怨世道不公。努力生活，让所过的每一天都对得起自己。

但我还是想说，用心去生活吧，这个世界会因我们的存在而变得更加温暖。

有个8岁的小男孩写了一首名字叫《眼睛》的诗：

我的眼睛很大很大，
装得下高山，
装得下大海，
装得下蓝天，
装得下整个世界。
我的眼睛很小很小，
有时候遇到心事，
就连两行泪，

也装不下。

努力生活的每一刻，所有的这一瞬间，请不要难过，好吗？

其实大多数时候，阳光很好，你决定早起那一天，一定是心情最好的一天。

尽管偶尔也会有阴天，有雨天，有风雪，有雷鸣，会淋湿冻结你的梦想。

那又有什么关系，其实人生比我们想的要美丽很多。

或许这个世界会给我们很多突如其来的残忍，但更多的是那些无声的力量。

那些力量给予我们善待这个世界的勇气。

妈妈那么美，
岁月你要厚待她

· 1 ·

5 月的清晨应该是最好的时光，微暖的空气，淡蓝的苍穹。拉开窗帘那一瞬间的柔光，宛若朵朵绽放的满天星，素雅洁净。

朋友小 A 早就买好了回家的票，从来没时间也舍不得逛街的她，还去逛了逛商场，买了一件漂亮的小裙子。

她说："我已经很久没回去看妈妈了。我不介意在外有多辛苦，不介意每天忙得焦头烂额，不介意好像还很糟糕的生活，但是我不想看到妈妈心疼的眼神，我要让她觉得我很好，在外没有受苦，因为妈妈是我心里最重要的人。每次我回家的时候，妈妈总会早早地在那条小路上等我，这世上只有她会如此一直等着我。"

说这些话的时候，小 A 没有疲惫，没有抱怨，有的只是满心欢喜等着和妈妈见面的心情。

有位男士说，2014 年，他的母亲去世了。他和铁哥们在 KTV 彻夜买醉也不会接到她一遍一遍催促回家的电话，上海天冷的时候不会再收到她寄来的保暖内衣，过年逛超市买东西的时候，身边没人再陪他唠叨……

他觉得，那些陪伴了自己几十年却从未关注过的小细节，在某一刻之后，戛然而止，于是，他在某一天夜里，做了一个梦。梦里他在一条通道里朝前跑，一道一道的大铁门，无数形形色色的人跟他照面，嘱咐他快点跑，妈妈就在前面。于是他的速度越来越快，穿过一道又一道的门，却始终没有尽头。然后他就醒了，在某天半夜，一个 30 岁的大男人，哭醒了。

我在网上看到一张图片，一个中年妇女撩起自己的衣服，肚皮上的伤疤让人看了害怕。原来她为了救治患有皮肤病的孩子，割光了整个腹部、两肋、臀部皮肤为孩子植皮，共 2000 多平方厘米。她的家庭并不富裕，为了把钱全部省下来给孩子做后期治疗，这位母亲手术后不用止疼药，输液 4 天就坚持停药治疗。

· 2 ·

米乐新婚当日上午被新郎娶走时，母亲哭了，双唇颤抖，泪眼婆娑。

看到她哭，米乐心中骤然万般不舍与酸楚。她帮母亲拭泪，亲吻她脸颊，安慰她每天还是会见面，但她似乎并未能真切地体会到母亲情绪里的五味杂陈。

正午吉时，精致妆容，华美婚服，米乐和朋友亲戚频频合影。漂亮的米乐被赞无数，她沉浸于自己的幸福时刻，满心都是对未来美好新生活的殷切期待。

直到浪漫唯美的婚礼落下帷幕，直到人潮退去，她恍然发现不能跟着母亲回家了。直到发现新家完全没有自己的生活痕迹，直到车到小区门口因风俗不能进去，只能让妹妹把生活物品送到门口，直到看到了母亲担心米乐忙于婚礼无暇吃饭而装满了一袋子她最爱吃的零食，过家门而不可入，那一刻，米乐泪如泉涌。

直到那一刻，她才看懂了母亲上午的复杂表情，她哽咽啜泣到嚎啕大哭，情绪如一道泄洪的闸门，奔腾而下。

龙应台《目送》里说：慢慢地了解到，所谓父女母子一场，只不过意味着，你和他的缘分就是今生今世不断地在目送他的背影渐行渐远。你站立在小路的这一端，看着他逐渐消失在小路转弯的地方，而且，他用背影默默告诉你：不必追。

米乐说：“母亲当日于我的感情大抵就是如此，而于我而言，是在一个新的起点，知她大爱，懂她不易，更好地陪伴她。”

·3·

我在知乎上看到一个男孩写的关于母亲的回忆，男孩的母亲生前喜欢养花种草，写字读书，跑步健身，绣花酿酒，钻研美食……有时候男孩也不太明白，她工作之余是怎样安排出时间去做这些事情。简单说来，喜欢的事情她都会亲力亲为，并且做到近乎完美。她有一卷《清明上河图》的十字绣，花了一年半的时间依然没有绣完，本来想着挂在男孩以后的婚房里，遗憾的是，没有时间去完成这件事了。

10 月份的时候，这个男孩放假回家，已经是他的母亲离开半年以后了，他想着把未完成的作品拿出去装裱好放在自己的屋里。搭着梯子从大立柜顶上拿下卷好的画卷，拍去厚厚的灰尘，展开画卷，各式人物浮现眼前，摸着那一针一线，男孩红了眼眶。就在图卷的最后，未绣完的画布里裹着一张白纸，男孩抽出白纸摊平，上面是母亲熟悉的字迹：“臭小子，看到这些话的时候，妈妈已经不在了。你已经是大人了，今后要努力地工作和生活，照顾好爸爸。

“去年夏天做的葡萄酒给你单独留了一瓶，给未来的儿媳妇，我放在厨房的壁柜顶上了。很遗憾，你以后的婚礼我不能到场，那瓶酒就是妈妈的祝福。”

男孩抽泣着跑到厨房，打开壁柜，翻落一地的日用品，在角落里看到了那瓶酒，抱在怀里放声大哭。

他说："那段时间又陷入了漫长的怀念，属于我的仿佛都未走远。一直深深地被爱着，又有什么理由不去好好活着呢？"

·4·

我曾看到一张照片，一个小男孩在昏暗车灯下学习，陪单亲母亲摆摊。男孩在三轮车车灯的照射下和嘈杂的环境中蹲着写作业，自己的妈妈则在一旁摆摊，收入微薄。妈妈称老公去世了，不放心孩子一个人在家，只好把他带在身边。当被问到最想对妈妈说的一句话的时候，小男孩哽咽着说："妈妈我爱你！"

想告诉妈妈，我们爱她。

妈妈这个词，无论何时说起，都是最让我们动容的。

请好好爱她。

长大
是倒过来的童年

·1·

曾经看到一个讨论，“人生最难熬的时候，是怎么走下去的”。

糖豆说：“失恋促使我失眠症发作，很长一段时间整夜无眠，然后去瑜伽，去跑步，去学琴，去练书法；终于让黑夜成了真正的黑夜，经历过失眠，经历过与失眠中的自己长期的厮杀、融合，甚至于接纳，告诉自己再难又有什么，睁开眼睛，每天能看到太阳就是希望。”

还有人说：“又不会死掉，有什么克服不了的。”

我想起自己的读书时代，严重的偏科，好像比偏头痛都难治。我在讲台上看着黑板，老师看着我迷茫的眼神叹息，我不懂为什么数学的那些数字明明很简单，但是组合起来却有那么多千奇百怪的解法，所以每次考试之后，我都觉得自己的人生陷入无尽的黑暗。那个叫数学的小怪兽用黑洞洞的眼睛看着我，似乎在嘲笑我的无能。

以至于每次考试之后，我的心都好像被凿了一个大洞。

那个时候，我觉得我抑郁了。

每天都会强迫自己朝一个方向入睡，而且每天入睡前都会强迫自己摆同样的姿势。

每天晚上甚至都会做很可怕的梦。

我知道，我在压力面前好像有了强迫症。

再大一些，我终于摆脱了考试排名的打击，却发现人生处处都有考场和意外。

曾为自己特别差劲的表现懊恼过，为自己的懦弱自责过，也为自己的懒惰脸红过。慢慢地，我懂得，我们的人生也像一天当中的日升日落，有阳光就有黑暗。其实黑暗到来，是需要我们静下心来积蓄能量的。

我曾在 17 岁的时候趴在校园的楼道栏杆上想象未来的自己。而在多年后，我站在相同的地点，相同的场景，却再也寻不回我 17 岁时的心情。突然想起那句话："时间如若倒退，你要重新来过什么呢？"

某天傍晚在广场看到放风筝的人群，看着风筝在空中留下深深浅浅的痕迹。我看到我的小小姑娘抬头望着天空的那一刻，心里觉得很安宁。人生岁月的那些自以为的艰辛和不易，也在那一刻沉淀，过滤。

每一个人生的黑暗阶段我们都认为是最难熬的，但是天总会亮，你总会变得更坚强，那些让你害怕的、想要打倒你的，除了告诉你什么是艰难之外，还告诉你什么是成长。

·2·

垫子回忆起她被穷养的少女时光。

她小时候，妈妈很少给她买新衣服。她的妈妈很会织毛衣，经常把大人的毛衣拆了给她织毛裤。如果她偶尔有一条牛仔裤，也是她表姐穿不下不要给她的，而且总是不合身。

读大学的时候，别人都有那种带轮子的行李箱，垫子妈妈说家里有，结果给她拿了一个大红色的当年结婚时用的箱子，没有轮子，又大又扁，只有一个提手。

然后，垫子整理了一些穿了三四年，有的根本穿不下的衣服，和一个编织袋的旧棉被，自己坐了十多个小时的火车去上学了。那时候最想要的，大概就是一个带轮子的行李箱了。

大学时光是垫子认为最难熬的时光了，好像什么都没有，父母也不在身边。

所以垫子就开始勤工俭学。

在食堂端过盘子，在超市当过收银员，推销过化妆品，扮过皮卡丘。

那时垫子觉得，眼泪是最不值钱的东西。

毕业后，垫子留在那座城市打拼，虽然现在依旧租住在 50 平米的小屋里，每天都会加班到凌晨，但是垫子觉得正是因为有那些狼狈又难忘的时光，才让她变得越来越坚强。

过母亲节的时候，她把自己第一个月的工资邮寄给了妈妈。

因为她知道，虽然他们的生活拮据，但是妈妈已经把能给的最好的都给了她。

从邮局回来的路上，小路边遇到一位老爷爷在卖爆米花，垫子买了一大袋，收获从未有过的开心。

有人说，受委屈几乎是一个人成长最快的途径，吃下去的是委屈，消化掉得到的是格局。

· 3 ·

长大后的我们好像也开始慢慢理解那些黑暗的时刻了，甚至会心态特好地想“天将降大任于斯人也，必先苦其心志，劳其筋骨，饿其体肤……”好像还期待着那些黑暗的瞬间炸出一个绚烂烟花，也不会再哭哭啼啼泪流满面，以 45 度角仰望天空。

只是对一切艰辛都能平静对待。就像是蝴蝶效应，你此刻的坚强，一定会换来下一刻的蜕变。

有人说，很多时候你的进步、你的动力，都来源于你的不舒适。

这里我想分享林依晨的故事。林依晨 16 岁那年，妈妈突然小脑中风，那时林依晨才真正知道了家里的困境，她开始主动挑起这个家庭的重担。

她的青春，充满了荆棘和坎坷，但苦难也将她磨炼成生活中真正的女王，她说："我开始发觉，没有什么可以让我依靠，我必须靠自己。"

2000 年，还在念高中的林依晨为了赢奖金给弟弟换台电脑，参加了台北第一届捷运超美少女比赛并获得冠军，从此打开了自己的演艺圈之路。

2002 年，她参演《十八岁的约定》，正式出道。

她一边高强度拍戏、工作、养家，一边努力考上了国立政治大学韩文系，韩语能力还挺不错的。

当时在拍《天外飞仙》的时候，林依晨还是大四的学生，一边拍戏，一边还要准备毕业论文，有时候压力大到让她连续几天都睡不着觉，但她从来没有抱怨。

拍戏的时候她超级拼命，吊钢丝，武打戏，各种危险的动作都自己完成。圈内人对林依晨的评价是：认真，敬业，自我要求高。

如此努力的她终于在出道后第 6 年还清了债务。

2013 年正当红的时候，她又果断选择暂别演艺圈，去英国读了一年的书，2014 年 12 月，于英国伦敦大学中央演讲与戏剧学院毕业。

林依晨提起从小的单亲经历时说："父母的伤若是能自我疗愈，将是给孩子最大的礼物，反之则可能会让孩子受伤。好好对待孩子，给他们该有的爱，父母也会在这个过程中自我治愈。”

·4·

有位读者说：“我不知道自己要经历多少的人事艰涩之后，才能看到我期望的景致。想过放弃，却无能为力。真的是很久以来，过着一边放弃却一边坚持的生活。也许生活中其他人也会有我这样的苦境。最苦的事情，大概是拼了命地坚持，美好却还是遥遥无期。小宛，谢谢你，谢谢你治愈的文字。但愿所有的苦难，最后都是包裹祝福的礼物。晚安。”

我们总是以为爬过一座山，就有一片新的天地，总以为生活和理想都在别处，总是寄希望于在另一片天地开始别样的生活，总觉得越长大越孤单，其实，我们一直都不曾辜负走过的那些岁月，因为我们都曾拥有最单纯的时光，才能配得上我们此时的笑靥如花。

愿你在梦里回到那个有风的少年时光，虽然那个夏天真是又旧又长，就像拖长的戏腔，搭台做戏，连粉墨都要艳丽得失了真。

在熟悉的路边，就这样，等阳光落入水中，而单纯永远留在我们心底。

所爱隔山海，山海皆可平

如若你在森林中走失，请以爱之名，唤醒你沉睡之心。

如若你找不到我，请耐心等待，我一定如期而至。

如若放弃我，慢走不送，我会等到下一个晴天。

· 1 ·

2017 年，我回老家见到了一对相守 75 年的老人，他们的年龄是 90 岁。在那个年代，一纸婚约，就是一辈子的承诺。柴米油盐、生活琐事、一日三餐，日子就这样一天天过下来。

老爷爷说：“现在最幸福的事情就是，每天早晨醒来看到彼此都在。”

老奶奶说：“真的很害怕某一个人先走，留下另一个人孤孤单单。”

世界上最好的爱情，大概就是这样了吧，看似平平淡淡，其实却是最温暖的陪伴。

有一天，我在窗前看到爸爸妈妈一起下楼散步的背影，突然很想让时间停下来。在那一瞬间，我特别害怕离别。就像是楼下的那几株杨树一样，树叶变得枯黄，风一吹，它便掉了……

妈妈在年轻时，烫着波浪大卷，高高瘦瘦，把家里收拾得井井有条。

我记得每天放学快到家的时候，看着天空中太阳发出的光亮，那条小路充满特别熟悉的气息，哪怕早晨天还黑着，零星地挂着几颗星星，也觉得时光特别美。每天回家我都要经过一条长长的有清新气味的巷子，两边是石砌的墙，爬满了翠色的植物。我喜欢哼着一首熟悉的歌温柔地穿过它，就像穿过一条蓝色静脉，到达的另一端就是一番全新的景象。

有妈妈在的每一天，家里都是暖暖的味道。

那时的我背着书包，踢着石子走在回家的路上，觉得未来很远，远到无法想象。

妈妈负责相夫教子，爸爸负责赚钱养家。

每天吃完晚饭，整理洗漱之后，便坐在自己的小书桌前写作业，偶尔站起来偷瞄几眼电视剧里的情节，现在想来，那真是最简单最幸福的时光了。

· 2 ·

我记得小时候暑假的时候，我最喜欢去姥姥家的院子里玩。短短的一天被圆圆的月亮画上了句号。人们结束了一天的生活，在微暖的灯光下唠嗑，猫也静静睡去。如钩的月牙儿，静静地停在树梢，洒下淡淡的白，不言不语。

小小的我在姥姥院子里欢快地奔跑，鸟儿从空中掠过，落在掉光叶子的树梢上，有几只黄狗“噌噌噌”从我身边跑过，时不时回头瞅瞅我。

高大的杨树在风中微微摇动，牧归的羊群在长满小草的村道上缓缓而行，乡村的灵魂已随着院落外彩绘的笔，贴着土地。那些儿时的记忆，如一丛丛蓬勃而纵情的野草，在心底蓬勃生长，就像一些马蹄印，深刻地拓印在大地上。

春花秋月，四季更替。那个沧桑的院落，姥姥村子里那些曾经的树林，那些田地，那些歪歪扭扭的脚印，那些再熟悉不过的油菜花……它们如流水进入泥土般融入人们的灵魂，让人无法剥离。

· 3 ·

我曾在网上看过一个小视频，42 岁的李少云是一名夜班的士司机。作为一名单亲妈妈，她别无选择，只得在晚上开车的时候寸步不离地带着孩子。她的女儿依依只有三岁。那辆绿色的出租车就成了她的流动摇篮。这样的生活环境下长大的小依依俨然是个小大人，会自觉地帮妈妈递发票给乘客。虽然生活不易，但是近千个夜晚，有依依的陪伴，似乎再艰难的生活也有活下去的勇气。

爱让我们变得完整，那些爱都是真的，像是阳光温暖的日子里清新的空气，因为这种暖是爱，心底里波澜起伏，促进血液循环。

· 4 ·

以前看到一个帖子：一万年太久，趁我还活着，就爱我，就现在。

发帖人说："惊闻五楼的刘老先生走了，虽然我知道他心脏不好。听说，走的那天，他和老伴一起吃饺子，吃着吃着，老先生突然哭了。老伴赶忙问他哪里不舒服？刘老先生放下筷子，握着老伴的手说：'我们可能要分开了……'吃完饭，刘老先生就歪倒在桌子旁静静地走了……"

两位老人坐在儿孙中间，听力有些下降的奶奶一脸笑意地挽着老伴，就那样依偎着，用心听着那个几十年来最熟悉的声音。

一位老奶奶一辈子给老伴织了上百件毛衣，还有背心毛裤。老奶奶被节目采访的时候，主持人问奶奶："你有什么想对老伴说吗？"奶奶说："我们一起生活了63年，他身上的每一件毛衣都是我织的，我还要为他织更多的衣服。"

有些爱，我们觉得彼此太过熟悉，生活太过平淡，可是不知道那些爱已经渗入到我们的骨髓、我们的呼吸中。

· 5 ·

有个男孩的女朋友在一场车祸中去世。他们大学相恋 4 年，毕业后，5 月份男孩向她求婚，9 月份男孩赴美去加州大学读研。他们都曾以为此生无憾。但是女孩在男孩出国不久就发生了车祸，女孩的妈妈告诉他，女孩在昏迷前的最后几句话是：“妈妈，我以后要给毛毛（男孩的小名）生三个宝宝，名字我都想好了。你说，怎么才能让毛毛忘了我。”

《倩女幽魂》里，小倩要投胎时，宁采臣死死地用肩膀扛着门板，担心阳光把小倩的魂魄照散，直到燕赤霞告诉他：“她已经走了。”宁采臣怔怔地回过头来，面前一地残酷的阳光。正因为一开始相恋就知道要诀别，所以才贪恋那朝露般的温暖，情爱如梦，梦里依稀有泪光。

梁文道说：“所谓放弃自己就是不自私地去爱，爱一个人不是因为要满足自己的某些需求，恰恰相反，是开始放弃对自己的一种我执。这个时候你是打开胸怀的，这个时候的爱才是比较完美的。”

有时候，我觉得写一封书信给爱人，比用手机说一句晚安更有意义。写一封信给我们爱的人吧，不管是爱人还是家人。或许他们在看到的那一瞬间，那些字句像是风雪之夜温暖的火苗，温暖了他们的心。它是一丝丝的暖、一丝丝的轻盈汇合在心里的感动。

我们总以为爱就是拼命奔波，挣来衣食住行，提供更好的物质条件，后来才知道：爱，其实是你温柔、支持的眼神，你温暖的拥抱，你紧握我的双手，你默默的陪伴，你全神贯注的倾听。

我们的生活是平凡的，我们有时候甚至会厌倦这种柴米油盐的琐碎，但当你细细回想的时候，你才会发现，最简单的陪伴和相守，才是最珍贵的。

与什么样的人做朋友，真的很重要

·1·

希希给我打电话抱怨，她的一个初中同学，十几年未见，回来一定要约她出去，而且他还叫了一帮不认识的男人。

希希推托自己家里有事去不了。他便在电话那头骂骂咧咧：“不是说好回来一定出来吃饭吗，关键时刻你给老子尿了。”

希希说，那一刻，她在心里感到无比厌恶。她挂掉电话，把他拉入黑名单。

希希说，明明那个男生在初中时是性格很好的人呀，而且还会弹吉他，对人也很温和。后来高中毕业后他没有考上大学，而是去了一个建筑工地给别人开挖掘机。这几年，因为他的工作环境和接触的人，使他变成了一个充满戾气、粗俗不堪的男人。

还有一个同学，上学的时候不爱学习，业余时间参加了学校的体育队，看谁不顺眼就揍一顿。在同学心中，他就是一个校园混混，谁都不看好他的未来。

考大学的时候，他靠着出色的体育成绩，考到了一所师范类院校。大学毕业后，他回到母校应聘，成了一名体育老师。

几年后，有同学评价他，当年那个小混混变成了特别儒雅的体育老师。他的气质已经和上学时完全不一样，他接触的人和环境也重新塑造了全新的他。

《荀子》中说："居楚而楚，居越而越，居夏而夏，是非天性也，积靡使然也。"

把一个人放到什么样的环境中，他的"习性"就会自然跟着环境改变。一个人的三观也会跟着大环境发生变化。

·2·

与什么样的人做朋友真的很重要。

珊瑚说，她的一个朋友总是小心眼，每次她说一句话、做一个动作，那个朋友都会给她分析出很多心理暗示，而且还会纠正她说话的语句。偶尔一句不恰当，那个朋友都会很在意，会长篇大论给她讲好多道理。

明明那是无意的一个词，都会弄得跟世界末日一样。

珊瑚说："和那个朋友在一起真的很累，说一句话都得小心翼翼，每一个表情动作都得到位，生怕让对方误解。"

如果你的朋友让你心里产生疲惫或是无休止地生气，请远离。

如果你的朋友只懂得自私、嫉妒、攀比、虚荣，请远离。

如果你的朋友冷漠、暴力，总是不懂得尊重别人，请远离。

就像复旦大学陈果老师讲的那样："朋友不是为了索取，相反朋友是为了奉献。你之所以交朋友的原因，是因为你有那么多的爱要奉献，是因为你要付出。我们之所以交朋友不是为了被爱，而是为了去爱别人。为什么要爱他？因为这个人让你感受到了一种精神上从未有过的默契感。他不是你的亲人，跟你没有血缘关系，但是你跟他在同一个问题上，经常能够碰撞出这种精神上的默契感。朋友如空气，朋友如水。并不时常想起，但他无处不在。"这就是朋友带给我们的一种同在感，这才是真正的朋友。

· 3 ·

一个学习很差的姑娘，总是逃课去网吧玩游戏，她觉得在游戏中她才是真正的赢家。她抽烟、喝酒，动不动就和别人吵架。她的几个朋友也是一样，他们觉得在最美的年华，就要好好放纵地活。

后来姑娘喜欢上一个男孩，那个男孩阳光开朗、学习成绩好。

有一天，这个姑娘在周末去学校补课的路上遇到这个男孩。

她撇着嘴，很直接地说："嘿，我喜欢你。"

她以为男孩肯定会吓一跳，或者会骂她一句神经病。

没想到男孩笑了笑，那笑容并不是轻蔑，而是特别温暖的神情，他说：“如果你考了年级第一名，我就做你的男朋友。”

明明是一句玩笑话，明明是不可能完成的事情。

可是，这个姑娘认真了。她说：“好，等着我考第一名。”

从那天起，姑娘给了自己一个期限，两年。

看似很漫长的时间，但是对于一个基础特别差、特别爱玩的姑娘来说，时间真的很紧。

她戒掉了所有游戏，也不再和朋友们出去疯玩。

两个月过去，她的成绩没有丝毫起色。

一个学期过去，她的名次前进了 10 名。

原来害怕考试的她，在用尽全力去拼的时候，考试反而成了期待。

她的朋友在她的影响下，也开始努力。

她们一起剪去了长发，穿上了平常一直都不肯穿、认为很丑的校服。

她们组成了一个小组，成绩最高的那一科的人去教那一科成绩最差的人。

就这样，到了第二年，她们的成绩都赶了上来。

而她们也意识到努力的意义。

尽管第二年，她并没有考到全年级第一名，男孩也转学到了其他的城市，但是这个姑娘很感激，感激那一场赌注，让她从一个无知无畏的自认为堕落是潇洒的女孩，成长为一个被这个世界更加认可的自己。

而她的朋友们也感激姑娘的改变，如果她们这个圈子没有任何人首先改变，可能她们的人生会一直糟糕下去。

·4·

在我们的人生中，是什么让我们保持健康且幸福呢？

哈佛大学有一项研究，可能是同类研究中耗时最长的。在75年时间里，他们跟踪了724个人的一生，年复一年，了解他们的工作、家庭生活、健康状况。在这个过程中，研究人员完全不知道他们的人生将会走向何方。目前这724人中，仍有60个人在世，仍在参与研究。

从1938年开始，这个项目开始跟踪两组人的生活。第一组加入这个项目的人，当年在哈佛大学上大二，他们在二战期间大学毕业，大部分人都参军作战了。这个研究追踪的第二组人员，是一群来自波士顿贫民区的小男孩。他们被选中，主要是因为他们来自20世纪30年代波士顿最困难、最贫困的家庭，大部分住在廉价公寓里，很多都没有冷热水供应。在加入这个项目时，这些年轻人都接受了面试，接受了身体检查，项目研究人员挨家挨户走访了他们的父母。然后这些年轻人长大，进入到社会各个阶层，成为了工人、律师、砖匠、医生，还有一位成了美国总统。有人成为了酒鬼，有人患了精神分裂，有人从社会最底层一路青云直上，也有人恰相反，掉落云端。

最后究竟得到什么样的结论呢？那长达几万页的数据，记录了他们的生活。研究者从这些记录中间，到底学到了什么？不是关于财富、名望，或更加努力工作，从75年的研究中，他们得到的最明确的结论是：良好的人际关系让人更加快乐和健康。那些跟家庭成员更亲近的人，更爱与朋友、与邻居交往的人，会比那些不善交际、离群索居的人更快乐、更健康、更长寿。

在看到那个研究的前半部分，我一直认为，结论是更加努力工作或者是屡败屡战的精神，可是看到结论的那一刻，我才真正明白，好的人际关系真的是让我们努力前行的动力。

同样，一个好的朋友圈也会给我们的人生带去很多养分。

真的很感谢那些带给我们正能量的朋友们。他们会在你身处困境的时候，给你支撑的力量，在你春风得意时，发自内心地去祝福你。

难过的时候陪你一起哭，快乐的时候陪你一起笑。

或许我们忙碌的生活节奏使我们很久没和朋友好好聚一下，或许我们被各种琐事所困扰，不愿意去打扰他们的生活，看似不声不响，他们安静地生活在我们周围，却无时无刻不给我们的内心带来欢愉的力量。

后 记

人生短暂，我们一直在路上

我们在这尘世中行走，从未停止，不是吗？

每一段路都有它的意义，无论好坏。当我们决定努力微笑的那一刻，无论是喧嚣的都市还是宁静的小城，都会给我们的内心留下最纯真的记忆。

多年以前站在学校教室的窗前，穿着简单的校服，在心里想，如果有一天，我也可以用文字记录些什么，该有多好。那个时候对很多事情都没有信心，像是数学试卷上不及格的成绩，让我觉得人生有那么多的不如意和无法超越……

现在想来自己或许太过矫情，因为几行数字，因为自己的怯懦，就把人生想象成无比灰暗的样子，真的是太不应该。

岁月长，衣衫薄。

这是年少时最喜欢的六个字。

好像那个年纪，总是有太多的忧愁。全世界好像都充满悲伤。

我记得自己上大学的第一年，开学报到的时候，爸爸妈妈一起去送我。

因为当年从我的家乡去天津的火车很少，所以票特别难买，当时还没有网上购票。卧铺票更是稀缺，所以我和爸爸妈妈都买了坐票。

那时妈妈因为腰椎间盘突出，所以一侧的腿也特别疼，而我是个晕车大王，即使坐火车，还是晕得一塌糊涂。

我记得在那趟绿皮火车上。我们三个坐在一排，我和爸爸尽力给妈妈让出一个放腿的空间，到了后半夜，因为晕车厉害，我靠在爸爸妈妈的身上，我们三个像是待在海洋上漂流的小木船上一样。

我知道爸爸妈妈对我有多不放心，因为那是我长大之后第一次去异地上学。

第二天，扛着大包小包，顺利报到。

途中自己第一次去水房打水，差点把暖壶盖弄丢。

多年后爸爸说："看到你胆小的样子，我其实真的很担心呀，第一次离家那么远。"

报到当天晚上，爸爸妈妈就要返回家乡。他们怕我伤心，所以去火车站的时候，爸爸说："你和室友好好待着，不用送爸爸妈妈，我们到了给你发消息。"

我自认为很坚强地点了点头。

爸爸妈妈到了车站刚给我发过来消息，我在电话里就带着哭腔和他们说："爸爸妈妈，我想你们了。"

我也听到妈妈哽咽的声音。

时隔多年，当我再回想起来，我不知道当年腿疼得那么厉害的妈妈是怎么咬牙坚持坐了那么多个小时的车，我知道她也在回程的火车上悄悄地流下了眼泪。

我不知道爸爸在和我挥手再见的时候，他头上的白发已经开始冒出。

大学里，我并没有成为一个特别努力的好学生。

上课、下课、食堂、宿舍，课堂上表情茫然，考试前才会好好看书，周末的时候和室友在宿舍里看恐怖片，偶尔心血来潮的时候拿着笛子去我们学院的小花园练习一下，但是整个学期练习的时间不超过10个小时，偶尔也会和室友去参加别的系举办的文艺活动。看着舞台上闪耀的同学，我在心里想，如果有一天，我也可以那个样子，该有多好。

但是，演出结束回到宿舍，我仍旧早早地睡觉，甚至没有多背过一个单词。

那个时候我觉得我是迷茫的，我不知道自己的未来到底是什么样子。

在毕业前实习的那一段时间，学校推荐我们去一个公司做文职工作。

上班的第一天，我和另一个同学一起去报到。

那个在郊区二楼的小公司，里面的工作人员匆匆忙忙，没人理会我们两个准备实习的姑娘，等了有半个小时，才有一个大姐说："今天经理不在，你们明天再来吧。"

回学校的路上，我想，这就是我今后要面对的生活吗？当时内心充满了失落和对自己的失望，我从来没有认真地想过自己要过什么样的生活。

第二天，我没有去那个公司。

我开始梳理自己今后的发展方向。

我开始沉下心，不再每天心浮气躁，总是幻想理想化的生活。

我知道幻想最后只能让我成为一个头脑简单、四肢也不发达的傻姑娘。

我也尝试着改变，那个胆小、害怕与人沟通交流的我，慢慢地变得大方开朗。

我知道很多事情并不是那么容易就发生质变。

刚参加工作的前几年，好像自己向往的生活并没有出现，像是一只小蜘蛛一样在昏暗的角落织着自己的网，没有人在意，没有人观望。

时间日复一日在重复。

而我也越来越消沉，有人开玩笑说："25 岁的你怎么对生活一点激情都没有？"

是啊，25 岁的我把自己的心理年龄活成了 52 岁。

有时候看着川流不息的人群，感受着日升日落，心里好像空落落的。

我知道，那个时候的我并没有让自己的人生变得更好。

可是，25 岁之后，随着年龄的增长，工作环境的改变，遇到的人遇到的事让我感觉到，生活好像真的慢慢地变成我们心里所期待的那样。

生活中我遇到很多“老师”，他们让我懂得一个人要有不断学习和思考的能力，也让我意识到不忘初心的那份坚持有多重要。

我心里的尘埃也被一点点地吹散，有了更多阳光的味道。

就像是考试一样，可能之前有好几科你都觉得自己答得太差劲了，但是也有的科目你会发挥得很好，所以总分出来的时候，你突然发现：其实你的成绩没那么差。

当一个人有了更多爱与接纳的能力的时候，你会发现，你的内心特别的快乐。

你也不惧怕今后的生活会怎样。

韩寒在拍《乘风破浪》时，把故事元年定在了 1998 年，那一年，他还没有成名，世事的风浪还没波及到那名少年。他说：“那年，自己还是容易一点。”

那部电影穿越回去，比如，跟和自己一样大的老爸、老妈勾肩搭背，一起喝酒，一起涮火锅，一起吹牛。穿越回去的 1998 年，距离 2018 年，整整二十年。

二十年，多少时光不再，物是人非。

我们有多少次，想和最初的那个自己说一声：“嘿，你还好吗？”

而我自己好像昨天还是那个穿着校服趴在栏杆上以 45 度角仰望天空的小屁孩，在妈妈的监督下写寒假作业，上课时偷偷吃方便面，再一回头发现时间就像穿越到了现在一样。

连送快递的大哥都叫我大姐。

可是，我依然期待我们人生中每一个新的开始。

我记得在 2011 年的日记里，我写下了对自己的期待。

如今，6 年过去，好像正在慢慢变成真正喜欢的自己。

我想让你们感受到更多成长的力量，我愿意渲染更多的暖意。

如果我们终要忘记那些我们认为的难过、分离、背叛、痛彻心扉，那么那些属于每个人的仅有的欢乐、勇气、果敢，我都想让你们拥有更多。

我想要送你们些文字能够带去的东西，像午后一束温暖的阳光，像某个雨后的清晨，像跑步途中听到的一首歌，像一瞬微风拂面的清凉……

想要把世界上所有的温暖的与善良的一切加起来，让它们永远停留在内心里。

或许那时生活太过坚硬，我们的棱角被磨了又磨。或许再多的努力都难以与那些早已存在的定义、那些早已形成的规则比拟，或许我们很难去改变，但是我们拥有我们自己，可以不断努力，可以一步一步走到我们想要的未来。

请永远保持你们的勇敢和善良。

那个无比努力去生活的你，请忽略眼前的艰难和消沉。

每一天，每一刻，我们在温暖的此刻，是诗也是远方。

有很多姑娘给我留言说："小宛姐，我不知道还有多久才能过上自己喜欢的生活。"

我想告诉她们：当一棵小树在发芽的时候，它不知道它要面对多少风暴，也不知道它有没有力量去抵抗雷电，更不知道它周边的土壤会不会给它养分。但是在它不断成长的过程中，还会有清晨的阳光、雨露的滋养，甚至还会有喜欢它的小鸟和蝴蝶飞来给它唱歌跳舞，让它觉得并不孤独。当它有一天终于长成一棵大树的时候，它枝叶上的每一条脉络都会记得时光留下的痕迹。

总有一天，我们都会过上自己喜欢的生活。

只有相信才会看到。

不要被此刻的糟糕和失望所困扰，也不要焦虑未来究竟会怎样。

只需要做好我们现在所需要做的事情，在那些被琐碎包围的生活中，你会发现总有一处风景、总有一份感动、总有一个瞬间，让你发现生活的意义。

其实更多的时候我要感谢那些支持我的人。很多读者的简短留言，有些跟随我一路走来，一路默默地支持。未曾谋面的人们见字如面，在精神上互相陪伴一起前行，给彼此勇气。我觉得这是文字的力量，或许这条路大部分的时候是孤独的，但是用文字记录，我们不是总要让自己走得那么快，生活不是这么无趣。

喜欢小时候平房院子里花草树木的香味。

看到爸爸妈妈的白发，我想起《城南旧事》里的那段话："走过院子，看那垂落的夹竹桃，我默念着：爸爸的花儿落了，我已不再是小孩子。"

人生短暂，我们一直在路上。

如有遗憾，像四季一样，重新来过。

阳光灿烂的清晨，树木抽绿的长路，我走在熟悉的小路上，闻着空气中略有些清冷的气息，觉得就这样好好地去生活去爱，真好。

世界微凉，心是暖的。

我们倾尽所有，只为活一场值得的人生。

易小宛

2018 年，于包头